财政部规划教材
全国高等教育应用型系列教材

现代企业管理基础与实训

谭艳华 主 编
王彦长 副主编

经济科学出版社

图书在版编目（CIP）数据

现代企业管理基础与实训/谭艳华主编．—北京：经济科学出版社，2010.8
财政部规划教材．全国高等教育应用型系列教材
ISBN 978 – 7 – 5058 – 9446 – 4

Ⅰ.①现… Ⅱ.①谭… Ⅲ.①企业管理－高等学校－教材 Ⅳ.①F270

中国版本图书馆 CIP 数据核字（2010）第 096112 号

责任编辑：凌　敏
责任校对：刘　昕
版式设计：代小卫
技术编辑：李长建

现代企业管理基础与实训
谭艳华　主　编
王彦长　副主编
经济科学出版社出版、发行　新华书店经销
社址：北京市海淀区阜成路甲 28 号　邮编：100142
教材编辑中心电话：88191343　发行部电话：88191540
网址：www.esp.com.cn
电子邮件：espbj3@esp.com.cn
北京密兴印刷厂印装
787×1092　16 开　18.75 印张　370000 字
2010 年 8 月第 1 版　2013 年 2 月第 2 次印刷
ISBN 978 – 7 – 5058 – 9446 – 4　定价：32.00 元
（图书出现印装问题，本社负责调换）
（版权所有　翻印必究）

编 审 说 明

本书由财政部教材编审委员会组织编写并审定,同意作为全国高等院校财经类通用教材出版。书中不足之处,请读者批评指正。

财政部教材编审委员会

编 写 说 明

在高等教育大众化背景下,围绕经济和社会的发展培养应用型人才,已成为一般本科院校的普遍共识。然而在当前的实际教学中,应用型本科院校的教材建设却显得明显滞后。教材作为体现教学内容和教学方法的知识载体,是进行教学的基本工具。为了保证人才培养目标的实现,编写应用型本科教材已成为当务之急。基于此,财政部组织编写了一套财经类应用型本科教材,编者所在单位是一所示范应用型本科高校建设单位,积极承担了该套教材中《现代企业管理基础与实训》的编写任务。在编写过程中,我们力求以突出培养应用型人才为主线,结合自身探索建设应用型本科院校的实践,融汇了编者多年从事管理学科教学的经验和体会,其主要特色有:

一是应用性强。"压缩理论,加大实践",是我们编写本书的主要宗旨,它和研究型高校和高职高专教材的最大区别是既有一定的理论深度又有实战操作。理论知识以必需、够用为度,突出教材的实用性。全书围绕企业管理中各项主要工作展开,注重基本概念的讲解和管理中应用性技能的叙述,有利于增强大学生在企业管理中应用能力的培养。为了突出应用性主线,全书采集和自编了各种类型的企业管理案例,主要以案例说话,增强实战氛围;每章后面都设有"思考案例"和"应用训练",旨在培养学生的独立思考能力和独立解决问题的实际动手能力,力求使学生的知识能力结构紧密适应经济与社会发展的需要。

二是时代感强。本书不仅力求突出本学科最新研究成果,体现内容的先进性,而且围绕当前社会热点问题,加强了"企业社会责任"、"ERP 实战"、"危机管理"、"管理创新"等方面的内容,使教材与时代合拍。同时,通过"导入案例"、"资料链接"、"分析案例"、"思考案例"等栏目,展现了众多企业管理领域的最新实践,穿插介绍了大量企业管理的新策略、新知识等,开阔了学生的视野,使教材增加了新鲜度,更显时代感。

三是可读性强。本书力求以生动的方式阐述管理的概念,将理论与实例融为一体。教材中各章前设有"导入案例",每章后附有"本章小结"、"思考题"、"思考案例"和"应用训练",中间还穿插"资料链接"、"课堂讨论"等栏目,使读者在学习管理知识的同时,能够开动脑筋、开阔视野,了解最前沿的管理技能和知名企业的最新动态,从而增加学习兴趣。本书结构严谨、形式活泼,将理论性、实用性和趣味性融为一体,具有很强的可读性。

本书由谭艳华教授担任主编,负责全书的设计、统稿、定稿,并参与编写工作。王彦长副教授担任副主编,协助完成全书的设计和统稿工作。参加编写工作的还有谢方、潘光仕、蒋文生等。各章编写分工为:蒋文生编写第一、二、三章;潘光仕编写第四、七、八章;谢方编写第五、六、九章;王彦长编写第十、十一章;谭艳华编写第十二章。

本书在编写过程中,参考和采纳了国内外同类教材和一些相关著作、报刊等文献资料,同时得到财政部教材编审委员会、经济科学出版社以及有关单位领导的大力支持,在此一并表示感谢。本书是财政部规划教材,由财政部教材编审委员会组织编写、修订并审定,作为全国高等院校财经类教材。

  本书是应用型本科教材编写的一次努力与尝试,限于编者水平,难免存在许多不足和错漏之处,恳请有关专家与读者不吝批评指正。

编 者

目 录

第一章 现代企业概述 ·· 1
【导入案例】 ··· 1
第一节 企业及企业系统 ·· 2
第二节 现代企业制度 ··· 8
第三节 现代企业的组织结构 ·· 15
第四节 企业社会责任 ·· 21
本章小结 ·· 24
思考题 ··· 24
思考案例 ·· 24
应用训练 ·· 25

第二章 管理与企业管理 ·· 26
【导入案例】 ·· 26
第一节 管理与管理者 ·· 27
第二节 管理职能 ··· 31
第三节 管理理论演变 ·· 33
第四节 企业管理概述 ·· 43
本章小结 ·· 48
思考题 ··· 49
思考案例 ·· 49
应用训练 ·· 50

第三章 现代企业战略管理 ·· 51
【导入案例】 ·· 51
第一节 企业战略管理概述 ··· 52
第二节 企业战略的层次及其分析 ··· 54
第三节 企业战略管理过程 ··· 60
第四节 企业国际化经营战略 ·· 70

本章小结 ··· 73
　　思考题 ··· 73
　　思考案例 ··· 74
　　应用训练 ··· 76

第四章　现代企业生产运作管理 ··· 77
　　【导入案例】 ·· 77
　　第一节　现代企业生产运作管理概述 ·· 77
　　第二节　现代企业生产运作战略与系统设计 ···································· 80
　　第三节　现代企业生产运作计划 ·· 86
　　第四节　新型生产运作方式简介 ·· 90
　　本章小结 ··· 95
　　思考题 ··· 95
　　思考案例 ··· 95
　　应用训练 ··· 96

第五章　现代企业质量管理 ··· 97
　　【导入案例】 ·· 97
　　第一节　质量与质量管理 ·· 98
　　第二节　质量管理的统计分析方法 ··· 106
　　第三节　质量管理体系与标准 ··· 114
　　本章小结 ·· 118
　　思考题 ·· 118
　　思考案例 ·· 119
　　应用训练 ·· 119

第六章　现代企业人力资源管理 ·· 120
　　【导入案例】 ··· 120
　　第一节　人力资源管理概述 ··· 121
　　第二节　企业人员招募与甄选 ··· 124
　　第三节　企业人员配置与使用 ··· 130
　　第四节　企业人员培训与发展 ··· 134
　　第五节　企业人员激励 ··· 140
　　本章小结 ·· 144
　　思考题 ·· 144
　　思考案例 ·· 145
　　应用训练 ·· 145

第七章　现代企业市场营销管理 ·· 147
　　【导入案例】 ··· 147

第一节　市场营销概述 147
  第二节　市场分析与定位 152
  第三节　市场营销组合策略 158
  本章小结 166
  思考题 166
  思考案例 167
  应用训练 167

第八章　现代企业物流与供应链管理 169

  【导入案例】 169
  第一节　现代企业物流概述 169
  第二节　现代企业物流管理 172
  第三节　供应链管理 182
  本章小结 188
  思考题 188
  思考案例 189
  应用训练 189

第九章　现代企业财务管理 191

  【导入案例】 191
  第一节　企业财务管理概述 192
  第二节　企业投资管理 198
  第三节　企业融资管理 204
  第四节　企业成本管理 207
  本章小结 210
  思考题 210
  思考案例 210
  应用训练 212

第十章　现代企业沟通管理 214

  【导入案例】 214
  第一节　沟通的基本原理 214
  第二节　现代企业沟通的方式与技巧 217
  第三节　现代企业冲突管理 225
  第四节　现代企业危机沟通 227
  本章小结 234
  思考题 235
  思考案例 235
  应用训练 237

第十一章　现代企业信息管理 ·················· 239

【导入案例】 ·················· 239
第一节　管理信息系统 ·················· 239
第二节　ERP 的规划及实施 ·················· 242
第三节　电子商务 ·················· 252
本章小结 ·················· 257
思考题 ·················· 257
思考案例 ·················· 258
应用训练 ·················· 260

第十二章　现代企业管理创新 ·················· 263

【导入案例】 ·················· 263
第一节　管理创新概述 ·················· 264
第二节　推动企业管理创新的要素 ·················· 268
第三节　企业管理创新的主要内容 ·················· 270
第四节　企业管理创新的程序和方法 ·················· 276
本章小结 ·················· 283
思考题 ·················· 283
思考案例 ·················· 283
应用训练 ·················· 285

参考文献 ·················· 286

第一章 现代企业概述

【导入案例】

企业的寿命

企业也有生老病死吗？是的，企业是有寿命的。一家企业能活多久？请看结论：一般大企业平均寿命40年，是人类平均寿命的一半！

壳牌（SHELL）石油公司对世界前500名企业跟踪调查13年，从1970年到1983年，世界500强的名单上近1/3的企业消失了。这些企业不是四分五裂就是被兼并。壳牌（SHELL）石油公司研究得出结论：一般大企业平均寿命40年，是人类平均寿命的一半。

根据美国商业部公布的数字：美国现在每年平均要新产生50万家企业，但是，一年内倒闭的占40%，5年内倒闭的占80%，10年内倒闭的占96%，只有4%能活过10年。

据统计，中国的集团公司的平均寿命为7~8年，中小企业平均寿命大体也就在3~4年之间，中国的私营企业的平均寿命是两年半。

企业寿命，很明显地比人命短，甚至比许多常见的动物（即不必去动物园也可以看到的动物）的寿命来得短，请看以下一些动物的平均寿命统计：

白鹦鹉（69岁）、鲤鱼（50岁）、鹅（40~50岁）、猪（30~40岁）、家马（30岁）、家鸽（30岁）、牛（20~30岁）、家鸡（20岁）、乌鸦（20岁）、家猫（10~15岁）、狗（9~11岁）、兔子（8岁）、天竺鼠（6~8岁）、青蛙（5岁）、家鼠（3岁）。

比完动物比植物，不看那些动辄几千岁的参天古木，或者经历几百年还能如期开花结果的老树，就算较为短命的草本植物，有些也可以活上二十多年。

对比一下，原来多达62%的美国企业竟然跟青蛙一样的短命（5岁），中小型企业则寿比天竺鼠（6~8岁），跨国公司犹如狗命一条（9~11岁），世界500强企业的寿命虽然长些，亦"不过鹅儿"（40~50岁），只有2%能够活到"鲤所当然"的50岁平均寿命。

世界各国的企业家们都在思考这样的问题：怎么才能让企业活下去？怎样才能让企业活得更好、活得多久？

资料来源：选编自《富不过三代　未必是坏事》，商业前沿—MBA地带—MBA毕业生的门户网站，http://www.mbazone.asia/DetailArticle.aspx?id=2953。

问题：1. 为什么企业也会有寿命？

2. 如何才能让企业活得更好、活得更久？

企业是国民经济的细胞，是人们从事生产、交换、分配等经济活动的基本单位。学习企业管理，必须清楚企业的一些基本问题，例如，什么是企业？什么是现代企业制度？

第一节 企业及企业系统

在现代经济社会中，人们所需要的各种产品和服务都是由企业提供的。企业作为现代经济社会的经济细胞和国民经济的基本单位，在提高人们生活水平和社会经济发展中起着非常关键的作用。正是企业在现代经济社会中具有不可或缺的重要地位，成了我们研究、探索企业管理客观规律的基本动因。

一、企业及其产生

（一）企业的概念

提到企业，人们并不陌生，很多人立刻会联想到诸如食品厂、服装厂、机械加工厂等各种基本生产单位。实际上，这种认识既不准确，也不全面。企业与生产单位之间并不能简单地等同起来。那么究竟什么是企业？下面是几种具有代表性的观点：

美国《现代经济词典》把企业定义为：设在一定地点、拥有一个或一个以上的雇员的工厂、商店或办事机构。

我国台湾学者认为：企业是集合生产要素：土地、资本、劳动，在创造利润的动机和承担风险的准备下，对某种事业做出有计划、有组织、讲求效率的经营。

《中国企业管理百科全书》将企业定义为：从事生产、流通等经济活动，为满足社会需要并获取盈利，进行自主经营，实行独立核算，具有法人资格的基本经济单位。

一般认为，所谓企业，是指从事生产、流通和服务等经济活动，为满足社会需要和获取利润，依法设立和运营，自主经营、自负盈亏、自我发展、自我约束的独立的商品生产者和经营者，是社会经济的基本单位。这一概念，具体包括了以下五个方面的含义：

(1) 企业必须是从事生产、流通和服务等经济活动的组织。
(2) 企业既要盈利，又要承担社会责任。
(3) 企业必须自主经营、自负盈亏、自我发展、自我约束。
(4) 企业是现代社会经济的基本单位。
(5) 企业必须依法设立和运行。

（二）企业的产生

关于企业的产生，可以从两个角度来考察：一是企业产生的历史渊源；二是社会资源配置的方式。

从企业产生的历史渊源来看，企业是一个历史范畴，是社会生产力发展到一定水平的结果，是商品生产与商品交换的产物，是劳动分工的结果。从生产力发展过程看，企业生产组织的萌芽产生于手工作坊，正式形成于手工工场，它是作为取代家庭经济单位和手工作坊而出现的一种分工协作的、具有更高效率的经济单位，是商品经济的产物。随着生产力的提高和商品经济的发展，到资本主义社会，企业就成了社会经济的基本单位。

从资源配置的方式来看，企业是作为替代市场的一种更低交易费用的资源配置方式而出现的。根据美国经济学家科斯的理论，企业的存在是为了节约市场交易费用。交易费用是运用市场价格机制的成本，包括发现价格，获取市场信息的成本，进行交易谈判的成本以及履行合同的成本等。市场和企业可以看做是两种不同的组织生产分工的方式，前者是协议买卖方式，后者是内部管理方式。两种方式都存在一定的费用，企业有组织费用，市场有交易费用，当组织费用低于交易费用时，企业就出现了。

（三）企业发展过程

企业既是社会生产力发展到一定历史阶段的产物，又是一个动态变化的经济单位，纵观企业的发展历史，大致上经历了以下几个时期：

1. 手工业生产时期。手工业生产时期主要是指从封建社会的家庭手工业到资本主义初期的工场手工业时期。工场手工业比起家庭手工业：一是规模扩大；二是产业结构变化，在采矿、冶金、金属加工、制盐、造纸等行业，普遍建立起工业工场；三是采用机器；四是工场内部形成分工，按某一产品生产要求，分解成若干个作业阶段。此时的工场手工业实际上已具有企业的雏形。

2. 工厂生产时期。随着资本主义制度的发展，西方各国相继进入工业革命时期，工场手工业逐步发展到建立工厂制度，作为真正意义上的企业到这时才诞生。工厂制度的建立，使工场手工业发生了质的飞跃，它标志着企业的真正形成。其特点是：（1）机械生产，节省人力，生产效率与效益显著提高。（2）工厂资本雄厚，小型生产者不易与之抗争。（3）手工业者失业，或沦为雇工，形成了一批掌握生产技术和工艺的产业队伍。（4）科学技术广泛运用于生产，工厂企业的工艺和生产方法发生了变革。（5）工厂内部劳动分工深化，生产走向社会化。

3. 企业生产时期。这是企业作为一个基本经济单位的最后确立和形成。在资本主义经济发展中，工厂制度的建立顺应了商品经济发展的潮流，促进了生产力的大发展。特别是19世纪末至20世纪初期，随着自由资本主义向垄断资本主义过渡，工厂的发展十分迅猛，并产生了一系列变化，这一系列变化正是工厂生产时期过渡到成熟的企业生产时期的主要特征。其特点表现如下：（1）生产规模空前扩大，产生了垄断企业组织，如托拉斯、辛迪加、康采恩等。（2）不断采用新技术、新设备，不断地进行技术革新，使生产技术有了迅速发展。（3）建立了一系列科学管理制度，并产生一系列科学管理理论。（4）管理权与所有权分离，企业里形成了一支专门的工程技术队伍和管理队伍。（5）企业之间的竞争日益激烈，加速了企业之间的兼并，使生产进一步走向集中。同时，企业向国外发展，跨国公司开始出现，并且不断发展。（6）企业的社会责任改变，不仅在整个社会经济生活中的作用越来越大，同时渗透到政治、经济、军事、外交、文化等各个方面。

二、企业的分类

1. 按经营方向和技术基础划分，可分为：

（1）工业企业，是指从事工业产品生产、经营和劳务活动的企业，包括采掘工业企业、加工工业企业和技术服务工业企业。

（2）农业企业，是指从事农、林、牧、渔、采集等生产活动的企业。

（3）运输企业，是指从事运输生产或直接为运输生产服务的企业，包括铁路、公路、水上、民用航空和联合运输企业等。

（4）建筑安装企业，是指从事土木建筑和设备安装工程施工的企业。

（5）邮电企业，是指从事邮政、电信、传递信息和办理通信业务的企业。

（6）商业企业，是指在社会再生产过程中从事商品交换活动的企业，它通过购销活动，把商品从生产领域转到消费领域。

（7）旅游企业，是指以旅游资源、设施为条件，通过组织旅行游览活动向游客出售劳务的服务性企业。

（8）金融企业，是指专门经营货币和信用业务的企业。

2. 按某种资源密集程度划分，可分为：

（1）劳动密集型企业，是指技术装备程度较低、用人多、产品成本中活劳消耗占比重大的企业。

（2）资金密集型企业，是指单位产品所需投资较多、技术装备程度较高、用人少的企业。

（3）知识技术密集型企业，是指综合运用先进的、现代化的科学技术成就的企业。

3. 按生产资料的所有制性质划分，可分为：

（1）国有企业，也称全民所有制企业。它的全部生产资料和劳动成果归全体劳动者所有，或归代表全体劳动者利益的国家所有。在计划经济体制下，我国的国有企业全部由国家直接经营。

（2）集体所有制企业，简称集体企业。在集体企业里，企业的全部生产资料和劳动成果归一定范围内的劳动者共同所有。

（3）私营企业，是指企业的全部资产属私人所有的企业。我国《私营企业暂行条例》规定："私营企业是指企业资产属于私人所有，雇工8人以上的营利性经济组织。"

（4）混合所有制企业，是指具有两种或两种以上所有制经济成分的企业，如中外合资经营企业、中外合作经营企业、国内具有多种经济成分的股份制企业等。

4. 按企业财产的组织模式划分，可分为：

（1）单体型企业组织，一般是指单一企业法人的企业。根据我国《公司法》，即有有限责任公司和股份有限公司两种模式。

（2）联合体型企业组织，是指独立法人企业的联合体。现代企业联合的方法主要可分为契约型和资产型。

①契约型联合体型企业组织，是指联合企业为了某一共同目标，或者某一时间内的共同利益，通过契约、合同等联合形式而相互联合起来的企业组织。其主要特征有：联合企业组织中的各企业仍保持独立的法人，整个联合体内组织的管理和协调通过契约和合同进行；联合企业组织中的企业无论大小都是平等的；联合企业组织中的企业要脱离联合体是很容易的。

契约型联合体型企业组织的主要模式有：卡特尔、辛迪加、连锁企业、联营企业和战略联盟等。卡特尔是一种销售协定联合组织，这里的销售包括划分市场、确定商品产量或规定商品销价等较广泛的含义。由卡特尔内部选出的委员会负责监督协议条款的执行情况。辛迪加是企业之间签订统一销售商品和采购原材料的协定而组成的联合组织。连锁经营在商业企业和服务业中比较多，是由享有盛誉的大的饮食公司和服务公司同一些独立的小快餐店或服务公司签订合同，授予其经营特色商品和服务的特许权，从而组成庞大的特许经营的连锁企业。参加连锁经营的企业经营同一标准商品，使用同一标识，采用同一管理模式。联营企业是由在技术、品牌、产品上享有盛誉的大企业组成的联营企业，如可口可乐公司向各企业提供浓缩液。战略联盟是指两个或更多的合作伙伴，共同承诺为了一个共同的目标，汇集他们的资源和协调他们的行动。

②资产纽带型联合体型企业组织，是指联合体中的成员之间连接纽带是资产，即一个企业持有另一个企业的股份，其典型形式是企业集团。

所谓企业集团，是以一个实力雄厚的企业为核心，以产权联系为主要纽带，通过产品、技术、经营契约等多种方式，把多个企业联结在一起，而形成的多层次的法人联合体。

企业集团是由多个法人组成的联合体，而其本身并不具有法人资格，联合体中起主导作用的是一个具有较强经济实力的控股公司，它通过控股、参股所拥有的控制权实现对成员企业的投资决策、人事安排、发展规划以及生产、营销、开发等经营活动的控制和干预，协调和维持成员企业行为的一致性。成员企业之间根据相互控股、参股的程度和协作关系的不同，分为核心层企业、紧密层企业、半紧密层企业和松散层企业。核心层企业与紧密层企业之间是控股关系，核心层企业、紧密层企业与半紧密层企业之间是参股关系，核心层企业、紧密层企业、半紧密层企业与松散层企业之间是契约协作关系。核心层企业称为控股公司或母公司。图1-1为企业集团中企业之间关系示意图。

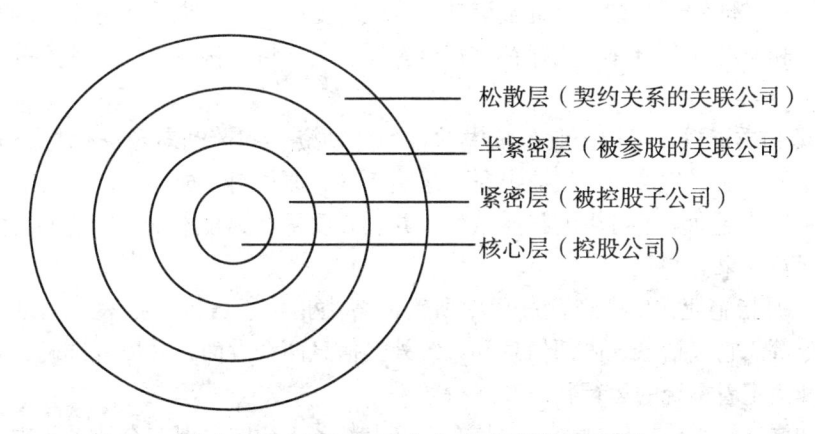

松散层（契约关系的关联公司）
半紧密层（被参股的关联公司）
紧密层（被控股子公司）
核心层（控股公司）

图1-1 企业集团中企业之间关系示意

所谓控股公司，是指有其他公司一定数量的股份，达到实现对该公司进行控制的公司。兼有经营业务的控股公司称为母公司，也称混合控股公司。被控股公司或母公司持股控制的公司称为子公司。子公司具有法人资格。企业集团是法人企业之间相互控股、参股形成的控股公司结构。

除按上述标志划分企业以外，还有其他划分企业类型的方法：（1）按企业规模大小划分，可分为大型企业、中型企业和小型企业；（2）按企业运用的主体技术划分，可分为传统技术企业和高新技术企业；（3）按生产工艺技术特点划分，可分为合成型、调制型、提取型等；(4) 按生产连续程度划分，可分为连续生产和间断生产；(5) 按安排生产任务的方式划分，可分为有存货生产企业和订货生产企业；(6) 根据法律形式划分，可分为自然人企业和法人企业等。总之，企业的类型可以从不同的角度进行划分，而这种不同的划分形式，对于我们研究企业的差异性，实施不同的管理方法，具有重要的意义。

三、企业系统

所谓系统，是指由若干个相互联系、相互作用的部分组成的，具有某种特定功能的有机整体。在自然界和人类社会，一切事物都是以系统的形式存在，任何事物可以看成是一个系统。企业便是由许多车间、职能部门等所组成的为实现其特定功能的一个系统。

（一）现代企业系统的基本构成要素

企业作为一个完整的经营体系，为了从事生产或劳务活动，实现经营目标，就必须具备实现目标的特殊功能，即必须拥有生产某种产品，提供某种劳务所需要的人力、财力、物力，以及反映这些要素相互结合运动的各种信息。因此，企业系统主要由人、财、物、信息四个方面要素构成。

1. 人，即劳动者，是指具有劳动能力的、符合企业编制定员的全体职工，包括经营者、管理人员、工程技术人员、服务人员及生产工人等。劳动者数量的多少和素质的高低影响和决定着系统的运行状态和运行效果。

2. 财，即资金，是指企业系统中劳动手段和劳动对象的货币表示。现代企业的生产经营活动过程，从其价值形态看就是资金运动和价值增值的过程。现代企业系统的全部资金通常以固定资金和流动资金两种形式存在。资金主要从其数量、构成、周转速度等方面对系统产生影响。

3. 物，即物质资料，是指企业系统中的各种劳动资料和劳动对象，包括企业生产经营活动中所占用的土地、建筑物、机器设备、运输工具、原材料、成品、能源等。它们是现代企业从事生产经营活动必不可少的物质条件，并以其质量及其技术状况影响和决定着系统的运行状态和运行效果。

4. 信息，是指企业在生产经营过程中所需的各类指标、数据、报表、图纸、情报、规章制度、指令等。它包括系统内部信息和系统外部信息两个方面，并以其准确、及时、可靠的程度影响和决定着系统的运行状态和运行效果。

上述四种要素，无论在属性上，还是在形态上都各不相同，但在企业系统中，它们相互作用，相互依赖，内在地联系在一起，从而形成一个有机的整体。

（二）现代企业系统的结构

现代企业系统的结构可以从静态和动态的组织结构两个方面来进行分析。

1. 静态组织结构。我们从静态的角度来分析企业系统结构，便可分为垂直分系统结构和水平分系统结构两种。

（1）垂直分系统结构。它是根据企业系统中不同的经济活动，按系统的纵向职能及活动范围来划分的，如生产子系统、营销子系统、技术子系统、财务子系统和人事子系统等职能子系统。它们各有自身特定的功能和目标，通过分工与协作，实现企业系统的总目标。

（2）水平分系统结构。它是指为了对各个职能子系统进行协调和控制，从横向划分的水平子系统。它一般可分为最高经营决策子系统、中层管理子系统和基层作业子系统。

2. 动态组织结构。现代企业系统是一个不断地由输入经过转换到输出的动态系统，在系统的不断转换过程中，同时存在着物流、人流、价值流和信息流，从而形成了企业系统的动态组织结构。

（1）物流，指由物资、设备、制品、能源等汇合而成的物质流动。它贯穿于物质从外部环境流入后进行内部流转，直至物质流出的全过程。物流是企业系统最基本的运动形态。

（2）人流，指由工人和各类管理、服务人员汇合而成的人力资源的流动。人流在整个企业系统中处于主体地位，即企业系统的全部活动都是在人流的推动和控制下进行的，并受到人流能量的限制。

（3）价值流，指企业系统运动中，价值的转移、交换和增值的过程，它直观地表现为企业资金的运动过程。企业系统的生产经营活动，使价值流与物质流同时并存于企业系统的运动之中，并综合地反映着企业生产经营的状况和成果。

（4）信息流，指由各种数据、标准、图纸、情报、计划、规章制度、指令等汇合而成的指导生产过程和管理的信息流动。信息流在系统的"四大流"中占有十分重要的地位，它影响和制约着其他三大流的流向和流量。

（三）现代企业系统的特征

依据现代企业系统的构成要素及其结构状态的分析，现代企业系统结构具有以下的特征：

1. 企业系统是一个人–机复合系统。企业系统功能的发挥，要通过人的作用，并以人为主体，实现人机的结合。研究企业系统中的问题，应把人与物、人与人、人与工作等联系起来，作为一个整体来观察，把发挥人的积极性、创造性当作一项重要任务。在人机的合理结合中，创造企业效益。

2. 企业系统是一个动态的开放系统。企业所处的外部环境一旦发生了变化，就会影响企业系统正常的生产经营活动。建立内、外部的信息反馈网络，就是为了实施调整企业结构和行为，更好地适应外部环境和内部条件的变化，提高企业自身适应能力，同时对环境施加影响，并在同环境的相互影响中达到动态的平衡。

3. 企业系统是一个多层次、多目标的系统。任何一个企业系统，都可划分为若干分系统，分系统又进一步细分为若干子系统，如生产分系统又可分为厂部、车间、工段、班组等各层次的子系统。根据企业系统的层次和目标来设计企业的结构和功能，并使其合理化，是企业活动正常运行的必要条件。

课堂讨论：

1. 判别以下组织是否为企业：保险公司、学生会、银行、工厂—车间、国家出入境检验检疫局、集团公司总经理办公室、工商行政管理局。
2. 企业是否一定要具备法人资格？

第二节　现代企业制度

企业制度通常是指以企业产权制度为基础和核心，包括企业组织制度和管理制度在内的各种制度的总称。作为企业制度基础和核心的产权制度，它对企业制度的其他方面具有决定性的作用；反过来，组织制度和管理制度在一定程度上又反映着企业财产权利的安排，三者共同构成了企业制度。

一、企业制度的基本形式

企业制度是一个历史范畴。在市场经济条件下，企业制度的基本形式从资产的所有者形式（产权制度）来看，主要有三种，即个人业主制企业、合伙制企业和公司制企业。这三种基本形态是在市场经济数百年的发展过程中形成的，也是目前世界各国企业立法的三种主要形式。

（一）个人业主制企业

个人业主制企业又称个人企业或个人独资企业，是指由个人出资兴办，出资人亲自经营，收入归自己所有，风险也完全由个人承担的一种企业形式。这种企业在法律上是自然人企业，不具有法人资格。

它具有经营灵活、决策迅速，且有利于保守企业经营秘密的长处。但它也有着非常明显的短处：一是企业主的风险很大，要对企业的债务负无限责任。二是企业的规模有限。这种企业由于受到个人资信能力及管理能力的限制，企业规模的扩张是极其有限的，只能从事一些投资及经营规模都较小的产业。三是企业的寿命有限。这种企业的存亡完全取决于企业主。如果企业主死亡或是在未转让的情况下放弃经营，企业的寿命就结束了。

由于上述特点，个人业主制企业一般只是在规模较小的零售商业、服务业、手工业、家庭农场、家庭医师、开业律师等领域中被采用。

（二）合伙制企业

合伙制企业又称合伙企业，是指由两个或两个以上个人通过签订合伙协议共同出资兴办、联合经营的一种企业。它在法律上仍是自然人企业。合伙企业既可以由部分合伙人经营，也可由全体合伙人共同经营。经营所得为全体合伙人分享，经营风险则由全体合伙人分担。

它增强了企业的筹资能力和信用能力，提高了企业的竞争力，使企业有了进一步扩大和发展的可能性。局限性体现在：一是企业的规模仍有限。尽管合伙企业由多人共同出资，但由于受合伙人数量及个人资产的限制，所以大多数合伙企业仍局限在规模较小的生产和经营领域之内。二是决策时效性差。这种企业由于合伙人都有决策权，因此常会造成决策时效的延误。三是企业的稳定性差。合伙企业是合伙人通过签订契约建立起来的。任一合伙人退出或死亡，都需重新确定合伙关系，并有可能影响企业的存续。四是投资者的风险仍很大。合伙企业实行无限连带责任。在这种责任制度下，企业中的普通合伙人与个人业主一样需对企业债务负无限责任，并且在他们之间还存在着一种连带的责任关系，即有的合伙人财产如不够索赔标准，则其他有能力的合伙人要代其承担偿债责任。

这种形式在一些资产规模较小、管理不复杂，而主持者个人信誉非常重要的领域中仍较为活跃。如律师事务所、会计师事务所等。

（三）公司制企业

公司制企业又称公司，是由两人或两人以上共同出资构造出来的能够独立对自己经营的财产享有民事权利、承担民事责任的一种法人企业。它是现代企业的重要形式。公司制企业与个人业主制企业及合伙制企业之间有着重要的区别。前二者都是自然人企业，而公司制企业在法律上具有独立人格，是法人企业。

1. 公司制企业的特征。公司制企业是企业组织形式发展到高级阶段的一种企业制度形式。它在16世纪末17世纪初诞生在西欧特许贸易公司的基础上，经过几百年的发展才形成并逐步走向成熟。公司制企业的基本特征有以下四个方面：

（1）公司以营利为目的，具有法人资格。它是由出资人（股东）入股组成的具有法人地位的法人团体，以其法人财产作为营运基础，它的经营活动也是建立在法人的组织信誉之上。

（2）公司制企业实现了股东所有权与法人财产权的分离。即不再由所有者亲自经营自己的财产，而将其委托给公司法人去占有、使用和处置。这对提高企业的经营水平非常有利。

（3）公司法人财产具有整体性、稳定性和延续性。整体性是指公司的法人财产不可分割。稳定性是指公司法人财产不会因股东的变化而经常性地波动。根据《公司法》规定，股东资产一旦投资到公司形成法人财产，就不得抽回，只能转让。同时，公司作为法人，已有了独立的生命，股东的死亡已不影响公司的存亡，公司法人财产具有延续性。这三个特点，使得公司的信誉大为提高。

（4）公司制企业实行有限责任制度。这里所说的有限责任制度包括两层含义：一是对股东而言，他们仅以其投入企业的出资额为限对公司债务承担有限责任，而不再涉及出资者的其他资产；二是对公司法人而言，它以其全部法人财产为限对公司债务承担有限责任。

2. 公司制企业的基本类型。广义地讲，公司按其承担债务责任的不同可分为无限责任公司、有限责任公司、两合公司、股份有限公司和股份两合公司五种类型。其中，有限责任公司和股份有限公司是现代公司制的两种基本形式，也是现代世界各国所通行的两种公司形式。我国《公司法》对这两种公司做出了规范。因此，我们仅对这两类公司加以介绍。

（1）有限责任公司。它是由50个以下股东组成，股东以其出资额为限对公司负有限责任，公司以其全部资产对公司债务承担责任的企业法人。有限责任公司是一种非公众性公司，其设立程序简单、运行机制灵活，是近几十年来发达市场经济国家中发展最快的企业组织形式。

有限责任公司具有以下一些基本特征：

第一，股东人数较少，比较容易协调。各国公司法一般都有股东人数最高限额的规定，如日本、美国的某些州规定有限责任公司股东人数不得超过30人；英国、法国则规定不得超过50人。我国《公司法》也对此做出了明确的法律规定，即有限责任公司由50个以下股东共同出资设立，股东既可是自然人，也可是法人。

第二，有限责任公司不得发行股票。有限责任公司的资本总额不需要划分为等额股份，它不得通过发行股票筹资。公司筹资一般是由股东相互协商之后确定各自的出资额。股东在认缴出资额后，由公司出具股单，作为股东在公司中应享有权益的书面凭证。股单不能上市流通，一般不得任意转让。若有特殊情况确需转让，则需取得全体股东半数以上同意，而且老股东具有优先购买权。

第三，公司注册资本数量不多，容易组建。有限责任公司的注册资本数额要求远远低于股份有限公司，因此筹资方便，比较容易组建。例如，根据我国《公司法》规定，有限责任公司的最低注册资本数额是人民币3万元。

第四，有限责任公司的股东可以作为公司雇员直接参与公司管理。在这类公司中，董事和高层经理人员往往拥有大量股本，这些大股东亲自经营，使得所有权与经营权分离程度不如股份有限公司那样高。

第五，公司经营透明程度不高。有限责任公司不向社会公众公开筹资，这样它的经营状况就不会涉及其他社会公众利益。因此公司账目无须向公众公开披露，这对公司保守商业秘密较为有利。

第六，有限责任公司成立、歇业、解散的程序及管理机构的设置都比较简单，运行机制比较灵活。

由于有限责任公司具有上述特点，因此它是一种较适宜于中小规模企业的公司形式。在我国现阶段，这种公司形式具有较广泛的适用性。

资料链接

《公司法》关于一人有限责任公司的相关规定

第五十八条　本法所称一人有限责任公司，是指只有一个自然人股东或者一个法人股东的有限责任公司。

第五十九条　一人有限责任公司的注册资本最低限额为人民币10万元。股东应当一次足额缴纳公司章程规定的出资额。

一个自然人只能投资设立一个一人有限责任公司。该一人有限责任公司不能投资设立新的一人有限责任公司。

第六十三条　一人有限责任公司应当在每一会计年度终了时编制财务会计报告，并经会计师事务所审计。

第六十四条　一人有限责任公司的股东不能证明公司财产独立于股东自己的财产的，应当对公司债务承担连带责任。

资料来源：摘自2005年10月27日第十届全国人民代表大会常务委员会第十八次会议修订的《公司法》。

(2) 股份有限公司。又称股份公司，是指把全部资本分为等额股份，股东以其所持股份为限对公司承担责任，公司以其全部资产对公司债务承担责任的企业组织形式。

股份有限公司具有以下一些基本特征：

第一，股份有限公司的发起股东人数必须达到法定人数。我国《公司法》规定，设立股份有限公司，应当有2人以上200人以下为发起人，其中须有半数以上的发起人在中国境内有住所。

第二，股份有限公司的注册资本数额较高。我国《公司法》规定，股份有限公司注册资本的最低限额为人民币500万元，这是有限责任公司资本最低数额要求的上百倍。若是上市公司，《证券法》规定公司股本总额不少于人民币3 000万元。所以股份有限公司资金雄厚，规模庞大，竞争力强，它特别适合于资本密集型产业。

第三，公司股份可依法自由转让。根据公司法，股份有限公司的全部资本是由若干等额股份所组成。股份以股权证或股票形式发行，它可以依法自由转让和交易。这一特点使得公司资产转移比较灵活方便，保持了较高的流动性。

第四，公司不容易保守经营秘密。各国公司法一般都规定股份有限公司必须向公众公开披露财务状况。即在每个财政年度终了时，公布公司的年度报表，其中包括董事会的年度报告、公司损益表和资产负债表等。这样就将公司经营置于整个社会监督之下，这对于确保众多投资者的利益有利，但公司保密困难。

股份有限公司是最典型的现代企业制度形式，它是企业制度发展的最高阶段。它资金雄厚、规模庞大、管理科学、竞争力强，在国民经济体系中占有最重要的地位。

综上所述，随着生产社会化及商品经济的发展，公司制企业尽管出现较晚，但由于它突破了个人业主制企业和合伙制企业的筹资能力有限、规模小、经营不稳、风险较大等严重缺陷，因此，以其对市场经济良好的适应性，很快占据了现代社会经济活动的主导地位，成为当之无愧的当代企业制度的主导形式。

【分析案例】

如何选择创业的法律形式

刘杰大学毕业以后，想自己创业。据他了解，目前法律允许的个人可以投资设立的法律形式包括个体工商户、个人独资企业，以及2006年1月1日起实施的新《公司法》允许设立的一人有限责任公司。于是他就去找律师咨询：这三种法律形式的区别是什么？选择哪一种对自己更为有利？

律师告诉他，个体工商户、个人独资企业、一人有限责任公司是个人投资可供选择的三种不同法律形式，可从以下几个方面对这三种法律形式进行比较：

第一，法律地位不同。根据我国法律，民事法律关系的主体可分为自然人和法人。

个体工商户不具有法人资格。依照相关法律规定，公民在法律允许的范围内，依法经核准登记从事工商业经营的，为个体工商户。个体工商户是一种我国特有的公民参与生产经营活动的形式，也是个体经济的一种法律形式。个体工商户可比照自然人和法人享有民事主体资格。但个体工商户不是一个经营实体。

个人独资企业是依法在中国境内设立，由一个自然人投资，财产为投资人个人所有，投资人以其个人财产对企业债务承担无限责任的经营实体。个人独资企业不具有法人资格，虽然可以起字号，并可以对外以企业名义从事民事活动，但也只是自然人进行商业活动的一种特殊形态，属于自然人企业范畴。

一人有限责任公司，是指只有一个自然人股东或者一个法人股东的有限责任公司。2006年1月起开始实施的《中华人民共和国公司法》规定，一名自然人股东或一名法人股东可以设立"一人有限责任公司"。从企业名称可以看出，一人公司符合公司设立条件，是具有完全法人资格的经济实体。

第二，出资人不同。个体工商户既可以由一个自然人出资设立，也可以由家庭共同出资设立；个人独资企业的出资人只能是一个自然人；一人有限责任公司是由一名自然人股东或一名法人股东投资设立。

第三，承担责任的财产范围不同。根据我国《民法通则》和现行司法解释的规定，就承担的责任性质而言，个体工商户对所负债务承担的是无限清偿责任，即不以投入经营的财产为限，而应以其所有的全部财产承担责任。个人独资企业的出资人在一般情况下仅以其个人财产对企业债务承担无限责任，只是在企业设立登记时明确以家庭共有财产作为个人出资的才依法以家庭共有财产对企业债务承担无限责任。根据《公司法》规定，一人有限责任公司的股东仅以其投资为限对公司债务承担有限责任。这也是一人公司作为独立法人实体的一个突出表现。

第四，适用法律不同。个人独资企业依照《个人独资企业法》设立，个体工商户依照《民法通则》、《城乡个体工商户管理暂行条例》的规定设立。而一人有限责任公司则依据《公司法》设立，并受其调整。

第五，税收管理不同。首先从税收管理上看，税务局对个体工商户和个人独资企业的税收管理相对宽松，对建账要求较低，在税款征收方式上主要采用定额或定率征收；而对于一人有限责任公司，要求则严格得多，在税款征收方式上主要采用定率或查账征收。其次是涉及的所得税不同。《国务院关于个人独资企业和合伙企业征收个人所得税问题的通知》规定，个人独资企业和合伙企业从2000年1月1日起，停止征收企业所得税，比照个体工商户生产经营所得征收个人所得税。所以个体工商户或个人独资企业只需缴纳个人所得税，不用缴纳企业所得税；而一人有限责任公司必须缴纳企业所得税，对股东进行利润分配时还要缴纳个人所得税。从这个角度讲，个体工商户和个人独资企业比"一人公司"更有利。

综上所述，我们可以看到，三者的区别还是比较明显，尤其是在是否具有法人资格、投资者承担有限责任还是无限连带责任、是否缴纳企业所得税上尤为突出。如果想投资做实业，一定要全盘把握，并做详细比较，根据自己的实际情况选择最为合适的法律形式。

资料来源：选编自王正志，《个体工商户、个人独资企业、一人有限责任公司有何不同》，《今日财富》2006年第6期。

分析：根据三种法律形式之间的区别，谈谈应如何选择创业的法律形式。

二、现代企业制度的特征和内容

美国经济学家钱德勒在他的名著《看得见的手》中指出，现代企业源于19世纪80年代开始的大规模生产和大规模销售的结合。在企业从事多种经营活动的情况下，技术和管理过程的复杂化导致了企业的经营管理只能交由受过专门职业训练的专业经营人员来负责。于是，企业就从旧时的"企业主企业"演化为现代的"经理人企业"。

所谓现代企业，是指由一组领取薪金的高中层经理人员所管理的，企业资产所有者和经营者相分离的多单位企业。它具有以下三个方面的主要特征：（1）所有权与经营权相分离，现代企业拥有明晰的法人财产权，投资者拥有股权，专职经理阶层拥有经营权。（2）现代企业一般由多个单位组成，拥有以现代技术为标志的先进的生产力。（3）现代企业由专职经理管理，拥有以现代化管理为核心、以人为本、内外协调、机制灵活的高效益的经营机制。这些特征都是传统企业所不具备的。

（一）现代企业制度的含义

所谓现代企业制度，是指适应市场经济和现代企业要求的，以现代公司制度为主体的企业制度，它是市场经济体制的微观基础。这一概念包括了三个方面的含义：

1. 现代企业制度是市场经济体制的微观基础。市场经济正常运行的重要前提之一就是企业真正成为市场主体。因为只有当企业成为真正的市场主体，它才能在利润目标驱动下，对市场信号做出及时的反应。现代企业制度所要解决的问题，就是赋予企业应有的权利，使企业真正成为市场主体。

2. 现代企业制度是与现代企业的生产力水平相吻合的。现代企业具有多方面的生产力特征，这些特征作用的发挥，要靠一定的生产关系作保障。现代企业制度在这一范畴内，即在与现代企业生产力的密切协调中发挥积极的作用。

3. 现代企业制度以公司制度为主体。现代企业制度的主体就是适应社会化大生产和现代市场经济要求的公司制度。公司制度是商品经济发展和社会化大生产发展的产物；是适合企业集中巨额资本扩大生产经营规模的现代企业制度；是一种能保证企业在所有权和经营权分离的条件下真正做到自主经营、自负盈亏的现代企业制度。

（二）现代企业制度的基本特征

1. 产权特征。在公司制企业中，企业的财产权属于投资者，企业拥有一切出资者形成的全部法人财产权，出资者拥有股权，以股东的身份依法可以享有权利，但不能对属于自己的部分资产进行直接的支配，只能用股东的权利影响企业的行为。

2. 保值增值特征。企业以其全部的法人资产依法经营，对出资者承担资产保值增值的责任。

3. 责任特征。公司以其全部资产对其债务承担有限责任。所有者的责任——对公司承担有限责任；权益——资产受益权；公司的重大决策权；选择经营者的权利。

4. 效益特征。企业的生产经营以提高劳动生产率和经济效益为目的，没有效益的企业应淘汰。

5. 制度特征。包括两个重要方面：一是合理规范的组织制度，包括公司内部领导体制，机构的设置、工作效率，关系层次等；二是建立先进科学的管理制度。

（三）现代企业制度的主要内容

现代企业制度是一个内涵丰富、外延广泛的概念。其基本内容包括三个方面：现代企业产权制度、现代企业组织制度和现代企业管理制度。这三大基本制度相辅相成，共同构成了现代企业完整而灵活的经营体制。

1. 现代企业产权制度。现代企业产权制度是现代企业制度的一项核心内容，这种产权制度的构造在企业方面是建立企业法人制度，在出资者方面是形成有限责任制度。它的实质是建立出资者所有权和企业法人财产权相分离的产权配置格局。按照现代企业产权制度的要求，当股东投资形成企业资产后，它就将原来的企业资产分解为企业现实营运中的资产和以股票为主的虚拟资产。其中对企业现实营运中的资产的占有、使用和处置权利交由企业法人掌握，由此形成法人财产权。这是在公司取得法人资格的同时，获得的一项所有权权能。股东作为原始所有者则仅仅保留了对资产的价值形态，即以股票为主的虚拟资产占有的权利，由此形成出资者所有权。

现代企业产权制度的另一内涵就是实行严格的有限责任制度，它是规范出资者（股东）与企业法人之间，企业法人与企业债权人之间权益关系的准则。

2. 现代企业组织制度。现代企业组织制度是在企业法人制度基础上形成的法人治理结构。现代企业法人治理结构包括两个组成部分：一是纵向授权领导体制。它是由股东通过投票选举产生董事会和监事会，其中董事会代表企业法人从事经营活动，董事会再聘任总经理和其他高级经理人员，组成在董事会领导下的执行结构，在董事会授权范围内经营企业；监事会是监督结构，对董事会及其经理人员的活动和公司财务行使监督的职责。二是股东会、董事会和监事会"三会"制衡结构。在法人治理结构中，股东会、董事会和监事会及经理人员各自的权、责、利都有明确的划分和界定，彼此之间形成了一种相互制约、相互促进的制衡机制。如图1-2所示。

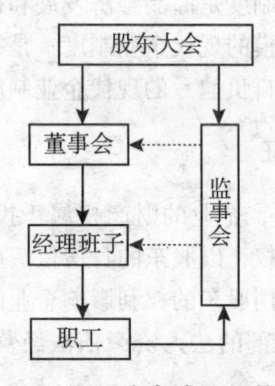

图1-2　公司法人治理机构示意

3. 现代企业管理制度。科学规范的现代企业管理制度是现代企业制度不可缺少的重要内容。现代企业管理制度的基本体系是由企业经营目的和理念、企业目标和战略、企业的管理组织以及各业务职能领域活动的规定几个方面组成。其中企业经营的目的、理念是企业管理制度的最高层次。在经营目的、理念的指导下，确定企业的战略目标，形成企业战略方案，并同时建立起适应战略要求的有效组织机构。企业管理层通过对企业各项活动的计划、组织、领导和控制，并把它们有机地结合起来，就可以把握日常经营的全局，保证战略的有效实施和经营目标的实现。

第三节　现代企业的组织结构

一、企业组织结构的基本形式

（一）直线制组织

直线制是企业发展初期的一种最早也是最简单的组织结构形式。它的特点是企业各级行政单位从上到下实行垂直领导，下级只接受一个上级的指令，上级对所属下级单位的一切问题负责。企业的一切管理职能基本都由企业经理自己执行，不设职能部门。其结构示意图如图1-3所示。

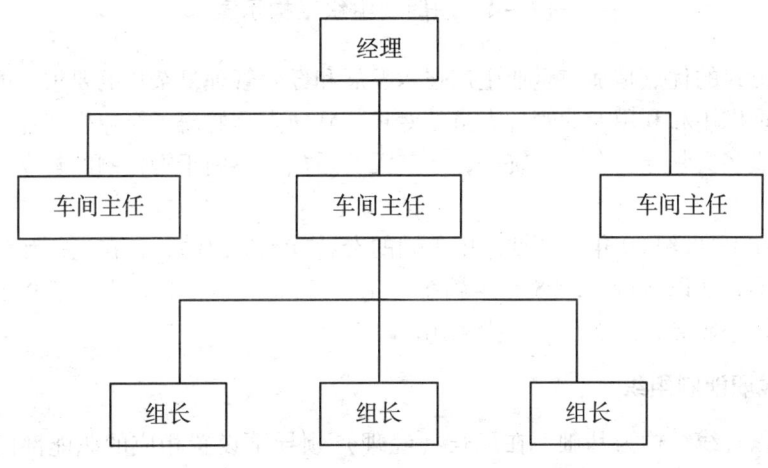

图1-3　直线制组织结构示意

直线制结构的优点是：结构简单，权责分明，指挥和命令统一，工作效率高。其缺点在于：横向联合少，内部协调较慢；缺乏专业化的管理分工，经营管理事务依赖于少数几个人。这就在客观上要求企业领导人必须是经营管理全才。尤其是企业规模扩大时，管理业务工作繁重，领导容易陷入日常行政事务中，不利于集中精力思考与研究企业重大问题。因此，直线制只适用于那些规模较小或生产技术简单而且业务又稳定的企业。

（二）职能制组织

职能制是在各级生产行政领导者之下，按照专业分工设置管理职能部门，各部门在其业务范围内有权向下级发布命令和下达指示，下级领导者既服从上级领导者的指挥，也听从上级各职能部门的指挥，其结构如图1-4所示。

图 1-4　职能制组织结构示意

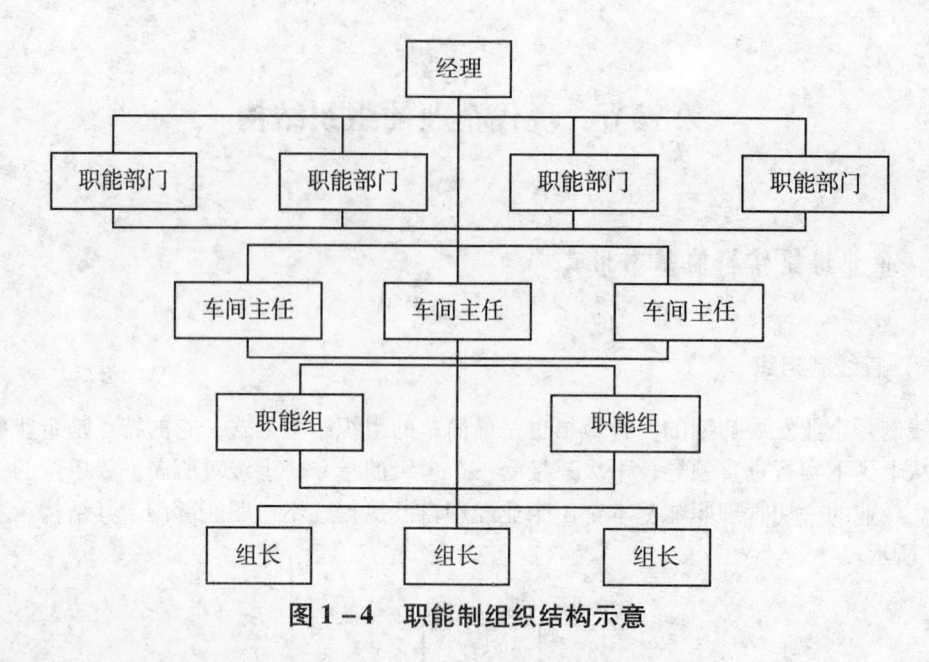

这种组织形式的优点是适应企业生产技术发展和经营管理复杂化的要求，能够发挥职能机构的专业管理作用和利用专业管理人员的专长。其缺点是妨碍了企业生产经营活动的集中统一指挥，形成多头领导，命令不统一，下属无所适从，不利于责任制的建立，有碍于工作效率的提高。

职能制是在19世纪80年代初期，由美国的泰勒首先提出的，并在米德瓦尔钢铁公司以职能工长制的形式加以试行。1908年泰勒在《工场管理》一书中对此作了介绍，但由于职能制妨碍集中统一领导，因而现在很少采用。

（三）直线职能制组织

这是一种以直线结构为基础，在厂长（经理）领导下设置相应的职能部门，实行厂长（经理）统一指挥与职能部门参谋、指导相结合的组织结构。如图1-5所示。它是在直线制的基础上发展而来的，称为直线职能制。

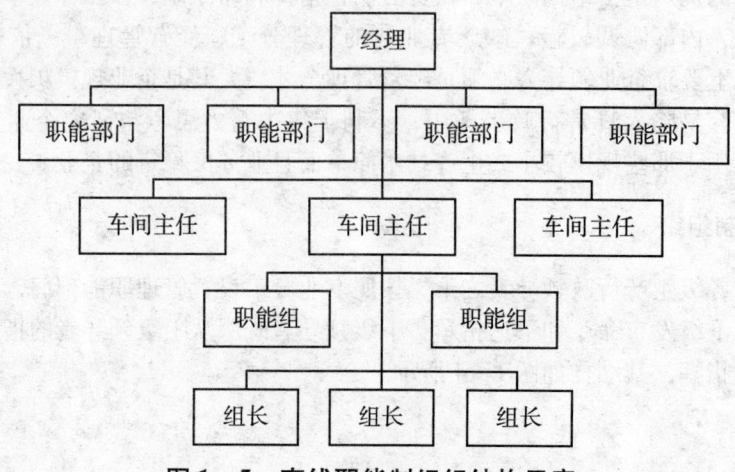

图 1-5　直线职能制组织结构示意

直线职能制的特点是：厂长（经理）对业务和职能部门均实行垂直领导，各级直线管理人员在职权范围内对直线下属有指挥和命令的权力，并对此承担全部责任；职能管理部门是厂长（经理）的参谋和助手，没有直线指挥权，其职责是向上级提供信息和建议，并对业务部门实施指导和监督，因此，它与业务部门的关系只能是一种指导关系，不能发号施令。

直线职能制既能保证统一指挥，又可以发挥职能管理部门的参谋、指导作用，弥补企业高层领导在专业管理知识和能力方面的不足，协助领导人员决策。所以，它是一种有助于提高管理效率的组织结构形式，在现代企业中适用范围比较广泛。

但是，随着企业规模的进一步扩大，企业的职能部门也将随之增多，于是各部门之间的横向联系和协作将变得更加复杂和困难。

（四）事业部制组织

事业部制，也称分权制结构。如图1-6所示。它是一种在直线职能制基础上演变而成的现代企业组织结构形式。M型结构遵循"集中决策，分散经营"的总原则，实行集中决策指导下的分散经营，按产品、地区和顾客等标志将企业划分为若干相对独立的经营单位，分别组成事业部。各事业部都在经营管理方面拥有较大的自主权，实行独立核算、自主盈亏，并可根据经营需要设置相应的职能部门。总公司则主要负责研究和制定重大方针、政策，掌握投资、重要人员任免、价格幅度和经营监督等方面的大权，并通过利润指标对事业部实施控制。

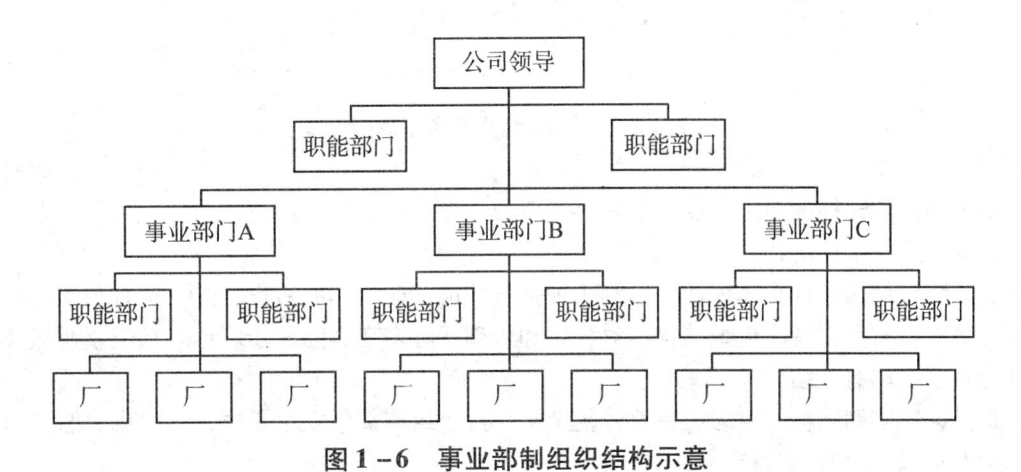

图1-6 事业部制组织结构示意

这种组织结构的主要优点是：（1）有利用于形成决策的专业化与分工。各个分部负责日常经营决策，而企业总部负责战略决策，有利于大幅度提高决策效率和经营效率。（2）有利于提高决策层确定利润增长点。它的各个部门是独立的利润单位，可以有效地安排企业资金配置。（3）有利于提高其管理效率。它的各个分部具有相对独立性和可比性，有利于总部对分部经理进行绩效评价，总部能够通过奖酬制度、升迁制度和行政权力更有效地激励和控制分部经理。（4）有利于产生范围经济和合成效应。前者意味着各项事业可以非排他性地利用某些共同资源（如固定资产、核心技术、生产管理技巧、商誉、信息与人力资源等）而带来的单位成本降低，后者则是指不同产品之间的技术互补性所带来的"聚合"效应。(5) 有利于企业拓展成长空间，并分散总体经营风险。这一组织结构形式被管理学家威廉姆森称为是"20世纪最伟大的组织变革"。

但是这种组织结构容易造成组织机构重叠、管理人员膨胀现象；由于各事业部独立性强，考虑问题时容易忽视企业整体利益。如果公司在经营战略或其他方面缺乏有效控制，可能导致组织结构过度的分散化。

因此，相对而言，这种组织结构更适合于那些经营规模大、生产经营业务多样化、市场环境差异大、要求有较强适应性的企业。

（五）矩阵制组织

这种组织结构是由纵横两个系列组成，一个是职能部门系列，另一个是为完成某一临时任务而组建的项目小组系列，纵横两个系列交叉即构成矩阵（见图1-7）。

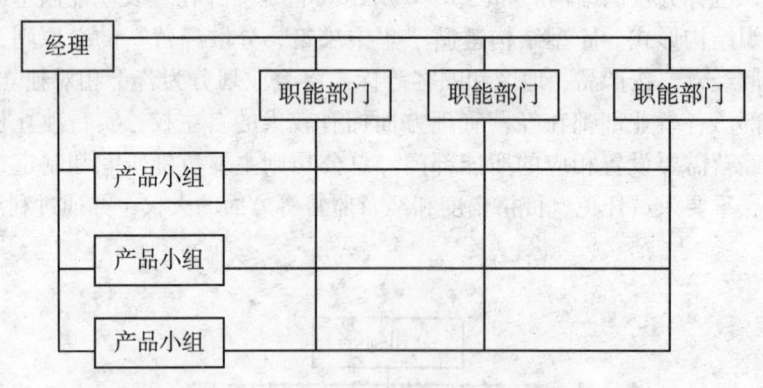

图1-7 矩阵制组织结构示意

矩阵制组织结构的最大特点在于其具有双重命令系统，小组成员既服从小组负责人的指挥，又受原所在部门的领导，这就突破了一个职工只受一个直接上级领导的传统管理原则。因此，矩阵制结构的优点体现在：有利于加强各职能部门之间的协作和配合；有利于提高人力资源效率；有利于解决组织结构相对稳定和管理任务多变之间的矛盾；有利于企业综合管理和专业管理的有效结合。

但是，矩阵制结构的组织关系比较复杂，一旦小组与部门发生矛盾，小组成员的工作就会因为双重领导而左右为难，使工作难以顺利开展。

（六）多维制组织

多维制组织又称立体组织，是矩阵制组织的进一步发展。这种组织结构的形式由三个方面的管理系统组成：一是按产品划分的事业部，是产品事业利润中心；二是按职能划分的专业参谋机构，是专业成本中心；三是按地区划分的管理机构，是地区利润中心。结构示意图如图1-8所示。

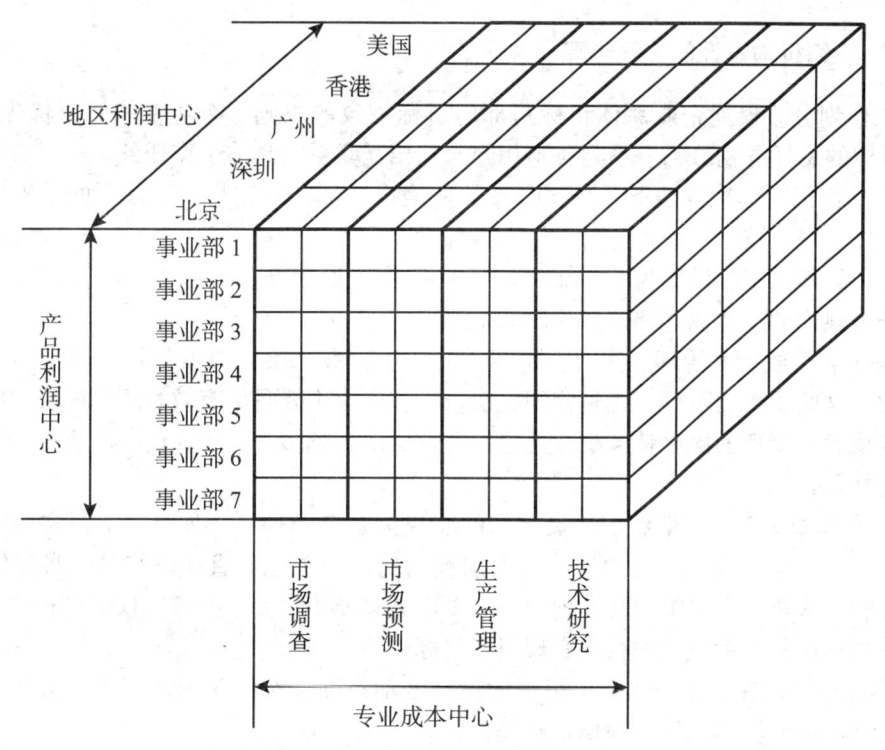

图 1-8 多维制组织结构示意

多维制组织的特点，是任何决策都必须由产品事业部经理、专业参谋机构代表、地区管理机构代表三方面共同组成的"产品事业委员会"进行，这样有助于及时互通情报，集思广益，做出正确的决策。这种组织结构适应于跨国公司或规模巨大的跨地区公司。

二、组织机构设计的基本原则与主要步骤

（一）组织机构设计的基本原则

1. 精简原则。管理机构的建立、调整、取消必须紧紧围绕企业目标。以是否对实现目标有利作为衡量标准。组织机构的设计应该"因事设职"，做到"事事有人做"，而非"人人有事做"。

2. 统一领导、分级管理原则。一个有效的组织从最高层到最低层职位必须正式组成一个等级链。各职位责任明确、沟通渠道清晰。

3. 责、权、利对等原则。权是条件，责是约束，利是激励。

4. 有效的管理幅度原则。管理幅度即一个领导直接指挥管理下级的人数。其大小取决于多种因素：领导者的素质、能力、经验、工作性质、下级的工作能力。管理幅度决定管理层次，两者成反比。幅度过大管不过来；过小机构层次多、指挥不及时，效率低。

5. 弹性原则。要求组织结构不能一成不变而应有适当的弹性，留有适当余地。任何一种制度都是人定的，在操作上都应有一定的弹性。

（二）组织机构设计的主要步骤

1. 工作划分。根据企业总体目标与部门目标一致的原则、企业整体效率优先的原则，把组织目标的总任务划分为一系列各不相同、又相互联系的具体工作任务。

2. 建立部门。标准有如下三种：（1）按职能设置部门。这是一种首要的设置部门的方法，通常按生产、技术、销售、财务、人事等设立为若干职能部门。（2）按产品设置部门。按企业生产的不同产品设置为若干部门。（3）按位置设置部门。这种按位置设置部门的方法适应于大规模的企业或地理位置分散的企业。

3. 决定管理幅度和管理层次。一定规模的企业，最上层的决策都是通过中间层次下达到基层的，这些层次的数目，就是管理层次。管理层次主要是由有效管理幅度决定的，有效管理幅度越大，管理的层次就越少；反之，管理层次就越多。对于任何一个企业，管理的层次越少越好。

4. 确定职权关系。一般组织成员之间的职权关系有两种：一种是上下级之间纵向的职权关系；另一种是直线部门与参谋部门之间横向的职权关系。直线职权是一种等级式的职权，直线管理人员具有决策权与指挥权，可以向下级发布命令。参谋职权是一种顾问性质的职权，主要作用是协助直线职权去实现组织目标。

5. 不断修正和完善组织结构。组织的设计是动态的，在组织的运行中，必然会暴露出许多矛盾和问题，因而须不断地修正和完善。

三、现代企业组织结构变化与发展

（一）影响企业组织结构的因素

1. 环境。一是社会环境，指企业所面临的一般环境，包括政治环境、经济环境、文化环境、技术环境等。二是工作环境，是指与个别企业相关联的，更为具体的因素，包括消费者、供应者、竞争者、社会政治和技术因素等。工作环境通常可分为稳定的环境、变化的环境和剧变的环境三种。稳定的工作环境适合采用正式的和集权化的组织结构；变化的工作环境仍适合于采用正式的和集权化的组织结构，但必须辅以更多类型的参谋人员。剧变的工作环境适合采用相对分权化的组织结构，并对环境经常做出分析，使企业始终保持对环境的敏感性。

2. 企业规模。小企业适合采用直线制组织结构的形式；对于大规模的企业，由于部门增多，部门之间的协调困难，因此适合采用事业部制、模拟分权制、多维制等较复杂的组织结构。

3. 工作任务。对于重复、呆板和简单的工作，采用正式的集权组织结构有利于指挥和管理；反之对于有创造性的工作，则适合采用分权化的组织结构。

4. 技术特征。对于大批量的生产，往往应用专业化的技术，产品生产也实行专业化和流水作业，组织结构适合采用集权式；而对单件小批量的生产，应用的是变化的技术，产品生产的专业化程度低，组织结构适合采用分权式。

（二）现代企业组织结构的变化发展

现代企业组织结构上显现出的发展趋势主要有柔性化趋势和扁平化趋势。

企业组织结构的柔性化趋势是指通过对一些临时性的、以任务为导向的团队式组织的建立来取代原先组织结构上所设置的那些固定的或正式的组织机构，从而增强企业的灵活性。常用的做法是工作团队结构和委员会结构。

企业组织结构的扁平化趋势是指企业组织形态随着管理层次的削减、管理幅度的增大，从金字塔形向扁平式转变的倾向。从国内外企业组织结构发展的形式看，分权式森林型的组织结构有以下几种类型：

1. 分厂制，即把规模庞大、产品众多的企业，按产品、生产工艺或销售方式等分解为若干个相对独立的分厂，分厂享有一定的权力，总厂对分厂进行目标和计划管理。

2. 分层决策制，指各分厂或独立经营的单位享有决策权。

3. 分散利润中心，指企业将内部各部门按生产或销售特点划分为若干个利润中心，这种利润中心可根据自身情况进行独立的经营活动，成为一个相对独立的经营单位。

4. 产品事业部制。实行事业部制，以产品事业部制代替职能管理制，是集权式金字塔形的组织结构向分权式森林型的组织结构发展的一种重要形式。

5. 研究人员的平等制。分权式森林型的组织结构中，企业内部研究开发人员与各级经营决策人员之间是一种平等的关系。

资料链接

企业组织结构的几种新兴形态

20世纪80年代末90年代初，一些新兴的企业组织形态相继出现。例如虚拟公司模式、团队结构模式、网络组织模式、无边界组织模式等。这是企业组织结构不断进化和创新的结果，同时也是企业在努力适应市场环境变化过程中的成果。这些企业组织形态大都建立在信息通讯技术取得巨大进步的基础上，不仅为其组织成员个性化的全面发展创造了条件，而且也具有极大的促进和推动作用。与传统的层级制组织类型相比，这类组织大都具有扁平化、管道化、柔性化、分立化、信息中心化等特点。

资料来源：单宝主编，《企业管理前沿理论和方法：21世纪企业管理大趋势》，上海财经大学出版社2006年版。

第四节　企业社会责任

一、企业社会责任的含义

自20世纪50年代开始，美国经济和管理学界对企业社会责任展开了热烈的讨论，尽管讨论了几十年，但关于其含义仍众说纷纭、莫衷一是。美国经济学家、诺贝尔经济学奖获得者密尔顿·弗里德曼（Milton Friedman, 1989）认为，企业的社会责任就是增加利润。斯蒂芬·P·罗宾斯（Stephen P. Robbins, 1991）认为，企业社会责任是指超过法律和经济要求的、企业为谋求对社会有利的长远目标所承担的责任。他区分了社会责任和社会义务，认为一个企业只要履行了经济和法律责任，就算履行了社会义务，而社会责任则在社会义务的基础上加了一个道德责任，它要求企业分清是非并遵守基本的道德准则。哈罗德·孔茨（Harold Koontz）和海因茨·韦里克（Heinz Weihrich）（1993）认为，公司的社会责任就是认真地考虑公司的一举一动对社会的影响。里基·W·格里芬（Ricky W. Griffin, 1989）认为，企业社会责任是指在提高本身利润的同时，对保护和增加整个社会福利方面所承担的责任。

借助我国一些学者的观点，我们认为，企业社会责任就是企业为所处社会的全面和长远利益而必须关心、全力履行的责任和义务，表现为企业对社会的适应和发展的参与。企业社会责任的内容极为丰富，既有强制的法律责任，也有自觉的道义责任，此外还包括企业对政府履行的责任，内容主要包括：缴纳税金、环境保护、提供就业、支持文化和教育事业、向慈善机构捐赠等。

二、企业社会责任的范围

全国政协常委、国务院参事任玉岭在接受《中国经济周刊》采访时指出，我国也应针对经济社会发展的需要和企业社会责任暴露出的问题，尽早研究和制定中国的企业社会责任标准，以防走在外国的后面，让外国掣肘我们的发展。对此，他建议，应从以下八个方面来确立我国企业的社会责任标准：

1. 承担明礼诚信确保产品货真价实的责任。由于种种原因造成的诚信缺失正在破坏着社会主义市场经济的正常运营，由于企业的不守信，造成假冒商品随处可见，消费者因此而造成的福利损失每年在2 500亿~2 700亿元，占GDP的3%~3.5%。很多企业因商品造假的干扰和打假难度过大，导致企业难以为继，岌岌可危。为了维护市场的秩序，保障人民群众的利益，企业必须承担起明礼诚信确保产品货真价实的社会责任。

2. 承担科学发展与缴纳税款的责任。企业的任务是发展和盈利，并担负着增加税收和国家发展的使命。企业必须承担起发展的责任，搞好经济发展，要以发展为中心，以发展为前提，不断扩大企业规模，扩大纳税份额，完成纳税任务，为国家发展做出大贡献。但是这个发展观必须是科学的，任何企业都要高度重视在"五个统筹"的科学发展观指导下的发展。

3. 承担可持续发展与节约资源的责任。中国是一个人均资源特别紧缺的国家，企业的发展一定要与节约资源相适应。作为企业家，一定要站在全局立场上，坚持可持续发展，高度关注节约资源，并要下决心改变经济增长方式，发展循环经济、调整产业结构。

4. 承担保护环境和维护自然和谐的责任。随着全球和我国的经济发展，环境日益恶化，特别是大气、水、海洋的污染日益严重。野生动植物的生存面临危机，森林与矿产过度开采，给人类的生存和发展带来了很大威胁，环境问题成了经济发展的"瓶颈"。

5. 承担公共产品与文化建设的责任。医疗卫生、公共教育与文化建设，对一个国家的发展极为重要。特别是公共教育，对一个国家的脱除贫困、走向富强就更具有不可低估的作用。医疗卫生工作不仅影响全民族的身体健康，也影响社会人力资源的供应保障。文化建设则可以通过休闲娱乐，陶冶人的情操，提高人的素质。在国家对这些方面的扶植困难、财力不足的情况下，企业应当分出一些财力和精力担当起发展医疗卫生、教育和文化建设的责任。

6. 承担扶贫济困和发展慈善事业的责任。虽然我们的经济取得了巨大发展，但是作为一个有13亿人口的大国还存在很多困难。特别是农村的困难就更为繁重，更有一些穷人需要扶贫济困。这些责任固然需要政府去努力，但也需要企业为国分忧，参与社会的扶贫济困。为了社会的发展，也是为企业自身的发展，我们的广大企业，更应该重视扶贫济困，更好承担起扶贫济困的责任。

7. 承担保护职工健康和确保职工待遇的责任。人力资源是社会的宝贵财富，也是企业发展的支撑力量。保障企业职工的生命、健康和确保职工的工作与收入待遇，这不仅关系到企业的持续健康发展，而且也关系到社会的发展与稳定。我们的企业必须承担起保护职工生命、健康和确保职工待遇的责任。作为企业要坚决做好遵纪守法，爱护企业的员工，搞好劳动保护，不断提高工人工资水平。

8. 承担发展科技和开创自主知识产权的责任。通过科技创新，降低煤、电、油、运的消耗，进一步提高企业效益。改革开放以来，我国为了尽快改变技术落后状况，实行了拿来主义，使经济发展走了捷径。但时至今日，对引进技术的消化吸收却没有引起注意。因此，企业要高度重视引进技术的消化吸收和科技研发，加大资金与人员的投入，强化创新意识。

三、社会责任投资

社会责任投资（Socially Responsible Investment，SRI）在西方已成气候，并开始进入中国。SRI 关注的是企业社会责任的实现，其基本原则非常简单——如果金钱是让世界运转的动力，那么以承担社会责任为宗旨的投资就有机会让这个世界运转得更美好。它是指将融资目的和社会、环境以及伦理问题相统一的一种融资模式，即以股票投资、融资等形式为那些承担了社会责任的企业提供资金支持。它要求企业在对其盈利能力加以"合理"关注以外，同时也关心影响企业生存的另外两项因素：环保和社会公正。

社会责任投资，同时能使环境和社会业绩出色的公司脱颖而出。通过投资者活动的形式使经理层参与到这些问题上来，从而改善企业在这些领域的业绩，它是企业社会责任的组成部分。SRI 是一个混合体——它既是资本投资的出口，又必须在金融市场内运用，这样就注定其中的每一个参与者经常要在商业利益和社会责任之间做出决断。带有道德筛选意味的投资可追溯至 17 世纪的贵格会（Quakers，西方基督教的一个教派，从事一定的商业活动，其教徒以拒绝参加战争而闻名），当时的贵格会拒绝对武器买卖进行投资。而现代的 SRI 运动始于 1971 年的柏斯全球基金（Pax World Fund）。该基金由抗议越战的牧师发起，柏斯的投资者认为拥有一些公司的股票——例如制造凝固汽油的陶氏化学公司的股票——是错误的。因此，他们创造了一个共同基金，把他们认为不合道德的公司——剔除出他们拥有的所有股票组合之外（当时基金从本质上说就是一个筛选股票的工具），这些公司包括烟草、酒精、赌博和军火企业。如今西方对企业责任的定义愈发广泛，还包括妇女和同性恋权利、种族平等和动物试验，等等。

由此可见，"社会责任投资"是一个为了适应经济的可持续发展而产生的产物。通过对投资过程中多方面因素（社会正义性、环境可持续性、财务绩效）的综合考虑，使得"社会责任投资"可以同时产生财务性及社会性的利益。"社会责任投资"并不是一个特定的商品名称，而是指一种为投资组合设定特定价值的应用方法或哲学。

本章小结

〔内容摘要〕

本章在介绍企业的基本概念、企业产生、企业类型与企业系统的基础上,重点阐述了企业制度的基本形式、现代企业制度的基本内容、企业组织结构的基本形式、企业组织结构设计的原则与步骤,以及企业的社会责任等方面的内容。

〔主要知识点〕

1. 企业的概念。企业是指从事生产、流通和服务等经济活动,为满足社会需要和获取利润,依法设立和运营、自主经营、自负盈亏、自我发展、自我约束的独立的商品生产者和经营者,是社会经济的基本单位。

2. 企业的产生。可从两个角度考察:一是企业产生的历史渊源;二是社会资源配置的方式。企业发展过程经历了手工业生产时期、工厂生产时期和企业生产时期。

3. 企业制度的基本形式。主要有三种,即个人业主制企业、合伙制企业和公司制企业。有限责任公司和股份有限公司是现代公司制的两种基本形式。

4. 现代企业制度。所谓现代企业制度,是指适应市场经济和现代企业要求的,以现代公司制度为主体的企业制度,它是市场经济体制的微观基础。其基本特征主要有产权特征、保值增值特征、责任特征、效益特征和制度特征。其主要内容包括三个方面:现代企业产权制度、现代企业组织制度和现代企业管理制度。

5. 现代企业组织结构的基本形式。主要包括:直线制、职能制、直线职能制、事业部制、矩阵制和多维制组织等。

〔关键概念〕

企业　现代企业制度　企业社会责任

思考题

1. 企业的一般概念是什么?现代企业的基本内涵是什么?
2. 企业制度的主要形式有哪些?现代企业制度的基本特征与主要内容有哪些?
3. 现代企业组织结构的基本形式有哪几种?各有何特点?

思考案例

温特图书公司的组织改组

温特图书公司原是美国一家地方性的图书公司。近 10 年来,这个公司从一个中部小镇的书店发展成为一个跨越 7 个地区,拥有 47 家分店的图书公司。多年来,公司的经营管理基本上是成功的。下属各分店,除 7 个处于市镇的闹区外,其余分店都位于僻静的地区。除了少数分店也兼营一些其他商品外,绝大多数的分店都专营图书。每个分店的年销售量为 26 万美元,纯盈利达 2 万美元。但是近 3 年来,公司的利润开始下降。

两个月前,公司新聘苏珊任该图书公司的总经理。经过一段时间对公司历史和现状的调查了解,苏珊与公司的 3 位副总经理和 6 个地区经理共同讨论公司的形势。

苏珊认为,她首先要做的是对公司的组织进行改革。就目前来说,公司的 6 个地区经理都全权负责各自地区内的所有分店,并且掌握有关资金的借贷、各分店经理的任免、广告宣传和投资等权力。在阐述了自己的观点以后,苏珊便提出了改组组织的问题。

一位副总经理说道:"我同意你改组的意见。但是,我认为我们需要的是分权而不是集权。就目前的情况来说,我们虽聘任了各分店的经理,但是我们却没有给他们进行控制指挥的权力，我们应该使他们成为一个个有职有权、名副其实的经理，而不是有名无实，只有经理的虚名，实际上却做销售员的工作。"

另一位副总经理抢着发言："你们认为应该对组织结构进行改革，这是对的。但是，在如何改的问题上，我认为你的看法是错误的。我认为，我们不需要设什么分店的业务经理。我们所需要的是更多的集权。我们公司的规模这么大，应该建立管理资讯系统。我们可以透过资讯系统在总部进行统一的控制指挥，广告工作也应由公司统一规划，而不是让各分店自行处理。如果统一集中的话，就用不着花这么多工夫去聘请这么多的分店经理了。"

"你们两位该不是忘记我们了吧？"一位地区经理插话说："如果我们采用第一种计划，那么所有的工作都推到了分店经理的身上；如果采用第二种方案，那么总部就要包揽一切。我认为，如果不设立一些地区性的部门，要管理好这么多的分店是不可能的。""我们并不是要让你们失业。"苏珊插话说："我们只是想把公司的工作做得更好。我要对组织进行改革，并不是要增加人手或是裁员。我只是认为，如果公司某些部门的组织能安排得更好，工作的效率就会提高。"

资料来源：王凤彬、刘松博、朱克强编著，《管理学教学案例精选》（修订版），复旦大学出版社2009年版。

思考题：
1. 有哪些因素促使该图书公司要进行组织改革？
2. 你认为该图书公司现有的组织形态和讨论会中两位副总经理所提出的计划怎么样？

应用训练

模拟企业设立

【实训目标】

通过实训，主要让学生体会企业设立的具体过程，要求学生将学到的知识与实际应用结合起来，从而加深学生对教材相关内容的理解，并提高学生实际动手能力。

【实训内容】

在学生当中挑选6人，每2人一组，分别扮演工商行政管理局、税务局和银行；其他学生每5~7人组成一个小组，每个小组确认一个准备注册成立的公司。要求学生必须完成公司开业前的所有工作，包括公司设立登记、公司章程的撰写、验资、法人登记、税务登记、银行开户等相关模拟工作；最后学生将所有相关文字资料、表格装订成册，形成公司设立的完整资料，各小组之间总结参考。

【实训步骤】

1. 学生分组，分配相应角色，分头开展工作。
2. 要求学生上网查找本地区工商行政管理局对公司注册的具体要求，下载相关表格；
3. 学生确定公司类型、注册资金，公司治理、组织结构，分配各自的角色；
4. 学生根据各自的角色，填写公司设立申请书，撰写公司章程；
5. 在模拟银行开立验资账户，模拟会计师事务所出具验资报告；
6. 学生扮演工商行政管理局，根据各小组提交的资料批准公司设立；
7. 公司设立后，学生上网下载相关表格，模拟进行税务登记，并报模拟的税务局批准；
8. 学生上交最后资料，教师对各小组的公司设立情况进行归纳和点评。

第二章 管理与企业管理

【导入案例】

为什么要学习企业管理

世界各国工业化的历史,无不是企业发展壮大的历史。企业是社会生产的基本单位,也是国民经济的组成细胞。企业的活力决定了国民经济的活力,只有当绝大多数企业真正发展壮大起来时,国家才会富强,人民生活才会富裕,整个社会经济发展水平才能真正得以提高。企业是经济主体、市场主体、财富主体。企业的发展是经济社会走向繁荣昌盛的根基。

有人以"国器"来比喻企业对当今国家的重要性。所谓"国器",不仅仅是一国的武器,从更宽泛的意义上讲,更是一个国家实力的象征,是一个国家强弱的依据。世界500强企业最多的国家,显然是美国、日本等发达国家。在全球化的当下,在经济至上的今天,以"国器"来比喻一个国家的企业,似乎再恰当不过。企业强则国家强,企业弱则国家弱,放之四海而皆准。由此亦可见,企业对于国家,有多么重要!

从这一点来说,企业是立国之本,企业强则国家强。改革开放以来,我国经济建设取得了卓越成效,涌现了一大批杰出的企业和企业家。然而我们不得不承认这样一个简单的事实:日本经济高速增长的30年(1955~1985年)中,涌现了一大批世界级的企业家如松下幸之助、盛田昭夫、井深大、堤义明等,以及一大批享誉世界的品牌如松下、丰田、索尼、尼康、富士、三菱重工、日立等,而中国经济高速增长的近30年中,却鲜有举世瞩目的企业家出现。为什么号称"世界工厂"的中国,却基本上没有世界级的品牌?

对比我国企业与西方发达国家企业的差距,主要体现在技术与管理两个方面。有人说,技术和管理是企业发展的两个轮子,缺一不可。也有人说,技术和管理是企业发展的双翼。我国企业在追赶西方发达国家企业的过程中,不仅要在技术方面加强研发和引进,而且更重要的是加强企业管理。从某种意义上来说,技术可以引进,然而管理却不能模仿。这就更进一步显现了学习和研究企业管理的重要性。

资料来源:改编自《华夏时报》"国器60"特刊,http://www.chinatimes.cc/subsite/guoqing60/。

问题:应该如何学习企业管理这门学科?

现代企业管理是一门科学。实现企业管理的现代化、科学化和规范化,必须了解和掌握现代企业管理的基本理论、基本原理和基本知识。管理学作为一门系统地研究人类管理活动的普遍规律、基本原理和一般方法的科学，得到了越来越深入的发展，并受到了人们的普遍重视。

第一节 管理与管理者

管理活动作为人类最重要的一项活动，广泛地存在于现实的社会生活之中，大至国家、军队，小至企业、医院、学校等，凡是一个由两人以上组成的、有一定活动目的的集体就都离不开管理，管理是一切有组织的活动中必不可少的组成部分。因此，在社会生活中，特别是在组织的活动中，就有必要了解什么是管理，为什么要进行管理，怎么样才能有效地进行管理活动。

名人名言

在人类历史上，还很少有什么事比管理的出现和发展更为迅猛，对人类具有更为重大和更为激烈的影响。

——彼得·德鲁克

一、管理

（一）什么是管理

究竟什么是管理，可以说众说纷纭，仁者见仁，智者见智。现列举以下几种解释：

《世界百科全书》的解释是：管理就是对工商企业、政府机关、人民团体，以及其他各种组织的一切活动的指导。它的目的是要使每一行为或决策有助于实现既定的目标。

重视管理者个人领导艺术的管理学家认为：组织中一切有目的的活动都是在不同层次的领导者的领导下进行的，管理就是领导。

重视决策作用的管理学家认为：组织中任何工作都是通过一系列决策完成的，管理就是决策。

重视管理职能的管理学家认为：管理就是对被管理对象实施一系列管理职能的过程。

重视工作效果的管理学家认为：管理就是由一个或更多的人来协调他人的活动，以便收到个人单独活动不能收到的效果而进行的各种活动。

重视协调工作的管理学家认为：管理就是在某一组织中，为实现目标而从事的对人与物质资料的协调活动。

以上这些关于管理定义的观点，是从各个不同的角度给出的不同解释。综合前人的研究，我们认为管理的定义可以做如下解释：管理是指一个组织为了实现组织的目标，通过各项职能活动，对组织所拥有的资源进行合理配置和有效协调，以实现组织预定目标的过程。这个定义包含了更深层次的解释，具体可以理解为：

1. 管理是一个有目标的活动，管理的核心就是达到组织的目标。
2. 管理是一个过程，是实施决策、计划、组织、领导和控制等职能的过程。
3. 管理实现目标的手段是通过合理配置和使用资源。
4. 管理的载体是组织。组织包括国家机关、企事业单位、政治党派、社会团体以及各种宗教组织等。
5. 管理的本质是协调，即合理分配和协调相关资源的过程。协调是使个人的努力与集体的预期目标相一致。

6. 管理的对象是资源。既包括人力资源、财力资源、物力资源，也包括时间资源和信息资源等。在所有的资源中，人力资源是最为重要的，人是首要的因素，因而管理要以人为中心。

（二）管理的性质

1. 管理的自然属性和社会属性。管理是人类共同劳动的产物，它具有两种基本属性，即管理的自然属性和管理的社会属性，如图 2-1 所示。

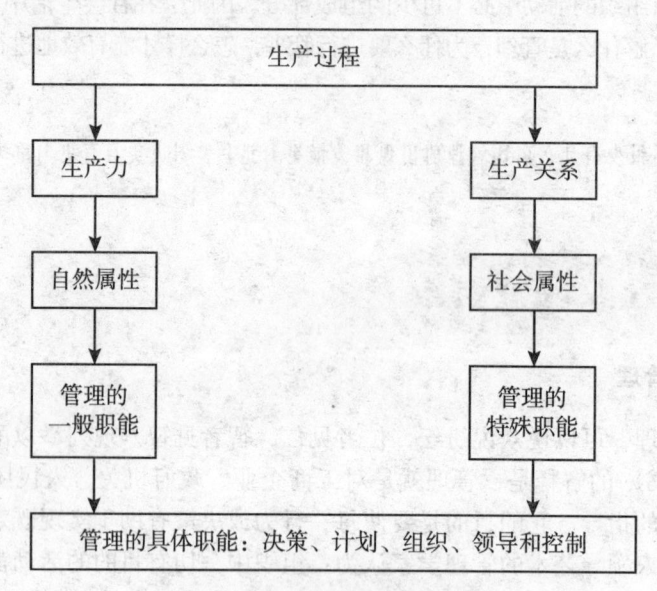

图 2-1 管理二重性的分析

管理具有不以人的意志为转移而有所改变的性质，这实质上是一种客观存在，我们称之为管理的自然属性。管理的自然属性反映了社会劳动过程本身的要求，在分工协作条件下的社会劳动，需要通过一系列管理活动把人、财、物等各种要素按照一定的方式有效地组织起来，才能顺利进行。

管理是在一定的生产关系条件下进行的，必然体现出生产资料占有者指挥劳动、监督劳动的意志，因此，它具有同生产关系、社会制度相联系的社会属性。管理的社会属性体现了统治阶级的利益和要求，在一定的生产方式下，需要通过管理活动来维护一定的生产关系，实现一定的经济和社会目标。管理的社会属性表现为调整和完善生产关系，处理和调整人与人之间的经济利益关系，例如分配体制、管理体制等。

理解管理的二重性对于学习和掌握管理学的原理和方法，并应用其指导具体的管理实践有着重要的意义。首先，管理的二重性体现了生产力和生产关系的矛盾运动和辩证统一关系。其次，管理的二重性表明，先进的管理理论、技术和方法是人们长期从事管理活动的产物，是人类智慧的结晶，它同生产力的发展一样，具有连续性，是不分国界的，可以为我所用。最后，由于管理是社会生产关系的实现方式之一，体现着一定的统治阶级的意志，这就要求我们在学习时，切忌生搬硬套的教条主义。

2. 管理的科学性和艺术性。管理的科学性首先是指有效的管理、成功的管理必须有科学的理论和方法来指导，管理活动应遵循管理的基本原理和原则；其次是指管理学是一门科学。管理科学还包括从经验、技能提炼发展而来的管理技术。

管理的艺术性是指管理的实践性、创造性和灵活性。首先，管理活动是在一定的环境中进行的，环境各异且不断变化。其次，当管理者从众多可供选择的管理方式和手段中选择一种合适的用于自己的管理实践时，也体现了他管理的艺术性技能。再其次，由于管理的主要对象——人具有主观能动性和感情，他能积极地思考，并自主地做出行为决定，而且，感情是最难数量化、模式化的东西，受多种因素的影响。最后，管理的艺术性还与管理者的性格有关。

二、管 理 者

（一）什么是管理者

组织中的人员一般可以分为两大类：一类是作业者；另一类则是管理者。

管理者是那些在组织中行使管理职能、指挥或协调他人完成具体任务的人。例如公司的总裁、超市的经理、工厂的厂长、医院的院长、学校的校长等。管理者是组织的心脏，其工作绩效的好坏直接关系到组织的成败兴衰。非正式组织中，一些能够影响和指挥他人的成员并不是组织的管理者。

管理者是拥有组织的制度权力，并以这些权力为基础指挥他人活动的人。管理者具有以下几个特征：管理者拥有制度化的权力，特别是奖惩他人的权力；管理者必须执行一定的管理职能；管理者的人格通常是双重的。

（二）管理者的角色

1. 亨利·明茨伯格认为，管理者角色可以分为三大类十种角色：
（1）人际关系角色，指所有的管理者都要履行礼仪性和象征性的义务。具体包括：挂名首脑、领导者、联络者。
（2）信息传递角色，指所有的管理者在某种程度上都从外部组织或机构接受和收集信息，同时，他们又是所在单位的信息传递中心和其他工作小组的信息传递渠道。具体包括：监听者、传播者、发言人。
（3）决策制定角色，具体包括：企业家、混乱驾驭者、资源分配者、谈判者。
2. 管理者角色差异。管理者角色的侧重点是随组织的等级层次而变化的，特别是代表人、联络者、传播者、发言人和谈判者角色，对于高层管理者比低层管理者更为重要；相反，领导者角色对于低层管理者，要比中、高层管理者更重要。不仅如此，管理者角色的重要性在大型组织和小型组织中存在显著不同。

（三）管理者分类与管理技能

1. 管理者的类型。
（1）根据管理者在组织中所处的层次将管理者分为基层管理者、中层管理者和高层管理者。
（2）根据管理者所从事的管理活动的范围将管理者分为职能管理者和综合管理者。
2. 管理层次与技能。管理技能可以分成三种基本类型：技术的、人际的和概念的技能。

（1）技术技能，指与特定工作岗位有关的专业知识和技能。如生产技能、财务技能、营销技能等。管理者不必成为精通某一领域的技能专家，但需要了解并初步掌握与其管理的专业相关的基本技能，便于对各项工作进行具体的指导。不同层次的管理者，对于专业技能要求的程度是不同的。

（2）人际技能，指与处理人际关系有关的技能，即理解、激励他人并与他人共事的能力（也叫领导技能）、说服上级并善于与同事沟通和合作的能力、善于与外部人员交往的能力等。

（3）概念技能，指综观全局、认清为什么要做某事的能力（也即对组织的战略性问题进行分析、判断和决策的能力），即管理者在任何混乱、复杂的环境中，敏锐地辨清各种要素之间的相互关系，准确地抓住问题的实质，果断地做出正确决策的能力。

各层次管理者对不同技能的需要如图2-2所示。

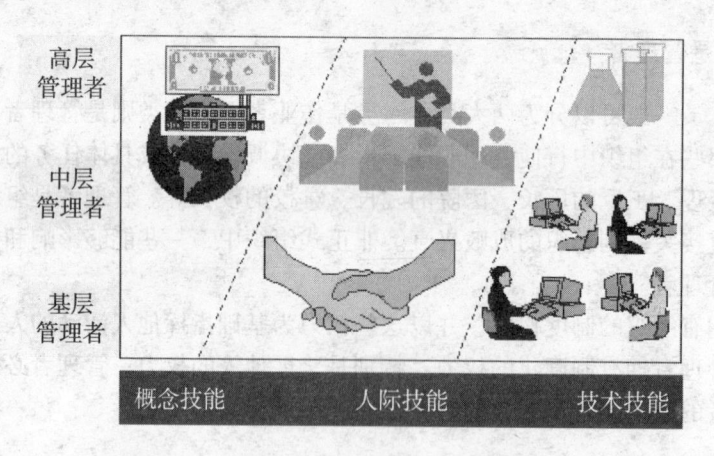

图2-2 不同管理层次需要的管理技能

【分析案例】

鹦鹉的故事

一个人去买鹦鹉，看到一只鹦鹉前标着，此鹦鹉会两门语言，售价200元；另一只鹦鹉前则标着，此鹦鹉会四门语言，售价400元。该买哪只呢？两只都毛色光鲜，非常灵活可爱。这人转啊转，拿不定主意。突然他发现一只老掉了牙的鹦鹉，毛色暗淡散乱，标价800元。这人赶紧将老板叫来：这只鹦鹉是不是会说八门语言？店主说：不。这人奇怪了：那为什么又老又丑，又没有能力，会值这个数呢？店主回答：因为另外两只鹦鹉叫这只鹦鹉为老板。

管理启示：一般来说，当管理者从低级转向高级时，分析、思考和判断的能力变得越来越重要，而技术能力则相反。真正的领导人，不一定自己有多少具体的技能，只要懂信任，懂放权，懂珍惜，就能团结比自己更强的力量，从而提升自己的身价。相反，许多具体技能非常强的人却因为过于完美主义，事必躬亲，认为什么人都不如自己，最后只能做最好的财务人员、技术能手，成不了优秀的领导人。

资料来源：丁家云、谭艳华主编，《管理学》，中国科学技术大学出版社2008年版。

分析：通过这个故事，谈谈你对不同层次管理者技能要求的看法。

(四) 管理的有效性和效率

管理的有效性，指管理工作对投入后的产出与组织目标一致性的影响。有效性集中体现在是否使组织花费最少的资源投入而取得最大的且最合乎需要的成果产出。有效性涉及组织是否"做正确的事"。

管理的效率，指管理工作对投入与产出的关系的影响。产出一定、投入最少，或者投入不变、产出最多，意味着组织具有较为合理的投入产出比，具有比较高的效率。效率涉及组织是否"正确地做事"（即"怎么做"）。

现代社会中，"做什么"比"怎么做"往往更加重要。管理学大师彼得·德鲁克曾经说："即使是最为健康的企业，即效能（有效性）最佳的企业，也会由于效率低下而衰败。然而，如果一家企业拥有最高的效率，但却运用在完全错误的方向，那它也注定无法生存，更遑论成功。"

【分析案例】

袋鼠与笼子

有一天，动物园管理员们发现袋鼠从笼子里跑出来了，于是开会讨论，一致认为是笼子的高度过低。所以他们决定将笼子的高度由原来的十公尺加高到二十公尺。结果第二天他们发现袋鼠还是跑到外面来，所以他们又决定再将高度加高到三十公尺。没想到隔天居然又看到袋鼠全跑到外面，于是管理员们大为紧张，决定一不做二不休，将笼子的高度加高到一百公尺。

一天，长颈鹿和几只袋鼠们在闲聊："你们看，这些人会不会再继续加高你们的笼子？"长颈鹿问。"很难说。"袋鼠说："如果他们再继续忘记关门的话！"

资料来源：《管理学简明读本》，中国石化出版社2007年版，第14页。

分析：通过这个故事，谈谈你对管理工作的有效性和效率的认识。

第二节 管 理 职 能

关于管理职能的提法各有不同，不同的管理学者有着不同的观点。随着管理理论、管理实践活动的发展，管理的基本职能也在不断适应新的形势而有所变化。管理的基本职能可以总结为决策、计划、组织、领导、控制和创新职能。

一、决策

决策是组织或个人为了实现某种目标而对未来一定时期内有关活动的方向、内容及方式的选择或调整过程。简单地说，决策就是定夺、决断和选择。决策是计划的核心问题，只有对计划目标和实施办法等要素进行科学合理的决策，才能制订出科学合理的计划。决策贯穿于一个组织管理活动的始终。同样，任何组织的管理工作者也都具有决策职能，从高层的管理工作者到初级管理工作者的管理活动始终都贯穿着决策职能。高层管理者的决策一般是战略性的、非程序化的决策，难度比较大；初级管理工作者的决策一般是业务性的、程序化的决策，难度相对较小。

二、计划

计划职能是确立组织目标及实现目标途径和方法的活动。所谓计划，就是指"制定目标并确定为达成这些目标所必需的行动"。组织中的高层管理者负责制定组织战略，相应地，组织中层管理者和基层管理者则必须为其工作小组制订经营计划，以便为实现组织总体目标而做出贡献。

计划职能是一个非常重要的职能。首先，计划是管理者指挥的依据。计划能够预先对未来的组织活动进行认真研究，从而消除不必要的活动所带来的浪费，选择最有效的方案来达到组织的目标。其次，计划是管理者进行控制的标准。计划中的目标和指标可以作为控制职能中的标准，控制中所有的标准都源于计划。

三、组织

通过计划职能解决了"干什么"的问题，但要实现目标，还必须建立机构和配备人员，解决"谁来干"的问题，这就是组织职能所要完成的任务。组织职能的形成正是源于人类对合作的需要，具体地可以延伸到现代组织的人力资源管理。合作能够形成一股合力，即我们通常所说的"1＋1＞2"的效应。如果在执行计划的过程中，通过良好的组织，则可以产生比个体总和更大的力量。因而，应该根据工作的要求与人员的特点，设计工作岗位，通过授权和分工，将合适的人员安排在合适的工作岗位上，坚持"能岗匹配"的最佳原则，形成一个有序的组织结构，通过组织职能的发挥，使整个组织协调、高效地运转。

四、领导

组织职能解决了"谁来干"的问题，那么"怎么干"呢？这就是说，决策和组织工作做好了，并不能保证组织目标的实现，因为组织目标的实现要依靠全体成员的共同努力，而位于不同岗位上的人员由于各自的人生目标、价值观、需求等各不相同，合作中必然会产生矛盾和冲突。因此就需要有权威的领导者进行领导。领导职能的具体内容是指导人们的行为，协调各种关系，激励每个成员自觉地为实现组织目标而努力。协调包括对内协调和对外协调两个方面。对内协调的目的是形成良好的人际关系，对外协调的目的是帮助企业树立良好的企业形象。激励是指创设满足职工各种需要的条件，激发职工的工作动机，使之产生实现组织目标的特定行为的过程。

领导的本质是一种影响力，是对组织为确立目标和实现目标所进行的活动施加影响的过程。

五、控制

人们在执行计划的过程中，往往会受到各种因素的干扰，常常会使实践活动偏离原来的计划。为了保证组织目标及组织计划的有效实现，为了防止实际运行结果与组织计划偏离，就需要发挥控制职能。所谓控制职能就是按照预定的决策目标、计划和标准，对管理活动的各个方面的实际情况进行检查，发现差距，分析原因，采取措施，予以纠正，使管理活动能按计划进行，保证预定决策目标的实现。可以认为，没有控制，就没有管理，控制是管理有效性和及时性的必要手段。简单地讲，控制职能就是纠正偏差的活动。组织中各个管理层次都必须充分重视控制职能。

六、创新

随着科学技术的迅猛发展，社会经济活动空前活跃，市场需求瞬息万变，社会关系日益复杂，使得每一位管理者时刻都会遇到新情况和新问题。在求新求异的今天，如果仍然因循守旧、墨守成规，则组织就缺少了应付新形势的能力。在变革的新时代，一切都在变化，唯一不变的就是变化，这些迫切要求所有的管理者都要敢于创新。管理是在动态环境中生存的社会经济系统，创新职能是今天的组织适应环境变化的新武器。

各项管理职能之间紧密联系、相互渗透，一般认为，每一项管理工作都是从决策开始，经过计划、组织、领导到控制结束。控制的结果可能又导致新一轮的计划，从而开始新一轮的管理循环。如此循环不断，把管理工作推向前进。创新在这个管理循环之中处于轴心的地位，成为推动管理循环的基础动力。

第三节 管理理论演变

一、古典管理理论

古典管理思想实际上是管理理论的萌芽，管理理论比较系统的建立是在 19 世纪末 20 世纪初。在这个阶段形成的理论称为古典管理理论，其代表人物有美国的泰勒、法国的法约尔、德国的韦伯等人。

（一）泰勒的科学管理理论

费雷德里克·泰勒（Frederick W. Taylor, 1856 – 1915）是美国古典管理学家、科学管理的创始人。他 18 岁从一名学徒工开始，先后被提拔为车间管理员、技师、小组长、工长、维修工长、设计室主任和总工程师。在他的管理生涯中，他不断在工厂实地进行试验，通过著名的三大实验即搬运铁块试验、铁锹试验和金属切削试验，系统地研究和分析工人的操作方法和动作所花费的时间，逐渐形成其管理体系——科学管理。泰勒的主要著作是《科学管理原理》(1911) 和《科学管理》(1912)。

泰勒认为，物质方面的直接浪费，人们是可以看到和感觉到的，但由于人们不熟练、低效率或指挥不当而造成的浪费，人们既看不到，又摸不到。因此，所有的日常活动中不注意效率的行为都在使整个国家资源遭受巨大损失，而补救低效能的办法不在于寻求某些出众或是非凡的人，而在于科学的管理。泰勒的科学管理的根本目的是谋求最高效率，要达到最高的工作效率的重要手段是用科学化、标准化的管理方法代替旧的经验管理。为此，泰勒提出了提高劳动生产率、改进管理的一整套管理措施和方法。

1. 工作定额研究。包括时间研究和动作研究。

所谓时间研究，就是研究人们在工作期间各种活动的时间构成，它包括工作日写实与测时。工作日写实是以工作日为对象，了解工人在工作时间内，多少时间用于工作准备，多少时间用于工作，多少时间用于聊天，多少时间用于自然需求，多少时间用于停工待料，多少时间用于清洗机器等，然后加以分析，保留必要的时间，去掉不必要的时间，从而达到提高劳动生产率的目的。测时是以工序为对象，按操作步骤进行实地测量并研究工时消耗的方法。时间研究可以总结先进工人的工作经验，推广先进的操作方法，确定合理的工作结构，为制定工作定额提供参考。

所谓动作研究，就是研究工人干活时动作的合理性，即研究工人在干活时，其身体各部位的动作，经过比较、分析之后，去掉多余的动作，改善必要的动作，从而减少人的疲劳，提高劳动生产率。

2. 能力与工作相适应原理。所谓能力与工作相适应原理，即主张一改工人挑选工作的传统，而坚持以工作挑选工人，每一个岗位都挑选第一流的工人，以确保较高的工作效率。

3. 标准化原理。标准化原理是指工人在工作时要采用标准的操作方法，而且工人所使用的工具、机器、材料和所在工作现场环境等都应该标准化，以利于提高劳动生产率。

4. 差别计件付酬制。泰勒认为，工人磨洋工的重要原因之一是付酬制度不合理，计时工资不能体现按劳付酬，干多干少在时间上无法确切地体现出来；要在科学地制定劳动定额的前提下，采用差别计件工资制来鼓励工人完成或超额完成定额。

5. 计划和执行相分离原理。泰勒认为应该用科学的工作方法取代经验工作方法；应该把计划和执行分离开来，计划由管理当局负责，执行由工长负责。这里的计划包括三方面的内容：时间和动作研究；制定劳动定额和标准的操作方法，并选用标准工具；比较标准和执行的实际情况，并进行控制。

泰勒首创的科学管理，受到当时欧美科学技术界和工商界的重视，被美国实业界誉为"科学管理之父"。

(二) 法约尔的一般管理理论

亨利·法约尔（Henry Fayol），法国人，他于1916年问世的名著《工业管理与一般管理》，是他一生管理经验和管理思想的总结。他的一般管理理论是把企业作为一个整体来研究其管理问题，补充了泰勒的科学管理的不足。所以，人们一般认为法约尔是第一个概括和阐述一般管理理论的管理学家。

法约尔的著述很多，《工业管理与一般管理》是其最主要的代表作，标志着一般管理理论的形成。其主要内容如下：

1. 企业的基本活动和管理的基本职能。法约尔指出，任何企业都存在着六种基本的活动，而管理只是其中之一。这六种基本活动是：

（1）技术活动，指生产、制造、加工等活动；
（2）商业活动，指购买、销售、交换等活动；
（3）财务活动，指资金的筹措和运用；
（4）安全活动，指设备维护和职工安全等活动；
（5）会计活动，指货物盘存、成本统计、核算等；
（6）管理活动，包括计划、组织、指挥、协调和控制五项职能活动。

在这六种基本活动中，管理活动处于核心地位，即企业本身需要管理，同样其他五项属于企业的活动也需要管理。

2. 法约尔的14条管理原则。

（1）分工。这不仅是经济学家研究有效地使用劳动力的问题，而且也是在各种机构、团体、组织中进行管理活动所必不可少的工作。

（2）职权与职责。职权是发号施令的权力和要求服从的威望。职权与职责是相互联系的，在行使职权的同时，必须承担相应的责任，有权无责或有责无权都是组织上的缺陷。

（3）纪律。纪律是管理所必需的，是对协定的尊重。这些协定以达到服从、专心、干劲，以及尊重人的仪表为目的。就是说组织内所有成员通过各方所达成的协议对自己在组织内的行为进行控制，它对企业的成功与否极为重要，要尽可能做到严明、公正。

（4）统一指挥，指组织内每一个人只能服从一个上级并接受他的命令。

（5）统一领导，指一个组织，对于目标相同的活动，只能有一个领导、一个计划。

（6）个人利益服从整体利益。即个人和小集体的利益不能超越组织的利益。当二者不一致时，主管人员必须想办法使它们一致起来。

（7）个人报酬。报酬与支付的方式要公平，给雇员和雇主以最大可能的满足。

（8）集中化。这主要指权力的集中或分散的程度问题。要根据各种情况，包括组织的性质、人员的能力等，来决定能产生全面的最大收益的那种集中程度。

（9）等级链，指管理机构中，最高一级到最低一级应该建立关系明确的职权等级系列，这既是执行权力的线路，也是信息传递的渠道。一般情况下不要轻易地违反它。但在特殊情况下，为了克服由于统一指挥而产生的信息传递延误，法约尔设计出一种"跳板"，也叫"法约尔桥"。

（10）秩序，指组织中的每个成员应该规定其各自的岗位，人皆有位，人称其职。

（11）公正。主管人员对其下属仁慈、公平，就可能使其下属对上级表现出热心和忠诚。

（12）保持人员的稳定。如果人员不断变动，工作将得不到良好的效果。

（13）首创精神。这是提高组织内各级人员工作热情的主要源泉。

（14）团结精神，指必须注意保持和维护每一集体中团结、协作、融洽的关系，特别是人与人之间的相互关系。

综上所述，法约尔关于管理过程和管理组织理论的开创性研究，其中特别是关于管理职能的划分以及管理原则的描述，对后来的管理理论研究具有非常深远的影响。此外，他还是一位概括和阐述一般管理理论的先驱者，是伟大的管理教育家，后人称他为"管理过程之父"。

（三）韦伯理想的行政组织体系理论

马克斯·韦伯（Max Weber）是德国著名的社会学家，他对法学、经济学、政治学、历史学和宗教学都有广泛的兴趣。他在管理理论上的研究主要集中在组织理论方面，主要贡献是提出了所谓理想的行政组织体系理论。这集中反映在他的代表作《社会组织与经济组织》一书中。

马克斯·韦伯提出的理想的行政组织体系，具有下列特征：

1. 组织中的人员应有固定和正式的职责并依法行使职权。组织是根据合法程序制定的，应有其明确目标，并靠着这一套完整的法规制度，组织与规范成员的行为，以期有效地追求与达到组织的目标。

2. 组织的结构是一层层控制的体系。在组织内，按照地位的高低规定成员间命令与服从的关系。

3. 人与工作的关系。成员间的关系只有对事的关系而无对人的关系。

4. 成员的选用与保障。每一职位根据其资格限制（资历或学历），按自由契约原则，经公开考试合格予以使用，务求人尽其才。

5. 专业分工与技术训练。对成员进行合理分工并明确每人的工作范围及权责，然后通过技术培训来提高工作效率。

6. 成员的工资及升迁。按职位支付薪金，并建立奖惩与升迁制度，使成员安心工作，培养其事业心。

韦伯认为，这种正式的、非人格化的理想行政组织体系是人们进行强制控制的合理手段，是达到目标、提高效率的最有效形式。这种组织形式在精确性、稳定性、纪律性和可靠性方面都优于其他组织形式。所以他被称为"组织理论之父"。

二、行为科学理论

古典管理理论对人的假设是"经济人"，把工人当作机器看待，忽视人的心理因素、精神因素、动机等对劳动生产率的影响。而且随着劳动力大军的结构发生了重大变化，具有较高文化水平和技术水平的工人逐渐占据主导地位，面对这些有较高心理需求和较高素质的劳动者，单纯的金钱刺激和严格的控制难以像以往那样发挥作用。因此，许多企业主深切地感受到，继续依靠传统的管理理论和方法已不可能有效地控制工人来达到提高劳动生产率、增加利润的目的。一些管理学家和心理学家也意识到，社会化大生产需要与之相适应的新的管理理论。于是，他们开始从生理学、心理学、社会学等角度研究企业中有关人的问题，诸如人的工作动机、情绪、行为与工作环境之间的关系，试图找出影响生产率的因素，进而创建了行为科学理论。

行为科学理论起源于20世纪20年代末30年代初，当时以梅奥为代表的一批学者进行的"霍桑试验"，开创了行为科学的早期研究，建立了"人际关系学说"。之后，社会学家、人类学家、心理学家、管理学家等许多领域的学者共同研究人的行为和动机，在这方面取得了突破性进展。1949年，在美国芝加哥大学的一次跨学科会议上，学者们充分肯定了对人的行为研究的一系列成果，并将之命名为"行为科学"。

(一) 霍桑试验与人际关系学说

1. 霍桑试验。梅奥（George Elton Myao, 1880 – 1949）原籍澳大利亚的美国行为科学家、人际关系理论的创始人、美国艺术与科学院院士，进行了著名的霍桑试验，主要代表著作有《组织中的人》和《管理和士气》。

在美国西方电器公司霍桑工厂进行的，长达九年的实验研究——霍桑试验，真正揭开了作为组织中的人的行为研究的序幕。

霍桑试验的初衷是试图通过改善工作条件与环境等外在因素，找到提高劳动生产率的途径，从1924年到1932年，先后进行了四个阶段的试验：

（1）工场照明试验（1924~1927年）。该试验是选择一批工人分为两组：一组为"试验组"，先后改变工场照明强度，让工人在不同照明强度下工作；另一组为"控制组"，工人在照明度始终维持不变的条件下工作。试验者希望通过试验得出照明度对生产率的影响，但试验结果发现，照明度的变化对生产率几乎没有什么影响，似乎另有未被掌握的因素在起作用。于是继续进行试验。

（2）继电器装配室试验（1927年8月至1928年4月）。目的是试验各种工作条件的变动对小组生产率的影响，以便能够更有效地控制影响工作效果的因素。通过材料供应、工作方法、工作时间、劳动条件、工资、管理作风与方式等各个因素对工作效率影响的试验，发现无论各个因素如何变化，产量都是增加的。其他因素对生产率也没有特别的影响，而似乎是由于督导方法的改变，使工人工作态度也有所变化，因而产量增加。

（3）大规模的访问与调查（1928~1931年）。两年内他们在上述试验的基础上进一步开展了全公司范围的普查与访问，调查了2万多人次，发现所得结论与上述试验所得相同，即任何一位员工的工作绩效，都受到其他人的影响。于是研究进入第四阶段。

（4）接线板接线工作室试验（1931~1932年）。以集体计件工资制刺激，企图形成"快手"对"慢手"的压力以提高效率。试验发现，大部分成员都故意自行限制产量，公司领导层给他们规定的产量标准是焊合7 312个接点，但他们完成的只有6 000~6 600个接点。工人对待不同层次的上级持有不同的态度，一般职位越高，受到的尊重就越大，大家对他的顾忌心理就越强。成员中存在着一些小派系，这些派系就是非正式组织。非正式组织存在的目的是对内控制成员的行为，对外保护自己派系的成员。

通过四个阶段历时近8年的霍桑试验，获得了大量的第一手资料，为人群关系理论的形成以及后来的行为科学打下了基础。

2. 人群关系理论。霍桑试验的研究结果否定了传统管理理论的对于人的假设，表明了工人不是被动的、孤立的个体，影响生产效率的最重要因素不是待遇和工作条件，而是工作中的人际关系。据此，梅奥于1933年出版了《工业文明中人的问题》一书，提出了与古典管理理论不同的新观点，主要归纳为以下几个方面：

（1）工人是"社会人"而不是"经济人"。梅奥认为，人们的行为并不单纯出自追求金钱的动机，还有社会方面的、心理方面的需要，即追求人与人之间的友情、安全感、归属感和受人尊敬等，而后者更为重要。

（2）企业中存在着非正式组织。这种非正式组织的作用在于维护其成员的共同利益，使之免受其内部个别成员的疏忽或外部人员的干涉所造成的损失。为此非正式组织中有自己的核心人物和领袖,有大家共同遵循的观念、价值标准、行为准则和道德规范等。因此,管理当局必须重视非正式组织的作用,注意在正式组织的效率逻辑与非正式组织的感情逻辑之间保持平衡,以便管理人员与工人之间能够充分协作。

(3) 新的领导能力在于提高工人的满意度。在决定劳动生产率的诸因素中,置于首位的因素是工人的满意度,而生产条件、工资报酬只是第二位的。职工的满意度越高,其士气就越高,从而产生效率就越高。

梅奥等人的人群关系理论的问世,开辟了管理和管理理论的一个新领域,并且弥补了古典管理理论的不足,更为以后行为科学的发展奠定了基础。

(二) 行为科学理论的内容

人际关系学说发展到 20 世纪 50 年代初期便形成行为科学理论。行为科学的含义有广义和狭义两种。广义的行为科学是指包括类似运用自然科学的实验和观察方法,研究在自然和社会环境中人的行为的科学。已经公认的行为科学的学科有心理学、社会学、社会人类学等。狭义的行为科学是指有关对工作环境中个体和群体的行为进行研究的一门综合性学科。进入 20 世纪 60 年代,为了避免同广义的行为科学相混淆,出现了组织行为学这一名称,专指管理学中的行为科学。

目前,组织行为学从它研究的对象和涉及的范围来看,可分成三个层次,即个体行为、团体行为和组织行为。

1. 个体行为理论。个体行为理论主要包括两大方面的内容:

(1) 有关人的需要、动机和激励方面的理论,可分成三类:①激励的需要论,包括马斯洛的需要层次论、赫茨伯格的双因素理论和麦克利兰的后天需要理论等;②激励的过程理论,包括亚当斯的公平理论和弗鲁姆的期望理论;③强化激励理论、归因理论等。

(2) 有关企业中的人性理论,主要包括:美国社会心理学家道格拉斯·麦格雷戈提出的"X－Y理论",围绕人的本性来论述人类行为规律及其对管理的影响。美国的行为科学家克里斯·阿吉里斯把马斯洛的思想加以发展,提出了一项人类行为的不成熟－成熟理论。他认为,在人的个性发展方面,如同婴儿成长为成人一样,也有一个从不成熟到成熟的连续发展过程,最后发展成为一个健康的个体。

2. 团体行为理论。团体是由两人或两人以上组成并通过人们彼此之间相互影响、相互作用而形成的。团体可以分为正式团体和非正式团体;也可以分为松散团体、合作团体和集体等。团体行为理论主要是研究团体发展动向的各种因素以及这些因素的相互作用和相互依存的关系。比如,团体的目标、团体的结构、团体的规模、团体的规范以及信息沟通和团体意见冲突理论等。

3. 组织行为理论。组织行为理论主要包括领导理论和组织变革、组织发展理论。领导理论又包括三大类,即领导性格理论、领导行为理论和领导权变理论等。

三、管理理论丛林

第二次世界大战后,随着现代科学技术日新月异的发展,社会生产力水平迅速提高,生产的社会化程度不断加强,市场竞争日益加剧。生产与经营环境的变化,引起了人们对管理理论的普遍重视。欧美的许多管理学家以及心理学家、社会学家、人类学家、经济学家，甚至生物学家、哲学家、数学家等纷纷从各自不同的背景、不同的角度，用不同的方法对现代管理问题进行研究，涌现出各种各样的管理学派。这些理论和学派，在历史渊源和内容上相互影响和相互联系，形成了盘根错节、争相竞荣的局面，被称为"管理理论的丛林"。

1961年12月，美国著名管理学家哈罗德·孔茨（Harold Koontz, 1908-1984）在美国《管理杂志》上发表了《管理理论的丛林》的文章，把当时的各种管理理论划分为六个主要学派，包括管理过程学派、经验（案例）学派、人类行为学派、社会系统学派、决策理论学派和数理学派。1980年，孔茨又发表了《再论管理理论的丛林》的论文，指出管理理论已经发展到十一个学派。这十一个学派的代表人物和主要思想见表2-1。

表2-1　　　　　　　　　　十一个学派的代表人物及主要思想

学派名称	代表人物	主要观点
经验（案例）学派	德鲁克 戴尔	通过分析经验（通常是案例）来研究管理，学生和管理者通过研究各种各样的成功和失败的案例提高分析问题和决策能力，进而有效地进行管理。
人际关系学派	梅奥 马斯洛	运用心理学和社会心理学理论研究人与人之间的关系，人们的价值观念、激励、行为修正、领导和沟通等是这一学派研究的重点。
群体行为学派	卢因 谢里夫	运用社会学、人类学和社会心理学的理论研究群体中的人的行为，并着重研究群体行为方式。
合作社会系统学派	巴纳德	把组织当成人、群体相互作用的合作的社会系统来研究，是对人际关系和群体行为学派的一种修改。
社会技术系统学派	特里斯特	重点研究技术系统（机器、方法、技术）和社会系统（态度、价值观念、行为）之间的相互作用。
决策学派	西蒙 马奇	强调管理者的主要任务是决策和解决问题，着重研究如何制定决策的问题，以及决策对组织管理的影响。
系统学派	卡斯特 约翰逊	认为任何事物都是一系列相关要素的组合，组织是由相关的职能部门或子系统组成的系统，应按照系统方法研究管理。
管理科学学派	伯法 鲍曼	开发解决管理问题的数学模型，重视定量分析技术的研究及其在管理工作中的应用。
权变学派	莫尔斯 洛希	主要研究管理工作与环境条件之间的关系，认为管理理论和方法是环境的函数。
管理角色学派	明茨伯格	通过观察管理者的实际活动来明确和研究管理者的工作内容。
经营管理学派	孔茨 穆尼	强调管理职能及与管理职能相关的管理原则的研究，力图把用于管理实践的概念、原则、理论和方法结合起来，形成系统的管理学科。

资料来源：张玉利，《管理学》（第2版），南开大学出版社2004年版，第37页。

（一）合作社会系统学派

该学派的代表人物是美国人切斯特·巴纳德（Chester Barnard, 1886-1961），他的代表作是1938年出版的《经理人员的职能》。

合作社会系统学派认为组织是一个合作的社会系统，其存在取决于：（1）协作的效果，即目标的达成；（2）协作效率，即在实现目标的过程中，协作的成员损失最小而心理满足较高；(3) 组织目标应和环境相适应。

巴纳德还把组织分为正式组织和非正式组织，指出正式组织无论级别的高低和规模的大小，都必须包含三个要素：(1) 组织成员有协作意愿；(2) 共同的目标；(3) 组织中有一个能彼此沟通的信息系统。关于协作的意愿，巴纳德认为，组织成员对于自己在工作中的贡献（即个人对组织的牺牲）同所能得到的诱因（即所得）进行比较后，如果其净结果（即个人欲望的满足）是正数，则产生协作意愿；如果是负数，则协作意愿消失，成员就会退出组织。

巴纳德认为作为一个管理人员或经理人员，必须完成三个主要的职能：(1) 设定组织目标；(2) 筹集所需资源，使组织成员能为实现目标提供贡献，管理者应带头工作，以使其权威为职工所接受；(3) 建立并维持一个信息联系系统。

(二) 社会技术系统学派

该学派的创立者是英国的特里斯特（E. L. Trist）等人。他们通过对长壁采煤法生产问题的研究，认为在管理中只分析社会系统是不够的，还需要研究技术系统对社会的影响以及对个人心理的影响，因为技术系统对于社会系统有强烈的影响，他们主张在社会系统和技术系统之间建立协调关系，一旦发现两者不协调时，就应对技术系统做出某些变革。他们认为，管理绩效乃至组织的绩效，不仅取决于人们的行为态度及其相互影响，而且取决于人们工作的技术环境。管理人员的任务之一就是确保社会系统与技术系统相互协调。

(三) 决策学派

决策学派的代表人物是赫伯特·西蒙（Herbert A. Simon，1916 - 2001），由于在决策方面的杰出贡献，西蒙被授予 1978 年诺贝尔经济学奖。西蒙的决策理论的主要思想包括两个基本命题：人的有限理性和决策的满意原则。

西蒙认为，管理理论所关注的焦点是人的社会行为的理性方面与非理性方面的界限。相对于微观经济学中经济人的完全理性，管理人的理性是有限的，主要表现在：知识不完备，即所谓局部的文盲；困难的预见，这是多变的环境以及自身局限的必然结果；局限的可能行为范围。

基于对有限理性的研究，西蒙又提出了决策的满意原则。由于决策者在认识能力上和时间、经费以及情报来源上的限制，即有限的理性，事实上人们不可能做出"完全理性"或"最优决策"，常常只能满足于"足够好的"或"令人满意的"决策。

决策学派的主要观点包括：(1) 决策是一个复杂的过程。包括判断问题，确定目标；提出尽可能多的各种方案与措施；比较得失，做出选择。(2) 决策分为程序化决策和非程序化决策。(3) 组织设计的任务就是建立一种决策的人 - 机系统。计算机的广泛运用，对管理工作和组织结构产生了重大影响，它使得程序化决策的自动化程度越来越高，甚至许多非程序化决策也逐步进入程序化决策的领域，从而导致企业决策的重大改革。由于组织本身就是一个由决策者个人所组成的系统，现代组织又引入了自动化技术，从而变成一个由人与计算机所共同组成的结合体。组织设计的任务就是要建立这种制定决策的人 - 机系统。

(四) 系统学派

系统学派的代表人物是美国管理学家弗里蒙特·卡斯特（Fremont E. Kast）、理查德·

约翰逊（Richard S. Johnson）等人。他们将系统论和控制论运用于企业管理领域，出版了《系统理论和管理》、《组织与管理：系统与权变的方法》等著作，形成了系统管理学派。

系统学派的理论要点是：组织是由人们建立起来的、相互联系并且共同工作着的要素所组成的系统，这一人造的开放系统，同外部环境之间存在着动态的相互作用，并具有内部和外部的信息反馈网络，能够不断地自行调节，以适应环境和本身的需要；企业的组织结构是一个完整的系统，同时也是一个管理信息系统。

系统学派认为，组织的子系统各自执行着其生存所必需的各项关联任务。要理解一个系统是如何工作的，首先要懂得各子系统是如何发挥作用的，以及每一个子系统对整个系统的贡献。当任何一个子系统发生变化时，通常会对其他子系统产生影响。对于管理者而言，尤其是工商组织中的管理者，必须有一个系统观念，当他们决定改变某一子系统时，需考虑将会对其他子系统，乃至整个系统产生怎样的影响。总之，在企业中，没有一个管理者，没有一个部门或单位能不顾及他人而独立存在，这就是说，组织中整体的或部门的运作要防止因为局部的优化而造成对其他领域产生负面影响。

（五）管理科学学派

管理科学学派的代表人物是美国管理学家埃尔伍德·斯潘塞·伯法（Elwood Spencer Buffa），其代表作是《现代生产管理》。管理科学学派也称数理学派，它起源于第二次世界大战期间运筹学在组织与管理大规模军事活动和后勤活动中所发挥的重要作用。战后，英国和美国都成立了专门的运筹学研究机构。这些运筹学家认为，管理基本上是一种数学程序、概念、符号以及模型等的演算和推导。

管理科学学派认为，管理就是用数学模式与程序来表示计划、组织、控制、决策等合乎逻辑的程序，求出最优的解答，以达到系统所追求的目标。管理科学就是制定用于管理决策的数学模型与程序的系统，并把它们通过电子计算机应用于组织管理。解决问题的一般程序是：提出问题；建立一个研究系统的数学模型；从模型中取得解决问题的方案，并对数学模型求解，取得能使系统达到最佳效益的数量值；检查这个模型对预测实际情况的准确度；对所求得的解进行控制，提出对方案进行调整控制的措施；把方案付诸实施。

（六）权变学派

权变学派的代表人物是弗莱德·菲德勒（Fred Fiedler）和琼·伍德沃德（Joan Woodward）等。该学派试图综合各管理学派的理论，因此，它认为，由于组织内部各部分之间的相互作用和外界环境的影响，组织的管理并没有绝对正确的方法，也不存在普遍适用的理论，任何理论和方法都不见得绝对的有效，也不见得绝对的无效，采用哪种理论和方法，要视组织的实际情况和所处的环境而定。权变理论学派试图通过"权宜应变"融各学派学说于一体。

权变管理理论的运用主要表现在计划、组织、领导方式三个方面：（1）计划的制订，必须首先分析环境和组织的重要变量，在不同情况下，制订不同类型的计划，要充分注意计划中的模糊性与灵活性。（2）不但不同的企业，甚至在某一企业不同的发展阶段，也需要不同模式的管理组织形式。因地制宜和因时制宜地选择符合企业需要的管理组织模式和管理措施，是高层管理者的重要任务。（3）世上没有什么"最好的"或"最差的"领导方式，一切以企业的任务、个人和团体的行为特点以及领导者和职工的关系而定。

（七）经营管理（或管理过程）学派

经营管理学派也叫管理过程学派。这个学派是在继古典管理理论和行为科学理论之后影响最大、历史最悠久的一个学派。法约尔是这个学派的创始人，后来经美国管理学家哈罗德·孔茨等人发扬光大，成为现代管理理论丛林中的一个主流学派。该学派的思想框架为现代管理学学科体系的构建奠定了基础。

该学派的主要观点是：

1. 管理是一个过程。它的研究对象就是管理的过程和职能，可以通过分析管理人员的职能从理论上很好地对管理加以剖析。

2. 管理存在共同的基本原理。根据在各企业中长期从事管理的经验，可以总结出一些基本的管理原理，这些原理对认识和改进管理工作能起到说明和启示作用；可以围绕这些基本原理开展有益的研究，以确定其实际效用，扩大其在实践中的作用和适用范围。

3. 管理有明确的职能和方法。孔茨把管理描述为通过别人使事情做成的各项职能：计划、组织、人事、指挥、控制等。他认为，协调的本身不是单独的职能，而是有效地运用了这五种职能的结果。

4. 管理拥有自己的方法。分析每一项管理职能的一些基本问题，如特点和目的、基本结构、过程、技术和方法及其优缺点等，研究其有效实施的障碍与排除这些障碍的手段和方法。

5. 管理人员的环境和任务受到文化、物理、生物等方面的影响，管理理论也从其他学科中吸取有关的知识。

四、当代管理理论

（一）企业文化

企业文化是企业在长期的生产经营实践中，所创造和形成的具有本企业特色的精神和某些物化的精神。它包括价值观念、历史传统、道德规范、行为准则、员工文化素质，以及蕴涵在企业制度、企业形象、企业产品之中的文化特色。其中价值观念是企业文化的核心。

二十世纪六七十年代，日本经济起飞的奇迹引起了美国学者的震惊，他们通过美日企业的比较研究进行反思，最终导致了美国人从理论层次上来总结那些在日本企业中行之有效的做法，并参照本国企业的一些成功经验，从而建立起一种新的企业管理理论——企业文化。因此，企业文化理论源于美国，根在日本。

企业文化理论的确立，以四部著作的诞生为标志：《Z理论——美国企业界怎样迎接日本的挑战》、《日本企业管理艺术》、《企业文化——企业生存的习俗和礼仪》、《寻求优势——美国最成功公司的经验》。

（二）彼得·圣吉的学习型组织

美国麻省理工学院的彼得·圣吉1990年完成其代表作《第五项修炼——学习型组织的

艺术与实务》，他明确指出企业唯一持久的竞争优势源于比竞争对手学得更快更好的能力，学习型组织正是人们从工作中获得生命意义、实现共同愿景和获取竞争优势的组织蓝图。

学习型组织的基本思想：未来真正出色的企业，将是能够设法使各阶层人员全心投入，并有能力不断学习的组织。这种组织由一些学习团队组成，有崇高而正确的核心价值、信心和使命，具有强韧的生命力与实现共同目标的动力，不断创新，持续蜕变，从而，保持长久的竞争优势。

彼得·圣吉提出的五项修炼是：（1）追求自我超越；（2）改善心智模式；（3）建立共同愿景目标；（4）开展团队学习；（5）锻炼系统思考能力。

（三）哈默与钱皮的企业再造

迈克尔·哈默和詹姆斯·钱皮合著并于1993年出版的《再造企业——管理革命的宣言书》一书，正式提出了企业再造理论。企业再造是指"为了飞越地改善成本、质量、服务、速度等重大的现代企业的运营基准，对工作流程作根本的重新思考与彻底翻新"。其基本含义是指根据信息社会性的要求，彻底改变企业的本质，抛开旧的分工体系，将拆分开来的组织架构，如生产、营销、人力资源、财务、管理信息等部门，按照自然跨部门的作业流程，重新组装回去。其指导思想主要是顾客至上、人本管理和彻底改造。

第四节 企业管理概述

一、企业管理的概念与任务

（一）企业管理的概念

企业管理就是管理者为了充分利用企业资源（人、财、物、技术、市场、信息），提高经济效益，达到经营目的，对企业的生产经营活动进行计划、组织、指挥、控制和协调的活动。

企业的生产经营活动包括两大部分：一部分是属于企业内部的活动，即以生产为中心的基本生产过程、辅助生产过程以及生产前的技术准备过程和生产后的服务过程，对这些过程的管理统称为生产管理；另一部分是属于企业外部的活动，涉及社会经济的流通、分配和消费等过程，包括经营决策、市场预测、物资的供应、产品的销售以及售后服务等，对这些过程的管理称为经营管理，是生产管理的延伸。

我们可以将企业管理的基本要素概括为"7M"：

1. 人事（Men）。人事要素包括职工的招聘、培训、考核、奖惩、升降、任免。
2. 金钱（Money）。金钱要素包括筹资、预算控制、成本分析、财务分析、资本营运。
3. 方法（Methods）。方法要素包括战略经营、计划、决策、质量管理、作业研究、工作设计等。
4. 机器（Machines）。机器要素包括工厂布局、工作环境、工艺装备、设备等。

5. 物料（Material）。物料要素包括材料的采购、运输、储存、验收等。

6. 市场（Market）。市场要素包括市场需求预测、经营决策、价格和销售策略制定等。

7. 工作精神（Morale）。工作精神要素包括提高工作效率，把职工的热情、兴趣、志向引导到生产或工作上，发挥人的积极性、创造性。

（二）企业管理的任务

企业管理的任务涉及两个方面：一是合理组织生产力；二是维护和不断改善生产关系。

1. 合理组织生产力。合理组织生产力是企业管理最基本的任务。合理组织生产力有两个方面的含义：

（1）使企业现有的生产要素得到合理配置与有效利用。具体地讲，就是要把企业现有的劳动资料、劳动对象、劳动者和科学技术等要素合理组织在一起，恰当地协调它们之间的关系和比例，使企业生产组织合理化，实现物尽其用、人尽其才。

（2）不断开发新的生产力。首先要不断改进劳动资料，并不断采用新的更先进的劳动资料；其次要不断改进生产技术，并不断采用新的技术来改造生产工艺、流程；再其次要不断地发展新的原材料或原有材料的新用途；最后要不断地对职工进行技术培训，并不断引进优秀科技人员和管理人员。

2. 维护并不断地改善社会生产关系。企业管理的重要任务之一就是要维护其赖以产生、存在的社会关系。由于生产关系具有相对稳定性，在相当长的一个历史阶段内，其基本性质可以保持不变，而生产力却是非常活跃、不断变革的因素，必然会与原有的生产关系在某些环节、某些方面发生矛盾。这时为了保证生产力的不断发展，完全有必要在保持原有生产关系基本性质不变的前提下，通过改进企业管理手段、方法的途径对生产关系的某些环节、某些方面进行调整、改善，以适应生产力不断发展的需要。

二、企业管理的原则

（一）系统原理

管理是一个系统，其各要素不是孤立的，要实现管理目标必须对企业经营管理活动及其要素进行系统分析，综合治理，这就是系统原理。

1. 整分合原则。根据系统原理，系统是由一些可以互相区别的要素组成，而且是可以分解的；系统的各个要素又存在有机的联系，因而是可以综合的。现代高效率的管理，必须在整体规划下明确分工，在分工基础上有效地综合，这就是整分合原则。

2. 封闭原则。封闭原则指一个系统内的各种管理机构之间，各种管理制度、方法之间必须具有相互制约的关系，才能形成有效的管理活动。

（二）人本原理

现代管理思想把人的因素放在第一位，重视处理人与人的关系，强调人的自觉性和自我实现精神，主张以人及人的积极性、主动性、创造性为管理核心和动力，为了实现管理目标，一切管理工作必须以提高人的素质，调动人的积极性、主动性和创造性，做好人的工作为根本，这就是管理的人本原理。

1. 能级原则。就是在管理系统中建立一套合理的能级，即根据各个单位和个人的能量大小来安排其地位和任务，使才能与职位相称，这样一种结构，才能充分发挥不同能级的能量，才能保证结构的稳定性和有效性。

2. 动力原则。管理必须有强大的动力，并且正确地运用动力，才能使管理运动持续有效地进行下去，这就是动力原则。企业管理中有三类基本动力，即物质动力、精神动力、信息动力。

（三）动态原理

为了实现管理目标，使企业取得最佳效益，管理过程的每一个步骤都必须实行动态调节，这就是管理的动态原理。

1. 反馈原则。它指把系统的一部分输出信息反馈到输入端，比如下级把执行决策的有关情况汇报制定决策的上级，就是管理中的信息反馈。利用信息反馈了解过去的情况，根据过去的情况调整未来的行动。

2. 弹性原则。管理所面临的问题是多因素，这些因素既存在复杂联系，又是经常变化的，事先不能精确估计，因此，管理的计划方案、管理的方法都应当有一定弹性，也就是适应性和应变能力。

（四）效益原理

企业的根本目的在于充分发挥企业组织的职能作用，取得更多、更好的经济效益和社会效益，做到经济效益和社会效益的统一。

1. 价值原则，即效益的核心是价值，必须通过科学而有效的管理，对人、对组织、对社会有价值的追求，实现经济效益和社会效益的最大化。

2. 投入产出原则，即效益是一个对比概念，通过以尽可能小的投入来取得尽可能大的产出的途径来实现效益的最大化。

3. 边际分析原则，即在许多情况下，通过对投入产出微小增量的比较分析来考察实际效益的大小，以做出科学决策。

三、企业管理基础工作

企业管理基础工作，是企业在生产经营活动中，为实现企业的经营目标和有效地执行管理职能，提供资料依据、共同准则、基本手段和前提条件必不可少的工作。一般包括标准化工作、定额工作、信息工作、计量工作与厂内计划价格、规章制度、职工教育和培训、现场管理等。

（一）企业管理基础工作的特点

1. 科学性。科学性体现在企业定额的制定、执行和管理，计量的检测手段和测试，信息的收集、整理、传递和储存的全过程，规章制度、职工教育和培训与现场管理的方方面面。

2. 群众性。企业管理基础工作涉及面广，工作量大，其制定、执行、管理离不开员工的参加，且要落实到基层。

3. 前提性。企业管理基础工作为各项专业管理提供资料依据、准则、条件和手段，它规定和引导员工在什么时候去干什么工作，干到什么程度，如何干，其花费是多少。这些都是企业管理的先行性工作。

（二）企业管理基础工作的作用

企业管理基础工作是开展科学管理，实现管理科学化、现代化的基础。其重要作用表现在：

1. 企业管理过程就是管理的各项职能的实现过程。离开了企业管理基础工作为企业的生产经营活动提供的数据、信息和资料，管理的计划、组织、领导、控制职能便无法实现。

2. 企业管理过程就是决策的制定和实施过程。离开了管理基础工作，管理者、领导者便失去及时、准确、可靠的信息来源，决策便失去科学的依据。

3. 企业管理过程就是信息联系与沟通的过程。信息联系与沟通是达到目标统一、行动一致的主要途径，是正确地组织人力、物力、财力，有效地实现企业经营目标，并激励和调动职工积极性的重要手段。

4. 企业管理基础工作有助于企业及时抓住机遇，取得长足稳定的发展。凡是管理基础工作扎实的企业，在竞争环境中，当机遇到来时，能及时把握住。相反，凡是不重视管理基础工作，抱着"短期行为"，机遇来了也抓不住。

（三）企业管理基础工作的内容

1. 标准化工作。标准，是指对经济、技术和管理等活动中具有的多样性、相关性特征的重复事物，以特定的程序和形式颁发的统一规定。标准化工作，就是对企业的各项技术标准和管理标准的制定、执行和管理工作。标准化工作，促使企业的产品开发、生产、技术、营销、财务、人事活动和各项管理工作达到合理化、规范化和高效化。

（1）技术标准。技术标准是对技术活动中需要统一协调的事项制定的技术准则，是人们从事社会化大生产的技术活动必须遵守的技术依据。技术标准的对象可以是物质的，例如对产品、零件、材料、设备等硬件和其他流程性材料，以及"三废"排放等制定标准；也可以是非物质的，例如对加工方法、安全操作、设计工作程序等软件制定标准。技术标准一般包括下列四个方面的内容：产品标准、作业方法标准、安全卫生和环境保护标准、技术基础标准。

（2）管理标准。管理标准是指企业为实施管理职能，把一些重复出现的管理业务，按客观要求规定其标准的工作程序和工作方法，用制度把它规定下来，作为行动的准则，并明确有关职能机构、岗位和个人的工作职责、工作要求和相互信息传递关系，使各项管理活动实现规范化和程序化，提高管理工作效率。

2. 定额工作。定额是企业在一定的生产技术组织条件下对人力、物力、财力的消耗、占用以及利用程度所应达到的数量界限。定额工作就是企业各类技术经济定额的制定、执行和管理工作。

定额，是进行科学管理、组织社会化大生产的必要手段；是实行企业内部计划管理的基础；是开展劳动竞赛，贯彻按劳分配，提高劳动生产率的杠杆；是推行内部经济责任制，开展全面经济核算的工具。定额水平的先进程度也是一个国家的科学技术水平和管理水平的重要体现。

3. 信息工作。信息工作是指企业进行生产经营活动和进行决策、计划、控制所必需的资料数据的收集、处理、传递、储存等管理工作。信息是一种重要资源，没有信息就无法进行管理。管理诸功能的实现无不包含着决策的行为，而正确的决策又不能离开信息的沟通。

4. 计量工作与厂内计划价格

（1）计量工作。计量就是用计量器具的标准量值去测量各种计量对象的量值。计量工作是指计量检定、测试、化验分析等方面的计量技术和管理工作。它是用科学的方法和手段，对生产经营活动中的量和质的数值进行测定，为企业的生产、科学试验、经营管理提供准确数据。

（2）厂内计划价格。厂内计划价格是企业内部制定的用于编制内部计划和进行厂内经济核算所用的价格。企业生产经营活动中的各种原材料、燃料、动力、工具、在制品、半成品、低值易耗品以及各种劳务，一般都应制定厂内价格。它是推行全面经济核算和内部经济责任制，实行厂内结算、加强成本控制的手段，一般与厂内银行工作结合起来。

5. 规章制度。企业规章制度是企业对生产技术经济活动所制定的各种规则、程序、章程和办法的总称，是企业全体职工在各项活动中共同遵守的规范和准则。建立一套科学、健全的规章制度既是组织现代化大生产的客观要求，又是维护社会主义生产关系的重要保证，同时也贯穿和体现企业塑造的企业精神和企业文化，因而是企业管理的一项极其重要的基础工作。

6. 职工教育和培训。职工教育，一般是指企业全体职工都要接受的基础教育，包括入厂教育、厂规厂纪教育、职业道德教育、基本生产技术教育、管理基本知识教育、安全生产教育和思想政治教育等。

职工培训，一般是指对本企业生产经营需要的特殊人才的继续教育。如本企业高级管理人才的培训，各级各类专业技术岗位的资格证书培训，特殊生产岗位的操作证书培训等。这类培训一般由经政府机构认可的具有培训资格的培训机构和大专院校集中进行，并通过考试考核，由政府或政府认可的机构颁发正式的资格证书。

7. 现场管理。现场，一般指作业场所。生产现场是指从事产品生产制造或提供生产服务的场所。它既包括生产前方各基本生产车间的作业场所，又包括生产后方各辅助生产部门的作业场所，如库房、实验室、锅炉房等。习惯上我们把生产现场称为车间、工场或生产第一线。

有现场就有现场管理，现场管理就是运用科学的管理思想、管理方法和管理手段，对现场的各种生产要素，进行合理配置和优化组合，通过计划、组织、领导、控制等管理职能，保证现场处于良好的状态，按预定目标正常运行，实现优质、高效、低耗、均衡、安全、文明的生产。

四、企业管理发展的主要趋势

1. 企业创新管理将越来越受到重视。在当今年代，满足现状就意味着落后。企业要生存和发展，就要不断地创新。现代企业家精神，说到底就是要树立市场竞争概念和风险经营概念，善于将企业资源转化为经营优势，提高企业的创新能力，以在急剧的外部环境变化中，把握开拓市场的主动权。

2. 企业"软件"管理将更加系统化。现代企业管理的系统管理模式是由战略、结构、制度、技巧、人员、作风及共同价值观七方面组成的，简称"7S"模式。在此模式中，战略、结构和制度是管理的"硬件"，它适用于一切企业的管理；而人员、作风、技巧及共同价值观则是管理的"软件"，不同的企业有不同的"软件"。未来企业管理的重点，就是要提高"软件"的水平。

3. 企业战略管理将强调创新为目标。现代企业经营管理是一种实现企业预期经营目标的管理，主要是谋求企业发展目标、企业动态发展与外部环境的适应性。而战略管理是一种面向未来的、以强调创新为目标的管理，它谋求的是，既要适应外部环境变化，又要改造和创新外部经营环境，并努力用企业的创新目标来引导社会消费，促进企业不断地成长和发展。

4. 企业权变管理将更加灵活和精细。在现代管理中，X理论过分强调对人的行为的控制，结果形成家长式管理，严重束缚了职工的创造性和积极性；Y理论过分强调人的行为自主性，结果形成放任管理，缺乏统一的协调和组织。未来企业管理的发展将是实行一种宽严相济的权变管理，能因人、因时、因地随机采用各种各样的方式进行管理，使企业管理中一方面控制得很严，另一方面又允许甚至坚持从最下级的普通职工起，都应享有自主权，且具有创新精神。

5. 开放式面对面的感情管理。面对面管理，是以走动管理为主的直接亲近职工的一种开放式的有效管理。它是指管理人员深入基层、自由接触职工，在企业内部建立起广泛的、非正式的、公开的信息沟通网络，以便体察下情、沟通意见，共同为企业目标奋斗。这种走动管理充溢着浓厚的人情味。其内容外延广阔，内涵丰富，富于应变性、创造性，以因人因地因时制宜取胜。实践证明，高技术企业竞争激烈，风险大，更需要这种"高感情"管理。它是医治企业官僚主义顽症的"良药"，也是减少内耗、理顺人际关系的"润滑剂"。

6. 未来企业管理的"三中心"、"两方向"。虽然现在还很难描述"将来"的企业管理模式，但从发达国家现代经营管理的"三个中心"和"两个基本方向"，可以洞悉"将来"的管理模式。"三个中心"是：以市场为中心的明确的目标和策略，以人为中心的价值观和企业文化，以效率和效益为中心的一整套不断变化的制度和措施。"两个基本方向"是：开放与合作。

7. 企业管理将更善于借用外脑。未来企业的经营管理，在面对外部环境剧烈变化的挑战下，已不能完全依靠企业内的管理人员做出正确的决策，而必须借助外部力量，特别是借助于对企业的生产、技术、经营、法律等方面有专长的专家和顾问，为企业提供经营管理方面的咨询服务，在企业界形成以咨询为主的企业智囊团。

本章小结

〔内容摘要〕

企业管理是人类社会所有管理活动的重要内容之一。它既是一门科学，又是一门艺术。本章在介绍管理的基本概念、性质和职能以及主要管理理论的基础上，阐述了企业管理的概念、任务、原则以及企业管理基础工作的主要内容，分析了企业管理发展的主要趋势。

〔主要知识点〕

1. 管理。管理是指一个组织为了实现组织的目标，通过各项职能活动，对组织所拥有的资源进行合理配置和有效协调，以实现组织预定目标的过程。管理的性质：一是管理的自然属性和社会属性；二是管理的科学性和艺术性。

2. 管理者。管理者是拥有组织的制度权力，并以这些权力为基础指挥他人活动的人。管理者角色可以分为三大类十种角色。不同层次的管理者，对于管理技能要求的程度也不同。

3. 管理的基本职能。管理的基本职能可以总结为决策、计划、组织、领导、控制和创新职能。

4. 管理理论演变。管理理论演变主要包括古典管理理论、行为科学理论、管理理论丛林和当代管理理论。古典管理理论主要包括泰勒的科学管理理论、法约尔的一般管理理论和韦伯的理想的行政组织体系理论。

5. 企业管理与企业管理的任务、原则。企业管理就是管理者为了充分利用企业资源（人、财、物、技术、市场、信息），提高经济效益，达到经营目的，对企业的生产经营活动进行计划、组织、指挥、控制和协调的活动。企业管理的任务涉及两个方面：一是合理组织生产力；二是维护和不断改善生产关系。企业管理的原则主要有：系统原理（整分合原则、封闭原则）、人本原理（能级原则、动力原则）、动态原理（反馈原则、弹性原则）和效益原理（价值原则、投入产出原则、边际分析原则）。

6. 企业管理基础工作。企业管理基础工作的内容：标准化工作、定额工作、信息工作、计量工作与厂内计划价格、规章制度、职工教育和培训、现场管理等。

〔关键概念〕

管理　管理者　管理职能　企业管理　企业管理基础工作

思考题

1. 管理者应具备哪些技能？管理者层次不同对于技能的要求有何不同？
2. 如何理解管理的基本职能？
3. 梅奥的人群关系理论的主要观点有哪些？

思考案例

联合邮包服务公司（UPS）的科学管理

联合邮包服务公司（UPS）雇佣了15万名员工，平均每天将900万个包裹发送到美国各地和世界180多个国家和地区。其宗旨是：在邮运业中办理最快捷的运送。UPS的管理者系统地培训他们的员工，使他们以尽可能高的效率从事工作。

让我们看一下他们的工作情况。UPS的工业工程师们对每一位司机的行驶路线进行了时间研究，对每种送货、取货和暂停活动设立了工作标准。这些工程师们记录了红灯、通行、按门铃、穿过院子、上楼梯、中间休息喝咖啡的时间，甚至上厕所的时间，将这些数据输入计算机中，从而给出每一位司机每天工作中的详细时间标准。

为了完成每天取送130件包裹的目标，司机们必须严格遵守工程师们设定的程序。当他们接近发送站时，他们松开安全带、按喇叭、关发动机、拉起紧急制动、把变速器推到一挡上，为送货完毕后的启动离开做好准备，这一系列动作极为严格。

然后司机从驾驶室出溜到地面上，右臂夹着文件夹，左手拿着包裹，右手拿着车钥匙。他们看一眼包裹上的地址，把它记在脑子里，然后以每秒钟3英尺的速度快步走到顾客的门前，先敲一下门以免浪费时间找门铃。送货完毕，他们在回到卡车的路途中完成登录工作。

UPS是世界上效率最高的公司之一。联邦捷运公司每人每天取送80件包裹，而UPS公司却是130件。高的效率为UPS公司带来了丰厚的利润。

资料来源： 朱秀文主编，《管理学教程》，天津大学出版社2004年版。

思考题：
1. 你如何认识 UPS 公司的工作程序？
2. 科学管理距今已百余年，你认为在今天的企业中仍然有效吗？
3. UPS 公司这种刻板的工作时间表为什么能带来效率呢？

应用训练

企业管理沙龙

【实训目标】

通过相关问题（或案例）的讨论和分析，认识各种管理思想与理论以及企业管理基本原理的合理性与实际应用性，从而加深学生对管理学基本知识和理论的理解，并提高学生的思辨能力和语言沟通能力。

【实训内容】

在班级组织一次关于企业管理理论与企业管理思想的沙龙。针对相关问题（或案例），要求成员根据所学理论，放开思路、自由辩论，畅谈企业在实际当中应如何进行管理。

【实训步骤】

1. 学生分组，要求每组至少搜集一个以上有辩论价值的问题（或案例）；
2. 学生将找到的问题或案例交给老师，老师在审查后公布辩论问题（或案例）；
3. 每组同学针对自己组提出的辩论问题（或案例），根据观点不同分成两派（可吸收其他组同学参加），准备辩论资料；
4. 每组同学在辩论时，其他组同学给观点不同的两派打分并公布结果；
5. 辩论结束时，教师针对辩论的观点进行点评。

第三章　现代企业战略管理

---------【导入案例】---------

值钱的战略分析

1950年年初，朝鲜战争已到剑拔弩张、一触即发的地步。战争爆发前八天，美国对华政策研究室接到一个秘密情报：欧洲有个德林的咨询公司集中人力，投下大笔资金研究了一个课题：美国如果出兵韩国，中国的态度将是如何？第一个研究成果已经出来了。德林公司通过秘密渠道打算把这个结论卖给美国，据说只有一句话，却索价500万美元（大约相当于当时一架最先进的战机价格）。美国人一笑置之。

几年后，美国在朝鲜战场一再惨败，美国国会开始辩论究竟出兵韩国是否真有必要的问题，才有人想起德林公司的研究成果。此时虽已时过境迁，但在野党为了在国会上的辩论言之有据，仍以280万美元的价格买下了德林公司这项过了时的研究成果。成果的内容只有一句话："中国将出兵朝鲜"。但附有长达328页的附录分析资料，详尽地分析了中国的国情，有丰富的历史材料和有关数据，并有充足的论据证明中国绝不会坐视北朝鲜危急而不救，且断定一旦中国出兵，美国将以不光彩的姿态主动退出这场战争。

当记者问从朝鲜战场回来的美军总司令麦克阿瑟将军对德林公司的研究成果有什么看法时，他不无感慨地说：我们最大的失策是舍得几百亿美元和数十万美国军人的生命，却吝啬一架战斗机的代价。默默无闻的德林公司自此声望大振，扬名四海。

资料来源：选自周展宏，《咨询何为》，《环球管理》2001年第7期。
问题：你怎样看待战略分析的价值？

企业战略管理是关系到企业长期性、全局性和方向性的重大决策问题，战略管理是企业在复杂、多变的环境中谋求生存和发展，在充分分析企业外部环境和内部条件的基础上，根据企业外部环境和内部条件，确定企业组织目标，保证目标落实并使企业使命最终得以实现的一个动态过程，包括了战略的分析与制定，战略评价与选择，战略的实施与控制。

第一节　企业战略管理概述

一、战略与战略管理

(一) 什么是战略

"战略"一词，原为军事用语。顾名思义，战略就是对战争全局的筹划和谋略。战略思想中国古已有之，早在 2500 多年前的春秋战国时期，我国古代杰出的军事家孙武著有被誉为"兵学圣典"的《孙子兵法》，至今仍在世界范围内有着广泛的影响。在中国，"战略"这个词，先是"战"与"略"分别使用。"战"指战斗和战争，"略"指筹略、策略、计划。在英语中，战略一词为 strategy，它来源于希腊语，也是一个与军事有关的词。其意义是指挥军队的艺术和科学。

军事上的战争从本质上来说就是敌我双方你死我活的生存竞争，而在经济领域内的商品竞争与此有很多相似之处。具体来说，企业经营同样面临着三方面的问题。首先，在商品社会中，任何企业都处于激烈竞争的市场环境中（当然，未必是你死我活的竞争）；其次，从系统的观点来看，企业的生产过程就是资源（包括人、财、物等方面）的投入、转换及产出的过程；最后，对于企业而言，外部环境是不可控的，必须随时根据环境的变化，合理配置和使用企业有限的资源。

(二) 企业战略的概念与特征

1. 企业战略的概念。什么是企业战略？在西方战略管理文献中没有一个统一的定义，不同的学者与经理赋予企业战略以不同的含义。

第一种理解以安德鲁斯、明茨伯格为代表。安德鲁斯认为，战略是目标、意图或目的，以及为达到这些目的而制定的主要方针和计划的一种模式。加拿大麦吉尔大学教授明茨伯格把战略定义为一系列行为方式的组合。他借鉴市场营销学中营销四要素（4P's）的提法，创立了企业战略的 5P's 模式，即计划、计策、模式、定位、观念来对企业战略进行描述。

第二种理解以安索夫为代表。1965 年，安索夫出版了第一本有关战略的著作《公司战略论》，他在研究企业多元化经营的基础上，提出了战略四要素，认为企业战略一般由四种要素构成，即产品与市场范围、增长向量、竞争优势和协同作用。

我们认为，战略管理是企业的高层决策者根据企业的特点和对内、外部环境的分析，确定企业的总体目标和发展方向，制定和实施企业发展总体谋划的动态过程。

2. 企业战略的特征。

(1) 全局性。经营战略具有全局性的特征，它指以企业全局为研究对象，来确定企业的总体目标，规定企业的总体行动，追求企业的总体效果。

(2) 长远性。企业战略的着眼点是企业的未来而不是现在，是为了谋求企业的长远利益而不是眼前利益。

(3) 纲领性。经营战略所确定的战略目标和发展方向是一种原则性和总体性的规定，是对企业未来的一种粗线条设计，是对企业未来成败的总体谋划，而不是纠缠于现实的细枝末节。

(4) 竞争性。企业在竞争中为战胜竞争对手，迎接环境的挑战而制订的一整套行动方案。

(5) 风险性。战略考虑企业的未来，而未来具有不确定性，因而战略必然具有风险性。

二、企业宗旨

德鲁克认为，确定企业的宗旨就是要明确这样的问题，即"我们的企业是什么以及它应该是什么"。定义企业宗旨就是阐明企业的根本性质与存在的目的或理由，说明企业的经营领域、经营思想，为企业目标的确定和战略的制定提供依据。企业宗旨有多方面的内容，所以有时又称战略展望、战略意图、愿景和使命、战略纲领、目的和任务陈述等。尽管提法不同，但都是表明企业存在的理由和追求，回答"我们的企业是什么以及它应该是什么"这一关键问题。

（一）企业愿景（远景）

愿景是企业对其前景所进行的广泛的、综合的和前瞻性的设想。即我们要成为什么？这是企业为自己制定的长期为之奋斗的目标。它是用文字描绘的企业未来图景，它使人们产生对未来的向往，从而使人们团结在这个伟大的理想之下，集中他们的力量和智慧来共同奋斗。表3-1是几个企业的愿景及提出的年代。

表3-1 几个企业的愿景及提出的年代

公司名称	提出的"愿景"	提出年代
福特公司	汽车要进入家庭	20世纪20年代
苹果公司	计算机进入家庭	20世纪80年代
微软公司	计算机进入家庭，放在每一张桌子上，使用微软的软件	20世纪80年代

（二）企业使命

企业使命旨在阐述企业长期的战略意向，其具体内容主要说明决定企业目前和未来所要从事的经营业务范围。要想获得一个在战略的角度上清晰明了的业务界定，必须包括下面三个要素：

1. 顾客的需求。企业需要满足的需求是什么？仅仅知道企业所提供产品和服务是永远不够的。顾客需要的不是产品和服务本身，而是产品或服务提供的功能，而这种功能能够满足他们的某种需求。

2. 顾客。需要满足的对象是谁？企业定位的顾客群是什么？顾客群这个因素之所以重要，是因为他们代表了一个需要提供的市场，即企业打算在哪些地理区域内展开竞争以及企业追逐的购买者类型。

3. 技术和活动。企业在满足目标市场时所采用的技术和开展的活动。这个因素表明企业是如何满足顾客需求的，以及企业所覆盖的活动是行业的生产-分销价值链的哪些部分。

很好地界定企业所服务的需求、目标市场以及所开展的活动是一个挑战。例如，麦当劳用来界定公司业务的理念是：一张有限的菜谱，质量一致的美味快餐食品，快速到位的服务，超值定价，卓越的顾客关怀，便利的定位和选址，全球的覆盖。麦当劳的业务使命确定的中心是：在全球范围内向一个广泛的快餐食品顾客群"在气氛友好卫生清洁的饭店里以很好的价值提供有限系列的、美味的快餐食品"。

三、企业战略目标

美国管理大师彼得·德鲁克经过专门研究发现，各个企业需要制定目标的领域全都一样，所有企业的生存都取决于同样的一些因素。在此基础上，他提供了一个很有参考价值的公司目标体系，包括以下八个目标：

- 市场地位：公司应说明它所追求的市场占有份额。
- 创新：公司应将为新产品和新服务、削减成本、融资、运作表现、人力资源管理及信息设立目标。
- 生产率：公司应为资源的有效使用设立指挥体系。
- 实物及财务资源：公司应说明它将如何取得这些资源。
- 获利性：公司应制定给业主的回报率。
- 经理的工作表现及提高：公司应说明对经理们表现的期望是什么样的，如何衡量经理们的实际工作表现以及他们的工作应达到的水平。
- 工人的工作表现和态度。
- 社会责任。

课堂讨论：
企业宗旨有用吗？试讨论确定企业宗旨的意义。

第二节 企业战略的层次及其分析

一、企业战略的层次类型

企业的目标是多层次的，它包括企业的总体目标、企业内各个层次的目标以及各经营项目的目标，各层次目标形成一个完整的目标体系。企业的战略，不仅要说明企业整体目标以及实现这些目标的方法，而且要说明企业内每一层次、每一类业务以及每部门的目标及其实现方法。因此，企业的总部制定总体战略，事业部或经营单位制定经营单位战略，部门制定职能战略。

（一）总体战略（公司战略）

总体战略又称公司战略，是企业的战略总纲，是企业最高管理层指导和控制企业一切行为的最高行动纲领。

总体战略主要有发展战略、稳定战略和收缩战略。在三种战略中最重要的是发展战略，包括决定向什么方向发展，是在原行业中进行产品或市场的扩张，还是通过一体化、多角化进入新的经营领域；还要决定用什么方式发展，要在内部创业、购并、合资等发展方式中做出战略选择。对于多角化经营的企业，要决定企业整体的业务组合和核心业务。

（二）经营单位战略（事业部战略、经营战略）

经营单位是战略经营单位的简称，是指公司内其产品和服务有别于其他部分的一个单位。一个战略经营单位一般有着自己独立的产品和细分市场。它的战略主要针对不断变化的环境，在各自的经营领域里有效地竞争。

（三）职能战略

职能战略又称职能部门战略，是为了贯彻、实施和支持总体战略与经营单位战略而在企业特定的职能管理领域制定的战略。职能战略一般可分为营销战略、人力资源战略、财务战略、生产战略、研发战略等。

二、企业总体战略

在面对不同的环境和基于不同的内部条件时，企业所采取的总体战略态势会各有差异，企业的总体战略主要有三种态势：发展型战略、稳定型战略和紧缩型战略。需要指出的是，即使企业总体是采取发展（扩张）型战略，在不同经营领域仍可采用不同的战略，即企业可以有多种战略方向可供选择。图3-1表示了一个"产品/市场"矩阵，指出了主要的选择方向。

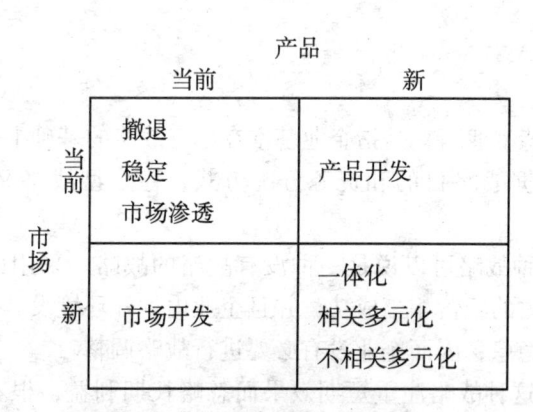

	产品	
市场	当前	新
当前	撤退 稳定 市场渗透	产品开发
新	市场开发	一体化 相关多元化 不相关多元化

图3-1 可选择的发展方向

对于各种可选发展战略或可选发展方向而言，每一个都有不同的开发方案，这些方案可以分为三类：内部开发、购并和联合开发或联盟。

（一）发展型战略

1. 密集型增长战略。密集型增长战略是指在原有生产经营范围内充分利用产品和市场方面的潜力来求得企业增长，也称为集约型增长或加强型增长战略。它主要包括市场渗透战略、市场开发战略和产品开发战略。

（1）市场渗透战略。市场渗透战略是指企业在当前市场上通过更大的市场营销努力，提高现有产品或服务的市场占有率的战略思路。

（2）市场开发战略。当现有产品或服务在当前市场上的渗透变得不可能后，企业有两种选择：一是用现有产品或服务去开拓新的市场；二是在当前市场上开发与现有产品或服务相关的新产品或服务。

（3）产品开发战略。产品开发战略是指通过改进和改变产品或服务以增加现有市场上的产品或服务的销售的战略思路。

2. 一体化增长战略。一体化增长战略可以进行多种分类，根据与现有经营活动和产品或服务的关系，可以把它分为纵向一体化战略和横向一体化战略。

纵向一体化又称为垂直一体化，就是在同一行业中扩大企业竞争的范围。纵向一体化有两种基本类型：后向一体化和前向一体化。后向一体化是指企业将其活动范围扩展到供应源，通过某种方式获得供货方企业的所有权或控制权。前向一体化是指企业将其活动向价值链的下游环节扩展。一个生产原材料或零部件的企业把其经营活动拓展到最终产品的生产制造，或一个最终产品制造的企业把经营活动扩大到分销或零售，就是前向一体化。

横向一体化战略是指把性质相同、生产或提供同类产品的企业联合起来，促成联合体，以促进企业实现更高程度的规模经济和迅速发展的一种策略。

3. 多元化增长战略。多元化增长战略是企业最高层为企业制定多项业务的组合，是为公司涉足不同产业环境中的各业务制定的发展规划，包括进入何种领域、如何进入等。当企业拥有额外的资源、能力及核心竞争力并能在多处投入时，就应该实施多元化。同时，采用该种战略的企业的经理层应具备独特的管理能力，能同时管理多项业务，并且能增强企业战略竞争能力。

（二）稳定型战略

稳定型战略也叫维持型战略，是指企业基本在原有战略的基础上保持稳定，不在战略上进行大幅度的调整。根据战略目的和资源分配方式，稳定型战略又可进一步细分为以下类型：

1. 无变化战略。这种战略可以说是一种没有战略的战略。采用此战略的企业一般具有两个条件：一是企业过去的经营相当成功，并且企业内、外环境没有重大变化；二是企业并不存在重大经营问题或隐患，因而企业没有必要进行战略调整。

2. 维持利润战略。这种战略注重短期效果而忽略长期利益，根本意图是渡过暂时性的难关，一般在经济形势不景气时采用，以维持已有的经营状况和效益。由于这是以牺牲企业未来发展来维持目前利润的战略，所以如果使用不当，会影响企业长期发展。

3. 暂停战略。当企业在一段较长时间的快速发展后，有可能会遇到一些问题使得效率下降,此时可采用暂停战略,休养生息,即在一段时期内降低企业目标和发展速度,重新调整企业内部各要素,实现资源的优化配置,实施管理整合,为今后更快发展打下基础。

4. 谨慎实施战略。如果企业外部环境中的某一重要因素变化趋势不明显,又难以预测,则要降低相应的战略方案的实施进度,根据情况的变化实施或调整战略规划和步骤。

(三) 紧缩型战略

紧缩型战略是指企业在一段时期内缩小经营规模或者多元化经营的范围,偏离目前的战略起点,并从现有经营水平上收缩的一种战略。紧缩型战略的类型主要有:

1. 转向战略。企业在现有经营领域不能完成原有产销规模和市场规模,不得不将其缩小;或者企业有了新的发展机会,压缩原有领域的投资,控制成本支出以改善现金流为其他业务领域提供资金。

2. 放弃战略。在前一战略无效时,可采取放弃战略。放弃战略是将企业的一个或几个主要部门转让、出卖或停止经营。这个部门可以是一个经营单位、一条生产线或者一个事业部。其目的是要找到肯出高于企业固定资产时价的买主,因此关键是让买主认识到购买企业所获得的技术和资源,能使对方利润增加。

3. 清算战略。清算是指卖掉其资产或停止整个企业的运行而终止一个企业的存在。显然,清算战略对任何一个企业来说都不是最有吸引力的战略,通常只有当所有其他战略都失败时才使用。但在毫无希望的情况下,尽早地制定清算战略,企业可以有计划地、尽可能多地收回企业资产,减少损失。

三、企业竞争战略

名人名言

不要怕竞争,竞争是企业成长的激素。竞争使企业家时时刻刻处在一种紧张状态中,不懈地努力改善经营管理,以求生存和发展。

——〔英〕乔治·佛克斯

竞争战略属于企业经营单位战略的范畴。经营战略所涉及的问题是在给定的一个业务或行业内,经营单位如何竞争取胜的问题,即在什么基础上取得竞争优势。美国哈佛商学院著名的战略管理学家迈克尔·波特在其1980年出版的《竞争战略》一书中,提出三种基本竞争战略,即成本领先战略、差异化战略和集中化战略。

(一) 成本领先战略

1. 成本领先战略的含义和优势。成本领先战略是通过设计一整套行动,以最低的成本生产并提供为顾客所接受的产品和服务。成本领先战略的有效执行能使公司在激烈的市场竞争中赚取超过平均水平的利润。低成本优势可以有效防御竞争对手的进攻,有利于公司在强大的买方威胁中保卫自己,同时,低成本也构成对强大供方威胁的防卫。

2. 实现成本领先战略的途径。实现成本领先,通常可采用如下途径:

(1) 实现规模经济。根据经济学原理,在超过一定规模之前,产量越大,单位平均成本越低。因而,实现成本领先,通常应选择那些同质化程度高、技术成熟、标准化的产品规模化生产。

（2）做好供应商营销。所谓供应商营销，也就是与上游供应商如原材料、能源、零配件、协作厂家建立起稳定的合作关系，以便获得廉价、稳定的上游资源，并能影响和控制供应商，对竞争者建立起资源性壁垒。

（3）生产技术创新。降低成本最有效的办法是生产技术创新。一场技术革新和革命会大幅度降低成本，生产组织效率的提高也会带来成本的降低。如福特汽车公司通过传送带实现了流水生产方式而大幅度降低了汽车生产成本，进而实现了让汽车进入千家万户的梦想。

（4）塑造企业成本文化。一般来说，追求成本领先的企业应着力塑造一种注重细节，精打细算，讲究节俭，严格管理，以成本为中心的企业文化。不但要抓外部成本，也要抓内部成本；不但要把握好战略性成本，也要控制好作业成本；不但要注重短期成本，更要注重长期成本；不但要讲求企业成本，更不能忽视顾客成本。

3. 成本领先战略的风险。主要包括：（1）成本领导者的生产设备可能因竞争对手的技术创新而过时；（2）过于强调削减成本可能会导致公司忽视顾客需求或对有关问题的担心；（3）竞争对手的仿效也会成为成本领先战略的风险。

（二）差异化战略

1. 差异化战略的含义和优势。差异化战略是通过设计一整套行动，生产并提供一种顾客认为很重要的与众不同的产品或服务，并不断地使产品或服务升级以具有顾客认为有价值的差异化特征。差异化战略的重点不是成本，而是不断地投资和开发顾客认为重要的产品或服务的差异化特征。

成功地采用差异化战略可以使企业在激烈的市场竞争中获得超过平均水平的利润。差异化战略利用客户对品牌的忠诚度以及由此产生对价格的敏感性下降使公司得以避免来自竞争对手的挑战。它也可以使利润增加而不必追求低成本。差异化产品或服务独特性能降低顾客对价格提高的敏感性。

2. 实现差异化战略的途径。实现差异化战略有多种途径，其中最常用的包括产品差异化战略、服务差异化战略和形象差异化战略。产品差异化战略，包括产品质量的差异化战略、产品可靠性的差异化战略、产品创新的差异化战略、产品特性的差异化战略、产品名称的差异化战略等。

3. 差异化战略的风险。

（1）可能丧失部分客户。如果采用低成本战略的竞争对手压低产品价格，使其与实行差异化战略的厂家的产品价格差距拉得很大，在这种情况下，用户为了大量节省费用，只得放弃取得差异的厂家所拥有的产品特征、服务或形象，转而选择物美价廉的产品。

（2）用户所需的产品差异的因素下降。当用户变得越来越成熟时，对产品的特征和差别体会不明显时，就可能发生忽略差异的情况。

（3）大量的模仿缩小了感觉得到的差异。特别是当产品发展到成熟期时，拥有技术实力的厂家很容易通过逼真的模仿，减少产品之间的差异。

（4）执行差异化战略有时会与扩大市场份额相矛盾。差异化战略具有一定程度的排他性，与提高市场份额两者不可兼得。

（三）集中化战略

1. 集中化战略的含义和优势。集中化战略是通过设计一整套行动来生产并提供产品或服务，以满足某一特定竞争性细分市场的需求，包括某一特定的购买群体、某一特定的产品细分市场，或某一特定的地理市场。与采用成本领先战略和差异化战略的企业不同，执行集中化战略的企业寻求通过利用其核心竞争力以满足某一特定行业细分市场的需求。

2. 实现集中化战略的途径。集中化战略的基础在于一家企业可以比业内的其他竞争对手更好、更有效率地服务某一特定细分市场，且服务于小市场的成本比竞争对手的成本低，或者能够更好地满足用户的需求。集中化战略一般有两种形式，即企业在目标细分市场中寻求成本优势的成本集中和在细分市场中寻求差异化的差异集中。

3. 集中化战略的风险。采用任何一种集中化战略，企业都面临着与在整个行业范围内采用成本领先战略或差异化战略的公司同样的一般性风险。同时还有以下风险：

（1）竞争对手可能会集中在一个更加狭窄的细分市场上而使本来的集中不再集中。如在细分市场的基础上，开发出在性能、功能、规格等方面能满足具体客户要求的产品。

（2）在整个行业内竞争的企业可能会认为由执行集中化战略的公司所服务的细分市场很有吸引力，值得展开竞争，并实施竞争战略，使原来集中战略的企业失去了优势。

（3）由于技术进步、替代品的出现、价值观念更新、消费偏好变化等多方面原因，细分市场与总体市场之间在产品或服务的需求上差别变小，细分市场中的顾客需求可能会与一般顾客需求趋同。此时，集中化战略的优势就会被削弱或清除。

（4）由于狭小的目标市场难以支撑必要的市场规模，所以集中化战略可能带来高成本的风险，从而又会导致在较宽范围经营的竞争对手与采取集中化战略的企业之间在成本差别上日益扩大，抵消了企业在细分市场上的成本优势或差异化优势，使企业集中化战略失败。

【分析案例】

比亚迪的低成本策略

比亚迪主要从事二次充电电池的研究、开发、制造和销售，主要产品包括镍镉、镍氢充电电池。在20世纪90年代初期，充电电池市场全部是日本企业的天下，三洋、东芝、松下等日系电池制造商占据着全球近90%的市场。但比亚迪奉行独特的成本领先策略，成就了一个奇迹。迄今为止，比亚迪的生产规模已经超过松下、东芝和索尼，和三洋的差距正不断缩小。

比亚迪的低成本策略与其低成本的生产模式是分不开的。和中国大多数初创企业一样，比亚迪一开始就采用了以手工为主的生产模式，即自己动手做一些关键设备，然后把生产线分解成若干个人工完成的工序，以尽可能地代替机器，对抗自动化程度极高的日本生产线。表面上看，这种落后的生产模式毫无优势可言，但实际上它能大幅度地降低成本。因为自动化程度越高，初次投入的成本越大，更新换代的成本也大，而手工作业的模式却具备无可比拟的灵活性。日本企业一条电池自动生产线的投入超过千万，比亚迪自创的以人力居重的生产线，一次投入小，灵活性大。当一个新的产品推出的时候，原有的生产线只需做关键环节的局部调整，再对员工做相应的技术培训就可以了。

除了以低成本的生产模式取胜外,比亚迪还依靠技术研发来降低成本。比亚迪的研发中心专门改造电池溶液的化学成分,仅这一项,就曾缩短了比亚迪的电池生产工艺流程,并将每月生产的花费从500万~600万元降至区区几十万元。为了寻求新工艺,比亚迪甚至和上游材料供应商共同研发,共同制订降低成本的方案。

资料来源:世界经理人网站,http://www.ceconline.com/financial/ma/8800034183/01/。

分析:比亚迪公司低成本战略设计和执行的关键所在?

第三节 企业战略管理过程

战略是计划的一种形式,但战略管理却不仅仅是制定战略。战略管理是制定和实施战略的一系列管理决策与行动。一般认为,战略管理是由几个相互关联的阶段所组成,这些阶段有一定的逻辑顺序,包含若干必要的环节,由此而形成一个完整的体系。企业战略管理包括相互关联的几个主要阶段,即战略环境分析阶段、战略制定选择阶段、战略实施与控制阶段(如图3-2所示)。

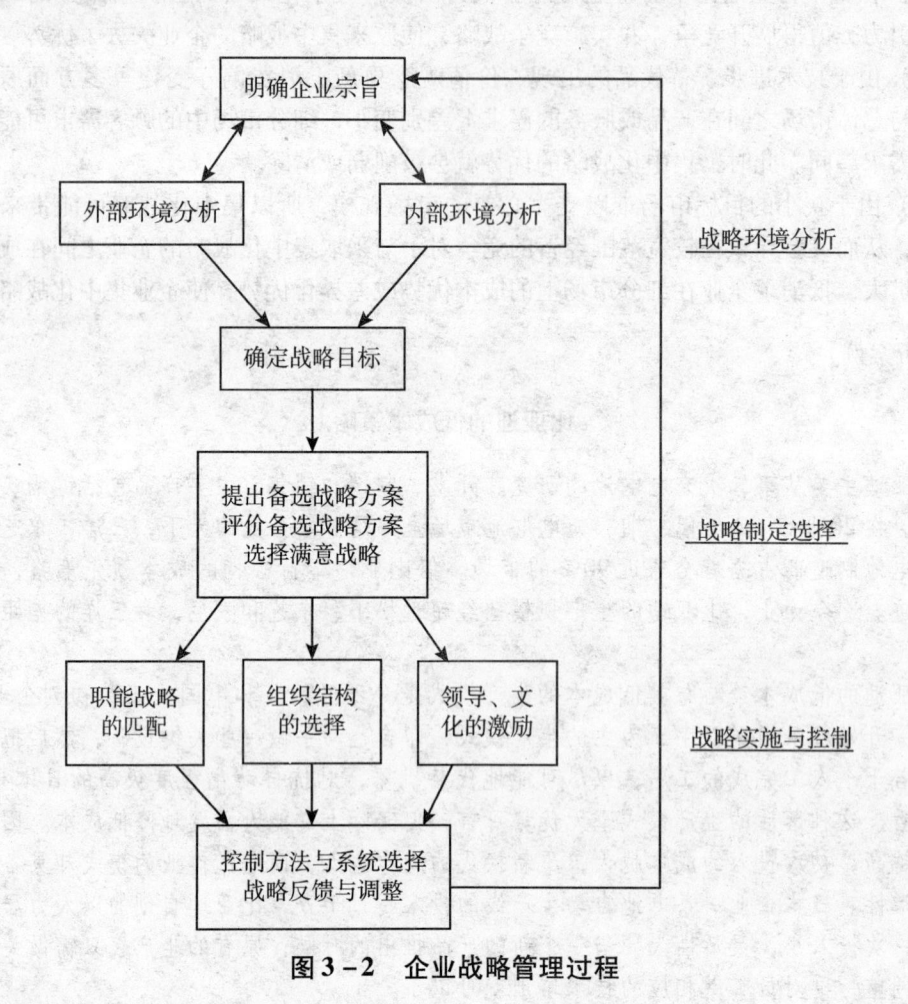

图3-2 企业战略管理过程

一、战略环境分析

在这个阶段，企业战略人员的主要工作有：确定企业的经营宗旨；评价企业的内部环境；分析评价企业的外部环境。现代管理把企业看做一个开放的系统，我们对于企业外部的对其产生影响的各种因素和力量统称为外部环境。外部环境包括宏观环境、行业环境和竞争对手。

（一）宏观环境分析

宏观环境也就是企业活动所处的大环境，主要由政治环境、经济环境、社会环境、技术环境等因素构成，即 PEST 分析。宏观环境对处在该环境中的所有相关组织都会产生影响，而且这种影响通常间接地、潜在地影响企业的生产经营活动，但其作用却是根本的、深远的。

1. 政治环境。政治环境是指影响企业制定战略、实施战略和控制战略的各种政治变量、政策变量和法律制度。从事国际化经营的企业，除了要调查研究本国的政治因素外，还要研究打交道的国家的政治因素。

2. 经济环境。所谓经济环境是指构成企业生存和发展的社会经济状况及国家经济政策。企业经济环境是一个多元动态系统，主要由社会经济结构、经济发展水平、经济体制和宏观经济政策四个要素构成。

3. 社会环境。企业的社会环境包括社会阶层的形成和变动、人口的地区性流动、人口年龄结构的变化、社会中权力结构、人们生活方式及工作方式的改变等，这些方面必然都要反映到企业中来，严重影响到社会对产品及劳务的需求，也改变着企业的战略决策。

4. 技术环境。技术环境是指企业所处的社会环境中的科技要素及与该要素直接相关的各种社会现象的集合。粗略划分企业的技术环境，大体包括四个基本要素：社会科技水平、社会科技力量、国家科技体制、国家科技政策和科技立法。

（二）行业环境分析

每个企业都归属于或主要归属于某一行业（又叫产业）。而企业已经进入的行业或将要进入的行业，是对企业影响最直接、作用最大的企业外部环境。行业环境分析的目的在于弄清行业总体情况，发现行业环境中存在的威胁，寻找企业发展的机会，把握竞争的形势，进行行业选择及在行业中所处地位的选择。

1. 行业（产业）经济特性分析。
（1）行业的最主要经济特性。因为行业之间在其特征和结构方面有着很大的差别，所以行业环境分析往往首先应从整体上把握行业中最主要的经济特性。
（2）行业生命周期。行业生命周期是一个行业从出现直至完全退出社会经济领域所经历的时间。一般来说，它可以分为开发期、成长期、成熟期、衰退期四个阶段。如图 3-3 所示，行业生命周期曲线的形状是由社会对该行业的产品需求状况决定的。行业是随着社会某种需求的产生而产生，又随着社会对这种需求的发展而发展。最后，当这种需求消失时，整个行业也就随之消失，行业的生命即告终止。

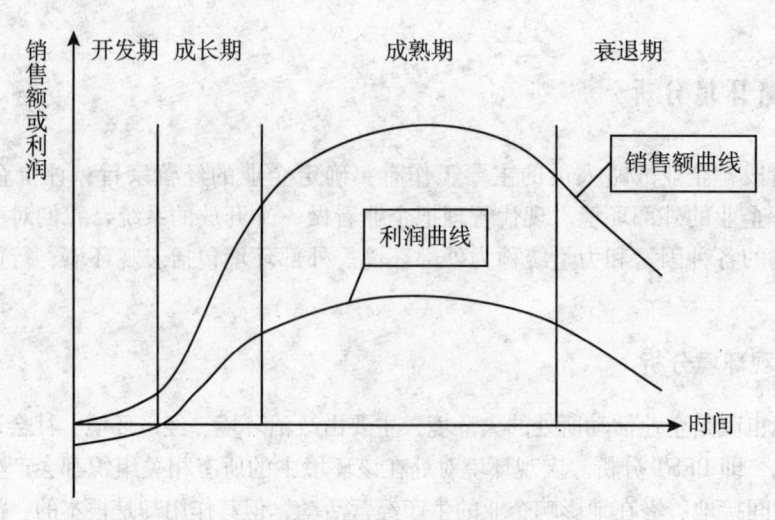

图 3-3 行业寿命周期

2. 行业竞争结构分析。深入分析行业的竞争过程从而挖掘出竞争压力的源泉和确定各个竞争力量的强大程度，这是行业及竞争分析的一个重要组成部分。一个行业的竞争激烈程度取决于行业内的经济结构，行业内的经济结构状况又对竞争战略的制定和实施起制约作用。虽然不同行业中的竞争压力不可能完全一致，但是竞争过程的作用方式是相似的，我们可以用同一个分析框架来分析各个行业中竞争力量的性质和强度。哈佛大学商学院迈克尔·波特（M. Porter）教授指出，在一个行业中，存在着五种基本的竞争力量，即行业内现有竞争者、潜在进入者、替代品、供应者和购买者之间的抗衡。如图 3-4 所示，一个行业中的竞争状态是各个竞争力量共同作用的结果。

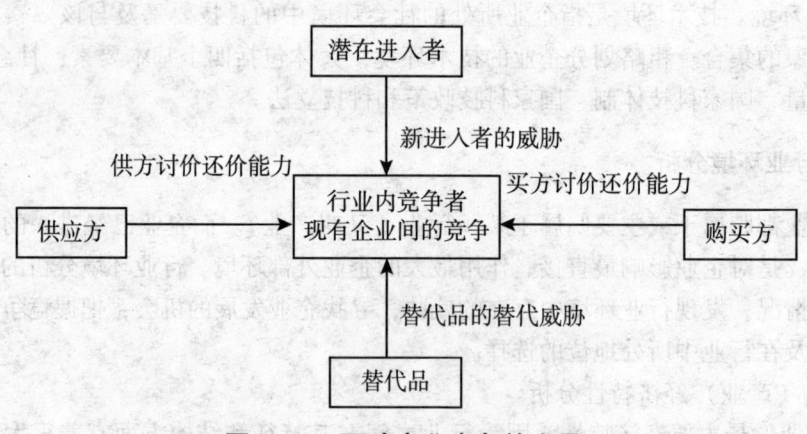

图 3-4 驱动产业竞争的力量

（1）行业内现有竞争者。行业内的竞争者往往是五种竞争力量中最强大的竞争力量。竞争厂商之间的竞争强度是竞争厂商运用如下策略的程度的函数：降低价格、更引人注目的特色、扩大客户服务、延长保修期、采用特殊的促销手段、推出新产品。

（2）潜在进入者。行业外有可能并准备进入该行业的企业称为潜在进入者。事实上，任何一种产品的生产经营，只要有利可图，都会有潜在进入者。这些潜在进入者一旦加入,既可能给行业经营注入新的活力,促进市场的竞争和发展,也势必给现有厂家造成压力。因为潜在进入者在加入到某一新领域时,会向该行业注入新的生产能力和物质资源,以获取一定的市场份额,其结果可能导致原有企业因与其竞争而出现价格下跌、成本上升、利润下降的局面。这种由于竞争力量的变化而对行业内原有企业产生的威胁称为进入威胁。

新厂家进入特定行业的可能性大小,取决于两大因素:一是该行业对潜在进入者设置的进入障碍大小;二是该行业内现有企业对进入者的预期反应。

(3) 替代品。还有一种竞争力量是替代品的威胁,即其他行业的产品可以与该行业的产品一样满足消费者的相同需求。来自替代品的竞争压力的强度取决于三个方面的因素:是否可以获得价格上有吸引力的替代品;在质量、性能和其他一些重要属性方面的满意程度如何;购买者转向替代品的难度。

(4) 供应者。企业生产经营所需的生产要素通常需要从外部获取,提供这些生产要素的企业就对本企业具有两方面的影响:一是这些企业能否根据本企业要求按时、按质、按量地提供所需的生产要素,这影响着企业生产经营规模的维持和扩大;二是这些企业提供供应品时要求的价格在相当程度上决定着本企业生产成本的高低,从而影响企业的获利水平。一旦供应商能够确定它所提供商品的价格、质量、性能、交货的可靠度,那么这些供应商就会成为一种强大的力量。

(5) 购买者。对行业中的企业来讲,购买者也是一个不可忽视的竞争力量。购买者所采取的手段主要有:要求压低价格,要求较高的产品质量或更多的服务,甚至迫使行业中的企业互相竞争等。所有这些都会降低企业的获利能力。

五种竞争力量模型深入透彻地阐述了某一给定市场的竞争模式。最无情的竞争情形是:进入障碍很低,从而每一个新进入者都可以获得一个市场立足点;替代品的竞争很强烈;供应商和顾客都有相当的谈判优势;行业内竞争白热化,但退出障碍又很高。那么从利润的角度来看,行业是没有吸引力的。

最理想的情况是:供应商和顾客都处于谈判劣势,没有很好的替代品,进入壁垒相对较高,现有企业间的竞争也比较温和。那么从利润的角度来看,行业就是有吸引力的。而且,即使其中几类竞争力量很强大,对于那些市场地位和战略可以防御竞争压力的企业来说,该行业仍旧可能是有吸引力的。

要想成功地与竞争力量展开竞争,管理者所制定的战略必须做到:(1) 尽可能地摆脱这五种竞争力量的影响;(2) 影响竞争压力,使其向着有利于本企业的方向改变;(3) 建立强大的安全的优势。

(三) 竞争对手分析

主要竞争对手是指那些对企业现有市场地位构成直接威胁或对企业目标市场地位构成主要挑战的竞争者。

1. 识别主要竞争对手。现在,谁是主要的竞争对手,这一点通常很明显。但是,在今后一段时间内,情况可能会有变化。对于主要竞争对手,要进行有效的信息收集和分析活动。企业进行战略决策所需要的信息中,有95%都可以从公开渠道得到。一些竞争信息的来源包括行业杂志、招聘广告、报纸、政府文件、行业资料、用户、供应商、分销商和竞争者本人。

2. 主要竞争对手分析内容。对主要竞争对手的分析包括四个方面：目标、战略假设、现行战略、资源和能力。

（1）主要竞争者的目标分析。了解竞争者的目标就可以了解每位竞争对手对其目前的地位和财务状况是否满意，推断出竞争者的战略发展方向和可能采取的行动，从而在战略管理一开始就能针对主要竞争者可能采取的行动设计应付方法。

（2）主要竞争者的战略假设分析。竞争者的目标是建立在其对环境和对自己的认识之上的，这些认识就是竞争者的假设。竞争者的战略假设有两类：第一类是竞争者对自己的力量、市场地位、发展前景等方面的假设，称为竞争者自我假设。第二类是竞争者对自己所在行业及行业内其他企业的假设，包括竞争者对产业构成、产业竞争强度和主要产业威胁、产业发展前景、产业潜在获利能力等方面的认识和判断。

（3）主要竞争者的现行战略分析。对竞争者现行战略进行分析的重点在于，通过竞争者的产品和市场行为来推断它的现行战略，预计目前战略的实施效果，分析竞争者现行战略对本企业的影响。分析该企业当前的业绩，分析它继续实施当前战略的前景，竞争者改变目前战略的可能性。

（4）主要竞争者的资源和能力分析。要对竞争对手的资源和能力做实事求是的评估，把握它的优势和劣势。竞争对手的目标、假设和现行战略会影响它反击的可能性、时间、性质和强度。而它的优势和劣势将决定它发起战略行动的能力以及处理所处环境中突发事件的能力。

3. 预测主要竞争对手下一步行动。在对以上四方面因素进行分析的基础上，应对各个竞争对手可能发动的战略行动和防御能力做出判断。

（四）企业自身分析

企业自身分析即企业内部环境分析，需要收集企业的管理、营销、财务、生产作业、研究与开发，以及计算机信息系统运行等各方面的信息，从中分析企业的优势和劣势。

1. 企业核心能力分析。企业的核心能力是竞争对手无法迅速模仿的能力，是企业获得竞争优势的关键。核心能力表现在：（1）具有建立电子商务网络和系统的技能；（2）迅速把新产品投入市场的能力；（3）更好的售后服务能力；（4）生产制造高质量产品的技能；（5）开发产品特性方面的创新能力；（6）对市场变化做出快速反应；（7）准确迅速满足顾客订单的系统；（8）整合各种技术创造新产品的技能等。

2. 价值链分析。1985年，迈克尔·波特在其所著《竞争优势》一书中提出价值链这一经济名词。波特教授认为企业每项生产经营活动都是其为顾客创造价值的经济活动，那么，企业所有的互不相同但又相互关联的价值创造活动叠加在一起，便构成了创造价值的一个动态过程，即价值链。企业所创造的价值如果超过其成本，就能盈利；如果超过竞争对手所创造的价值，就会拥有更多的竞争优势。企业是通过比竞争对手更廉价或更出色地开展价值创造活动来获得竞争优势的。

企业生产经营活动可以分成主体活动和支持活动两大类，如图3－5所示。

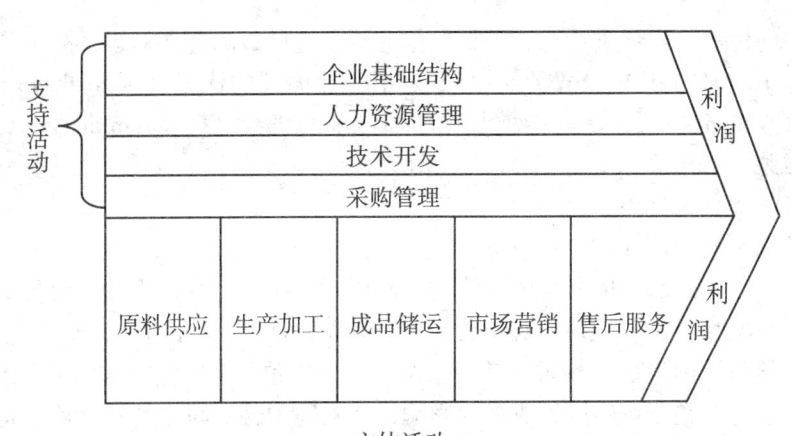

图 3 - 5 价值链分析

（1）主体活动。主体活动是指生产经营的实质性活动，一般分成原料供应、生产加工、成品储运、市场营销和售后服务五种活动。这些活动与商品实体的加工流转直接相关，是企业基本的价值增值活动，又称基本活动。

（2）支持活动。支持活动是指用以支持主体活动而且内部之间又相互支持的活动，包括企业投入的采购管理、技术开发、人力资源管理和企业基础结构。企业的基本职能活动支持整个价值链的运行，而不分别与每项主体活动发生直接的关系。

从图 3-5 中可以看出，企业价值链不是独立价值活动的集合，而是相互依存的活动构成的一个系统。在这个系统中，主体活动之间、主体活动与支持活动之间以及支持活动之间相互关联，共同成为企业竞争优势的潜在源泉。企业价值链一方面创造顾客认为有价值的产品或劳务，另一方面也需要负担各项价值链中所产生的成本。企业经营的目标，在于尽量增加顾客对产品所愿支付的价格与价值链中所耗成本间的差距，即利润最大化。

二、战略制定选择

（一）战略制定选择过程

企业战略制定选择阶段的任务是决定达到战略目标的途径，为实现战略目标确定适当的战略方案。企业战略管理人员在战略选择阶段的主要工作是：（1）拟订战略方案。根据外部环境和企业内部条件、企业宗旨和目标，拟订要供选择的几种战略方案。（2）评价战略方案。评价战略备选方案通常使用两个标准：一是考虑选择的战略是否发挥了企业的优势，克服了劣势，是否利用了机会，将威胁削弱到最低程度；二是考虑该战略能否被利益相关者所接受。需要指出的是，实际上并不存在最佳的选择标准，经理们和利益相关者的价值观和期望在很大程度上影响着战略的选择。此外，对战略的评估最终还要落实到战略收益、风险和可行性分析的财务指标上。（3）最终选出供执行的满意战略。

（二）战略分析方法

1. SWOT 分析法。

（1）SWOT 分析法的内涵。SWOT 分析法是一种对企业外部环境中存在的机会、威胁和企业内部条件的优势、劣势进行综合分析，据此对备选的战略方案做出系统的评价，最终选择出最佳的竞争战略的方法。SWOT 中的 S 是指企业内部的优势（Strengths）；W 是指企业内部的劣势（Weaknesses）；O 是指企业外部环境中的机会（Opportunities）；T 是指企业外部环境中的威胁（Threats）。

（2）SWOT 法分析过程。

①建立外部因素评价（EFE）矩阵。

步骤一：列出在外部环境分析中确认的外部因素，把握可能出现的机会与威胁。要尽量具体，可能时采取百分比、比率和对比数字。因素总数在 10 个左右。

步骤二：给每个因素赋予权重，其数值从 0.0（不重要）到 1.0（非常重要）。权重标志着该因素对于企业在行业中取得成功的影响的相对重要性。机会往往比威胁得到更高的权重，但当威胁因素特别严重时也可得到高权重。确定权重的方法包括对成功的竞争者和不成功的竞争者进行比较，以及通过集体讨论而达成共识。所有因素的权重总和必须等于 1。

步骤三：按照企业现行战略对各关键因素的有效反映程度为各关键因素进行评分，范围为 1~4 分，"4"代表反映很好，"3"代表反映超过平均水平，"2"代表反映为平均水平，而"1"代表反映很差。分数大小反映了企业战略的有效性，因此它是以企业为基准的，而步骤二中的权重是以行业为基准的。要注意，威胁和机会都可以被评为 1 分、2 分、3 分或 4 分。

步骤四：用每个因素的权重乘以它的评分，得到每个因素的加权分数。

步骤五：将所有因素的加权分数相加，以得到企业的总加权分数。

显然，无论 EFE 矩阵所包含的关键机会与威胁数量多少，一个企业所能得到的总加权分最高为 4.0，最低为 1.0，平均为 2.5。总加权分数高说明企业在整个行业中对现有机会与威胁做出了最出色的反映，企业的战略有效地利用了现有机会并将外部威胁的潜在不利因素降到最小。总加权分数低则说明企业的战略不能利用外部机会或回避外部威胁。这里需要指出的很重要的一点是：透彻理解 EFE 矩阵中所列出的因素比实际的权重和评分更为重要。

表 3-2 是一个 UST 公司 EFE 矩阵的例子，这是一家生产无烟烟草的公司。UST 公司的总加权分数为 2.10，说明该公司在利用外部机会和回避外部威胁方面低于平均水平。

表 3-2　　　　　　　UST 公司外部因素评价矩阵的实例

	关键外部因素	权重	评分	加权分数
机会	1. 全球无烟烟草市场实际上还没有被开发 2. 禁烟活动导致的需求增加 3. 惊人的网上广告的增加 4. 平克顿（Pinkerton）是折扣烟草市场的领先公司 5. 更大的社会禁烟压力使吸烟者转向替代品	0.15 0.05 0.05 0.15 0.10	1 3 1 4 3	0.15 0.15 0.05 0.60 0.30
威胁	1. 不利于烟草工业的立法 2. 对烟草业的限产加剧了生产竞争 3. 无烟烟草市场集中在美国东南部地区 4. 粮食和药物管理局进行的不利于公司的媒体宣传 5. 克林顿政府政策	0.10 0.05 0.05 0.10 0.20	2 3 2 2 1	0.20 0.15 0.10 0.20 0.20
	总　　计	1.00		2.10

资料来源：弗雷德·R·戴维，《战略管理》（第八版），经济科学出版社 2001 年版，第 131 页。

②建立内部因素评价矩阵。
- 列出对企业生产经营活动及发展有重大影响的内部因素。
- 给每个因素赋予权重，其数值从 0.0（不重要）到 1.0（非常重要）。所有因素的权重总和必须等于 1。不论该要素是否具有优势，只要它会对企业经营战略产生最重要的影响，就可以确定为最大的权重值。
- 以 1、2、3、4 各评价值分别代表相应要素对于企业战略来说是主要劣势、一般劣势、一般优势、主要优势。
- 用每个因素的权重乘以它的评分，即得到每个因素的加权分数。
- 将所有因素的加权分数相加，得到企业的总加权分数。

总加权分数大大高于 2.5 的企业的内部状况处于强势，而分数大大低于 2.5 的企业的内部状况则处于劣势。

（3）战略分析。将上述结果在 SWOT 分析图上具体定位，确定企业战略能力。企业在此基础上，选择所要从事的战略。如图 3-6 所示，SWOT 分析法为企业提供了四种可供选择的战略：SO 象限内的区域是企业机会和优势最理想的结合。这时的企业拥有强大的内部优势和众多的环境机会，可以采取增长型战略。WO 象限内的业务有外部市场机会但缺少内部条件，可以采取扭转型战略，尽快改变企业内部的不利条件，从而有效地利用市场机会。WT 象限是最不理想的内外部因素的结合状况。处于该区域中的经营单位或业务在其相对弱势处恰恰面临大量的环境威胁。在这种情况下，企业可以采取减少产品或市场的紧缩型或防御型战略，或是改变产品或市场的放弃战略。ST 象限内的业务尽管在当前具备优势，但正面对不利环境的威胁。面对这种情况，企业可以考虑采取多元化经营战略，利用现有的优势在其他产品或市场上寻求和建立长期机会。

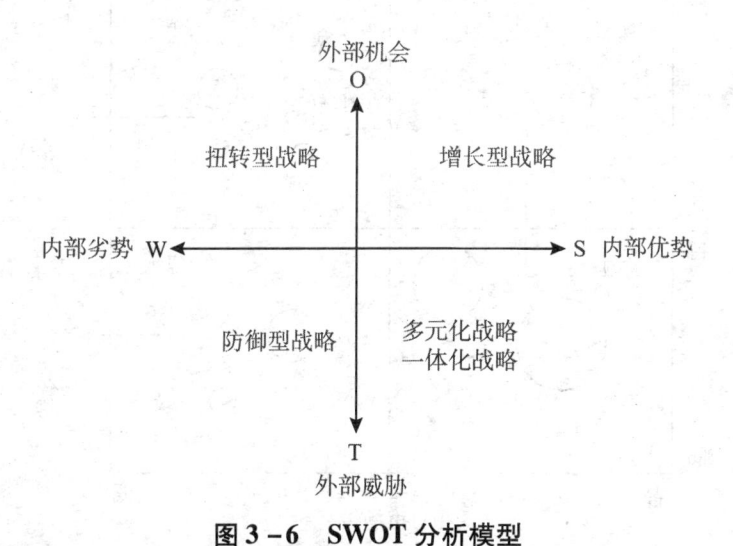

图 3-6 SWOT 分析模型

再次强调的是，准确地列出和透彻理解所列出的因素比实际的权重和评分更为重要。列出企业的优势、劣势、机会和威胁就像建立一张战略平衡表，它是外部环境和内部条件分析的总结。将这些因素列在一起进行综合分析，能从整体上分析一家企业的战略态势，在决策层中统一认识，确定合适的战略方案。所以，SWOT 分析法也是一种战略评价的方法。

2. 市场增长率－占有率评价法。市场增长率－占有率评价法，又称波士顿矩阵评价法（BCG），该方法最早是由波士顿咨询公司为美国米德纸业公司进行经营咨询时提出的。它以企业生产经营的全部产品或业务的组合为分析、研究对象，通过分析企业相关经营业务之间现金流量的平衡问题，寻找企业资源的生产单位和这些资源的最佳使用单位。

（1）市场增长率－占有率的分析变量。公司内每个经营单位的战略选择主要依据两个因素或称变量：市场增长率和市场占有率。

- 该单位的相对市场份额，按以下公式计算（以该经营单位的某种产品为例）：

$$\text{产品的相对市场份额} = \frac{\text{本企业某产品的绝对市场份额}}{\text{最大竞争对手该产品的绝对市场份额}} \times 100\%$$

采用相对市场份额而不直接使用绝对市场份额，是为了便于对各种业务进行比较。相对市场份额这个因素能够比较准确地反映企业在市场上的竞争地位和实力（优势或劣势），也在一定程度上反映其盈利能力，因为较高的市场份额一般会带来较多的利润和现金流量。

- 该单位的市场增长率，按以下公式计算（以该经营单位的某种产品为例）：

$$\text{某产品市场增长率} = \frac{\text{本产品当年市场销量} - \text{本产品上年市场销量}}{\text{本产品上年市场销量}} \times 100\%$$

市场增长率这个因素反映产品处于其寿命周期的某个阶段，及其市场潜在机会或威胁，它有双重作用：①反映市场机会和扩大市场份额的可能性大小，如增长缓慢，则难以扩大市场；②决定投资机会的大小，如增长快，则为迅速收回投资、取得投资收益提供了机会。

（2）市场增长率－占有率矩阵法的分析内容。将上述两个因素分为高、低两档次，就可绘出一个四象限的矩阵，如图3－7所示。

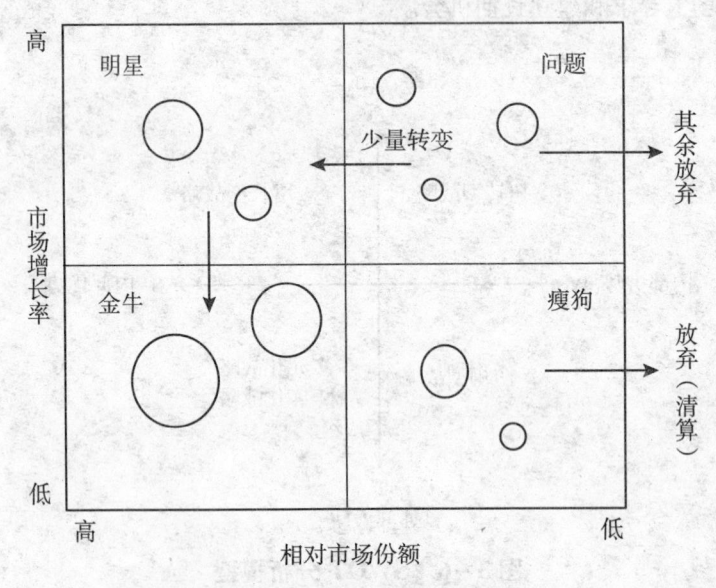

图3－7 波士顿矩阵法

横坐标表示相对市场份额，常以0.5为界限划分为高低两个区域，表示公司的市场份额为本产业领先公司的一半。纵坐标表示市场增长率，常以10%为界限划分为高低两个区域。图中每个圆代表一个经营单位或产品，圆圈面积的大小表示该项业务或产品与企业全部收益的比值。

分别考察每个经营单位的这两个因素，就可把它们归入矩阵中的某个象限。

● 明星单位。这些单位的相对市场份额高，反映企业竞争能力强，有优势；而市场增长率也高，反映市场前景美好，有进一步发展机会。因此，应当发挥优势去抓住机会，对这些单位选择扩张型战略，使之成长壮大。这些单位需要大量投资，是企业资源的主要消耗者。当这些单位日后的市场增长率下降时，它们就将变为金牛单位。

● 金牛单位。这些单位的相对市场份额高，反映企业竞争地位强，有优势；但市场增长率不高，表示处于成熟的、增长缓慢的市场中，不宜再增加投资去扩张。对它们比较适合采取维持现状的稳定型战略，尽量保持其现有的市场份额，而将其创造的利润加以回收，用来满足明星单位和一部分问题单位的发展扩张需求。

● 问题单位。这些单位的市场增长率高，表明市场前景美好，有进一步发展的机会；但其市场份额低，表明它们的实力不强，利润较低，如果要加以发展就必须大量追加投资。然而企业可用于投资的资金来源是有限的，往往不能满足所有问题单位的发展。因此，对问题单位要一分为二，对于那些确有发展前途的单位应采用扩张型战略，追加投资，增强其竞争地位，使之转变成明星单位；对剩余的问题单位采取收缩和放弃型战略。

● 瘦狗单位。这些单位的市场份额和市场增长率都较低，表明既没有多大实力，不能成为企业资金的来源，又无发展前途，再去追加投资已不合算。这些单位较为适宜的是逐步退出的抽资战略，也可以迅速放弃或退出。

对于多元化经营的企业来说，其下属经营单位可能分布于矩阵的各个象限。它们的经营战略组合可概括为：扩张明星单位，有选择地发展问题单位，维持金牛单位，放弃瘦狗单位和部分问题单位。金牛单位提供的利润，则用来发展明星单位和一部分问题单位。

波士顿咨询公司提出，运用它们首创的这个方法，可为企业绘制出不同时期的矩阵图，通过它们的相互对照，管理者可以对已经出现的和可能出现的战略选择后果进行比较，从而得到更清晰的认识。

汤姆森和斯迪克兰德后来发展了波士顿矩阵。他们将处于不同象限中的经营单位可以采用的战略列入象限中，从而使战略的选择变得更为清晰。他们的战略方案图如图3－8所示。

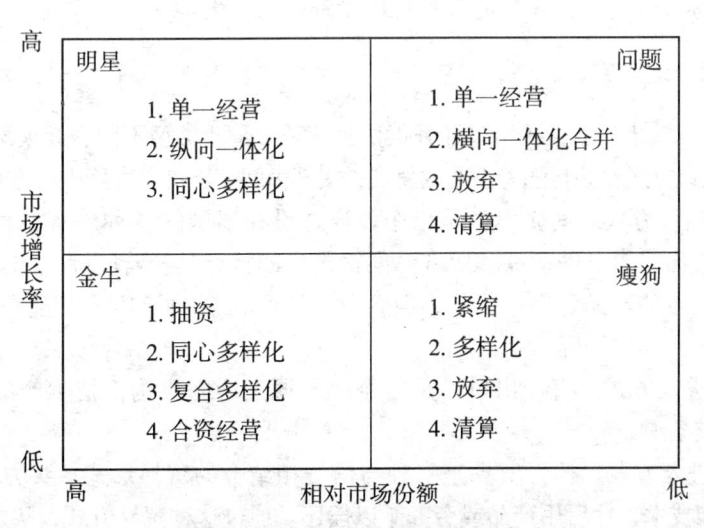

	明星	问题
高	1. 单一经营 2. 纵向一体化 3. 同心多样化	1. 单一经营 2. 横向一体化合并 3. 放弃 4. 清算
	金牛	瘦狗
低	1. 抽资 2. 同心多样化 3. 复合多样化 4. 合资经营	1. 紧缩 2. 多样化 3. 放弃 4. 清算
	高　　　　相对市场份额　　　　低	

（纵轴：市场增长率）

图3－8　发展了的波士顿矩阵法

三、战略实施与控制

战略实施与控制过程就是把战略方案付诸行动,保持经营活动朝着既定战略目标与方向不断前进的过程。这个阶段的主要工作包括计划、组织、领导和控制四种管理职能的活动。

战略实施的关键在于其有效性。要保证战略的有效实施,首先要通过计划活动,将企业的总体战略方案从空间上和时间上进行分解,形成企业各层次、各子系统的具体战略或策略、政策,在企业各部门之间分配资源,制定职能战略和计划,分阶段、分步骤来贯彻和执行战略。为了实施新的战略,要设计与战略相一致的组织结构。

战略控制是战略管理过程中的一个不可忽视的重要环节,它伴随战略实施的整个过程。建立控制系统是为了将每一阶段、每一层次、每一方面的战略实施结果与预期目标进行比较,以便及时发现偏差,适时采取措施进行调整,以确保战略方案的顺利实施。

第四节 企业国际化经营战略

企业国际化经营即跨国经营,是指企业在本土之外还拥有并控制着生产、营销或服务的设施,进行跨国生产、销售、服务等国际性经营活动。企业国际化顺应了世界经济国际化的潮流,是各国经济走向世界的必由之路,也是企业追求高额利润和生产要素全球范围内优化配置组合的必然结果。

一、企业进入国际市场的方式

企业的目标市场选定之后,就必须确定进入该国市场的最佳方式。可供选择的方式有多种,可以分为贸易出口进入、合同进入和直接投资进入三大类。

(一)贸易出口进入方式

贸易出口分为间接出口、直接出口和补偿贸易三类。企业类型不同、规模不同、实力不同,往往选择不同的出口方式,并且随着企业的发展,实现由间接出口向直接出口方式的转变。

1. 间接出口进入方式。间接出口是指企业通过设在本国的各种外贸机构或国外企业设在本国的分支机构出口自己的产品和服务。间接出口的特点是经营国际化与企业国际化相分离。也就是说,企业的产品走出了国界,但企业生产经营活动却几乎完全是在国内进行的,并不参与自己出口产品的国际营销活动。

2. 直接出口进入方式。直接出口,是指企业不通过中间机构,把生产的产品直接卖给国外的客户或最终客户。

3. 补偿贸易进入方式。补偿贸易是一种与信贷相结合的贸易形式。买方以信贷的方式,从卖方进口设备和技术,然后用产品或劳务予以偿还。通过这种贸易方式,买方可以利用外资和技术发展本国经济;卖方则可以突破进口国外汇支付能力的限制,扩大商品和技术出口。

（二）合同进入方式

合同进入方式是一个国际化经营的企业与目标市场的企业之间在转让技术、工艺等方面订立的长期的、自始至终的、非投资性的合作合同。该方式与贸易出口进入方式的主要区别是：企业主要输出的是技术、工艺、品牌和管理等，尽管它可能会开辟产品出口的机会。它主要有以下几种合同进入方式：

1. 许可证贸易。许可证贸易指授权人（许证方）与受权人（受证方）签订合同，提供专有技术或工业产权，并收取相应的费用和报酬。授权的内容有专利使用权、专有技术的使用权、商标使用权等。许可的方式有独占许可、排他许可、普通许可、可转售许可等。这种方式一般适合中小企业，大企业也可用于市场测试或占领次要市场。

2. 特许经营。特许经营是由特许授予人准许被授予人使用他的企业商号、注册商标、经营管理制度与推销方法等从事企业经营活动的经营方式。这是商业和服务业中跨国公司经常采用的一种方式，如麦当劳。

3. 合作生产。企业与国外制造商签订合同，由对方生产产品，本企业主要负责产品销售，一般是将产品销往制造商所在国家的市场或其他地区。为了使制造商生产的产品达到规定标准，企业一般要向其转让技术和提供技术帮助。

4. 管理合同。管理合同是指向国外企业提供管理经验、情报信息、专门技术知识的合同。即企业输出管理经验与劳务，其范围只局限于企业的日常运营。

5. 建筑或交钥匙工程合同。这种合同形式把标准的建筑工程合同向前推进了一步，它要求承建人在将国外项目交给其业主之前，应使其达到能够运行的程度。

（三）直接投资进入方式

直接投资进入方式是指企业通过在国外投资设立子公司的方式进入目标市场。直接投资是国际化经营的高级形式，但风险较大，灵活性差，管理难度大。

1. 全资子公司（独资经营）。母公司拥有子公司全部股权和经营管理权，全部利润获取权。它是直接投资方式中母公司控制程度最大的一种形式。这种独资经营可以摆脱合资经营在利益、目标等方面的冲突，使子公司战略与母公司总体战略融为一体，有利于建立与实施公司文化。缺点主要是投资大、风险大，及存在与当地国家政府、企业的合作协调等问题。

2. 合资经营。合资经营可以减少国际化扩张的投入，可以利用合资方国家的各种资源，如生产、管理、市场营销能力及融资渠道、信誉、公共关系网络等。存在的问题是由于多方合资，在定价、利润分配、生产、销售等许多方面会产生冲突。

二、企业国际化经营战略的类型

企业根据对国家竞争优势的判断，以及所要采取的市场进入模型，可以选择的国际化经营战略基本有三种类型，即国际本土战略、全球化战略和跨国战略（见图3-9）。在成本压力与市场压力这两个条件的约束下，企业可以根据发展的需要选择自己的国际化战略。

（一）国际本土战略

国际本土战略是以国家界限划分市场，注重每个国家内的竞争，一个国家市场上的竞争同另一个国家市场上的竞争相互独立，以每个国家作为一个战略业务单元制定战略。

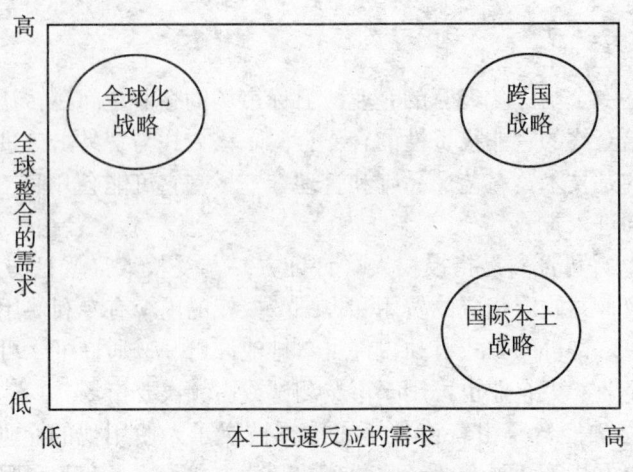

图 3–9　国际化战略的选择

国际本土战略的依据是多国竞争。不同国家的消费者需求特点各不相同，国家之间的竞争是相互独立的，公司在一个国家的声誉、顾客群和竞争地位对它在另一个国家的竞争能力、效果不会产生太大的影响甚至不会产生影响。因此，公司在某一个国家的强大力量以及这种力量所产生的某种竞争优势只限于这个国家，而不会转移到公司其他的经营地区。

国际本土战略可以将公司的战略策略与各国家的环境相匹配。其目标是追求对当地国家的环境做出更好的反应，而不是追求建立清晰的胜任能力和竞争卓越能力，从而建立相对其他国际竞争厂商和当地国家公司的竞争优势，取得国家性的领导地位。国际本土战略是在不同的国家市场上采取不同的战略，因而增加了整个公司的不确定性。

（二）全球化战略

全球化战略指公司在所有国家的战略策略基本一致。在全球范围内对公司的战略行动进行统一和协调，在不同国家市场销售标准化产品。全球化战略又可分为：全球低成本战略、全球差异化战略、全球重点集中战略和全球最优成本战略。

在全球竞争环境下，公司的整体优势来自于公司全球的经营和运作，公司在本土所拥有的竞争优势同公司来自于其他国家的竞争优势有着紧密的联系。一个全球公司的市场强势同它以国家为基础的竞争优势组合成正比。

实施全球化战略可以从两个方面为公司赢得竞争优势：一是能够充分利用全球性公司在国家之间分配活动的能力：研究、零部件、装配、分销中心、市场营销、顾客服务中心以及其他活动，其方式是能够降低成本或者提高产品的差别化程度。二是能够充分利用全球性公司以下的能力：加深或拓宽公司的战略强势和能力，以一种只在国内经营的公司所办不到的方式协调公司的分散的活动。因此一旦国家之间的差异小到可以容纳于一个全球竞争战略的框架下，就应该优先采用全球化战略。

（三）跨国战略

跨国战略寻求全球化和本土化的有机统一。显然，要达到这一目标并非易事，因为这一方面需要全球协调、紧密合作，另一方面需要本地化的弹性。因此，实施跨国战略需要

"弹性协调"。

要实现跨国战略，关键在于创建一个网络，将相关的资源和能力联系起来。母公司与子公司、子公司与子公司的关系是双向的，不仅母公司向子公司提供产品与技术，子公司也可以向母公司提供产品与技术。企业采取这种战略，能够运用经验曲线的效应，形成区位效益，能够满足当地市场的需求，以达到全球学习的效果，实现成本领先或差异化战略。

跨国战略的显著特点是业务经营的多样化和国家市场的多样性。多元化跨国公司的管理者们不仅要制定和执行大量的战略，还要根据各国市场的需求进行调整变化。此外，他们还面临着另外的挑战，即要寻找好的方法来协调公司跨行业和跨国家的战略行动，从而获得更大的持续的竞争优势。

本章小结

〔内容摘要〕

企业战略管理是关系到企业长期性、全局性和方向性的重大决策问题。本章在介绍战略及战略管理等基本概念的基础上，重点阐述了企业战略的主要类型、企业总体战略、企业竞争战略、企业战略管理的过程和常见的战略分析方法，以及企业的国际化经营战略。

〔主要知识点〕

1. 战略管理。战略管理是企业的高层决策者根据企业的特点和对内、外部环境的分析，确定企业的总体目标和发展方向，制定和实施企业发展总体谋划的动态过程。

2. 企业战略分类。企业战略从层次上可以分为总体战略、经营单位战略、职能战略。

3. 企业总体战略。企业的总体战略主要有三种态势：发展型战略、稳定型战略和紧缩型战略。发展型战略的类型主要有密集型增长战略、一体化增长战略和多元化增长战略。稳定型战略又可分为无变化战略、维持利润战略、暂停战略和谨慎实施战略。紧缩型战略的类型主要有转向战略、放弃战略和清算战略。

4. 企业竞争战略。企业竞争战略属于企业经营单位战略的范畴，具体可分为成本领先战略、差异化战略和集中化战略。

5. 企业战略管理过程。企业战略管理包括相互关联的几个主要阶段，即战略环境分析阶段、战略制定选择阶段、战略实施与控制阶段。

6. 战略分析方法。常见的战略分析法有 SWOT 分析法和市场增长率－占有率评价法。

7. 企业国际化经营战略。企业进入国际市场的方式可以分为贸易出口进入、合同进入和直接投资进入三大类。企业可以选择的国际化经营战略有国际本土战略、全球化战略和跨国战略。在成本压力与市场压力这两个条件的约束下，企业可以根据发展的需要选择自己的国际化战略。

〔关键概念〕

战略管理　企业宗旨　企业总体战略　企业竞争战略　企业战略管理过程　企业国际化经营战略

思考题

1. 如何理解企业战略的概念与特征？何为企业战略管理？
2. 企业在实施竞争战略过程中应注意哪些问题？
3. 试述企业应如何进行战略环境分析。

思考案例

美国西南航空公司的经营之道

美国西南航空公司是全球最成功的企业之一。这家美国"低成本"航空公司连续 36 年保持盈利,并多次荣登《财富》"美国最受赞赏的公司"和"卓越雇主——美国最适宜工作的公司"排行榜,其管理经验也进入了全球几乎所有主要商学院的案例,成为一家罕见的在低成本、差异化和聚焦战略上全面取胜的行业领先者。虽然 2008 年第四财季出现亏损,但美国西南航空公司仍延续了连续 36 年盈利的纪录,2008 财年,该公司盈利 1.78 亿美元,合每股 24 美分。美国西南航空公司连续 36 年盈利,可以成为世界民航企业的一个经营管理的标杆。这样的业绩得益于西南航空公司员工的高效率工作、相对行业较低的人力成本以及在飞行途中给乘客创造轻松愉快环境的服务方式。

一、市场选择

西南航空公司的宗旨很直截了当:向顾客提供低廉的、俭朴的和专一化的航空运输服务。公司决心成为航空运输产业中成本最低的经营者。为了实现这一宗旨,公司向顾客提供不加虚饰的服务。在西南航空公司的大多数市场上,它的票价甚至比城市之间的长途汽车票价还便宜。正如公司首席执行官凯莱赫所说的,"我们建立了一个巩固的细分市场——我们的主要竞争者是汽车,我们正在从丰田汽车公司和福特汽车公司手中争夺顾客"。

西南航空公司基本上没有枢纽站,都是短程的、点对点的航班,平均飞行时间为 55 分钟。正因为如此,它不与其他的航班联运,也不需要转运行李。西南航空公司的市场有 34 个城市,分布在美国 15 个州里,它集中服务于阳光地带和中西部地区,向东最远到克利夫兰市。但是,虽然西南航空公司服务的城市数量是有限的,但它在这些城市中间提供大量的航班。例如,公司每天有 78 个航班往返于达拉斯和休斯敦之间;有 46 个航班往返于菲尼克斯和洛杉矶之间;有 34 个航班往返于拉斯韦加斯和菲尼克斯之间。这使竞争者要想达到西南航空公司的服务频率几乎是不可能的。

二、运作管理

西南航空的短程运输已经近乎完美:效率高,班次多,航班多。这些都来源其卓有成效的运作管理。

1. 使用同一的机种并且朴实无华。由于西南航空只使用波音 737 机种,这种策略使它获得许多好处。公司的驾驶员、空乘人员、维护工程人员都可以集中精力去研究熟悉同一种机型。所有的维护工程人员都能修公司任何的飞机。为调动飞机和更换组员时带来许多方便。作为使用同一机种的忠诚顾客,在向波音公司购买飞机时可获得更多折扣。虽然其他主要航空公司都装备了昂贵的计算机化的机票预定系统,西南航空公司却并不盲目仿效。在西南航空公司的飞机上,不设头等舱座位,就像在公共汽车上一样;检票员按先来先登机原则发放可重复使用的编了号的塑料登机卡;在飞机上不供应餐点。

2. 拥有最有生产力的团体。西南航空的员工每人平均每年服务 2 400 名旅客,是美国航空界最有生产力的团队。专家指出,西南航空每名员工平均服务旅客的数量是任何其他航空公司的 2 倍。西南航空的员工流动率平均每年低于 5%,相对于美国其他同行来说,这数字是最低的。由于工作人员的配合和努力,西南航空的飞机从降落到起飞,平均需要 15~20 分钟。整个过程包括上落乘客、货物、补充燃料和食物、安全检查等,其他航空公司需要 2~3 倍的时间来完成同样的工作。这个记录令西南航空一直引以为荣,从中可看出西南航空员工的工作效率。

3. 精简的业务流程运作。西南航空认为简单可以降低成本并且加快运作速度。例如简化登机程序令西南航空减少了地勤服务和机务人员。在西南航空,每架飞机仅仅需要 90 名员工就可以开航。这比其他航空公司几乎少用1倍的员工。取消了不具弹性的工作规则，令雇员可以为了按时完工，按时交接而负起责任，不需要理会"规则"范围内自身该干的事情，在有需要的情况下大家可以互相帮忙。

4. 高效的内部信息流动。西南航空特殊文化是服务的品质在于员工是否有能力建立坚实而真诚的人际关系。西南航空保持扁平的组织架构，排除官僚主义，让员工随时掌握可以协助他们更加了解公司，任何和旅客以及竞争形势有关的资讯并鼓励员工为公司的发展出谋划策。绝大多数的员工知道他们几乎随时可以拿起电话和公司的副总裁级的人员直接沟通。西南航空的总裁们会在周末的凌晨和地勤人员一起清洁飞机。

5. 独有的员工精神。由于西南航空能赋予员工家庭式的归属感，所以它的企业的内聚力很强，雇员们互相信任。西南航空员工有着苦干实干的态度，良好的团队精神，自动自发地去帮忙其他同事。独有的西南航空员工精神在竞争中带来不少优势，让公司在航空业环境不好的情况下顺利地渡过难关。尽管许多航空公司都尝试模仿西南航空的商业模式和策略，但没有一个能做出比西南航空更加好的成绩。

三、优质服务

低票价、密集的班次和亲切周到的个性化服务为西南航空特有的竞争力，这也是西南航空持续盈利的秘密武器。

1. 低价策略。从开业的第一天起，西南航空就认为低价和优良的服务会开拓更多的市场，并以此向大公司的高价策略提出挑战。西南航空把机票分为旺季和淡季两种，采取降低淡季的票价来增加班机搭载率，令收入比高票价、低搭载率时还高。西南航空把它自己定位为票价最低的航空公司。它所有的票价都是底价。公司的策略是在任何的市场环境下，都要保持最低的票价。按照传统的经商原则，当飞机每班都客满，票价就要上涨。但是西南航空在载客增加时不提价，而是增开班机扩展市场。有时候，西南航空的票价比乘坐陆地的运输工具还要便宜。正如它的管理层的理论：我们不是和其他航空公司打价格战，我们是和地面的运输业竞争。因为它提供 No-fills 服务，即不设头等舱，机舱座位按照先到先就座的原则，先到的旅客可以有更多的座位选择，机舱内不供给正餐，只提供花生、小甜饼或普通饮料，所以成本不高。西南航空注重降低成本而增加利润，并不注重去抢夺市场份额。不会为增加市场占有率而任成本不成比例地增加。同时西南航空还拥有保守的资产负债表，它一直保持比其他竞争者低的负债率。这样使它有足够的营运资金去把握一些重要的商机并且减少财务压力。由于西南航空不买大型客机，不飞国际航线，不和大航空公司硬碰硬，它可以把成本维持低水平。上述的做法让西南航空有能力在它所有的航线上提供最低的票价。

作为财富500强之一，西南航空提供全美绝大多数的折扣机票。因为提供具有吸引力的票价，许多乘客成为西南航空的忠诚顾客。有时候他们会绕过他们家乡的航空公司或驾车数小时去乘坐西南航空的飞机。

2. 密集的班次。西南航空主要以飞短程航线为主。因为乘客通常在1小时航程内的城市间飞行，每天需要有许多班机起降供他们选择。西南航空以密集的班次著称，它会在一些热门航线上比其他的竞争者开出2倍或者更多的航班。西南航空认为飞机只有在空中才能赚钱，一天能飞更多的班机就能赚更多的钱，而且能降低更多单位成本。建立营运中心系统反而会增加成本，因为飞机在地面耗费太多的时间。根据2000年的统计显示，西南航空的飞机平均每天有8次飞行，飞机的使用时间是12小时。

西南航空拥有最佳的飞行安全记录。以每天飞行这么多班次和运载数以千计的乘客而没有发生过重大的交通事故，这个记录有赖于它严格的安全检测和维护，使它的飞行安全标准超过联邦航管局的标准。西南航空拥有最年轻的飞机队，平均机龄只有8年。它拥有最高的完航指数，即西南航空在定期航班次中取消的班次最少。

3. 亲切周到的个性化服务。以顾客为重心的弹性服务规则可以使员工以额外的时间和耐心对待有特别需要的乘客。西南航空的员工经常表现出真诚和亲切的服务态度，并为旅客带来欢笑。西南航空在守时、行李托运和乘客投诉等项目在行业权威评选中记录良好。这是由于工作人员对服务顾客的积极投入和奉献的成果。

四、顾客满意

在西南航空，为顾客服务的重要性高于技术。

1. 真诚的服务。公司充分显示出对员工的关怀，把员工的利益放在很重要的位置。在国家经济环境不好的时候亦不会裁员。当员工认为自己受到应有的人性化对待并且受到关怀和尊重时，他们会为乘客加倍提供热诚周到的服务。正如西南航空管理层所说的，如果你希望员工以关怀的态度对待同事和顾客，那么你应该首先如此对待他们。

2. "爱"的企业文化。西南航空在纽约证券交易所的股票代码是 LUV，它象征着"爱"。这亦是西南航空从 1973 年以来的广告主题。关心员工亦关心乘客的西南航空充分了解市场和顾客的需求。公司的最终目标和对象是一般社会大众，让每位民众都负担得起乘机的费用。西南航空时刻努力让乘客感受到印象深刻和无微不至的服务并充分尊重他们，让乘坐西南航空飞机成为一种乐趣。这亦是西南航空吸引大批忠诚的旅客的主要原因。

3. 快乐旅程。凯勒尔的用人之道首先是"爱心"和"幽默感"，然后才是学识和经验。乘务员时常像他们的老板一样，在复活节穿着小兔服装，在感恩节穿着火鸡服装，在圣诞节戴着驯鹿角，飞行员则一边通过扬声器哼唱圣诞颂歌，一边轻轻摇动飞机，使机上那些赶回家过圣诞的乘客们开心不已。一次，由于天气原因造成航班延误，滞留机场的大部分旅客抱怨纷纷，只有西南航空的登机口传来欢声笑语。原来，值班经理宣布临时设立一项数目可观的奖金，奖励袜子上窟窿最大的旅客。

资料来源： 选编自史弢，《解析美国西南航空公司的低成本经营之道》，对外经济贸易大学 2007 届硕士毕业论文，中国知网学位论文网，http：//cdmd.cnki.com.cn/。

思考题：

1. 描述西南航空公司的竞争战略，并说明为什么它很有效。
2. 中国的企业应该从西南航空公司的案例中学习哪些经验？

应用训练

模拟制定公司未来发展战略

【实训目标】

通过实训，让学生体会企业战略的制定过程，要求学生将学到的知识与实际结合起来，从而加深学生对教材相关内容的理解并提高学生的实际动手能力。

【实训内容】

学生分组模拟成立一个公司，每个模拟公司制定一份公司未来发展战略。要求学生运用战略管理相关理论，首先分析公司所处的环境，接下来运用 SWOT 分析法确定公司的优势、劣势、机遇和挑战，最后制定并选择公司的未来发展战略。

【实训步骤】

1. 学生每 5~7 人分为一组，模拟成立一个公司。
2. 初步确定公司的名称、经营范围以及公司自身的实力。
3. 学生通过实际或网络调查分析公司所处环境，确定企业使命和发展目标，进而制定并选择公司的未来发展战略。
4. 每组学生在课堂上展示所制定的公司未来发展战略。
5. 教师对各模拟公司的发展战略进行分析和点评。

第四章　现代企业生产运作管理

【导入案例】

运作管理与公司价值

有效的生产运作管理通过提高企业的竞争力和长期获利能力来增加企业价值，下面是企业一些重要的运作决策实例：Intel 公司需要新建一个数十亿美元的制造工厂来生产下一代电脑芯片，应该建在什么地方？American Airlines 需要对其资源进行分配以满足旅客下个月的空中旅行的需求，针对不同的飞行路线如何安排飞机、针对不同的飞机如何安排飞行员、针对不同的飞行如何安排服务员呢？Hewlett-Packard 需要对一条已经全负荷运转的生产线提高产量，按收益最大化原则它应如何重新设计这条生产线呢？

上述例子只是生产运作经理所遇到的问题的冰山一角，无效的运作决策会使公司增加运作成本从而失去竞争优势；相反，有效的运作决策能增加利润和促进增长从而提升公司价值。做出有效运作决策的关键就是理解生产与运作管理的基本概念，熟练运用一些决策工具和掌握解决问题的方法。

资料来源：齐二石主编，《生产与运作管理教程》，清华大学出版社2006年版。

问题：生产运作管理对企业经营有何重要意义？

生产与运作管理是企业管理的重要职能之一，企业的竞争是通过产品和服务来体现的，产品和服务是企业生产运作的结果，生产运作管理的水平在很大程度上影响着企业经营的最终绩效。因此，有效的生产与运作管理能够提高企业的价值和竞争力。近年来，随着全球经济一体化的加速，以及科学技术的迅猛发展，为了应对市场需求的多样化、多变化和顾客需求的个性化，生产与运作管理的模式也发生了巨大变化，生产与运作管理被提到了战略的高度。

第一节　现代企业生产运作管理概述

一、生产运作管理的基本概念

（一）生产运作活动

生产是人类社会获得一切财富的源泉。生产过程是产品和服务的创造过程。随着社会的进步，生产活动的内容和方式不断发生变化，生产活动的领域也不断扩大。我们可以从狭义与广义两个角度对生产的概念进行解释。狭义的生产一般是指制造业的转化活动，以实物产出为主要标志；而广义的生产一般是指活动领域扩展到非制造业的转换活动，以服务或服务与实物的综合产出为主要标志。后来，不少管理学家提出了"创造效用"、"创造价值"说，将生产理解为一种创造和增加物品效用、增加顾客价值的活动，从而使生产的概念进一步扩大到了非制造的服务业领域，不仅包括了有形产品的制造，而且还包括了无形劳务的提供。人们开始将有形产品的生产过程和无形产品——服务的提供过程都看做是一种"输入—转化—输出"的过程，将其作为一种具有共性的问题来研究。

生产运作活动主要是通过将投入的资源，经过一系列、多种形式的转换，使其价值增值，最后以有形产品或无形服务产出的过程。从系统的角度来看待这种转换和增值活动，也就是说这些活动是在系统中完成的。生产系统的输入包括人力、物料、设备、技术、信息、能源、土地等，经过系统内的转换活动输出产品或服务。

（二）生产运作管理的含义

关于生产运作管理的定义也是不尽相同的，主要有以下几种：

罗杰·G·施罗德认为，生产运作管理是一门研究运作职能决策的学科，生产运作管理者在组织中负责产品和服务供应的生产，并对有关运作职能转换系统做出决策。该定义主要是从决策的角度来界定生产运作管理的概念。

威廉·J·史蒂文森认为，生产与运作管理包括对制造产品或提供服务过程中各种活动的计划、协调和实施。该定义主要强调了生产运作管理的职能。

理查德·B·蔡斯认为，如何管理生产资源是关系企业战略发展与企业竞争力的关键。生产运作管理就是面向生产资源的管理活动。通过生产运作管理设计并控制企业系统，从而实现在产品生产或服务过程中有效利用原材料、人力资源、设备和设施。该定义主要从资源有效利用的角度给出生产运作管理的概念。

我们认为：生产运作管理就是对制造产品或提供服务的过程或系统的管理。具体地讲，生产运作管理以有形产品和无形产品的生产过程和服务过程为对象，以定量分析和定性分析为手段，为设计、运行和改善制造过程和服务过程提供科学的理论和方法的一种管理实践活动。

生产与运作管理是对企业生产产品和提供服务的整个系统的管理。生产一个产品，如手机，或者提供一项服务，如服务于一位手机客户，都包括了一系列复杂的转换过程。以芬兰手机生产商诺基亚为例，为了按实际需要生产手机，并且把它们送到客户手里，需要进行很多转换过程——手机零部件供应商购买原材料，并且制造手机零部件；诺基亚生产工厂把这些零部件组装成各种各样在市场上流行的手机；分销商、代理商和遍布于全世界的公司仓库通过互联网发出手机订单；地方零售商与客户接触，发展并管理所有的客户。运作管理就是要管理所有这些独立的过程，使之尽可能有效。

二、生产运作活动的基本内容

生产运作管理的目标简单概括为：高效、低耗、灵活和准时地生产出合格产品和提供优质服务。高效是就时间而言，指能够迅速地满足用户的需要，强调产品生产或提供服务的适时性，即在用户需要的时候获得其产品或服务，体现了产品或服务的时间价值。低耗是指生产同样数量和质量的产品而人、财、物消耗最少。灵活是指很快地适应市场的变化，生产不同的品种和开发新品种，提供不同的服务和开发新的服务。准时是在用户需要的时间，按用户需要的数量提供用户所需的产品和服务。合格产品和优质服务指的是质量，质量要素是指产品的使用功能、操作性能、社会性能（即环保、安全性能）和保全性能（即可靠性、维修保养性能）等。

因此，生产运作管理关注两大问题，其一是在产品生产或服务实现的过程中如何保证其使用价值，即满足时间和质量要素的要求；其二是在满足使用价值的前提下，如何降低资源消耗，即降低生产或服务成本。

这两大问题的解决就是生产运作管理涉及的主要内容，这些内容从层次和过程角度可分为四个部分。

（1）生产运作战略的制定。生产运作战略是一种应该在经营战略和事业部战略的指导下进行的操作性战略，研究生产运作过程和生产运作系统的基本问题。

（2）生产运作系统的设计。在生产运作战略确定后，就要分步实施。首先，要设计和构建生产运作系统，涉及生产力三要素，即劳动工具、劳动对象和劳动者，具体地讲就是：设施选址与布局、产品和服务设计、工作设计。

（3）生产运作系统的运行。生产运作系统构建后，随之就是系统的运行，以实现企业的生产运作战略和生产经营目标。这主要包括：不同层次的生产运作计划编制、作业排序、物料采购与库存控制等。

（4）生产运作系统的完善。伴随着生产运作系统的运行，涉及很多与之相关的工作，诸如质量和设备管理等。另外，很多新的理论与方法的出现，如丰田生产方式、约束理论等，也在不断地改进和完善现有的生产运作系统。

三、生产运作管理的新特征

随着现代企业经营规模的不断扩大，生产运作管理实践本身也在不断地发生变化，特别是信息技术突飞猛进地发展和普及，更为生产运作管理增添了新的有力手段，使其内容更加丰富、体系更加完整，从而形成现代生产运作管理的一些新的特征。

1. 从制造业的生产发展到非制造业的运作。传统的生产管理着眼于生产系统的内部，主要关注生产过程的计划、组织和控制等。因此，也称为制造管理。随着社会经济和管理科学的发展，以及整个国民经济中第三产业所占的比重越来越大，生产与运作管理的范围已突破了传统的制造业的生产过程和生产系统控制，扩大到了非制造业的运作过程和运作系统的设计上，从而形成对整个企业系统的管理。

2. 生产运作管理的涵盖范围加宽。现代生产运作管理的涵盖范围已不仅局限于生产过程的计划、组织与控制，而是包括生产运作战略的制定、生产运作系统设计以及生产运作系统运行等多个层次的内容，把生产运作战略、新产品开发、产品设计、采购供应、生产制造、产品配送直至售后服务看做一个完整的"价值链"，对其进行综合管理，甚至考虑将整个供应链上的多个企业看做一个联盟，以共同对抗其他供应链。

3. 多品种、小批量生产以及个性化服务将成为生产运作方式的主流。市场需求的多样化，大批量生产方式正逐渐丧失其优势，而多品种、小批量生产方式将越来越成为生产的主流。生产方式的这种转变，使生产运作管理面临着多品种、小批量生产与降低成本之间相悖的新挑战，从而给生产与运作管理带来了从管理组织结构到管理方法上的一系列变化。

4. 计算机技术在生产运作管理中得到广泛运用。近20年来，计算机技术已经给企业的生产经营活动，以及包括生产运作管理在内的企业管理带来了惊人的变化，给企业带来了巨大的效益。如CAD、CAPP、CAM、MRPⅡ、GT、FMS和CIMS等，这些技术的潜在效力，是传统的生产管理无法比拟的。

总而言之，在技术进步日新月异、市场需求日趋多变的今天，企业的经营生产环境发生了很大的变化，相应地给企业的生产运作管理也带来了许多新课题，要求我们从管理观念、组织结构、系统设计、方法手段以及人员管理等多方面探讨和研究这些新问题。

第二节 现代企业生产运作战略与系统设计

一、生产运作战略

(一) 生产运作战略的含义

生产运作战略是生产运作管理中最重要的一部分。传统企业的生产运作管理并未从战略的高度考虑生产运作管理问题，但是在今天，企业的生产运作战略具有越来越重要的作用。

生产运作战略是指在企业经营战略的总体框架下，如何通过生产运作活动来支持和完成企业的总体战略目标。生产运作战略可以视为使生产运作目标和更大的组织目标协调一致的规划过程的一部分。生产运作战略涉及对生产运作过程和生产运作系统的基本问题所做出的根本性策划。

由此可以看出，生产运作战略的目的是为了支持和完成企业的总体战略目标服务的。生产运作战略的研究对象是生产运作过程和生产运作系统的基本问题，所谓基本问题是指包括产品选择、工厂选址、设施布置、生产运作的组织形式、竞争优势要素等。生产运作战略的性质是对上述问题进行根本性谋划，包括生产运作过程和生产运作系统的长远目标、发展方向和重点、基本行动方针、基本步骤等一系列指导思想和决策原则。

生产运作战略一般分为两大类：一类是结构性战略——包括设施选址、生产运作能力、纵向集成和流程选择等长期的战略决策问题；另一类是基础性战略——包括劳动力的数量和技能水平、产品的质量问题、生产计划和控制、企业的组织结构等时间跨度较短的决策问题。

(二) 生产运作战略的要素

生产运作战略的要素由使命、卓越能力、目标和策略四部分组成，同时还要受到企业内外部环境以及其他职能战略的影响。

1. 使命。每种生产运作都应该有一个与企业经营战略相联系的使命，而且与其他职能战略相融合。例如，将产品领先作为总体战略时，使命的重点就应该放在新产品引进和产品对市场需求变化的柔性上，其他经营战略将导致其他使命。

2. 卓越能力。所有的生产运作都应该有一个与竞争对手不同的卓越能力，这种卓越能力能够使本企业的生产运作超越竞争对手，它可能基于难以模仿的独特资源，也可能基于不容易被模仿的所有权、专利技术或任何生产运作中的创新。卓越能力应该与使命相匹配。

3. 目标。一般有四种目标，即成本、质量、时间和柔性。价格竞争的实质是成本竞争；质量的好坏反映产品满足顾客需要的程度；时间上的竞争表现在快速交货、交货可靠性和新产品的开发速度上；为适应环境的变化，企业应能够迅速改变产品设计、产品组合以及产品批量生产的能力，这就要求生产运作系统具有柔性。

4. 策略。策略将表明如何实现生产运作目标，对每一种主要的决策领域都有相应的策略，但是这种策略应该与其他职能策略成为统一的整体。

二、生产运作能力

生产运作能力是指在计划期内，企业参与生产的全部固定资产，在既定的组织技术条件下，所能生产的产品和服务数量，是反映企业所拥有的加工能力或提供有效服务能力的一个技术参数，它也可以反映企业的规模。生产运作能力可以成为企业的核心竞争能力，企业从中获得重要的竞争优势。

一般而言，生产运作能力计划决策可分为四个步骤。

（一）确定对企业设备的需求

企业在进行市场预测时，一般是对产品或服务的需求进行预测，并将预测结果转化成对生产能力的需求。在制造型企业中，企业能力经常是以利用的设备数来表示的，管理人员必须把市场需求（通常是产品产量）转变为所需的设备数量。通过将每年生产所有产品及服务所需的生产加工时间与生产操作准备时间进行加总来估算所需设备的数量。

应该注意的是，所预测的时间段越长，预测的误差可能就越大。

（二）识别生产运作能力与需求之间的差距

相对于预计需求而言，现有生产运作能力可能过剩，也可能不足，两者之间经常存在差距。由于生产运作过程中存在着多重作业和多种资源输入，使生产运作能力的合理确定与使用变得相对复杂。例如，20世纪70年代，西方发达国家的航空工业呈供不应求的局面，因此，许多航空公司认为，所拥有的飞机座位数越多，就可以赢得越多的顾客，因而竭力购入大型客机。但事实证明，拥有小飞机的公司反而获得了更好的经营绩效。具体原因是满足需求总的关键因素在于航班次数的增加，而不是每一航班所拥有的座位数。也就是说，顾客需求总量可用"座位数×每年的航班次数"来表达，只扩大前者而忽视后者则必然会遭遇失败。在制造型企业中，生产能力的扩大同样必须考虑到各工序生产能力的平衡。当企业的生产环节很多、设备多种多样时，各个环节所拥有的生产能力往往不一致，既有富余环节，又有瓶颈环节。而富余环节和瓶颈环节又随着产品品种和制造工艺的改变而变化。从这个意义上来说，企业的整体生产能力是由瓶颈环节的生产能力所决定的，这是制订生产能力计划时必须注意的一个关键问题。否则的话，就会形成一种恶性循环，即瓶颈工序生产能力紧张—增加该工序生产能力—未增加生产能力的其他工序又变为瓶颈工序。

（三）制订扩展生产运作能力的备选方案

在识别了预计需求与企业现有能力之间的差距后，接下来的步骤是制订可行的扩展能力的备选方案，并选择合适的方案以弥补现有能力的不足。最简单的一种是：不考虑生产运作能力扩大，任由这部分顾客或订单失去。其他方法包括扩大生产规模和生产时间，积极策略、消极策略或综合策略的选择，新设施地点的选择，是否考虑使用加班和外包等临时措施等。这些都是制订生产运作能力扩展方案所要考虑的内容。考虑的重点不同，就会形成不同的备选方案。一般来说，至少应给出 3~5 个备选方案。

（四）评价每个方案

生产运作能力计划的最后一个步骤是管理者对备选方案进行定量与定性评价。定量评价主要是从财务的角度，以所进行的投资为基准，比较各种方案为企业带来的收益及投资回收情况。这里，可使用决策树法、净现值法、盈亏平衡分析法、投资回收率法等不同方法进行评价。定性评价主要是考虑不能用财务分析来判断的其他因素，例如，与企业整体战略的关系、与竞争策略的关系、技术变化因素等。这些因素，有些仍可转化为定量因素进行计算，有些则需要用直观和经验来判断。在进行方案评价时，可对未来进行一系列的假设。例如，给出最坏的一组假设：需求比预测值要小、竞争更激烈、建设或生产成本高于预期的水平；也可以给出一组完全相反的假设即最好的假设。用多组这样的不同假设来评价投资方案的好坏。对备选方案进行定量与定性的分析可以使管理者了解每种备选方案的实质，为最终决策提供依据和支持。

三、设施选址

（一）设施选址概述

设施是指生产运作过程得以进行的硬件手段，通常是由工厂、办公楼、车间、设备、仓库等物质实体所构成。所谓设施选址，是指如何运用科学的方法决定设施的地理位置，使之与企业的整体经营运作系统有机结合，以便有效、经济地达到企业的经营目的。设施选址包括两个层次的问题，首先是选位，即选择什么地区（区域）设置设施，沿海还是内地，南方还是北方，等等。在当前全球经济一体化的大趋势之下，或许还要考虑是国内还是国外。其次是定址，地区选定以后，具体选择在该地区的什么位置设置设施，也就是说，在已选定的地区内选定一片土地作为设施的具体位置。设施选址还包括这样两类问题：一是选择一个单一的设施位置；二是在现有的设施网络中布新点。

对一个企业来说，设施选址是建立和管理企业的第一步，相当重要。一旦选择不当，它所带来的不良后果难以通过建成后的加强和完善管理等其他措施来弥补。因此，在进行设施选址时，必须充分考虑到多方面因素的影响，慎重决策。

（二）设施选址的主要方法

1. 加权评分法。如前所述，选址涉及多方面因素，全面比较不同选址方案，是一个多目标或多准则的决策问题。加权评分法的基本思想是将影响选址的不同因素，尤其是主要因素一一列出，根据各因素对该选址决策的影响程度，确定其相应的权重，进而确定每一因素的取值范围，再根据每一因素对该选址的影响程度确定其分值，最后加权求和，即将每个选址方案的因素分值乘以其权重并求和，加权和最大的方案为选址方案。

2. 盈亏平衡法。盈亏平衡法是一种成本因素评价方法，通过盈亏平衡点分析项目成本与收益的平衡关系的一种方法。各种不确定因素（如投资、成本、销售量、产品价格、项目寿命期等）的变化会影响投资方案的经济效果，当这些因素的变化达到某一临界值时，就会影响方案的取舍。盈亏平衡分析的目的就是找出这个临界值，即盈亏平衡点，判断投资方案对不确定因素变化的承受能力，为决策提供依据。在选址评价中可用以确定特定产量规模下成本最低的设施选址方案。它是建立在物流量、成本、预测营业收入的基础之上的选址方法。

3. 重心法。重心法考虑的是在已知每个原材料供货点位置和供货量的前提下，如何选择一个最佳的设施地址位置，使其与各个原材料供应地的距离乘以各店供应量之积的总和最小。重心法的思想是，在确定的坐标系中，各个原材料供应点位置与相应量、运输费率之积的总和等于设施场所位置坐标与各供应点供应量、运输费率之积的总和。这种方法用于运输费率相同的产品，即运输每个单位产品所花费的金额相同。

【分析案例】

西点大王好利来如何选址

不管是加盟连锁品牌还是自创品牌，选址是否合理是投资者首先考虑的重点。谈及市场上经营成功的西饼店，不能不提及好利来。这个1992年创办的企业已在全国70多个大中城市拥有900多家直营店铺，成为国内烘烤行业的龙头企业。

进入2009年后，好利来将加速在北京市场上的开店计划。据好利来开发部部长屈宝良透露，2009年好利来将在北京开设一家旗舰店，面积在500平方米左右。作为好利来专职的开发管理人员，屈宝良讲述了连锁饼店在选址过程中遵循的规律。

好利来经营的产品属于休闲类食品，顾客是具备了一定消费能力的人群。因此，在选址时首先要对选定的地方进行人群调查分析，看是否满足开店的基本要求。在屈宝良看来，对人流量和购买力的分析是开店的基础。

通常而言，在人口密集处的地段开店，成功的几率往往比普通地段高出很多。好利来在选址之初会通过对人口密度、客流量、人口流动性的测算来预计人口密集的程度。例如，可以用每平方公里的人数或户数来确定一个地区的人口密度，人口密度越高，则进驻该区域的可能性越大。同时，在评估某具体项目时，应认真测定经过该地点行人的流量，这也就是未来商店的客流量。

经过以上相应的数据测算之后，好利来进驻的区域大致包含以下特征：首先，好利来会选择在城市的商业中心或者商务区开店。这些区域有大量的人流量，且面对的顾客多是白领阶层。例如，好利来在西直门、朝阳门外等地的店铺便是如此。其次，在临近居民区的街面房开店，面对的顾客群主要以当地居民为主，流动顾客群为辅。最后，包括在学校门口、人气旺盛的旅游景点、大型批发市场门口等地开店也是好利来考虑的区域。

此外，调查区域的购买力水平是好利来进驻与否的重要考核标准。也就是说，根据人流量来推算出店铺目标客户的数量。在人流量很大的城市商业中心或者商务区内，可以根据区域内写字楼和商场的档次来评定流动顾客群的购买水平。而如果在住宅区域内开店，则需要对小区内人口的收入水平进行随机抽样的调查，因为人口的消费水平是由其收入水平决定的。因此，以青年和中年顾客为主，有较多可支配收入的居住区将会被好利来优先选择。

资料来源：http://biz.ppsj.com.cn/2009-6-15/171813298.html。

分析：好利来连锁店选址考虑的主要因素有哪些？

四、生产与服务设施布局

(一) 设施布局及其影响因素

1. 设施布局。所谓设施布局，是指在选定的设施区域内，合理安排组织内部各生产作业单元和辅助设施的相对位置和面积、设备的布置，使之构成一个符合企业生产经营要求的有机整体。设施布局是否合理，对于企业的生产经营活动有着重要的影响，它影响着企业的生产经营成本、职工的工作环境、物料的运输流程以及企业的应变能力等。

设施布局的目标，就是要将企业内的各种设施进行合理布置，使其相互配合、相互协调，从而有效地为企业的生产经营服务，以实现理想的经济效益。具体而言，应实现以下目标：合理的物料流动、工作的有效性和高效率、环境美观清洁、满足容积和空间的限制。

2. 设施布局的影响因素。影响设施布局的基本要素包括：企业的产品、产量、技术水平、专业化与协作化水平及其他因素。

(1) 产品。企业的产品决定了加工工艺过程，而工艺过程的确定则需要有相应的工艺实现单位。如制造业的机床厂，通常是由铸造车间、机械加工车间、装配车间和喷涂车间所构成的；服务业的餐馆，则要有厨房、餐厅、收银台等作业单位。

(2) 产量。产量与作业单位的构成有着十分密切的联系。产量与各作业单位的数目以及各作业单位的规模成正比。此外，产量的大小对生产组织方式也有着重要影响。大量生产通常采用对象专业化形式，而多品种、小批量生产通常采用工艺专业化形式。由此可见，产量也对作业单位的划分及作业单位间的相互关系产生影响。

(3) 技术水平。技术水平是指企业主要装备的技术水平。若装备的技术水平高，自动化程度高，功能全面，则通常会有较高的生产效率，可以提高单位时间的产出量；当企业的产量一定时，先进的装备可以代替多台传统的生产设备，这也可以节省作业空间。因此，企业的生产技术水平直接影响作业单位的大小，也影响设施布局。

(4) 专业化与协作化水平。专业化与协作化水平对作业单位的影响主要有两方面。第一，在不同的专业化形式下，作业单位的划分与设置不同，从而导致作业单位在构成上不同。工艺专业化生产组织形式，通常是按产品生产的各个方面工艺过程来划分生产作业单位的，如铸造、锻造、机械加工、热处理等作业单位；对象专业化生产组织形式，通常以某种产品或部件组织生产，如汽车厂的底盘车间、车身车间、驾驶室车间等。第二，企业往往不需要建立涵盖全部生产工艺过程的作业单位，而是将一些非核心的生产运作活动交由其他专业协作企业来完成，在这种情况下，企业的作业单位就可以少设置一些。在社会化大生产高速发展的今天，高度专业化与协作化是社会发展的必然趋势。

（5）其他因素。在设施布局中，除考虑上述四个方面的基本因素以外，还应该考虑一些其他因素。如投资规模在很大程度上决定所要占用的空间、所需的设备及库存水平，从而影响设施布局。物料搬运同样影响设施布局，即应该使物流量较大的单元之间尽量靠近，以使搬运费用尽可能减少、搬运时间尽可能缩短。设施布局的柔性在设施布局方面的影响主要表现在两方面。一方面是指对生产的变化有一定的适应性，即使变化发生后也仍然能达到令人满意的效果；另一方面是指能够容易地改变设施布局，以适应变化了的情况。此外，劳动生产率、工作环境等因素也影响着设施布局。

（二）设施布局的主要方法

1. 工艺导向型设施布局的方法。工艺导向型设施布局是指一种将相似的设备或功能放在一起的生产布局方式。例如将所有的车床放在一处，将冲压机床放在另一处。被加工的零件，根据预先设定好的流程顺序从一个地方转移到另一个地方，每项操作都由适宜的机器来完成。在工艺导向布置的计划中，最为常见的做法是合理安排部门或工作中心的位置，以减少材料的处理成本。换句话说，零件和人员流动较多的部门应该相邻。这种方法的材料处理成本取决于：（1）两个部门在某一时间内人员或物品的流动量；（2）与部门间距离有关的成本。成本可以表达为部门之间距离的一个函数。医院是采用工艺导向布局的典型。常用的工艺导向型设施布局的方法有：物料流向图法、物料运量图法、作业相关图法等。

2. 产品专业化设施布局的方法。产品专业化设施布局是指一种根据产品制造的步骤来安排设备或工作过程的布局方式。鞋、化工设备和汽车清洗剂的生产都是按产品导向原则设计的。其生产与服务设施的安排是根据作业工序的顺序呈链状布置的，使被加工物料由上游工序向下游工序连续移动，其生产运作管理所面临的问题与工艺导向型设施布局完全不同。流水生产线要求各作业工序的完成速率相互匹配，使生产流中的每一道作业工序的产出趋于均衡，并获得预期的产出量。为达到此目的，产品专业化设施布局的方法所遵循的原则是在满足一定产出率条件下，将相对独立的作业工序按加工或装配顺序分配给沿流水生产线分布的工作单元，并使所需工作单元数为最少。这是因为工作单元数越少，累积的非作业时间越短，从而可以提高流水生产线的整体作业效率。中心问题是平衡生产线上每个工作站的产出，使它趋于相等，从而获得所需的产出。管理者的目标就是在生产线上保持一种平滑、连续流动的生产状态，并减少每个工作站的闲暇时间。一条平衡性好的装配线具有的优点是人员和设备利用率高，雇员之间工作流量相等。因此，流水线的布局实际上要解决的问题是流水线的平衡问题。

产品专业化设施布局的优点是单位产品的可变成本低，物料处理成本低，存货少，对劳动力标准要求低；缺点是投资巨大，不具产品弹性，一处停产影响整条生产线。

3. 基于成组技术的布局方法。成组技术布局，也称单元式布局，是指将不同的机器组成加工中心（工作单元）来对形状和工艺相似的零件进行加工。成组技术布局现在被广泛地应用于金属加工、计算机芯片制造和装配作业。成组技术布局具有以下优点：（1）提高操作技能。在一个生产周期内，工人只能加工有限数量的不同零件，重复程度高，有利于工人快速学习和熟练掌握生产技能。（2）减少在制品和物料搬运。一个生产单元完成几个生产步骤，可以减少零件在车间之间的移动。（3）缩短生产准备时间。加工种类的减少意味着模具的减少，因而可提高模具的更换速度。

第三节 现代企业生产运作计划

一、生产运作计划体系

（一）生产运作计划概述

生产运作计划是关于企业生产运作系统总体方面的计划，是企业在计划期应达到的产品品种、质量、产量和产值等生产任务的计划和对产品生产进度的安排。它反映的并非某几个生产岗位或某一条生产线的生产活动，而是指导企业计划期生产活动的纲领性方案。生产运作活动需要调配多种资源，这样就更离不开周密的生产运作计划。所以，生产运作计划是生产运作管理中的一个重要组成部分，也是生产运作管理的核心内容之一。

（二）生产运作计划层次体系

生产运作计划体系是一个包括需求计划、综合生产计划（生产计划大纲）、主生产计划、生产作业计划、材料计划、能力计划、设备计划、新产品开发计划等相关计划职能，并以生产控制信息的迅速反馈连接构成的复杂系统。其目的是要充分利用企业的生产能力和其他资源，保证按质、按量、按品种、按期限地完成订货合同，满足市场需求，尽可能地提高企业的经济效益，增加利润。

企业中的各种计划一般可分为战略层计划、战术层计划和作业层计划三个层次。生产计划也与其他计划一样，具有长期生产计划、中期生产计划和短期生产计划三个层次。长期生产计划属于战略层计划，如综合生产计划等。它的主要任务是进行产品决策、生产能力决策以及确立何种竞争优势的决策，涉及产品发展方向、生产发展规模、技术发展水平、新生产设施的建造等。中期生产计划属于战术层计划，如主生产计划。它的主要任务是在正确预测市场需求的基础上，对企业在计划年度内的生产任务做出统筹安排。对于流程型企业，由于生产连续进行，中期生产计划的作用非常关键；而对于制造装配型企业，由于生产能力的定义随产品结构的变化而变化，故短期生产计划的作用是重点。短期生产计划也称生产作业计划。它的任务主要是直接依据用户的订单，合理地安排生产活动的每一个细节，使之紧密衔接，以确保按用户要求的质量、数量和交货期交货。

二、综合生产计划

（一）综合生产计划的含义

综合生产计划是在未来较长一段时间内，对企业资源和市场需求之间的平衡所做的概括性计划；是根据需求预测、企业生产能力、总的库存水平、劳动力数量及相关的投入，对企业未来一段时间内的产出内容、产出量、库存投资等问题所做的决策性描述。从企业的角度来看，综合生产计划决定了企业产品的交货提前期，以及企业响应市场的能力。因而，综合生产计划的质量对企业的竞争地位有着重要的影响。综合生产计划并不具体制定每一种产品的生产数量、生产时间、每一车间和每位人员的具体工作任务，而是按照以下的方式对产品、时间和人员等方面做出安排：

1. 产品。按照产品的需求特性、加工性质、所需人员和设备上的相似性等，将产品综合为几大系列，以系列为单位来制订综合生产计划。例如，服装厂根据产品的需求特性分为女装和童装两大系列。

2. 时间。综合生产计划的计划期通常是年（有些生产周期较长的产品，如大型机床等，可能是2年、3年或5年），因此有些企业也把综合生产计划称为年度生产计划或年度生产大纲。在该计划期内，使用的计划时间单位是月、双月或季。采用滚动计划方式的企业，还有可能未来3个月的计划时间单位是月，其余9个月的计划单位是季等。

3. 人员。综合生产计划可用几种不同的方式来考虑人员安排问题，例如，将人员按照产品系列分为相应的组，分别考虑所需人员水平，或将人员根据产品的工艺特点和人员所需的技能水平分组等。综合生产计划还需考虑到需求变化引起的对所需人员数量的变动，决定是采取加班还是扩大员工聘用量等基本方针。

（二）综合生产计划的目标

综合生产计划的目标主要有：成本最小/利润最大、顾客服务最大化（最大限度地满足顾客需求）、最小库存投资、生产速率的稳定性、人员水平变动最小、设备的充分利用。如前所述，综合生产计划是对未来较长一段时间内资源和需求之间的平衡做出的概括性决策。综合生产计划是企业的整体计划，其目的是要实现企业的整体经营目标，与部门目标有所不同甚至是相悖的，如为保持稳定的生产，需要保持较高的库存水平，这与库存最小化以降低运营成本存在着矛盾。在综合生产计划制订中要综合平衡这些有相悖关系的目标。

（三）综合生产计划的制定策略

1. 追逐策略。在计划期内调节生产速率或人员水平，以适应需求。这种策略有多种应用方法，例如，聘用或解聘工人、加班加点、外协等。因此，其主要优点是使库存投资小，无订单积压。缺点是在每一计划期内均要调整生产速率或人员水平，要花费额外成本。这种策略的关键之处是不使用调节库存或部分开工。

2. 变化工作时间。通过柔性的工作计划调整工作时间，从而调整产出速率，即通过调整工作时间以使产量和订货量相匹配。这种策略使工人的数量相对稳定，避免了追逐策略中雇佣和解雇工人时所付出的感情代价和聘用或解聘费用。但在需求量变化时，必须增加或减少员工的工作时数，这时只能采取加减班的策略。这种策略的缺点是，虽然不需要另外招聘或解聘员工，节省了招聘或解聘费用，但柔性工作计划或加班会产生其他成本，加班费用往往超出正常工作的费用。

如果需求量突然增大，企业既不能通过雇佣新工人来满足需求，又不想通过加班来满足需要，这时可以将超过企业当前生产能力的那部分产量外包出去，从而间接地提高企业的生产能力。但采取这种策略常会存在一定的风险，因为将部分订单包出去以后，可能会有一部分顾客转投竞争对手，从而失去顾客。

3. 平衡策略。在计划期内保持生产速率和人员水平不变，使用调节库存或部分开工来适应需求。在制造业企业，稳定的生产速率主要靠保持人员稳定、使用调节库存来实现。当允许人员水平变动但生产速率仍要求保持不变时，可使用加班、临时聘用或外包等方式来实现。这种方法的优点是产出均衡、人员水平稳定，但增加了库存投资，加班或部分开工也会引起额外费用。

4. 混合策略。当只采用一种策略来消化需求波动时，就称为单一策略，若采用两种或两种以上的策略组合时，称为混合策略，如把需求淡季时建立调节库存、人员水平幅度变动、加班等几种方式结合使用。对一个企业来说，最好的策略应该是采用混合策略。

无论选择什么策略，综合生产计划必须反映企业的目标，对有关的各职能部门有一定的影响力，能够反映未来一段时间内企业的经营方向，能够成为有效的管理工具。

三、主生产计划

（一）主生产计划概述

主生产计划（MPS）是根据最终产品的需求数量和出产期，通过人工干预，均衡安排，使得在一段时间内主生产计划量和预测及客户订单在总量上相匹配，而不追求在每个具体时刻上均与需求相匹配，从而得到一份稳定、均衡的计划。由于在产品或最终项目（独立需求项目）这一级上的计划（即主生产计划）是稳定和均衡的，据此所得到的关于非独立需求项目的物料需求计划也将是稳定和均衡的。

主生产计划是从宏观计划向微观计划的过渡。主生产计划为生产制订了基本的计划，是生产运作管理的依据。由于企业的生产活动总是面向用户需要，也为市场销售部门提供生产和库存信息，把市场销售和生产运作联系起来，使生产活动符合不断变化的市场需求，起着沟通内外的作用。

主生产计划的对象是最终项目。根据产生计划环境的不同，最终项目的含义也不完全相同。在面向库存生产的环境下，最终项目指产品、备品备件等独立需求项目。在面向订单生产的环境下，最终项目一般就是产品或者基本组件和通用件。

（二）主生产计划的编制原理

1. 计算现有库存量。现有库存量是指每周的需求被满足之后剩余的可利用的库存量。它等于上周末库存量加本周 MPS 生产量，再减去本周的预计需求量或实际订货量（取其中的大数），可用下式表示：

$$I_t = I_{t-1} + P_t - \max(F_t,\ CO_t)$$

式中，I_t——t周末现有库存量；P_t——t周的 MPS 生产量；F_t——t周的预计需求量；CO_t——t周准备发货的顾客订货量。

上式中的 P_t 是企业准备在 t 周完成并准备发送的产品数量。式中之所以减去预计需求量和实际订货量之中的大数（这二者往往是不一样的），是为了最大限度地满足需求。

2. 决定 MPS 的生产量和生产时间。这是 MPS 制订过程中的第二步，应时刻记住的一点是，所制定的 MPS 的生产量和生产时间应保证现有库存量有可能变负，就应通过 MPS 使之补上，MPS 生产时间的决定基准之一就在于此。

四、生产作业计划与控制

（一）生产作业计划概述

在综合计划阶段，决策要根据设备的使用、库存、人员和外协能力来制定。然后由主生产计划分解综合生产计划并制订物料需求计划（MRP），提供每天必须完成的订单信息及生产任务（生产指令）安排。而这些将要完成的生产任务会被下达到生产车间，由车间的作业人员来完成。作为车间的作业人员，往往要面对许多需要完成的加工任务，这时，就需要对这些作业任务进行合理的安排，即制订一个合理的生产作业计划。生产作业计划是生产计划工作的继续，是企业年度生产计划的具体执行计划。它是协调企业日常生产活动的中心环节。它根据年度生产计划规定的产品品种、数量及大致的交货期的要求对每个生产单位，在每个具体时期内的生产任务做出详细规定，使年度生产计划得到落实。与生产计划相比，生产作业计划具有计划期短、计划内容具体、计划单位小三个特点。它的主要任务包括：生产作业准备的检查；制定期量标准；生产能力的细致核算与平衡。

制订生产作业计划可以有很多目标，常见的有：根据顾客要求，按时完成作业加工；在制品库存最小化；反应时间最短化；完成时间最短化；系统时间最短化；全部时间最短化；设备和劳动力利用率最大化；闲置时间最短化；作业延迟最短化。好的生产作业计划既要满足目标要求，又要简单、清晰、易于理解、易于实行并有一定弹性。因而，生产作业计划的目标是使资源的利用达到最优化，并能够满足一定生产目标。

（二）生产作业计划的主要内容

生产作业计划是一个达到某些生产目标的时间表，反映了每个订单的加工顺序、每个工件的开始加工时间和加工完成时间。生产作业计划的主要内容包括以下几个方面：

1. 安排负荷。通过检查可供使用的物料、设备和工人的数量，合理地安排负荷，将生产任务安排给不同的工人或加工设备。物料需求计划系统对可供使用的物料进行计划；生产能力计划确定对机器设备和工人的需要数量，以及资源是超过负荷还是低于负荷；生产控件将作业分配给每台机器和工人，然后致力于使生产负荷趋于均衡化，使 MRP 计划的实施更为可行。

2. 排序。将加工订单分发到各车间并为每台机器制订作业计划文件。订单的安排应该根据 MRP 的计划来进行。生产控制部门评估 MRP 计划的可行性之后，开始实际安排订单，当需要将几个订单安排给同一机器设备时，需要确定订单的优先顺序，使工人知道应该先加工哪些订单。作业计划文件的内容说明各个机器设备的加工顺序，这个顺序根据排序规则来确定。在某天的开始，排序者（即分派到这个部门的生产控制人员）对将要在各个机器设备进行的作业进行选择和排序。排序者的决定必须基于以下几个方面：每个作业的操作顺序要求、每台机器设备现有的作业状态、每台机器设备前等待的作业队列、作业优先级、预计晚些时候要分布的作业订单、资源能力（劳动力或者机器）等。

为了有助于组织排序，排序者必须利用前一天的作业状态信息及生产控制中心、工艺技术等部门提供的外部信息。排序者还要和部门主管协商排序的可行性，避免对生产力的考虑出现瓶颈。可以通过计算机终端发送列表，或通过在中央区域张贴工作列表等方式将排序的详细情况传达给工人。

3. 现场控制。需要随时掌握每个作业的进度情况，直到作业完成。现场控制非常重要，因为生产系统发生变化时，有时需要重新排序。除了及时收集数据以外，还需要使用甘特图和投入／产出控制图等技术。

第四节　新型生产运作方式简介

一、准时生产

（一）准时生产的含义

准时生产制（JIT）是 20 世纪 80 年代由日本丰田汽车公司首先提出的，随之众多的日本制造企业和服务企业纷纷采用了这一制造模式。准时生产制一般可分为"大 JIT"和"小 JIT"。大 JIT（通常指精益生产）是一种管理哲学，其最终目标是消除企业生产作业活动各方面的浪费，包括员工关系、供应商关系、技术、物料以及库存管理。小 JIT 侧重于产品库存计划，实现在需要的时候提供所需的服务。JIT 是一组活动的集合，其目的是实现在原材料、在制品及成品保持最小库存的条件下进行大批量生产。"准时制"是基于任何工序只在需要时才生产必要的产品的逻辑。准时生产制的特点是拉动式准时化生产，在传统生产环境中使用的是推式系统：当某个工作岗位上的工作完成时，产出物就被"推"到下一个工作岗位；或者在终端作业阶段，产出被推进成品库。拉式系统与之相反，对工作转移取决于下一道工序，只有在顾客需要的时候才给顾客供货，因此，工作通过回应下道工序向前推进。拉式系统的信息沿着系统一个岗位接着一个岗位地反向流动，每个岗位都已经把自己的需求传达给前一岗位，确保工序平衡。工作准时移动到下一道工序，使工作流协调一致，避免了工序之间额外存货的积累。

（二）看板——实现 JIT 生产中最重要的管理工具

看板是传递生产计划与控制信息的工具，可以直接使用装载零件的容器、循环通知单或指令卡代替，起传递指令信号的作用。在 JIT 系统中，因为生产或零部件供应的指令信号均来自于下游工序，所以它们的市场或零部件的供应都必须根据看板来进行。看板一般有两种，即生产看板与传递看板。生产看板用于指挥生产，规定了各工序应该生产的零部件种类及其数量。生产看板一般是通过指挥放置零部件的容器的适时适量的补给来指挥 JIT 生产的。传递看板则用于指挥零部件在前后两道工序之间的传送，即适时适量地将容器内的在制品传送到下游工序，一般容器内所规定放置的零部件的数量是固定不变的。当需要改变产出率时，只需依据简单的计算公式，从 JIT 生产系统中增减容器的数量，即可调整生产率。

人物介绍

大 野 耐 一

大野耐一被称为"日本复活之父"和"生产管理教父"。他所创造的丰田生产方式，在全世界产生了深远的影响。及时化、自动化、看板方式、标准作业、精益化等生产管理的各种理念，是全球生产管理最为重要的标杆，成为国际通用的企业教科书。大野耐一，1912 年出生于中国大连，1932 年毕业于名古屋高等工业学校机械科，同年进入丰田纺织公司。1943 年调入丰田汽车公司，1949 年任该公司机械厂厂长，后来历任丰田纺织公司和丰田合成公司会长。1954 年，出任丰田汽车公司董事，1964 年升任常务董事，1973 年，荣获蓝绶带奖章，1975 年，开始担任丰田汽车公司副社长，1990 年 5 月 28 日去世。

作为生产管理大师，大野耐一先生以日本本土思想为基础，一手创造了超越福特生产方式的丰田生产方式（TPS）。他构建了新式的经营思想，并以此指导产业实践，他是从生产现场走出来的实践管理学宗师，在世界管理学界与以理论见长的彼得·德鲁克各树一帜，并驾齐驱。

资料来源：[日]大野耐一著，谢克俭、李颖秋译，《丰田生产方式》，中国铁道出版社 2006 年版。

二、敏捷制造

（一）敏捷制造的含义

20 世纪 90 年代，信息技术突飞猛进，信息化的浪潮汹涌而来，许多国家制订了旨在提高自己国家在未来世界中的竞争地位、培养竞争优势的先进的制造计划。在这一浪潮中，美国走在了世界的前列，为美国制造业改变生产方式提供了强有力的支持，美国想凭借这一优势确立在制造领域的领先地位。在这种背景下，一种面向新世纪的新型生产方式——敏捷制造的设想诞生了。

敏捷制造是在具有创新精神的组织和管理结构、先进制造技术（以信息技术和柔性智能技术为主导）、有技术有知识的管理人员三大类资源支柱支撑下得以实施的，也就是将柔性生产技术、有技术有知识的劳动力与能够促进企业内部和企业之间合作的灵活管理集中在一起，通过所建立的共同基础结构，对迅速改变的市场需求和市场进度做出快速响应。敏捷制造比起其他制造方式具有更灵敏、更快捷的反应能力。

（二）敏捷制造的构成要素

1. 生产技术。敏捷性是通过将生产技术、管理技术和人力资源集成为一个协调的、相互关联的系统来实现其功能的。首先，具有高度柔性的生产设备是创建敏捷制造企业的必要条件（但不是充分条件）。所需的生产技术在设备上的具体体现是：由可以改变结构、可测量的模块化制造单元构成可编程的柔性机床组；用"智能"制造过程控制装置；用传感器、采样器、分析仪与智能诊断软件相配合，对制造过程进行闭环监视等。

其次，在产品开发和制造过程中，需要运用计算机和制造过程的知识基础及数字计算方法设计复杂产品，以便可靠地模拟产品的特性和状态及精确地模拟产品的制造过程。各项工作是同时进行的，而不是按顺序进行的。设计工作不仅属于工程领域，也是工程与制造的结合。从制造产品到产品最终报废的整个产品生命周期内，每一个阶段的代表都要参加产品设计。

再其次，敏捷制造企业是一种高度集成的组织。信息在制造、工程、市场研究、采购、财务、仓储、销售、研究等部门之间连续地流动。信息不仅要在敏捷制造企业和用户之间连续地流动，而且要在敏捷制造企业和供应厂家之间连续地流动。在敏捷制造系统中，用户和供应厂家在产品设计与开发中都应起积极作用。每一个产品的生产都可能需要具有高度交互性的网络，也就是说交互的形式可以是只同一家公司的员工彼此合作，也可以是与其他公司的员工合作。

最后，把企业中分散的各个部门集中在一起，靠的是严密的通用数据交换标准、坚固的"组件"（许多人能够同时使用同一文件的软件）、宽带通信信道（传递需要交换的大量信息）。把所有这些技术综合到现有的企业集成软件和硬件中去，这标志着敏捷制造时代的开始。敏捷制造企业将普遍使用可靠的集成技术及进行可靠的、不中断的大规模软件的更换。

2. 管理技术。首先，敏捷制造在管理上所提出的创新思想之一是"虚拟公司"。敏捷制造认为，新产品投放市场的速度是当今最重要的竞争优势。推出新产品最快的办法是利用不同公司的资源，使分布在不同公司内的人力资源和物质资源能随意互换，然后把它们综合成单一的靠电子手段联系的经营实体——虚拟公司，以完成特定的任务。也就是说，虚拟公司就像专门完成特定计划的一家公司一样，只要市场机会存在，虚拟公司就存在；该计划完成了，市场机会消失了，虚拟公司就解体。能够经常形成虚拟公司的能力将成为企业一种强有力的竞争武器。只要能把分布在不同地方的企业资源集中起来，敏捷制造企业就能随时构成虚拟公司。在美国，虚拟公司将运用国家工业网络——全美工厂网络，把综合性工业数据库与服务结合起来，以便能够使公司集团创建并运作虚拟公司，排除多企业合作与建立标准和合法模型的法律障碍。这样，组建虚拟公司就像成立一个公司那样简单。此外，需要解决因为合作而产生的知识产权问题，需要开发管理公司，调动人员工作主动性的技术，寻找建立与管理项目的方法，以及建立衡量项目组绩效的标准，这些都是艰巨的任务。

其次，敏捷制造企业应具有组织上的柔性。因为，先进工业产品及服务的激烈竞争环境已经开始形成，越来越多的产品要投入瞬息万变的世界市场上去参与竞争。产品的设计、制造、分配、服务将用分布在世界各地的资源诸如公司、人才、设备、物料等来完成。制造公司日益需要满足各个地区的客观条件。这些客观条件不仅反映社会、政治和经济价值，而且还反映人们对环境安全、能源供应能力等问题的关心。在这种环境中，采用传统的纵向集成形式，企图"关起门来"什么都自己做，是注定要失败的，必须采用具有高度柔性的动态组织结构。根据工作任务的不同，有时可以采取内部多功能团队形式，请供应者和用户参加团队；有时可以采用与其他公司合作的形式；有时可以采取虚拟公司的形式。

3. 人力资源。敏捷制造的一个显著特征就是以其对机会的迅速反应能力来参与激烈的市场竞争,这不仅是无思想的计算机所不能担负的工作,而且也不是思想僵化、被动接受指令的职工或一般模式中偏重于技术的工程师们所能应付得了的,它需要具有"创造性思维"的全面发展的敏捷型劳动才能够胜任。拥有高素质劳动力的企业,与拥有普通劳动力的企业相比,高素质劳动力能够充分发挥主动性和创造性,积极有效地掌握信息和新技术;高素质劳动力得到授权后,能自己组织和管理项目,在各个层次上做出适当的决策;高素质劳动力具有协作精神,在动态联盟中能与各种人员保持良好的合作关系。

三、计算机集成制造系统

(一) 计算机集成制造系统内涵

计算机集成制造(CIM)的概念最早是由美国的约瑟夫·哈林顿于 1973 年在其《计算机集成制造》(Computer Intergrated Manufacturing)一书中首先提出来的。其基本观点是系统观和信息观,系统观认为企业生产的各个环节是一个不可分割的整体,从市场分析、产品设计、加工制造、经营管理到售后服务的全部生产活动要统一考虑;信息观认为整个制造过程实质上是一个数据的采集、传递和加工处理的过程,最终形成的产品可看作是数据的物质表现。

计算机集成制造系统(Computer Integrated Manufacturing System,CIMS)是基于 CIM 哲理而构成的现代制造系统,它首先是一种思想。尽管 CIM 已提出有 30 余年,至今还没有一个公认的 CIM 定义,但人们日趋对这样一种先进的生产管理模式给予相同的认知。德国自 20 世纪 80 年代初期开始注意探讨 CIMS 这一主题,出现了各种不同的概念定义,直至 1985 年(联邦)德国经济生产委员会(AWF)提出关于 CIM 的推荐性定义。AWF 推荐的定义是:"CIM 是指在所有与生产有关的企业部门中集成地采用电子数据处理,CIM 包括了在生产计划和控制(PPC)、计算机辅助设计(CAD)、计算机辅助工艺规划(CAPP)、计算机辅助制造(CAM)、计算机辅助质量管理(CAQ)之间信息技术上的协同工作,其中为生产产品所必需的各种技术功能和管理功能应实现集成。"[①]

(二) 计算机集成制造系统功能

计算机集成制造的概念直接来源于生产的概念,它包含了制造、设计及经营管理三项基本功能,是三项功能的集成。

计算机集成制造中,包括负责零件加工的柔性制造系统,负责装配的柔性装配线,以及生产控制、质量管理、过程管理等组成部分。在计算机辅助设计中,包括负责产品设计的 CAD,负责工艺设计的 CAPP,以及负责设施布置的 CALP 和 CRAFT。在计算机辅助管理中,包括负责生产计划的物料需求计划,负责生产线平衡的计算机辅助平衡线 CALB。

计算机集成制造的结构可以图 4-1 来表示。

[①] 齐二石:《生产与运作管理教程》,清华大学出版社 2006 年版,第 460 页。

图 4-1 计算机集成制造结构

四、大规模定制

1970年美国未来学家阿尔文·托夫（Alvin Toffler）在《未来的冲击》（Future Shock）一书中提出了一种全新的生产方式的设想：以类似于标准化和大规模生产的成本和时间，提供客户特定需求的产品和服务。1987年，斯坦·戴维斯（Start Davis）在《未来的理想生产方式》（Future Perfect）一书中首次将这种生产方式称为大规模定制（Mass Customization，MC）。1993年B. 约瑟夫·派恩（B. Joseph Pine II）在《大规模定制：企业竞争的新前沿》一书中写道："大规模定制的核心是产品品种的多样化和定制化急剧增加，而不相应增加成本；满足个性化定制产品的大规模生产，其最大优点是提供战略优势和经济价值。"

我国学者祈国宁教授认为，大规模定制是一种集企业、客户、供应商、员工和环境于一体，在系统思想指导下，用整体优化的观点，充分利用企业已有的各种资源，在标准技术、现代设计方法、信息技术和先进制造技术的支持下，根据客户的个性化需求，以大批量生产的低成本、高质量和效率提供定制产品和服务的生产方式。MC的基本思路是基于产品零部件和产品结构的相似性、通用性，利用标准化、模块化等方法降低产品的内部多样性。增加顾客可感知的外部多样性，通过产品和过程重组将产品定制生产转化或部分转化为零部件的批量生产，从而迅速向顾客提供低成本、高质量的定制产品。

大规模定制生产方式包括了诸如时间的竞争、精益生产和微观销售等管理思想的精华。其方法模式得到了现代生产、管理、组织、信息、营销等技术平台的支持，因而就有超过以往生产模式的优势，更能适应网络经济和经济技术国际一体化的竞争局面。

在满足客户个体需求上，传统的定制企业完全做得到，但传统的定制生产模式除小型工艺品外，只能生产有限品种的产品，企业的产品定位建立在有限数量的极个别的顾客需求上。因此传统定制企业存在规模相对较小、产品有限、生产周期长、成品成本高、质量不稳定等一系列问题。与传统的定制生产相比，大规模生产为顾客低成本、高效率地提供了大量的商品，但对顾客日益扩大的多样化、个性化需求不能适应。经济、科技的发展，社会的进步，商品的充盈，推进了顾客的个性化需求。商品基本功能的满足，已不再是顾客的第一需求。张扬个性的需要成为制约商品选择的重要因素，因此大规模生产的理念和规范化产品的定位难以适应市场环境的这种变化。大规模定制模式通过定制产品的大规模生产，低成本、高效率地为顾客提供充分的商品空间。因此大规模定制企业与传统的定制企业或大规模生产企业相比，其核心能力表现在其能够低成本、高效率地为顾客提供充分的商品空间，从而最终满足顾客的个性化需求的能力上。

本章小结

〔内容摘要〕

本章着重讲解了现代企业生产运作管理在企业管理系统中所处的特殊地位，叙述了现代企业生产运作管理所呈现的新特征，介绍了生产运作战略的含义和关键要素，影响生产能力的因素以及生产能力计划决策的步骤，重点分析设施选址、设施布局的影响因素和设施选址、布局的主要方法，分析了生产运作计划体系，着重叙述综合生产计划的含义、目标、策略制定和主生产计划的编制原理。此外，介绍了新型生产运作方式：准时生产、敏捷制造、计算机集成制造系统和大规模定制。

〔主要知识点〕

1. 生产运作能力计划决策的步骤。主要包括：确定对企业设备的需求、识别生产运作能力与需求之间的差距、制订扩展生产运作能力的备选方案、评价每个方案。

2. 企业设施选址、设施布局的主要方法。设施选址的主要方法有加权评分法、盈亏平衡法、重心法。设施布局的方法主要叙述了工艺导向型设施布局的方法、产品专业化设施布局的方法、基于成组技术的布局方法。

3. 综合生产计划的制定策略。主要有追逐策略、变化工作时间、平衡策略、混合策略。

〔关键概念〕

生产运作管理　生产运作能力　综合生产计划　主生产计划　准时生产　敏捷制造

思考题

1. 试述生产运作管理的基本内容。
2. 生产运作管理的新特征有哪些？
3. 设施选址的主要方法有哪些？
4. 设施布局的主要方法有哪些？
5. 简述综合生产计划的制定策略。
6. 试述新型生产运作方式。

思考案例

日本丰田的准时生产系统

位于日本中部的丰田城有 28 万名员工，丰田有 8 家工厂都聚集于此。我们观察一位 26 岁的有着 8 年丰田工龄的熟练工人，现在他正在高架起重机的帮助下控制一台手动设备，他把汽车发动机提升到传送带上，传送带将把它们与汽车主体装配到一起。他把发动机从小型拖车提升到传送带上，小型拖车则来自发动机车间。在该岗位上，任意给定时间下都只有两辆拖车各载 12 个发动机，因此每隔几分钟就有一辆车空着开回发动机车间，另一辆则相反。

这便是丰田系统的第一个特征：无存货。丰田工厂的存货持有量只是就近生产所需的部件数量，就近的概念从几分钟到几个小时不等，因零部件而异。当需要新零部件时（只有当需要它们时），才从其他丰田工厂或外部供应商处直接送到生产线上。

丰田生产系统中有一个关键的工具"看板"，指的就是在零部件箱的透明塑料上附一张纸（工人开始从新装好的箱子取物时，就同时把看板送回给供应者，对后者而言这就是新的一箱零部件订单）。这便是丰田准时制系统中的存货控制方式。

底特律一名见过该系统运作的福特官员说："他们非常注重避免储藏的最终细项与中间细项，他们抛弃了大批量生产的整个概念。"

优点非常显见，丰田不需要存货空间，也不需要人来处理与控制存货，更不用借款为存货融资，这在很多方面都节省了成本。另外，由于丰田经常变换机器设备制作新东西，它的工人修理和改变设备的速度极快。

丰田的 250 个供应商中有整整 50 个的总部设在丰田城，其余的在丰田城都没有车间。他们必须十分靠近才能保证每天送货。令丰田官员感到震惊的是，美国汽车制造商从遍布全美甚至欧洲、日本的供应商处购买零部件。丰田最远的供应商，距离被供车间也只有 5 小时车程。

供应商还必须和丰田有很密切的工作关系，这样才能调整自己，以满足丰田的特殊需要。因此，丰田供应商的全部或大部分业务都是丰田的，一些重要供应商的存货大部分也归丰田，所有这些并不令人感到惊奇。许多供应商，甚至那些与丰田没有关系的，也都在自己的运作过程中采用了丰田生产系统。它提高了他们与丰田的协调性。

资料来源：http://www.cdvtc.com/jpkc/jpk09/scyyzgl6/news - jxjs.asp。

思考题：
1. 大批量生产系统有何种优势？是不是完全不适合当前所有的生产形式了？
2. JIT 与大批量生产过程上有什么不同？JIT 更适合哪种生产形式？
3. 查阅资料，分析中国制造企业 JIT 思想的运作情况。

应用训练

企业车间设施布置优化设计

【实训目标】

为了让学生能够较好地掌握生产运作管理的相关理论与方法，能灵活应用本课程理论知识和方法，分析和解决问题，通过本课程实践训练，达到如下目标：

1. 了解和掌握制造企业的生产系统设施规划和优化布置的具体方法。
2. 培养团队协作精神，以团队方式分析问题和解决问题的能力。
3. 了解和掌握企业的产能平衡与生产计划优化编制方法。
4. 对生产运作管理理论知识和方法与生产实践的结合有更深入的感性认识。

【实训内容】

以某制造类企业为对象，按该企业的生产实际资料为设计依据，对该企业某生产车间的设施布置进行定量分析和优化设计，并比较优化布置后的运输工作总量；以某车间实际生产条件和产能、所接订单任务及交货期要求，进行产能平衡，并制订该车间生产作业计划。

【实训步骤】

1. 选定某制造类企业为对象，由授课教师讲解该企业的基本情况。
2. 将班级学生进行分组，每组人数一般为 3~6 人。
3. 通过实地考察或查找相关资料，以组为单位，对该企业某生产车间的设施布置进行定量分析和优化设计，并比较优化布置后的运输工作总量。
4. 以某车间实际生产条件和产能、所接订单任务及交货期要求，进行产能平衡，并制订该车间生产作业计划。
5. 在规定的课程设计时间内完成全部的课程设计内容，演示和讲解所设计项目的报告，提交电子文档和设计报告。

资料来源：http://www.buu.edu.cn/home/New%20Web/shengchan.htm。

第五章　现代企业质量管理

---【导入案例】---

2008年"三聚氰胺"奶粉事件

2008年9月9日,媒体首次报道了"甘肃14名婴儿因食用三鹿奶粉同患肾结石"的事件,当天下午,国家质检总局立即派出调查组赶赴三鹿集团开展调查。经调查发现,三鹿集团所生产的几千吨婴幼儿奶粉受到一种被称为"假蛋白"的化学品的污染,即"三聚氰胺"污染。没过多久,伊利、蒙牛、光明等国内大小奶制品企业的产品均检出三聚氰胺!紧接着一些国际著名食品企业产品也检出三聚氰胺。"三聚氰胺"事件爆出后,引起了国家相关单位的高度重视。2008年9月13日,党中央、国务院启动国家重大食品安全事故Ⅰ级响应,并成立应急处置领导小组。同时卫生部发出通知,要求各医疗机构对患儿实行免费医疗。截至2008年11月27日8时,全国因三鹿事件累计筛查婴幼儿2 238万余人次,泌尿系统出现异常的患儿共29万余人,累计住院治疗的共5万余人。"三聚氰胺"事件,这一由企业产品质量问题而引发的公共卫生事件,对中国的奶制品企业以及人民的健康造成了不可弥补的损失。

事后查明,毒奶粉事件主要是由于一些不法分子利欲熏心,漠视人民的生命健康权利,在奶源的生产、收购、销售等环节大量添加"三聚氰胺",加上国家一些行政执法部门对奶源质量监督不力,从而导致了这一场由企业产品质量而引发的公共危机。

资料来源:根据新华网新闻改编而成。

问题:1. 企业质量管理对于企业有什么意义?
　　　2. 企业如何做好自身的质量管理工作?

质量在不同的领域往往有着不同的含义,如基础物理学中的质量往往是指含有物质的多少;工程术语中的质量则是指满足明确或隐含需要的某项产品或服务的总体特征;ISO质量体系中则将质量描述为一组固有特性满足要求的程度。总之,质量的内容随着社会经济和技术的发展也在不断的充实和深化。相应地围绕产品和服务质量而开展的各类管理应用研究也获得了长足的发展。其中企业的质量管理工作更是受到了社会的广泛关注。企业质量管理工作的优劣不仅关系到企业自身的生存和发展,更关系到整个社会以及国家的稳定和繁荣。

第一节　质量与质量管理

一、质量的含义以及特征

（一）质量的含义

随着社会的发展以及理论水平的提高，质量的内涵也在不断地扩展和完善。在此过程中不同的学者、组织从不同的角度对质量进行了定义。

美国著名质量管理学家约瑟夫·M·朱兰（Joseph M. Juran）认为，质量就是产品的适用性，即产品在使用时能够满足用户需要的程度。

国际标准化组织（ISO）发布的 2000 版 ISO9000 将质量定义为："一组固有特性满足要求的程度。"这一定义中的要求既有明确的要求，也有各种隐含的要求。

此外，一些著名的企业根据自身的成功实践也提出了自己对质量的看法，如柯达公司将质量定义为：在一个可产生显著效益的成本水平上，产品或服务可以满足或超过用户的需要和期望的程度。

综合以上观点，我们可以将质量表述为产品或服务的固有特性满足顾客明确以及隐含需求的程度。

（二）质量的特征

对以上及其他的质量定义进行归纳，可以发现质量主要包含以下特性：

第一，质量的广义性，即质量不仅包括产品质量，而且还包括过程质量。产品质量主要体现为产品能够满足用户使用要求所具备的功能特征。如性能、寿命、可靠性等。过程质量主要指过程或者服务满足顾客期望的程度，一般取决于用户对服务的期望和对服务的实际体验的匹配程度。

第二，质量的规定性，即质量是固有特性满足需求的程度，如产品的尺寸、性能等内在的特征，它与质量的赋予特性无关，如供货速度、所定价格等。

第三，质量的经济性，即质量不但要满足顾客功能上的要求，而且应该努力为顾客节约购买和使用维护过程中的各种成本。

第四，质量的时效性，即产品的这种特性应该随着顾客需求和期望的不断变化而做出相应的调整。

第五，质量的相对性，即对具有不同期望的顾客而言，质量是不同的。

第六，质量的多维性，即产品的质量不是表现在某一个局部范围或几个指标上，而是表现在一系列相互影响、相互制约的特性上。如产品的质量包含其内在质量、外在质量、环保质量等。

二、质量管理的概念及内容

质量管理是指为了确保达到质量要求而进行的各种指挥、控制以及协调活动。它通常包括制定质量方针和质量目标，以及质量策划、质量控制、质量保证和质量改进等工作。

质量方针是由组织的最高管理者正式发布的该组织总的质量宗旨和方向。它是企业经营总方针的组成部分，是企业管理者对质量的指导思想和承诺。它往往具有较强的号召力，适于企业对外宣传。如"以质量求生存，以产品求发展"，"品质意识加强早，明天一定会更好"这些方针标语。

质量目标是组织在质量方面所追求的目的，是一定时间、范围内组织规定的与质量有关的具体要求、标准或结果，目标应是明确的、可度量的。质量目标按时间可分为中长期质量目标、年度质量目标和短期质量目标；按层次可分为企业质量目标、各部门质量目标以及班组和个人的质量目标。

质量策划是指企业在质量方针的指引下制定质量目标并规定必要的运行过程和相关资源以保证质量目标实现的工作，也就是"指导"质量控制、质量保证和质量改进的活动。质量策划是质量管理诸多活动中不可或缺的中间环节，是连接质量方针（可能是"虚"的或"软"的质量管理活动）和具体的质量管理活动（常被看做是"实"的或"硬"的工作）之间的桥梁和纽带。

质量控制是指为了使控制对象满足规定的质量要求对其形成过程的各个环节进行监视，消除不合格或者不满意因素所进行的工作。质量控制的主要功能就是通过一系列作业技术和活动将各种质量变异和波动减少到最低程度。它贯穿于质量产生、形成和实现的全过程。除了生产过程的控制以外，质量控制部门还应参与管理决策活动以确定质量水平。

质量保证就是按照一定的标准生产产品的承诺和规范，从而提供质量要求能够得到满足的信任。如商品必须根据国家技术监督局的各种标准化要求，提供生产配方、包装容量、生产日期、厂家名称等各种信息，从而获得产品质量符合社会大众要求这一份信任。

质量改进是指对现有的质量水平在控制的基础上加以提高，使质量达到一个新水平、新高度，从而为本组织及其顾客提供增值效益的活动。

质量策划、质量控制、质量保证、质量改进有机结合在一起，共同构成了质量管理系统。

三、全面质量管理

（一）全面质量管理的提出

20世纪50年代末，美国通用电气公司的费根堡姆和质量管理专家朱兰首次提出了"全面质量管理"（Total Quality Management，TQM）的概念，他们认为"全面质量管理就是为了能够在最经济的水平上，并考虑到充分满足客户要求的条件下进行生产和提供服务，把企业各部门在研制质量、维持质量和提高质量的活动中构成为一体的一种有效体系"。60年代初，美国一些企业根据行为管理科学的理论，在企业的质量管理中开展了依靠职工"自我控制"的"无缺陷运动"。与此同时，日本也在工业企业中广泛开展质量管理小组活动，这些质量管理方面的改革和创新使全面质量管理的理念得到了迅速发展。

(二) 全面质量管理的内涵

1. 全面质量管理的基本方法。全面质量管理是企业管理现代化、科学化的一项重要内容。随着更多的学者参与到这一领域的研究,其理论也得到了不断补充和完善。

全面质量管理的基本方法主要体现为:一个过程、四个阶段以及数理统计方法的运用。

一个过程,即企业管理是一个过程。企业在不同时间内,应完成不同的工作任务。企业的每项生产经营活动,都有一个产生、形成、实施和验证的过程。

四个阶段,即管理是一个由四阶段组成的循环过程。它们分别为:计划(Plan)—执行(Do)—检查(Check)—处理(Action),简称PDCA循环,又称"戴明循环",如图5-1所示。

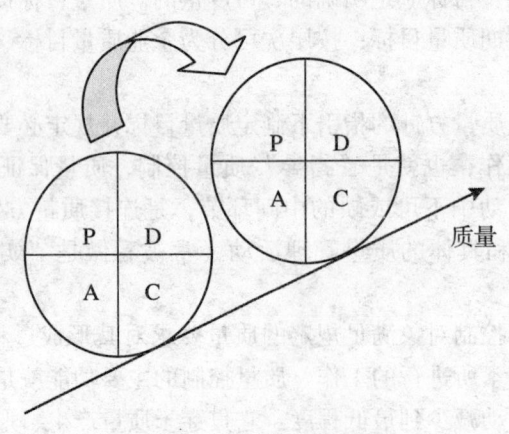

图5-1 戴明循环

戴明循环在具体的操作过程中主要体现出如下特征:

(1) PDCA循环工作程序的四个阶段顺序进行,组成一个大圈。
(2) 每个部门、小组都有自己的PDCA循环,并都成为企业大循环中的小循环。
(3) 阶梯式上升,循环前进。

2. 全面质量管理的特征。全面质量管理有三个核心的特征:

(1) 内容与方法的全面性。即管理内容不仅要着眼于产品的质量,而且要注重形成产品的工作质量,注重采用多种方法和技术来开展质量管理工作,包括科学的管理方法、各种专业技术、数理统计方法、现代电子技术等。

(2) 控制的全过程性。即对市场调查、研发设计、生产制造、包装运输到售后服务全过程都要进行质量管理,严把质量关。

(3) 全员参与性。即要求全部员工,无论高层管理者还是普通办公职员或一线工人,都是质量管理工作的主体,都要参与质量改进活动,承担相应的质量管理责任。

此外,全面质量管理还强调以下观点:(1) 用户第一的观点,并将用户的概念扩充到企业内部,即下道工序就是上道工序的用户,不将问题留给用户。(2) 预防的观点,即在设计和加工过程中消除质量隐患。(3) 定量分析的观点,只有定量化才能获得质量控制的最佳效果。(4) 以工作质量为重点的观点,因为产品质量和服务均取决于工作质量。

资料链接

海尔的全面质量管理

　　海尔集团是世界第四大白色家电制造商，也是中国最具价值、购买者满意度第一的品牌。

　　在海尔流行这样一句质量理念：优秀的产品是人干出来的。围绕这一理念，海尔将产品的质量升华定位于与每个人息息相关的工作质量的提高。于是在企业不断发展的过程中，服务质量、工作质量、人才质量、管理质量，即以产品质量为核心的全方位工作质量的提升，逐渐成为广大员工的一种自觉的行为。与此同时，海尔人把产品的高质量作为其为用户提供优质服务的前提。他们认为，高质量的产品为企业赢得了更大的市场份额，企业才会在实力不断壮大的基础上投入更多的人力、物力、财力去建设完善的服务网络，以不断创新的服务形式直接与消费者进行面对面的交流与沟通。通过定期与不定期上门回访，将用户的最新需求以及在使用过程中发现的质量问题以最便捷的渠道反馈回企业。如此一来，产品与服务质量的不断提高形成了一种良性的循环发展态势。

　　高标准、精细化、零缺陷，这近乎苛刻的要求是海尔冰箱的质量目标。海尔人将海尔这一品牌作为对全体消费者的最庄严的承诺。为了生产出国际质量水准的产品，实现对每一位消费者的承诺，海尔冰箱公司早在1992年就在全国家电行业首家通过了国际质量保证体系认证。海尔人持续、自觉地对体系进行丰富和完善的结果令每一次前去进行认证复审的工作人员感到震惊。为保证每个部件质量水平的稳定与提高，海尔冰箱公司在供应商的选择上制订了非常苛刻的条件，如他们规定重要零部件的供应商必须是国内或国际同行业前三名的企业；每月对供应商的产品质量、价格、服务水平进行综合评比，以促使供应商无论在产品质量控制、生产管理还是在新产品开发方面都产生了一种无形的压力，相对保证了零部件质量的稳定与提高。同时海尔冰箱还通过了美国、加拿大、德国等产品安全认证，这些认证在保证它进入世界诸多国家时畅通无阻。澳大利亚经销商拉美尔先生是从1993年开始经销海尔冰箱的，对海尔冰箱的高质量他深有感触：当他第一次经销7 000台海尔冰箱时，他不同意打海尔品牌，原因就是怕质量不好影响销路，他特意留出了10台冰箱作为发生质量问题时更换用。没想到，这10台冰箱一直放了三年也没派上用场。他又找到海尔要求定牌生产，但海尔不同意。经过一段时间的市场考验，拉美尔先生服了，他承认海尔冰箱是他经销过的质量最好的产品。

　　为了随时听取到消费者对产品质量的反馈信息，海尔冰箱公司在全国1 800多家的一、二、三级售后服务部设立质量监测网点，将消费者使用海尔冰箱过程中发现的问题及时反馈给总部，通过海尔冰箱公司内部完善的封闭式质量信息反馈系统，加上设计部门、质量管理部门、生产部门的迅速反应，大部分质量隐患在产品设计之初便被海尔人化险为夷。面对国际市场上的用户，海尔冰箱公司设立了海尔产品服务的网址及电子邮箱，国外消费者可以在鼠标轻轻一按之间将产品信息瞬间传回青岛。

　　海尔人正是凭借这些全方位的、全过程的、精细化的质量管理措施，以优质的服务塑造了中国的世界名牌。

　　资料来源：黄峰，《质量管理：全球竞争加剧的首因》，《上市公司》，2000年第4期。

四、6 西格玛质量管理

近些年来，一股 6 西格玛质量管理的浪潮席卷了全球。许多组织由于这一新兴管理方法的运用取得了辉煌的战绩。如 20 世纪 80 年代摩托罗拉公司创建了 6 西格玛管理的概念和相应的管理体系，并全力应用到公司的各个方面，从开始实施的 1986 年到 1999 年，公司平均每年提高生产率 12.3%，不良率降低到以前的 1/20。由于质量缺陷造成的费用消耗减少 84%，制作流程失误降低 99.7%，因而节约制造费用总计超过 110 亿美元。公司业务利润和股票价值的综合收益率平均每年增长 17%。6 西格玛管理在美国通用（GE）公司更是得到发扬光大，从 1996 年 1 月开始实施 6 西格玛管理，其销售业绩利润每年一直都以两位百分比快速增长。同样，6 西格玛管理在东芝、三星以及一些服务领域的组织，如花旗银行、迪斯尼、希尔顿大酒店等也获得了巨大成功。

（一）6σ 质量管理的提出

要了解 6 西格玛质量管理是如何提出的，首先要了解一下 6 西格玛的内涵。西格玛即 σ，是一个希腊字母，在统计学里用来描述正态数据的离散程度。用在质量管理领域，常用来度量缺陷率，也就是质量的控制水平。σ 值越高代表质量缺陷率越低。如若质量水平控制在 3σ 水平，表示产品合格率约为 93.32%；若控制在 4σ 水平，表示产品不合格率为 6210ppm（每一百万个产品中有 6210 个不合格，ppm 表示一百万分之一）；若控制在 5σ 水平，表示产品不合格率为 230ppm；若控制在 6σ 水平，表示产品不合格率为 3.4ppm，接近于零缺陷水平。

20 世纪 60 年代，日本从美国引入了质量控制的思想，先后多次邀请美国著名质量管理大师戴明、朱兰等去日本传授质量管理思想，同时，日本组织认真学习，开创性地实施，使产品质量有了大幅度的提升。到了 70 年代末 80 年代初，日本产品凭借过硬的品质，从美国人手中抢占了大量的市场份额。美国的摩托罗拉公司在同日本组织的竞争中，先后失去了收音机、电视机、半导体等市场。到了 1985 年摩托罗拉公司濒临倒闭。面对残酷的竞争和严峻的生存形势，摩托罗拉公司痛定思痛，得出了这样的结论："摩托罗拉失败的根本原因是其产品质量比日本组织同类产品的质量差很多。"公司高级领导层决定向日本组织学习，以全面提升产品品质。当时，根据休哈特的理论，质量水平达到 3σ 最为经济科学，包括日本组织在内的组织一般都把 3σ 水平作为追求的目标。为了减少质量波动，显著提高产品质量，摩托罗拉公司雄心勃勃地提出了产品质量要控制在 6σ 水平上，这就是 6σ 管理方法的由来。

（二）6σ 质量管理的内涵

随着实践经验的不断积累以及理论的深入，6σ 质量管理从最初的技术管理概念逐渐衍生成为一种管理哲学思想。它可以被看成是寻求同时增加顾客满意和企业经济增长的一种经营战略途径。同全面质量管理的思想一样，它追求持续的质量改进。一般来说，6σ 管理具有如下特征：

1. 高度关注顾客需求。6σ 管理以更为广泛的视角，关注影响顾客满意的所有方面。主要体现在 6σ 管理的绩效评估首先就是从顾客开始的，其改进的程度也是用对顾客满意度和价值的影响来衡量的。6σ 质量代表了极高的对顾客要求的符合性和极低的缺陷率。它把顾客的期望作为目标，并且不断超越这种期望，最终为顾客和企业创造更大的价值。

2. 高度依赖统计数据。统计数据是实施 6σ 管理的重要工具，以数字来说明一切。所有的生产表现、执行能力等都要求量化为具体的数据，从而使管理成果一目了然。决策者及经理人可以从各种统计报表中找出问题在哪里，真实掌握产品不合格情况和顾客抱怨情况等，而改善的成果，如成本节约、利润增加等也都能从统计资料与财务数据中得到体现。

3. 重视改善业务流程。传统的质量管理理论和方法往往侧重结果，通过在生产的终端加强检验以及开展售后服务来确保产品质量。然而，生产过程中已产生的废品对企业来说却已经造成损失，售后维修需要花费企业额外的成本支出。6σ 理论认为，大多数企业在 3σ ~ 4σ 间运转，也就是说每百万次操作失误在 6 210 ~ 66 800 之间，这些缺陷要求经营者以销售额在 15% ~ 30% 的资金进行事后的弥补或修正，而如果做到 6σ，事后弥补的资金将降低到约为销售额的 5%。

6σ 管理将重点放在产生缺陷的根本原因上，认为质量是靠流程的优化，而不是通过严格地对最终产品的检验来实现的。企业应该把资源放在认识、改善和控制原因上，而不是放在质量检查、售后服务等活动上。质量不是企业内某个部门和某个人的事情，而是每个部门及每个人的工作。每个部门每个人都有责任和义务识别并排除那些不能给顾客带来价值的成本浪费，消除无附加值活动，缩短生产、经营循环周期。

4. 积极开展主动改进型管理。6σ 方法就像一个重新观察企业缺陷的放大镜，拥有它，人们就会惊讶地发现，缺陷犹如灰尘，存在于企业的各个角落。这会增强管理者和员工的忧患意识，从而变被动为主动，努力为企业做点什么。员工会不断地问自己："现在到达了几个 σ？问题出在哪里？能做到什么程度？通过努力提高了吗？"这样，企业就始终处于一种不断改进的过程中。

5. 倡导合作与学习型的企业文化。6σ 管理扩展了合作的机会。当人们确实认识到流程改进对于提高产品品质的重要性时，就会意识到在工作流程中各个部门、各个环节的相互依赖性，加强部门之间、上下环节之间的合作和配合。事实上，导入 6σ 管理的过程，本身就是一个不断培训和学习的过程，通过组建推行 6σ 管理的骨干队伍，对全员进行分层次的培训，使大家都了解和掌握 6σ 管理的要点，充分发挥员工的积极性和创造性，在实践中不断进取。

（三）6σ 质量管理的实施程序

要在企业内部成功贯彻 6σ 质量管理的理念，必须遵循一定的程序，具体如下：

1. 辨别核心流程。企业的活动往往表现为一系列的流程，其中核心流程就是指最能满足顾客看重价值需求的部门或者作业环节，如订货管理、装货、开发新产品、开票收款流程等，它们直接关系顾客的满意程度。与此相对应，诸如融资、预算、人力资源管理、信息系统等流程属于辅助流程，对核心流程起支持作用。不同的企业，核心流程各不相同。在辨明核心流程的主要活动的基础上，还应将核心流程的主要活动绘制成流程图，使整个流程一目了然。

2. 定义顾客需求。定义顾客的主要任务就是要建立一套顾客反馈系统。适时掌握顾客的需求信息。除市场调查、访谈、正式化的投诉系统等常规的顾客反馈方法之外，还可以积极采用新的顾客反馈方法，如顾客评分卡、数据库分析、顾客审计等。对于已经收集到的顾客需求信息，要进行深入的总结和分析，并传达给相应的高层管理者，从而为顾客反馈战略的实施提供基础。

3. 针对顾客需求评估当前行为绩效。主要内容就是选择一套具有较强操作性的评估指标体系，对公司的一个或多个核心流程开展绩效评估。指标选取时应遵循两个原则：一是这些评估指标具有可得性，即数据可以取得。二是这些评估指标是有价值的，它们为顾客所关心。最后通过对评估结果所反映出来的误差，如次品率、次品成本等进行数量和原因方面的分析，识别可能的改进机会。

4. 辨别优先次序，实施流程改进。对需要改进的流程进行区分，找到高潜力的改进机会，优先对其实施改进。如果不确定优先次序，企业多方面出手，就可能分散精力，影响 6σ 管理的实施效果。业务流程改进遵循五步循环改进法，即 DMAIC 模式。

（1）定义（Define）。定义阶段主要是明确问题、目标和流程，需要回答以下问题：应该重点关注哪些问题或机会？应该达到什么结果？何时达到这一结果？正在调查的是什么流程？它主要服务和影响哪些顾客？

（2）评估（Measure）。评估阶段主要是分析问题的焦点是什么，借助关键数据缩小问题的范围，找到导致问题产生的关键原因，明确问题的核心所在。

（3）分析（Analyze）。通过采用逻辑分析法、观察法、访谈法等方法，对已评估出来的导致问题产生的原因进行进一步分析，确认它们之间是否存在因果关系。

（4）改进（Improve）。拟订几个可供选择的改进方案，通过讨论并多方面征求意见，从中挑选出最理想的改进方案付诸实施。实施 6σ 改进，可以是对原有流程进行局部的改进，在原有流程问题较多或惰性较大的情况下，也可以重新进行流程再设计，推出新的业务流程。

（5）控制（Control）。根据改进方案中预先确定的控制标准，在改进过程中，及时解决出现的各种问题，使改进过程不至于偏离预先确定的轨道，发生较大的失误。

5. 扩展、整合 6σ 管理系统。当某一 6σ 管理改进方案实现了减少缺陷的目标之后，如何巩固并扩大这一胜利成果就变得至关重要了。采用了 6σ 管理方法，就意味着打破了原有的部门职能的交叉障碍。为确保各个业务流程的高效、畅通，有必要指定流程负责人，并明确其管理责任，包括：维持流程文件记录、评估和监控流程绩效、确认流程可能存在的问题和机遇、启动和支持新的流程改进方案等。6σ 改进是一个反复提高的过程，五步循环改进法在实践过程中也需要反复使用，形成一个良性发展的闭环系统，不断提高品质管理水平，减少缺陷率。此外，从部分核心环节开始实施的 6σ 管理，也有一个由点到面逐步推开改进成果、扩大改进范围的过程。

资料链接

6σ 质量管理的应用

某钢铁企业的一条生产线是国家"九五"期间筹资 10 亿元建立起的国家重点工程，在过去的 7 年中这条生产线取得了较好的成绩：质量方面，多个品种获得国家产品实物质量金杯奖；产量方面，年产量从 40 万吨稳步上升到 70 万吨。但是，自 2002 年以来，这条生产线的效益品种钢的订货量增长缓慢，用户对产品质量异议量有所增加。因此，该企业决定把提高该生产线的产品质量作为试点项目。按 6σ 管理的五步循环改进法：定义、评估、分析、改进、控制方法，或称为 DMAIC 方法，本次改进工作开展如下：

1. 定义顾客需求。确定目标为：降低中间轧废率，提高正品率和成材率。快速向用户交付产品，提高用户满意度。攻关目标值为：合格率提升到 >99.45% 的水平。

2. 评估当前绩效。大型厂收集了 2003 年该生产线轧钢废钢支数，并针对工艺废钢和设备废钢进行了分类统计如表 5-1 所示。

表 5-1　　　　　　　　　2003 年该生产线轧钢废品统计

月份	总轧钢量（支）	轧废量（支）	轧废率（%）	工艺废钢量（支）	工艺轧废率（%）	设备废钢量（支）	设备轧废率（%）
1	33 919	1 600	4.7	1 200	75	400	25
2	29 285	970	3.3	690	72	280	28
3	34 512	940	2.7	730	78	210	22
4	34 232	1 510	4.4	1 120	74	390	26
5	33 724	1 000	3.0	650	65	350	35
6	34 187	1 600	4.7	1 090	68	510	32
7	33 433	1 320	3.9	1 030	78	290	22
8	34 657	1 250	3.6	910	73	340	27
9	21 801	1 030	4.7	730	71	300	29
10	33 839	1 020	3.0	690	68	330	32
11	34 837	1 090	3.1	810	75	280	25
12	33 288	1 280	3.8	920	72	360	28
合计	391 714	14 610	3.7	10 570	72	4 040	28

由表 5-1 中的数据得知，该生产线的 σ 绩效值约为 3σ，属于中间层次，这说明在提高产品质量方面有许多工作可以做，用户的满意度可以进一步的提高。同时从表 5-1 统计数据我们可以看出，设备因素所造成的废钢是次要的，占 28%，而主要的是工艺因素，占 72%。为此，大型厂应用 6σ 管理确定：以降低工艺因素的中间轧废率作为提高成材率的优先次序予以解决。

3. 原因分析。

(1) 由于人员的经常变动，操作水平的参差不齐，加上工作态度不认真，责任心不强，是造成废品率偏高的根本原因。

(2) 操作人员导卫安装方法不当，造成导卫磨损严重或搭铁，而又不能及时发现处理，是造成废钢的又一大问题。

(3) 操作人员在设置辊缝尺寸时不正确。

(4) 另外在设备上也有可能出现问题。如立式活套机构故障、油气润滑以及活套扫描仪（HMD）不正常等。

4. 改进措施。

(1) 实行竞争上岗制度，对岗位实施兼并和优化组合，组成工作上的互补。

(2) 严格实行经济责任制考核，落实分解责任到岗位、到个人。

(3) 推行和全面实施标准化作业，制定和完善工艺调整办法。

(4) 在全线岗位推行生产过程控制，落实公司工序控制点的检查。

(5) 推行全面设备点检制度落实。正确安装辊环、设置辊缝，并在停机时着重检查。

(6) 长期性培训计划，锻炼大工种作业能力。电气人员对立式活套等设备进行检查，确保其工作状态完好。

5. 控制实施。

(1) 成立以车间主任为组长的培训小组，制订翔实的培训计划，提高轧钢人员技术水平。

(2) 车间技术人员加大对生产岗位的工艺纪律检查力度，保证生产过程的有效控制。

(3) 落实上线的备品件装配到位。辊环质量符合轧线要求，完善统计台账。

(4) 辊缝设置纳入综合管理，生产数据记录可查。

(5) 加强控制和抽检，保证活套工作正常。

(6) 实施全线生产过程控制，保证轧件走向顺畅。

该企业在制定对策并严格按照实施后，取得了明显效果。根据抽样统计 2004 年下半年绩效值提升到了 4.87σ 的水平。轧制废品率明显降低，从而降低了生产成本，提高了效益。同时以顾客为中心的策略和持续的 6σ 管理法的应用改进，使得顾客回头率提高，订货量持续增长。

资料来源：根据好好学习网《六西格玛质量管理实务》阅读资料改编而成。

课堂讨论：
1. 对某一企业质量管理工作中所涉及的质量方针、质量目标展开调查并分析讨论。
2. 调研走访一家企业，讨论分析其是否开展了全面质量管理工作，具体措施是什么？

第二节 质量管理的统计分析方法

一、质量数据的统计原理

（一）质量数据与统计推断之间的关系

质量管理的一条重要原则就是用数据说话，因此数据是质量控制的基础。质量数据的统计分析就是将收集到的质量数据进行整理，经过统计分析，找出其中的规律，发现存在的问题，从而进一步分析影响质量的原因，以便采取相应的对策。

统计推断是统计分析方法作用于部分生产过程（工序）或一批产品上的表现。通过对样本的检测和整理，从中获得样本质量数据信息，以概率论和数量统计原理为基础，对总体的质量状况做出分析和判断。企业质量管理活动中统计推断的原理如图 5-2 所示。

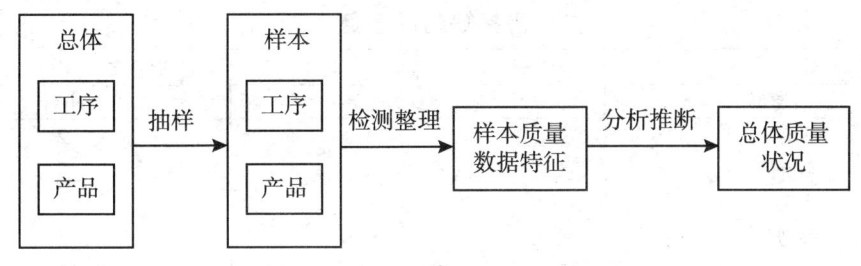

图 5-2 统计推断原理示意

(二) 质量数据的分类和收集

1. 质量数据的分类。根据质量数据的特征，可以将其分为计量值数据和计数值数据。

（1）计量值数据是可以连续取值的数据，属于连续型变量。其特点是在任意两个数值之间都可以取精度较高的数据。如重量、标高、几何尺寸等。此外，一些定性的质量特征，经过评分或等级划分也可以转化为计量型数据。

（2）计数值数据属于只能按点取值计数的数据，属于离散型变量，它一般由计数得到。如次品数、缺陷数等。

2. 质量数据的收集。质量数据的收集主要可以采用以下两种方法：

（1）全数检验。全数检验是对总体中的全部个体逐一观察、测量、计数、登记，从而获得对总体质量水平评价结论的方法。

全数检验方法结果比较可靠，但要消耗很多的人力、物力资源，而且不能用于破坏性的检验，因此它仅适用于总体非常有限，而且检验不具有破损性的项目中。

（2）随机抽样检验。随机抽样检验是按照随机抽样的原则，从总体中抽取部分个体组成样本，根据对样品进行检测的结果推断总体质量水平的方法。

与全数检验相比，随机抽样检验不仅能够节省人力、物力、时间，而且它又可用于破坏性检验和生产过程的质量监控，完成全数检测无法进行的检测项目，具有广泛的应用空间。

按照抽样的具体方法，随机抽样检验又可以细分为简单随机抽样、分层抽样、系统抽样等方法。

二、质量管理的常用方法

(一) 调查表法

调查表法，又称为统计分析表法，是指利用表格进行数据收集和统计的一种方法。表格形式可以根据质量控制需要自行设计。

利用调查表收集数据，简便灵活、实用直观。表 5-2 是一个构件焊接缺陷调查表，从表中可以看出焊接中的主要问题是气孔。

表 5-2　　　　　　　　　　　焊接缺陷调查表

日期		班组		检查员	
缺陷类型		检查原始记录		小计	
凹陷		○○		2	
焊瘤		○○○○○		5	
裂纹		○		1	
烧伤		○○○		3	
气孔		○○○○○○○○○○○○○○		14	
夹渣		○○○○○○		6	
其他		○○		2	
总计				33	

（二）分层法

分层法又称分类法，就是将性质相同的，在同一条件下收集的数据归纳在一起，以便进行比较分析。因为在实际生产中，影响质量变动的因素很多，如果不把这些因素区别开来，难以得出变化的规律。

数据分层可根据实际情况按多种方式进行。如按不同时间、不同班次进行分层，按使用设备的种类进行分层，按原材料的进料时间、原材料成分进行分层，按检查手段、使用条件进行分层等。分层法经常与上述的调查表法结合使用。

【分析案例】

分层质量管理法的应用

对企业某一电子产品的电容器焊接质量进行抽样调查，共检查了100个焊接点，其中发现不合格的焊点38个，不合格率为38%，存在严重的质量问题。现已查明这些焊接分别由甲、乙、丙三师傅操作完成，其中他们使用的焊条分别由A、B两个厂家提供。其中每个师傅的质量问题个数以及所使用的焊条类型都有记录。现采用分层法对质量问题的原因展开调查。考虑到质量问题受两个因素的影响，即操作者以及焊条类型，现对质量数据进行分层处理。如表5-3和表5-4所示。

表 5-3　　　　　　　　　按操作者分层　　　　　　　　　　　单位：个

操作者	不合格	合格	不合格率（%）
甲	12	26	32
乙	6	18	25
丙	20	18	53
合计	38	62	38

表 5-4　　　　　　　　　按焊条类型分层　　　　　　　　　　单位：个

焊条类型	不合格	合格	不合格率（%）
A	18	28	39
B	20	34	37
合计	38	62	38

从表 5-3 分析可知，乙师傅焊接的质量较好，不合格率为 25%，但不合格率仍然很高。从表 5-4 分析可知，无论采用哪个厂商的焊条，不合格率都很高。因此，很难判别问题所在，因此有必要在此基础上采用综合分层来进行分析，即考虑两种因素共同影响的结果，见表 5-5。

表 5-5　　　　　　　　　综合分层分析焊接质量　　　　　　　　　单位：个

操作者	焊接质量	A 厂 焊接点	A 厂 不合格率（%）	B 厂 焊接点	B 厂 不合格率（%）	合计 焊接点	合计 不合格率（%）
甲	不合格 合格	8 4	75	0 22	0	12 26	32
乙	不合格 合格	0 10	0	6 8	43	6 18	25
丙	不合格 合格	6 14	30	14 4	78	20 18	53
合计	不合格 合格	18 28	39	20 34	37	38 62	38

从表 5-5 的综合分层分析可知，在使用 A 厂的焊条时，应采用乙师傅的操作方法；在使用 B 厂的焊条时，应采用甲师傅的操作方法，这样就会使合格率大大提高。

资料来源：根据百度文库《质量管理工具》改编而成。

（三）因果图法

因果图又称为鱼骨图或石川（Ishikawa）图，它通常用于说明各种直接原因和间接原因与所产生的潜在问题和影响之间的关系。常用来逐层深入分析质量问题产生的原因。

因果图主要由质量特征、要因、主干、支干等组成。因果图的绘制方法一般为：将要分析的问题放在图形的右侧，用一条带箭头的主干指向要解决的质量问题，一般从人、设备、材料、方法、环境五个方面或其中某几个方面进行分析。然后找出某个方面更小的原因，依次进行，它们之间的关系由带箭头的箭线表示，如图 5-3 和图 5-4 所示。其中图 5-4 中的虚线圆圈标注通常用来强调存在问题的原因。

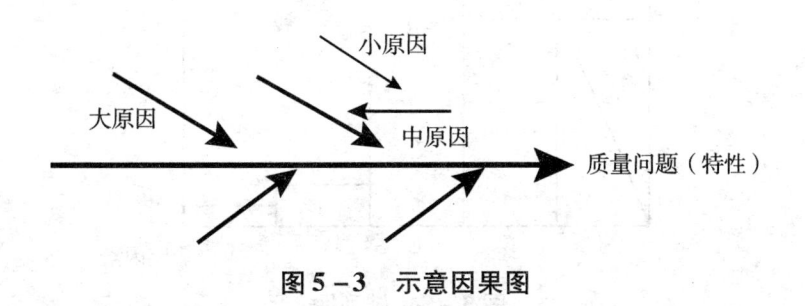

图 5-3　示意因果图

图 5-4 混凝土裂缝因果图

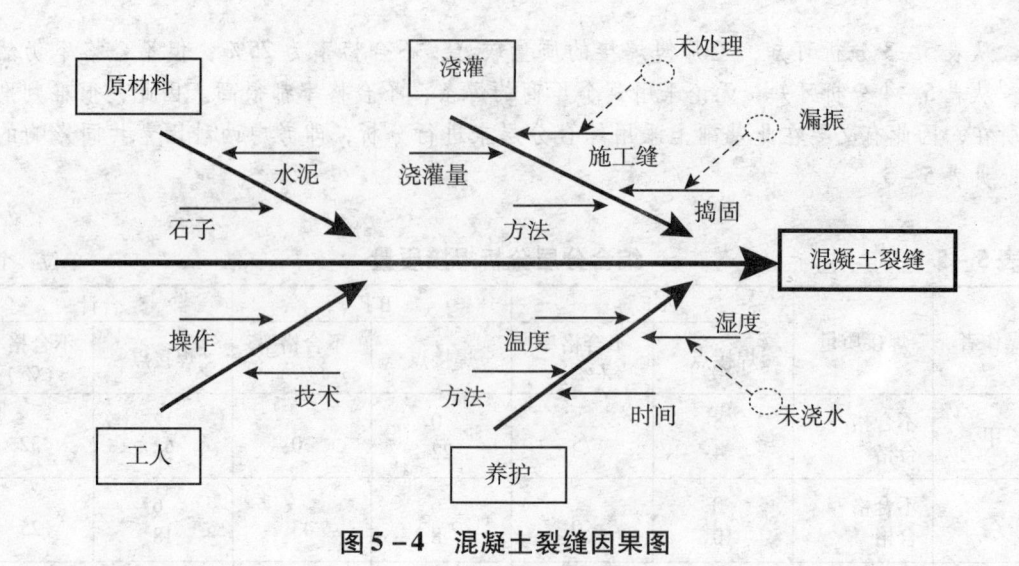

(四) 排列图法

排列图法又称帕累托 (Pareto) 图法，它是分析影响质量主要和次要因素的一种非常有效的方法。

排列图由两个纵坐标、一个横坐标、几个长方形和一条曲线组成。左侧的纵坐标是频数，右侧的纵坐标是累计频率，横轴则表示因素，按项目频数大小顺序在横轴上自左向右画长方形，其高度为频数。

在应用过程中，通常按累计频数划分为 (0~80%)、(80%~90%)、(90%~100%) 三部分，预期对应的影响因素分别为 A、B、C 三类。A 类为主要因素，应重点管理；B 类为次要因素，应作次重点管理；C 类为一般因素，可作常规管理。如图 5-5 所示。

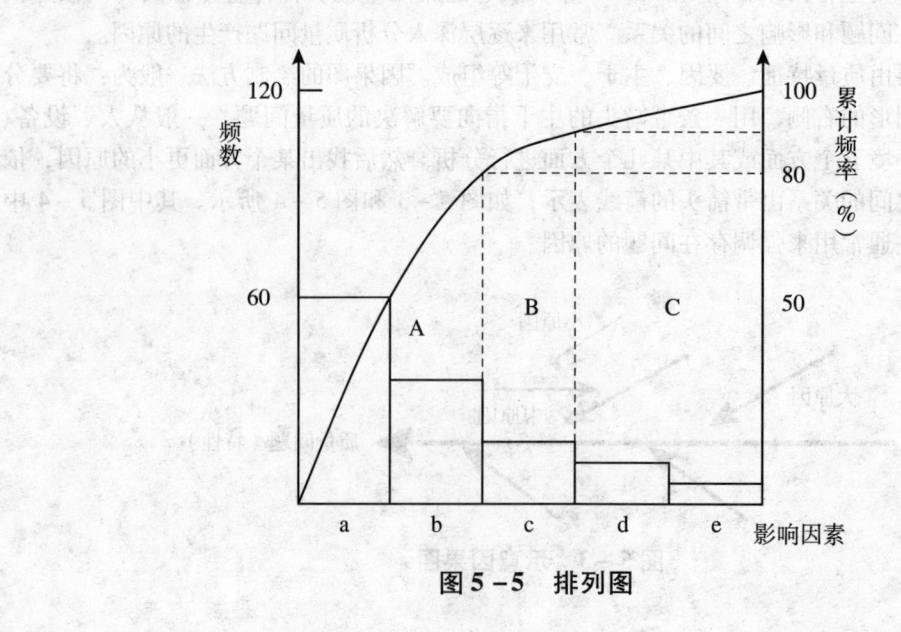

图 5-5 排列图

帕累托分析一般遵循如下程序：（1）列出所有因素；（2）用同一度量单位表示所有因素；（3）列出统计表，按度量单位从大到小对因素排序；（4）计算累计频数、频率、累计频率；（5）画帕累托曲线；（6）解释帕累托曲线。

（五）散布图法

散布图又称相关图法，是指用非数学的方式来辨认某现象的测量值与可能原因因素之间的关系。这种图示方式具有快捷、易于交流和易于理解的特点。用来绘制散布图的数据必须是成对的（X，Y）。通常用纵轴表示现象测量值 Y，用横轴表示可能有关系的原因因素 X。推荐两轴的交点采用两个数据集（现象测量值集、原因因素集）的平均值。收集现象测量值时要排除其他可能影响该现象的因素。通过散布图中点的分布状况，通常可以反映出正相关、弱正相关、负相关、弱负相关、不相关以及非线性相关等典型的相关关系。如图 5-6 所示。

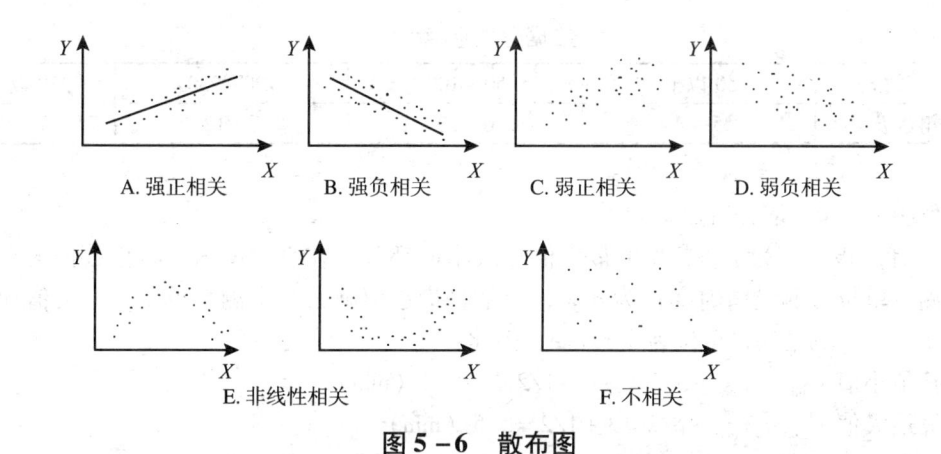

图 5-6 散布图

（六）直方图法

直方图又称质量分布图，是一种几何形图表，它是根据从生产过程中收集来的质量数据分布情况，画成以组距为底边、以频数为高度的一系列连接起来的直方型矩形图。直方图可以根据其形状和公差界限来观察、分析质量的分布规律，判断生产过程是否稳定。其最大的特点就是一目了然，但直方图属于静态分析的方法，不能反映质量特征的动态变化，且绘制直方图时，需要收集较多的数据（一般应大于 50 个），否则直方图难以正确反映总体的分布特征。

[例 5-1] 已知某螺帽直径的误差数据 80 份，如表 5-6 所示，请绘制直方图，并对生产工程状况进行判断。

表 5-6　　　　　　　　　　　螺帽直径误差　　　　　　　　　　　单位：mm

+1	-1	+1	-2	-4	-3	0	-2
-1	-3	0	-4	-2	0	-3	-5
0	2	-1	-3	-1	-4	-1	-3

续表

-2	-1	1	-2	-1	-6	-4	-2
1	1	-1	-4	-3	-4	-2	0
1	-5	-2	-3	0	0	3	-1
-2	0	2	0	-3	-1	-5	0
2	-1	-3	-2	-1	0	-1	-2
-1	-2	-2	1	-1	-3	-2	-2
-2	-1	0	-3	-4	-3	-3	-2

(1) 确定组数。确定组数的原则是分组的结果能正确反映数据的分布规律。组数应根据数据的多少来确定。组数过少，会掩盖数据的分布规律；组数过多，又会使数据过于凌乱分散。一般可参考表 5-7 的经验值来确定。

表 5-7　　　　　　　　　　　数据分组参考值

数据总数 n	50 以下	50~100	100~250	250 以上
分组数 k	5~7	6~10	7~12	10~20

本例中 $n=80$，取分组数 $k=10$。

(2) 计算极差。为了将数据的最大值和最小值都包含在直方图内，防止数据落在组界上，当测量单位（测量精确度）为 δ 时，通常将最小值减去半个测量单位，最大值加上半个测量单位，本例中测量单位为 $\delta=1$mm，因此：

计算最小值 $x'_{min} = x_{min} - \delta/2 = -6 - 1/2 = -6.5$（mm）

计算最大值 $x'_{max} = x_{max} + \delta/2 = 3 + 1/2 = 3.5$（mm）

计算极差 $R' = x'_{max} - x'_{min} = 3.5 - (-6.5) = 10$（mm）

(3) 确定组距。组距 h 是组与组之间的间隔，即一个组的范围。各组的组距应该相等，因此：

$$组距\ h = 极差\ R'/组数\ k$$

所求的 h 值应为测量单位的整数倍，若不是，则可以调整为整数倍。其目的是为了使组界值的尾数为测量单位的一半，避免数据落在组界上。

本例中 $h = R'/k = 1$（mm）

(4) 确定各组的上下界限值。组界的确定应由第一组起。本例中：

第一组下界限值 $A_{1下} = x'_{min} = -6.5$mm

第一组上界限值 $A_{1上} = A_{1下} + h = -6.5 + 1 = -5.5$（mm）

第二组下界限值 $A_{2下} = A_{1上} = -5.5$mm

第二组上界限值 $A_{2上} = A_{2下} + h = -5.5 + 1 = -4.5$（mm）

其余各组上、下界限值依次类推，具体计算结果见表 5-8。

(5) 编制频数分布表，并计算各组的频率。按上述分组范围，统计数据落入各组的频率，具体计算结果见表 5-8。

表 5-8　　　　　　　　　　　　频数分布表

组号	分组区间（mm）	频数	频率
1	-6.5 ~ -5.5	1	0.0125
2	-5.5 ~ -4.5	3	0.0375
3	-4.5 ~ -3.5	7	0.0875
4	-3.5 ~ -2.5	13	0.1625
5	-2.5 ~ -1.5	17	0.2125
6	-1.5 ~ -0.5	17	0.2125
7	-0.5 ~ 0.5	12	0.15
8	0.5 ~ 1.5	6	0.075
9	1.5 ~ 2.5	3	0.0375
10	2.5 ~ 3.5	1	0.0125

（6）绘制直方图。根据频数分布表中的统计数据，可以绘制出如图 5-7 所示的频数直方图。

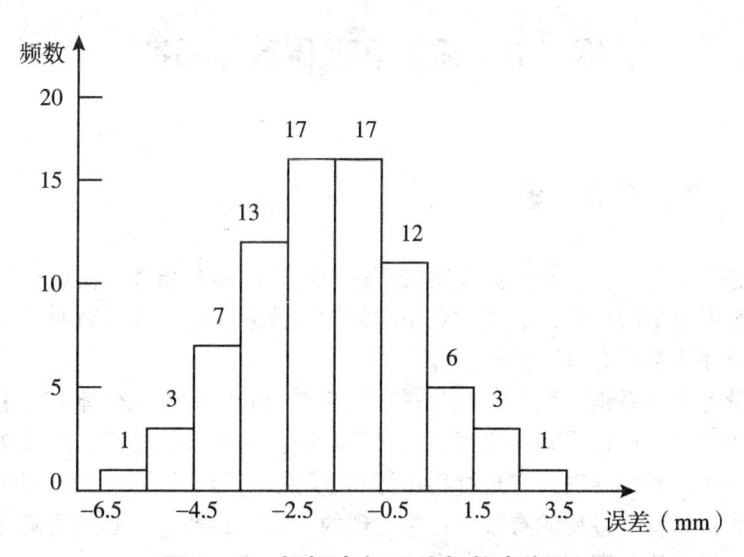

图 5-7　螺帽直径误差频数直方图

通过对直方图的观察，基本属于正态分布，说明生产过程正常、质量稳定。相反，如果出现偏态、锯齿等分布形态，则说明生产可能存在异常情况。

（七）控制图法

控制图法又称管制图法，它是一种有控制界限的图，用来区分引起质量波动的原因是偶然的还是系统的，可以提供系统原因存在的信息，从而判断生产过程是否处于受控状态。控制图按其用途可分为两类：一类是供分析用的控制图，用控制图分析生产过程中有关质量特性值的变化情况，看工序是否处于稳定受控状态；再一类是供管理用的控制图，主要用于发现生产过程是否出现了异常情况，以预防产生不合格品。如图 5-8 所示。

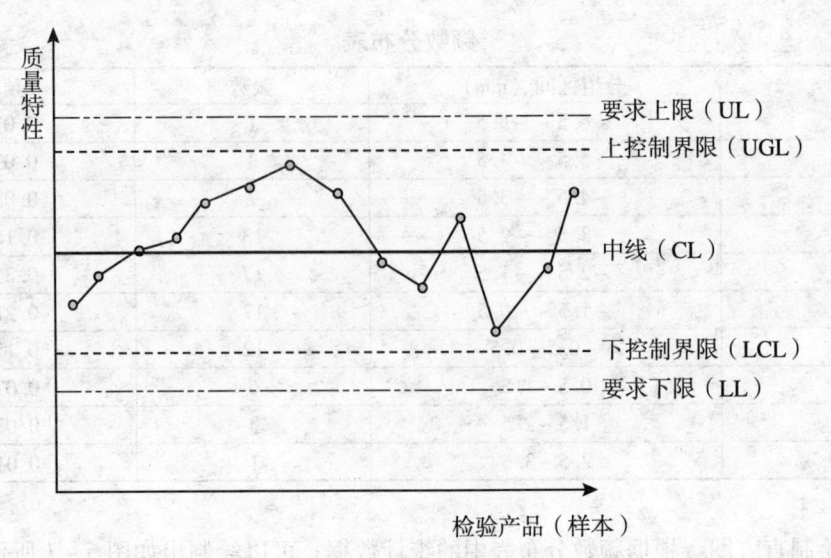

图 5-8 控制图

第三节 质量管理体系与标准

一、质量管理体系的内涵

质量管理是企业为保证产品质量或质量目标而进行的各种指挥、协调和控制工作，这一系列活动要想实现预定的目标，必须建立相应的管理体系，这个体系就叫质量管理体系。通常说来，质量管理体系具有以下内涵：

第一，质量管理体系是一系列相互关联和相互作用的要素的综合体。它主要包括：组织结构，即合理的组织机构和明确的职责、权限及其协调的关系；程序，即以文件形式表达的各种明确的程序和作业指导书，它是过程运行和进行活动的依据；过程，即质量管理体系的有效实施，是通过其所需过程的有效运行来实现的；资源，即体系必须明确界定各种必需且适宜的资源，包括人员、资金、设施、设备、技术和方法。

第二，质量管理体系是能实现多种目标的功能体。质量管理体系的有效运行不仅能满足组织内部质量管理的各种要求，同时还能满足组织与顾客的合同要求，以及满足第二方认证、第三方认证和注册的要求。

第三，质量管理体系是一个动态发展的预防性体系。质量管理体系的动态性主要体现为企业最高管理者定期对其进行管理评审，以改进该体系，同时帮助和支持质量职能部门采用纠正措施和预防措施来改进过程，从而完善体系。此外有效的质量管理体系应该包含适当的预防措施，有一定的防止重要质量问题发生的能力。

二、质量管理体系的建立

建立一个完善的质量管理体系通常要经历质量体系的策划与设计、质量体系文件的编制、质量体系的试运行、质量体系审核与评审四个阶段。

（一）质量体系的策划与设计

该阶段主要是做好各种准备工作，包括：教育培训，统一认识；组织落实，拟订计划；确定质量方针，制定质量目标；对组织的质量管理现状进行调查和分析；调整组织结构，合理配备资源等。

（二）质量体系文件的编制

1. 质量体系文件的内容。质量体系文件作为企业质量管理工作的重要依据，对企业产品以及生产服务过程的质量改进起着重要的推动作用。质量体系文件通常可以分为四个层次。第一层次，质量手册。其中主要包括公司介绍、组织架构、质量方针、质量目标、对各个程序的部分引用说明等，是一个公司质量体系的灵魂和中心指导纲要。第二层次，程序文件。即企业在生产、管理、处理客户事务等方面的制度和步骤。第三层次，作业指导书、操作规范等。第四层次，表单、记录等。具体见图5-9。

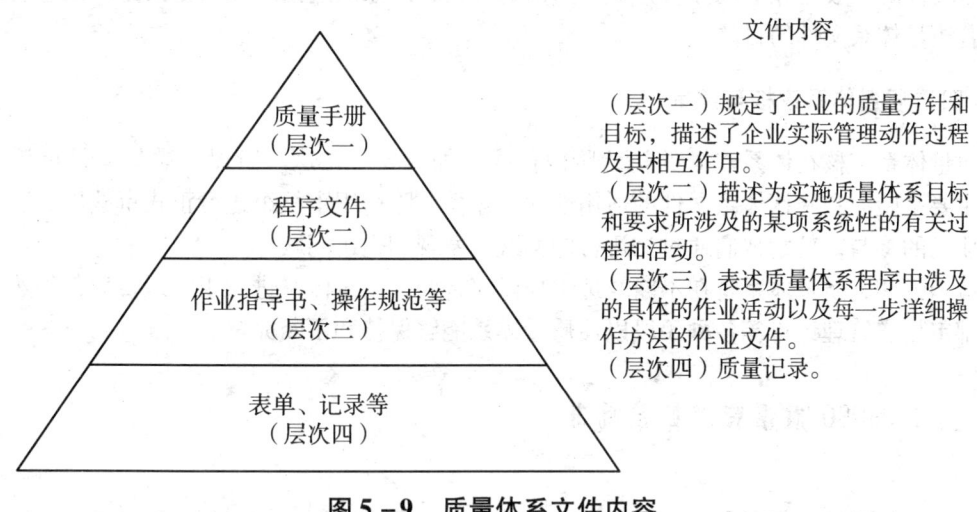

文件内容

（层次一）规定了企业的质量方针和目标，描述了企业实际管理动作过程及其相互作用。
（层次二）描述为实施质量体系目标和要求所涉及的某项系统性的有关过程和活动。
（层次三）表述质量体系程序中涉及的具体的作业活动以及每一步详细操作方法的作业文件。
（层次四）质量记录。

图5-9 质量体系文件内容

根据企业的客观实际，上述四层次的文件可以合并也可以分开。当各层次文件分开，并且有相互引用的内容时，可附引用内容的条目；下一层次文件必须支持上一层次文件，下一层次文件应比上一层次文件更具体、更详细。另外最重要的一个原则就是它们的内容不能相互矛盾。

2. 质量管理体系文件编制的几点要求。质量体系文件的编制应满足质量体系建设的具体要求，在编制过程中应注意以下几个问题：

（1）体系文件一般应在第一阶段工作完成后才正式制定，必要时也可交叉进行。如果前期工作不做，直接编制体系文件就容易产生系统性、整体性不强，以及脱离实际等弊病。

（2）除质量手册需统一组织制定外，其他体系文件应按分工由归口职能部门分别制定，先提出草案，再组织审核，这样做有利于今后文件的执行。

（3）质量体系文件的编制应结合本单位的质量职能分配进行。按所选择的质量体系要求，逐个展开为各项质量活动（包括直接质量活动和间接质量活动），将质量职能分配落实到各职能部门。质量活动项目和分配可采用矩阵图的形式表述，质量职能矩阵图也可作为附件附于质量手册之后。

（4）为了使所编制的质量体系文件做到协调、统一，在编制前应制定"质量体系文件明细表"，将现行的质量手册（如果已编制）、企业标准、规章制度、管理办法以及记录表式收集在一起，与质量体系要素进行比较，从而确定新编、增编或修订质量体系文件项目。

（5）为了提高质量体系文件的编制效率，减少返工，在文件编制过程中要加强文件的层次间、文件与文件间的协调。尽管如此，一套质量好的质量体系文件也要经过自上而下和自下而上的多次反复。

（6）编制质量体系文件的关键是讲求实效，不走形式。既要从总体上和原则上满足企业所定标准或ISO9000族标准，又要在方法上和具体做法上符合本单位的实际。

（三）质量体系的试运行

质量体系文件编制完成后，质量体系将进入试运行阶段。其目的是通过试运行，考验质量体系文件的有效性和协调性，并对暴露出的问题，采取改进措施和纠正措施，以达到进一步完善质量体系文件的目的。

（四）质量体系审核与评审

质量体系审核在体系建立的初始阶段往往更加重要。在这一阶段，质量体系审核的重点，主要是验证和确认体系文件的适用性和有效性。除组织审核组进行正式审核外，还应有广大职工的参与，鼓励他们通过试运行的实践，发现和提出问题。

应当强调，质量体系是在不断改进中加以完善的，质量体系进入正常运行后，仍然要采取内部审核、管理评审等各种手段以使质量体系能够保持和不断完善。

三、ISO9000质量管理体系标准

（一）ISO9000的内涵

为了统一世界各国的质量体系认证标准，更好地服务世界经济一体化的进程，国际标准化组织（International Organization for Standardization，ISO）在1994年首次提出了ISO9000的概念。ISO9000是国际标准化组织制定并发布的12 000多个标准中的一项，也是最畅销最普遍的一项，它不是指一个标准，而是一族标准的统称。ISO9000：1994的主要内容为：

（1）ISO8402术语。

（2）ISO9001~ISO9003质量保证要求。①ISO9001：1994《质量体系——设计、开发、生产、安装和服务的质量保证模式》；②ISO9002：1994《质量体系——生产、安装和服务的质量保证模式》；③ISO9003：1994《质量体系——最终检验和试验的质量保证模式》。

（3）ISO9004质量管理指南。

由于1994版的ISO9000系列标准将质量体系的认证分为三种，要求不同的企业根据自身的业务范围选择不同的标准申请认证，过度强调认证企业的符合性，缺乏对企业整体业绩

提高的指导性，因此 ISO 在 2000 年专门推出了经过修订后的 2000 版系列标准，其核心内容如下：

（1）ISO9000：2000《质量管理体系——基础和术语》表述质量管理体系基础知识，并规定质量管理体系术语。

（2）ISO9001：2000《质量管理体系——要求》，规定质量管理体系要求，用于证实组织具有提供满足顾客要求和适用法规要求的产品的能力，目的在于增进顾客满意。

（3）ISO9004：2000《质量管理体系——业绩改进指南》，提供考虑质量管理体系的有效性和效率两方面的指南，目的是促进组织业绩改进和使顾客及其他相关方满意。

（4）ISO19011：2000《质量和（或）环境管理体系——审核指南》，提供审核质量和环境管理体系的指南。

相对于 1994 版的 ISO9000 系列标准而言，2000 版系列标准的适用性更强，适用于所有产品、所有行业和所有规模的组织。新的标准使用起来更加方便，而且明显减少了所要求文件的数量。为了更加贴切反映经济活动中的一些新事物和现象，使标准更具有适应性，随后发布的 ISO9000：2008 版对 2000 版的一些术语以及条款进行了修改，但整体变化不大。

在上述系列标准中，ISO9001：2008《质量管理体系——要求》通常用于企业建立质量管理体系并申请认证之用。它主要通过对申请认证组织的质量管理体系提出各项要求来规范组织的质量管理体系。主要分为五大模块的要求，这五大模块分别是：质量管理体系、管理职责、资源管理、产品实现、测量分析和改进。其中每个模块中又分有许多分条款。

（二）ISO9000 的质量管理原则

为了更好地指导企业开展质量管理体系的构建工作，顺利通过认证，ISO/TC176（Technical Committees，TC，在此 TC176 指质量管理体系技术委员会）在总结了质量管理实践经验，并吸纳了国际上最受尊敬的一批质量管理专家的意见后，用高度概括、易于理解的语言总结出了对质量管理工作有着很强指导意义的一些最基本原则。

（1）以顾客为关注焦点。由于组织依赖于顾客，因此组织应该理解顾客当前的和未来的需求，从而满足顾客要求并超越其期望。在这一原则指导下，企业要力争做到两点：①客户永远是对的；②如果客户不对，则执行①。

（2）领导作用。在企业中 80% 的质量问题与管理有关，只有 20% 的质量问题与员工有关。因此，企业的领导者必须将本组织的宗旨、方向和内部环境统一起来，并创造出使员工能够充分参与实现组织目标的环境。

（3）全员参与。各级员工是组织的生存和发展之本，只有他们的充分参与，其才能给组织带来最佳效益。

（4）过程方法。将相关的资源和活动作为过程进行管理，可以更高效地取得预期结果。

（5）管理的系统方法。质量管理体系是一个针对设定的目标，识别、理解并管理一个由相互关联的过程所组成的体系，系统的方法有助于提高组织的有效性和效率。

（6）持续改进。在质量水平维持的基础上持续改进是组织的一个永恒发展的目标。重点就是正确认识并用好 PDCA 循环。

（7）基于事实的决策方法。针对数据和信息的逻辑分析或判断是有效决策的基础。质量管理工作中要求一切用数据和事实说话。

（8）互利的供方关系。通过互利的关系管理可以有效增强组织及其供方创造价值的能力。

（三）ISO9000 标准推行的作用

推行 ISO9000 的好处简单说有两个：第一，对内可强化管理，提高企业质量水平。ISO9000 质量体系认证的认证机构都是经过国家认可的权威机构，对企业的质量体系的审核是非常严格的。企业要通过审核，必须围绕质量管理体系做大量的工作，从而间接地提高了工作效率和产品合格率。第二，对外可提升企业形象。当顾客得知供方按照国际标准实行管理，拿到了 ISO9000 质量体系认证证书后，往往会对供方的产品和服务产生较强的信任感，从而使企业形象和市场份额得以提升。另外，企业在涉外商务活动中也能有效地避开国外企业强加给我们的以技术和质量为名目的贸易壁垒。

（四）ISO9000：2008 质量管理体系标准

ISO9000：2008 质量管理体系标准主要由范围、引用标准、术语和定义，以及质量管理体系、管理职责、资源管理、产品实现、测量分析和改进等部分组成。具体可以参阅网站 http://www.isoyes.com/iso9000/相关资料。

本章小结

〔内容摘要〕

质量管理作为现代企业管理的重要内容，对企业的发展、壮大起着保驾护航的作用。本章在质量以及质量管理概念的基础上介绍了全面质量管理以及 6σ 质量管理思想的内涵以及实施方法，仔细分析了质量管理工作中常用的一些统计分析方法。此外对企业质量管理体系内容以及具体的构建程序展开了讨论。

〔主要知识点〕

1. 质量的含义及特征。所谓的质量就是指产品或服务的固有特性满足顾客明确以及隐含需求的程度。它通常包括广义性、规定性、经济性、时效性、相对性、多维性等特征。

2. 全面质量管理的内涵。所谓的全面质量管理是指在质量管理工作中注重内容和方法的全面性、控制的全过程性、全员参与性。

3. 质量管理的统计分析方法。质量管理常见的统计分析方法主要有调查表法、分层法、因果图法、排列图法、散布图法、直方图法、控制图法七种。

4. 质量管理体系的内涵。所谓的质量管理体系是指由质量体系的策划与设计、质量体系文件的编制、质量体系的试运行、质量体系审核与评审四个阶段有机融合而构成的一个管理系统。

〔关键概念〕

质量　质量管理　全面质量管理　6σ 质量管理　质量管理体系 ISO9000

思考题

1. 什么是质量？它有哪些特征？
2. 质量管理工作主要包括哪些内容？
3. 全面质量管理思想的主要特征有哪些？
4. 6σ 质量管理工作中的流程改进工作应遵循什么方法？

5. 质量方针与质量目标的区别是什么？
6. 质量管理体系的构建程序是什么？

思考案例

质检部门的调查

某生产小电器产品的厂商，认为小电器的质量主要就是其安全和功能，同时为了将有限的资源集中在自己的关键技术上，于是将产品的电镀业务外包给了某乡镇企业加工。产品销量不错，然而最近连续有三家用户反映产品使用不到一年，其产品外观电镀层就有脱落现象，于是企业的质检部门就此事展开调查。最先接受询问的车间主任反映说："加工回来的产品我们都进行了外观检验，所有产品都是合格的。"同时出具了供应科以及相关人员对该企业的评价材料，上面说明了该企业的生产能力和检测能力。一切材料表明承包电镀业务的乡镇企业是合格的供方。于是调查小组又对供应科相关负责人进行了询问："你们是否对该企业生产过程进行了适当控制？"回答是："这个厂离我们较远，因此我们没有派人去看，只是搜集了一些书面材料作为证据。"

资料来源：改编自《质量管理案例分析》，http://www.6sq.net。

思考题：试根据你所掌握的质量管理的相关知识对上述问题的原因展开分析，并给出解决问题的具体建议。

应用训练

质量体系文件的编制

【实训目标】

通过实训，能够使同学们充分理解质量体系文件的内涵，并锻炼其分析改进或者编制一份合格的质量体系文件的能力。

【实训内容】

在熟悉企业质量体系文件内涵的基础上掌握企业质量体系文件的编制基本方法以及相关的要领。

【实训步骤】

1. 走访一家学校所在地的生产企业，了解其基本情况。
（1）该公司的基本介绍；
（2）该公司的质量方针、质量目标；
（3）该公司现有的各种产品质量管理条例和规定。

2. 在了解上述基本情况的基础上，结合质量管理体系文件的编制原则和要领，为该企业编写一份简要的质量体系文件，或者对其现有的质量体系文件进行改进。总体的质量体系文件要求简明、实用，总体包括以下三个层次的内容：

（1）质量手册。其中主要包括公司介绍、组织架构、质量方针、质量目标、对各个程序的部分引用说明等。

（2）程序文件。即企业在生产、管理、处理客户事务等方面的制度和步骤。

（3）作业指导书、操作规范等。

（4）各种表单、记录等。

第六章　现代企业人力资源管理

---------------【导入案例】---------------

金融危机让企业人力资源管理学会"冷思考"

2009年年初，国际金融危机对我国企业人力资源管理的巨大冲击已经开始显现，众多企业或者裁员或者降薪，以降低运营成本，有的企业降薪幅度甚至达到20%。减薪裁员的风暴已波及房地产、航空、石化、电力、IT、证券、金融、印刷等一系列行业。那么，在国际金融危机的背景下，企业到底应该采用怎样的人力资源管理方法，才能使震动减到最小并且能够维持企业的正常运行呢？

裁员减薪要注意方式方法

为应对国际金融危机，大多数企业采取了简单的"裁员减薪"策略。虽然这项策略见效最快，但它会给组织带来极大的负面影响。因为裁员不但会严重地损害企业的社会声誉，而且会伤害企业员工对组织的情感。除了裁员外，控制人力资源成本的方法有很多，比如强化预算管理，控制总体费用；创新人力资源运营模式，增强节约意识，降低费用；优化组织架构，实施流程再造，降低总体人工成本等。

企业若不得已而裁员，那么需要注意三个问题。其一是"裁谁"的问题。对于一个企业而言，核心人才不能裁，他们是企业永续发展的基石。因此，企业应裁掉那些"多余的"、不创造或很少创造价值、可替代性较强或者绩效不佳的员工。其二是"如何裁"的问题。在决定裁员时应与员工充分沟通，予以一定的经济补偿。其三是"裁员后续问题的处理"。一方面，员工的缩减会导致任务量的增加，另一方面，裁员会引起留任员工的不稳定感和焦虑感，导致工作效率降低。为此应采取积极措施，通过教育、沟通等方式，鼓舞员工的士气，提升员工能力，使他们能与企业一起共渡难关。

停止调薪或降薪是通过减少人力资本开支达到降低企业成本的目的，此方法无疑会挫伤员工的积极性，引发负面情绪，造成不利影响。因此，应将停止调薪或降薪、裁员等作为企业削减成本的最后一项选择。高管降薪对于企业顺利渡过难关有积极的作用。它不仅能减少大量人力成本，而且能够向员工传达出这样一种信息，作为高管人员，具有愿意帮助企业渡过难关的决心和勇气，能够产生示范效应。

人力资源管理是企业的"战略伙伴"

国际金融危机实际上凸显了企业人力资源管理的重要性，人力资源管理人士也必须由原来的"行政专家"转化为企业的"战略伙伴"，通过有效的人力资源管理，应对危机带来的挑战，帮助企业顺利渡过难关。首先，在面对危机时，通过有效地管理人力资源成本、提高人力资源管理流程来减少成本，而不是使用表面上看上去立竿见影、事实上却会对企业造成重大伤害的裁员、减薪等简单办法。其次，在进行人力资源管理决策时，给企业提供有效的建议支持，不作单纯的决策执行者。再其次，在企业做出人力资源决策时，采取措施，使这些决策科学、有效地得到落实。最后，在国际金融危机的背景下，如何维持和谐、良好的劳动关系，也是人力资源管理者必须思考的问题。

资料来源： 由中国人力资源网新闻改编而成。

问题：1. 人力资源管理在企业管理中的重要性。
  2. 金融危机下企业人力资源管理的策略。

人力资源作为企业的第一资源，已经成为现代企业管理的核心和重要组成部分。企业经营运作与未来发展的方方面面都离不开人的技能、协作与创新。人力资源管理实际上是企业发展动力的管理，其核心的管理行为包括人力资源的吸纳、激励、开发与维持四个部分，这四个部分的有机协调是培育现代企业核心竞争力的关键因素。

第一节　人力资源管理概述

一、人力资源

在知识经济时代，人力资源作为企业的三大资源（人力资源、物质资源和信息资源）之一，越来越引起现代企业的重视。许多企业把"人力资源"誉为"企业最宝贵的资源"、"企业的第一资源"、"企业战略性资源"。人力资源为什么如此重要呢？到底该如何定义它呢？它又有什么样的特征呢？这是我们首先应该了解的内容。

（一）人力资源概念

人力资源，又称劳动力资源或劳动力，是指能够推动整个经济和社会发展、具有劳动能力的人口总和。人力资源的最基本方面，包括体力和智力。如果从现实的应用形态来看，则包括体质、智力、知识和技能四个方面。

（二）人力资源特征

1. 人力资源是能动性资源。这是人力资源与其他资源最根本的区别。人力资源具有情感和思维，具有主观能动性，能有目的地、有意识地、创造性地利用其他资源去推动社会和经济的发展。

2. 人力资源是特殊的资本性资源。人力资源作为一种经济性资源，它具有资本属性，与一般的物质资本有共同之处。即：（1）人力资源是公共社会、企业等集团和个人投资的产物，其质量高低主要取决于投资程度。（2）人力资源也是在一定时期内可能源源不断地带来收益的资源,它一旦形成,一定能够在适当的时期内为投资者带来收益。(3) 人力资源在使用过程中也会出现有形磨损和无形磨损。例如劳动者自身的衰老就是有形磨损,劳动者知识和技能的老化就是无形磨损。

3. 人力资源是高增值性资源。在正常情况下,人力资源的边际产量收入总是大于其边际支出,且呈现出边际收益递增的趋势。人力资源的这种特性是由其稀缺性、知识性、创造性、可再生性等特征所决定的。首先,由于稀缺性,通常情况下能与其他可利用资源相配合的人力资源总是显得不足,使增加这种稀缺生产资源投入的经济主体在正常情况下总可获得高于其成本的收益。其次,由于知识性和创造性,在知识和智力对经济发展、经济竞争起决定作用的时代,拥有人力资源就意味着拥有产品创新、技术创新、管理创新、知识创新等创新能力和在相关领域中的领先地位与市场垄断地位,这样的能力和地位可为人力资源拥有者不断增加财富。最后,由于可再生性,使人力资源的拥有者在拥有期内可以持续获得人才资源所固有的出色的创造力和产出率,并可减少乃至避免发生类似于物质资源的反复搜寻和获取所需要的成本。

二、企业人力资源管理

任何企业的发展都离不开优秀的人力资源和人力资源的有效配置。如何为企业寻找合适的人才、留住人才、发展人才,为组织保持强劲的生命力和竞争力提供有力的支持,成为现代企业人力资源部门面临的重要课题。

(一) 人力资源管理概念

人力资源管理(Human Resource Management,HRM),顾名思义就是对企业中"人"的管理。具体地讲,人力资源管理就是企业通过人力资源规划、工作分析、员工招聘选拔、培训和开发、绩效管理、薪酬与福利管理等一系列手段来提高工作效率,最终达到企业发展目标的一种管理行为。

(二) 企业人力资源管理的内容

企业人力资源管理活动主要包括六大部分:人力资源规划、招募与配置、培训与开发、绩效管理、薪酬与福利设计、员工关系。这六大部分是一个有机的整体,不可分割,各有侧重点,任何一个环节的缺失都会导致整个系统的失衡,同时要根据不同的情况,不断地调整工作的重点,才能保证人力资源管理保持良性运作,并支持企业战略目标的最终实现。

1. 人力资源规划。人力资源规划指企业为了实现其战略目标在人力资源管理方面的举动。人力资源规划的目的在于结合企业总体发展战略,找到未来人力资源工作的重点和方向,并制订具体的工作方案和计划,以保证企业目标的顺利实现,包括战略规划、组织规划、制度规划、人员规划、费用规划等内容。

2. 招募与配置。古语有云:"骏马行千里,犁田不如牛,坚车能载重,渡河不如舟。"所谓员工招募与配置就是将合适的人配置到合适的地方。招募与配置不能被视为各自独立的过程,而是相互影响、相互依赖的两个环节,即通过人员规划的需求与供给分析,制订计划进行招募,结合工作岗位分析与设计,完成合适人员的有效配置。

3. 培训与开发。招募和配置有潜力的员工并不一定能够保证他们做出适应企业战略发展需求的工作业绩，因此还必须对其进行有效的培训和合理的开发。培训与开发的目的是满足企业战略发展需求，端正员工的工作态度，增加岗位知识与技能，实现个人职业发展目标，最终实现个人发展与企业发展的双赢。

4. 绩效管理。绩效管理是管理者设定员工工作目标与内容、提升员工工作能力以及评价和奖励员工工作成果的过程，目的在于借助一个有效的体系，通过对业绩的考核，肯定过去的业绩并期待未来绩效的不断提高。一个有效的绩效管理体系包括科学的考核指标，合理的考核标准，以及与考核结果相对应的薪资福利支付和奖惩措施。

5. 薪酬与福利设计。一个有效的薪资福利体系必须具有公平性，保证外部公平、内部公平和岗位公平。外部公平会使得企业薪酬福利在市场上具有竞争力，内部公平需要体现薪酬的纵向区别，岗位公平则需要体现同岗位员工胜任能力的差距。对过去业绩公平的肯定会让员工获得成就感，对未来薪资福利的承诺会激发员工不断提升业绩的热情。

6. 员工关系。员工关系管理的目的在于明确双方的权利和义务，创造一个稳定和谐的工作环境。员工关系的处理是以国家相关法规政策及公司规章制度为依据，在发生劳动关系之初，明确劳动者和用人单位的权利和义务，在合同期限之内，按照合同约定处理劳动者与用人单位之间的权利和义务关系，以确保劳动者和劳动单位双方的正当利益。

三、战略人力资源管理

（一）战略人力资源管理概念

战略人力资源管理产生于20世纪80年代中后期，近一二十年来这个领域的发展令人瞩目。对这一思想的研究与讨论日趋深入，并被欧、美、日企业的管理实践证明是获得长期可持续竞争优势的战略途径。相对于传统人力资源管理，战略人力资源管理（Strategic Human Resources Management，SHRM）定位于在支持企业的战略中人力资源管理的作用和职能。目前，学术理论界一般采用莱特（Wright）和麦克马安（Mcmanhan）（1992）的定义，即为企业能够实现目标所进行和所采取的一系列有计划、具有战略性意义的人力资源部署和管理行为。[1]

（二）战略人力资源管理特征

战略人力资源（SHR）是指在企业的人力资源系统中，具有某些或某种特别知识（能力和技能），或者拥有某些核心知识或关键知识，处于企业经营管理系统的重要或关键岗位上的人力资源，具有某种程度的专用性和不可替代性。

1. 人力资源管理的系统性。企业为了获得可持续竞争优势而部署的人力资源管理政策、实践以及方法、手段等构成一种战略系统。

2. 人力资源管理的战略性。也即"契合性"，包括"纵向契合"即人力资源管理必须与企业的发展战略契合，"横向契合"即整个人力资源管理系统各组成部分相互之间的契合。

---

[1] 曾庆学：《当代西方人力资源管理》，全球品牌网2006年4月5日。

3. 人力资源管理的目标导向性。战略人力资源管理通过组织建构，将人力资源管理置于组织经营系统，促进组织绩效最大化。

综观人力资源管理过程，主要由三个基本因素组成：（1）具有战略管理能力的人力资源专家。（2）由符合战略目标的人力资源政策和措施组成的人力资源系统。（3）公司战略规划所需要的雇员能力价值以及工作动力。总体而言，人力资源专业人员应该将人力资源系统设计成激励员工行为和培育员工竞争力的体系，而这些员工的行为正是企业实现战略目标和执行战略规划所需要的。

> 课堂讨论：
> 1. 我国人力资源管理环境面临着哪些变化？
> 2. 新型的人力资源管理者需要哪些方面的知识与技能？

第二节 企业人员招募与甄选

一、人员规划与工作分析

人员规划与工作分析与设计是企业一系列人力资源管理活动的基础性工作，是人员招募、配置及培训等活动开展的前提。通过人员规划可以确定哪些工作岗位需要填充以及如何填充，通过工作分析与设计可以确定职位所需具备哪些知识技能、人格特征的人员，以及明确满足企业战略目标实现要求的培训人员及培训项目有哪些。

（一）人员规划与预测

人员规划是指企业从战略规划和发展目标出发，根据其内外部环境的变化，预测企业未来发展对人力资源的需求，以及为满足这种需要所提供人力资源的活动过程。包括人员需求预测和人员供给预测两个主体内容。

1. 人员需求预测。人员需求预测是指以组织的战略目标、人力资源战略为出发点，综合考虑各种因素的影响，对企业在未来某一特定时期内所需要的人员的数量、质量、结构进行估计。

（1）需求因素分析。企业人员需求的影响因素大体可分为企业外部环境、企业内部因素和人力资源自身状况。企业外部环境因素主要是经济环境，社会、政治和法律环境，技术革新与进步，外部竞争者，劳动力市场等。企业内部因素主要涉及企业战略、企业经营状况、企业管理水平和组织结构等。自身因素包括人员因辞职或终止合同而产生的流动等状况。

（2）需求预测方法。主要包括定性分析预测与定量分析预测两类。定性分析预测主要采用德尔菲法。此方法常用于短期预测。其步骤是：首先在问题明确以后，要求每个专家通过填写精心设计的问卷来提出解决问题的方案；其次，让每个专家匿名并独立地完成第一份问卷；然后，把第一次问卷的结果整理出来；再其次，把整理和调整的结果分发给每个人一份；最后，每个专家看完整理结果以后，要求他们再次提出解决问题的方案。

定量分析预测主要有趋势分析法、比率预测法和回归预测法。趋势分析法就是首先对企业在以往五年的时间内的人员需求趋势进行分析，然后据此预测企业未来人员需求的技术。例如，综合统计企业在以往五年中每年年末的销售人员的数量，目的是确定你所认为的未来发展趋势。比率预测法是根据原因性因素（如销售额）与所需人员数量的比率确定人员需求。回归预测法是用数学中的回归原理对人力资源需求进行预测，其基本思想是：确定与组织中劳动力数量和构成关系最大的因素，如产量或业务量，研究在过去组织中的员工数量随着这种因素变化而变化的规律，得到业务规模的变化趋势和生产率的变化趋势。根据这种趋势对未来的人力资源进行预测。

简单回归分析：$Y = a + bX$

多元回归分析：$Y = a + b_i X_i$ ($i = 1, 2, \cdots, n$)

2. 人员供给预测。人员供给预测是指对在未来某一特定时期内能够供给企业的人员数量、质量以及结构进行估计。一般来说，人员供给包括外部供给和内部供给两个来源。外部供给预测是指研究外部劳动力市场对组织的员工供给。内部供给预测是指在对组织内部人力资源开发和使用状况考察的基础上，对未来企业人力资源状况的预测。其预测方法主要有：

（1）技能清单法。技能清单法是一张雇员表，该表列出了与雇员从事不同职业的能力相关的特征，包括所接受的培训课程、以前的经验、持有的证书、通过的考试、监督判断能力，甚至包括对其实力或耐心的测试情况。技能清单能体现各种关键能力，可以帮助计划制订者按雇员的职业资格预测其从事新职业的可能性。

（2）人员替换法。人员替换法是在对人力资源彻底调查和现有劳动力潜力评估的基础上，指出公司中每一个职位的内部供应源。具体而言，即根据现有人员分布状况及绩效评估的资料，在未来理想人员分布和流失率已知的条件下，对各个职位尤其是管理阶层的接班人预做安排，并且记录各职位的接班人预计可以晋升的时间，作为内部人力供给的参考。经过这一规划，由待补充职位空缺所要求的晋升量和人员补充量即可知道人力资源供给量。

（3）马尔科夫模型。这种方法目前广泛应用于企业人力资源供给预测上，其基本思想是找出过去人力资源变动的规律，来推测未来人力资源变动的趋势。模型前提为：①马尔科夫性假定，即 $t+1$ 时刻的员工状态只依赖于 t 时刻的状态，而与 $t-1$、$t-2$ 时刻状态无关。②转移概率稳定性假定，即不受任何外部因素的影响。马尔科夫模型的基本表达式为：

$$N_i(t) = \sum N_i(t-1) P_{ji} + V_i(t) \quad (i, j = 1, 2, 3, \cdots, k; t = 1, 2, 3, \cdots, n)$$

式中：k——职位类数；$N_i(t)$——时刻 t 时 i 类人员数；P_{ji}——人员从 j 类向 i 类转移的转移率；$V_i(t)$——在时间 $(t-1, t)$ 内 i 类所补充的人员数。

某类人员的转移率（P）= 转移出本类人员的数量/本类人员原有总量

（二）工作分析与设计

1. 工作分析。工作分析是全面了解、获取与工作有关详细信息的过程，也是确定工作职责以及被雇用来从事这一工作的人应具备的特征的过程。工作分析的结果就是形成工作说明书（工作描述）和工作规范。

工作信息分析所要回答的问题可以归纳为 6W1H，即：

（1）做什么（What）。任职者所要完成的工作活动、工作活动结果或产出、工作活动标准。

（2）为什么做（Why）。工作目的、工作在组织中与其他工作之间的联系与互相影响的关系。

（3）谁来做（Who）。工作人员必备的要求：身体素质要求、知识技能要求、教育与培训要求、经验要求、个体特征要求。

（4）何时做（When）。工作时间安排、工作活动开展的频率。

（5）在哪里做（Where）。工作的地点、工作自然环境、工作社会和心理环境。

（6）为谁做（For whom）。工作请示与回报的对象、工作信息或结果提交的对象、工作监控与指挥的对象。

（7）如何做（How）。工作活动程序和流程、工作所需的设备。

资料链接

职位分析问卷

职位分析问卷（Position Analysis Questionnaire，PAQ）是目前使用最广泛的工作分析工具。PAQ 的定位是人员倾向性的，即从普遍的工人行为角度来描述工作是如何被完成的。PAQ 是通过标准化、结构化的问卷形式来收集工作信息的，因此它表现了一般的工作行为、工作条件或职位特征。PAQ 是一个不断演变的分析问卷。1989 年的版本中包括 187 项工作元素（描述的行为）。2005 年的最新版本（PAQe）中工作元素项目总数已达到 300，这 300 项被分为 8 个领域的工作元素：

PAQe 工作元素项目概况

1. 监督和管理职责
  1.1 领导能力
  1.2 监督和管理的范围
  1.3 协调活动
2. 工作领域（环境、与其有着责任性交互的职位）
  2.1 工作场所的多样性（多语言、多文化）
  2.2 水平和地位的影响
  2.3 组织位置（组织要求）
    2.3.1 组织内部结构中所处的位置
    2.3.2 与组织相关的特殊要求
  2.4 责任
  2.5 决策、推理、计划和调度
3. 认知技能和能力要求（包括知识、技术、能力培训、证书等）
  3.1 心理知识和理解能力
  3.2 读写能力和计算能力
  3.3 心理和活动的需求（主要是要求需要调整或适应）
4. 人际需求
  4.1 人和社会摘要
  4.2 个人和社会各方面的通信需要
  4.3 通信（整体项目）
  4.4 口头通信
  4.5 书面或印刷通信
  4.6 其他通信
  4.7 个人通讯和人际关系
  4.8 工种要求的个人接触
5. 信息和数据需求
  5.1 信息和数据摘要
  5.2 工作信息的视觉源
  5.3 非视觉的工作信息来源
  5.4 感觉和知觉
  5.5 信息估计
  5.6 信息系统
  5.7 信息处理活动
6. 工作产出
  6.1 工作产出摘要
  6.2 手动工具和仪器的使用

> 6.3　其他手动装置
> 6.4　固定装置的使用
> 6.5　控制装置设备的使用
> 6.6　运输和移动设备
> 6.7　手工活动
> 7.　体能要求
> 7.1　全身活动——强度
> 7.2　全身活动、体位姿势
> 7.3　操纵和协调活动
>
> 7.4　外面的工作环境
> 7.5　室内的工作环境
> 7.6　物理危害
> 7.7　其他物理工作活动
> 7.8　工作期间的工作
> 8.　增强分析输入
> 8.1　报酬或收入的项目
> 8.2　能力倾向
> 8.3　兴趣和成就感
>
> 资料来源：http://www.paq.com/。

2. 工作设计。哈克曼与奥德海姆提出了工作特征模型（JCM），根据这一模型，任何工作都可以凭借这五个维度进行描述与设计。

（1）技能多样性，指一项工作中要求员工使用各种技能和才干以完成不同类型的活动程度。

（2）任务完整性，指一项工作中要求完成一件完整的和可辨识的任务的程度。

（3）任务重要性，指一项工作对他人的工作和生活的实际影响程度。

（4）工作自主性，指一项工作给任职者在安排工作内容、工作程序方面，提供了多大的自由度、独立性和自主权。

（5）反馈，指工作完成的过程中，员工在多大程度上可以直接而且明确地获得有关自己工作绩效的信息。

二、人员选聘的流程、渠道与方法

（一）人员选聘的流程

从广义上讲，人员选聘包括招聘准备、招聘实施、招聘评估三个阶段。狭义的招聘指实施阶段，包括招募、甄选和录用三个步骤。

1. 准备阶段。首先通过人员规划和工作分析来确定招聘需求，明确招聘工作特征和要求。其次制订招聘工作计划。招聘计划的主要内容包括计划录用人数、计划时间间隔、计划录用标准、录用来源、录用费用及招聘策略。

2. 实施阶段。招聘工作先后经历招募、甄选、录用三个步骤。招募就是采用适宜的招聘渠道和相应的招聘方法，吸引应聘者。甄选就是采用各种测试方法，对应聘者的任职资格和工作胜任程度进行客观的测量和评价。录用就是根据测试结果做出录用决策、发出通知、办理录用手续的过程。

3. 评估阶段。对招聘过程的评估主要包括两方面：一是将实际录用结果与招聘计划进行对照，然后评价计划执行结果；二是对招聘流程的效率进行评估，总结经验，改进流程，提高招聘活动本身的绩效水平。

(二) 人员选聘的渠道

当确定了招聘需求，明确空缺职位的工作特征和要求，并已拟订了招聘计划，下一步的任务就是针对这个职位建立一个人才库。人才库越大，人事经理的选择余地也就越大，选择合适的招聘渠道将达到事半功倍的效果。现企业常用的招聘渠道有以下几种：

1. 内部候选人。企业现有的员工通常是组织最大的招募来源。内部候选人填补职位空缺有几方面的优点：（1）企业对现有员工的优劣势有更加准确的了解；（2）内部员工得到晋升后，士气会提升；（3）内部员工可能所需的入职引导和培训更少。

2. 互联网。调查显示，互联网正以惊人的速度赶超招聘会和报纸广告，成为人才交流的一大媒体。它的优势显而易见，廉价、快捷、相对稳定的受众以及电子化本身具备的种种优势。

3. 广告。要招聘职位的类别决定你选择何种媒体，是地方性报纸还是某种专业性杂志。当招聘的是蓝领工人、办公室雇员和低层次管理人员时，地方性报纸往往是被选择的媒介，至于专业雇员的招聘，则应在专业性杂志上刊登广告。例如，《计算机世界》上经常会看到招聘程序员的广告，《中国纺织报》上经常登有招聘纺织工程师等广告。

4. 现场招聘会。企业参加现场招聘会能在短期内收到大量的简历，并且有和求职者"面对面"的机会，求职者也可以对公司有一个直观的了解。

5. 校园招聘。校园招聘是企业获得潜在管理人员以及专业雇员和技术雇员的一条重要途径。校园招聘有两个重要目标：一是对求职者进行初步筛选；二是吸引优秀的求职者。企业必须认真选择招募者和大学，事先制定好时间表，避免在校园中花费很多的时间。

6. 人才中介机构。传统的人才中介机构向求职者和招聘者双方收取费用。它会收集求职者信息，与企业提出的要求做初步的匹配，促成双方达成意向。对于小企业或较低级的职位，使用这种方式将可以把成本降到最低。

7. 猎头公司。高级管理人员代理招募机构（即通常所说的猎头公司）是搜寻高层管理人才的有效途径。这种人才需求相对较少，但都是企业中相当重要的职位。

8. 雇员推荐。当前的员工向企业推荐候选人，对于成功推荐候选人的员工往往给予一定数额的奖金。这不但降低招聘成本，还可以间接吸引到更高质量的员工。

（三）人员选聘的方法

人员选聘通常采用心理测试、面试、管理评价中心等方法。

1. 心理测试。心理测试是指在控制的情境下，向应试者提供一组标准化的刺激，以所引起的反应作为代表行为的样本，从而对其个人的行为做出评价的方法。包括智力测试、人格测试、兴趣测试、能力测试。

2. 面试。面试是招聘员工测试与甄选的最重要的一项工具。

（1）情景面试，询问求职者在一个给定的情景中会有什么样的行为反应。特点是情景问题：假如你面对以下一个情景，你会怎样处理。如，应聘主管："如果一个下属连续三天都迟到了，你会做出什么反应？"

（2）行为面试，要求求职者描述他在以前的实际情景中是如何反应的。特点是行为问题：你能想起一个时刻吗，你当时是怎样做的。如："告诉我一个你与在气头上的人谈话的情景，你是如何扭转这种情况的？"

（3）压力面试，有意制造紧张，以了解求职者将如何面对工作压力。面试人通过提出生硬的、不礼貌的问题故意使候选人感到不舒服，针对某一事项或问题做一连串的发问，打破沙锅问到底，直至无法回答。其目的是确定求职者对压力的承受能力、在压力前的应变能力和人际关系能力。

3. 管理评价中心。它是一种为期 2~3 天的模拟测评，申请者在专家的观察下完成真正的管理任务，专家们根据每一个人的表现评估其工作胜任能力。从评价中心活动的内容来看，主要有文件筐测试、无领导小组讨论、管理竞赛等。

（1）文件筐测试。在测试中，申请者面对一堆从现实中搜集来的报告、备忘录、会议记录等资料，在规定的时间和条件下处理完毕，然后由评估者对其工作效率、组织和决策能力进行评价。

（2）无领导小组讨论。给出一个讨论题，在无人领导的情况下，被面试者组成一组，自由发表自己的观点，面试官只需在一旁仔细观察每个人的言行举止，从而判断他们的领导、组织、决策等各方面能力。

（3）管理竞赛。一家虚拟的公司在市场上竞争，被面试者作为公司成员去解决实际问题。例如，管理者需要解决如何做广告，如何生产等问题。

三、人员选聘效果的评估

对人员选聘效果的评估是招聘工作中关键的一个环节。通过对选聘方法的信度和效度的测试、选聘人员数量的完成比例及质量的跟踪评价、招聘成本与效益的评估，更加准确地把握整个招聘工作流程的绩效水平，从而降低招聘成本、改进工作方法、不断提高招聘工作绩效。

（一）成本效益评估

成本效益评估是对招聘成本所产生的效果进行的分析。招聘成本指的是与招聘工作开展相关的一切费用，包括参与招募人员的工资、差旅费、招待费等。其计算方法为：总成本效用＝录用人数/招聘总成本；招聘收益成本比＝所有新员工为组织创造的总价值/招聘总成本。

（二）数量与质量评估

1. 数量评估。通过招募筛选金字塔式的数量比较，即实际报到的人员数与发出录用通知的人员数的比较，发出录用通知的人员数与实际接受测试的人员数的比较，实际接受测试的人员数与收到面试通知的人员数的比较，收到面试通知的人员数与招募所吸引来的申请人数的比较，不仅可以评估完成招募计划的程度，还可以计算出相关比例，进而预测要招募到一定数量的新员工，需要吸引多少人来申请工作。

2. 质量评估。新录用员工质量的评估是对员工工作绩效行为、实际能力、工作潜力的评估。这一评估需要在员工试用期内进行。通过员工实际工作行为特征、完成工作任务的绩效的跟踪调查，来确定人员的能力、性格、知识等是否与新的工作岗位相匹配。

(三) 信度与效度测试

甄选方法的有效性很大程度上取决于测试内容的信度和效度。

1. 信度。信度指的是测试的一致性，即在多种等效测试中，得出一致的结果。例如，牛顿力学的三大定律的得出，同样假设条件下，重复试验，得出一致性的结果，总结出定律，这样才是可信的。鉴于此，我们可以采取重复测试的方法，即在不同时点对同一个人进行相同的测试。

2. 效度。回答的是"所测是否为所求"。效度的重要性仅次于信度，它指出了测试是否测量了我们打算要测量的。例如，用一把尺度有问题的尺子去测量一块长10厘米的木条，不管你去测量多少次，结果都是一致的，但是你却永远都得不到你想要的10厘米的木条。鉴于此，我们可以在测试中采用工作任务的全面且随机的样本，力求测试环境与工作环境相似。

第三节 企业人员配置与使用

企业人员配置就是将合适的人放在合适的岗位上。人的专业、人格、气质、兴趣存在差异，需要我们采用一定的方法合理地配置和使用人力资源，使其能够最大程度地发挥潜能，有效降低人员的流动率，提高其工作满意度，从而保证组织发展目标的实现。

一、人力资源配置

(一) 人力资源配置含义

人力资源配置，广义上就是将组织内外的人力资源通过一定的方式与手段，对人员进行有效的选择、选拔、安置、考评和开发以使之适应组织结构所规定的要求，在组织经营与生产过程中实现人、财、物等诸要素的有机结合与充分发挥，以提高组织的活力与实力，取得最大的组织经济效益。狭义上讲，就是在具体的组织或企业中，为了提高工作效率、实现人力资源的最优化而实行的对组织或企业的人力资源进行科学、合理的配置。本章主要强调的是狭义概念上的人员配置问题。

(二) 人力资源配置原理

人力资源管理要做到人尽其才，才尽其用，人事相宜，最大限度地发挥人力资源的作用。但是，对于如何实现科学合理的配置，这是人力资源管理长期以来亟待解决的一个重要问题。怎样才能对企业人力资源进行有效合理的配置呢？必须遵循如下的原则：

1. 要素有用原理。人员个体尽管存在巨大差异，但必须承认人人有其才，正所谓"天生我才必有用"。要素有用原理强调优势定位，一方面，人员必须根据自己的兴趣和能力设计职业发展目标，并以此选择适合自己的职业发展路径；另一方面，管理者需要辩证地看待人员的优势与劣势，并以此将其安置到最有利于发挥优势的岗位上，为员工的发展创造有利条件。

2. 能级对应原理。合理的人力资源配置应使人力资源的整体功能强化，使人的能力与岗位要求相对应。企业岗位有层次和种类之分，它们占据着不同的位置，处于不同的能级水平。每个人也都具有不同水平的能力，在纵向上处于不同的能级位置。岗位人员的配置，应做到能级对应，就是说每一个人所具有的能级水平与所处的层次和岗位的能级要求相对应。

3. 互补增值原理。互补增值原理是在承认个体的多样性和差异性的基础上，在人员分配与安置上扬长避短，增加互补性，使人力资源系统整体功能得到强化，从而产生"1 + 1 > 2"的增值效应。企业人员产生互补增值效应主要体现在知识互补、气质互补、人格互补、能力互补、性别互补、年龄互补等多方面。

4. 公平竞争原理。公平竞争是指竞争各方从同样的起点，遵守同样的规则，公平地进行考核、奖惩的竞争方式。在人力资源管理实践中建立公平、适度、协同竞争的机制，可以较好地解决奖勤罚懒、优化组合等问题，可以更好地开展员工的晋升和调动等工作。

5. 动态调节原理。动态调节原理是指当人员或岗位要求发生变化的时候，要适时地对人员配备进行调整，以保证始终使合适的人工作在合适的岗位上。岗位或岗位要求是在不断变化的，人也是在不断变化的，人对岗位的适应也有一个实践与认识的过程，所以需要根据情况适时地对人员与岗位配置进行动态调节。

6. 弹性冗余原理。人们的劳动强度、劳动时间、劳动定额等都有一定的"度"。超过这个"度"，就会使人身心疲惫、精神萎靡，造成工作效率的降低。因此，人力资源开发要在充分发挥和调动潜力的基础上，既要达到最大限度工作的满负荷，又要符合劳动者的生理、心理承受力，保证对人和事的安排留有余地，既产生压力和紧迫感，又要保障其身心健康。

二、人员配置方法

企业人力资源与其他经济资源相结合产出各种产品的过程，也就是人力资源在空间和时间实现多维度有效配置的过程。企业人力资源空间配置主要包括组织结构的设计、劳动分工协作形式的选择、工作地的组织和劳动环境优化等内容。而企业人力资源的时间配置主要是指建立工时工作制度、工作轮班的组织等管理活动。

（一）空间配置

员工配置的基本方法主要有三种：以人为标准进行配置，以岗位为标准进行配置和以双向选择为标准进行配置。

1. 以人为标准进行配置。从人的角度，按每人得分最高的一项为其安排岗位。这种方法存在弊端，就是可能出现同时多人在该岗位上得分最高，结果只能选择一个员工，而优秀的人才被拒之门外。假设五种岗位所需要的最低测试分数分别为 3.5、2.5、2.5、3.0、3.5。根据表 6 - 1 的资料，按照这种方法，其配置的结果是 P_1（4.5）从事 J_1，P_5（2.5）或 P_9（2.5）从事 J_2，P_3（3.5）从事 J_3，P_2（4.5）从事 J_5，J_4 空缺。

表 6-1　　　　　　　　　10 位应聘者在五种工作职位上的综合得分

	P_1	P_2	P_3	P_4	P_5	P_6	P_7	P_8	P_9	P_{10}
J_1	4.5	3.5	2.0	2.0	1.5	1.5	4.0	2.5	2.0	1.0
J_2	3.5	3.0	2.5	2.5	2.5	2.0	3.5	2.0	2.5	0.5
J_3	4.0	2.0	3.5	3.0	0.5	2.5	3.0	3.0	1.0	1.5
J_4	3.0	2.0	2.5	1.5	2.0	2.0	3.5	2.0	0.5	0.5
J_5	3.5	4.5	2.5	1.0	2.0	2.0	1.5	1.5	1.0	0.5

注：P 代表人员，J 代表工作职位。

2. 以岗位为标准进行配置。从岗位的角度出发，每个岗位都挑选测试得分最高的人员。这种方法的弊端是，可能出现一个人同时被好几个岗位选中，见表 6-2。其结果是 J_1 由 P_1 (4.5) 承担，J_2 或 J_4 由 P_7 (3.5) 承担，J_3 空缺，J_5 由 P_2 承担。

表 6-2　　　　　　　　　　　　配置结果

	P_1	P_2	P_3	P_4	P_5	P_6	P_7	P_8	P_9	P_{10}
J_1	4.5	3.5	2.0	2.0	1.5	1.5	4.0	2.5	2.0	1.0
J_2	3.5	3.0	2.5	2.5	2.5	2.0	3.5	2.0	2.5	0.5
J_3	4.0	2.0	3.5	3.0	0.5	2.5	3.0	3.0	1.0	1.5
J_4	3.0	2.0	2.5	1.5	2.0	2.0	3.5	2.0	0.5	0.5
J_5	3.5	4.5	2.5	1.0	2.0	2.0	1.5	1.5	1.0	0.5

3. 以双向选择为标准进行配置。综合平衡岗位和员工两个方面的因素，能从总体上满足岗位人员配置的要求，效率较高。见表 6-3。其结果是 P_1 (4.5) 从事 J_1，P_5 (2.5) 或 P_9 (2.5) 从事 J_2，P_3 (3.5) 从事 J_3，P_7 (3.5) 从事 J_4，P_2 (4.5) 从事 J_5。

表 6-3　　　　　　　　　　　　配置结果

	P_1	P_2	P_3	P_4	P_5	P_6	P_7	P_8	P_9	P_{10}
J_1	4.5	3.5	2.0	2.0	1.5	1.5	4.0	2.5	2.0	1.0
J_2	3.5	3.0	2.5	2.5	2.5	2.0	3.5	2.0	2.5	0.5
J_3	4.0	2.0	3.5	3.0	0.5	2.5	3.0	3.0	1.0	1.5
J_4	3.0	2.0	2.5	1.5	2.0	2.0	3.5	2.0	0.5	0.5
J_5	3.5	4.5	2.5	1.0	2.0	2.0	1.5	1.5	1.0	0.5

（二）时间配置

对于企业来说，工作时间组织的任务主要是建立工作班制，组织好工作轮班，以及合理安排工时制度。企业工作班制可分为单班制和多班制。单班制是指每天只组织一班生产。它的组织工作比较简单，主要是促进不同工种之间的相互配合，充分利用工作班内的时间。多班制是指每天组织两班、三班或多班，进行轮班生产。工作轮班是指企业在生产作业工作日内，为保证作业活动的协调持续进行，组织不同生产班次进行生产作业的形式。不同企业需要根据自己的工艺特点、生产任务、人员数量及其他相关生产条件，选择不同的轮班制度。

三、劳动定额管理

劳动定额在企业管理中发挥着重要的作用。首先，它是企业编制生产、成本等计划的重要基础；其次，它是实行经济核算的基本依据，它用价值形式来计算、分析和比较企业经济活动中人力、物力、财力消耗及其占用的状况，对经济效益进行评价；再其次，它是建立员工竞争机制、提高劳动生产率的必要条件；最后，它是企业支付劳动报酬的主要根据。

（一）劳动定额的概念

劳动定额是指在一定的生产技术组织条件下，采用科学合理的方法，对生产单位合格产品或完成一定工作任务的活劳动消耗量所预先规定的限额。

（二）企业劳动定额管理

企业劳动定额管理是一项生产技术性和经济性很强的管理工作，它包括定额的制定、贯彻执行、统计分析和修订四个重要环节。这四个环节之间相互联系、相互制约，构成了劳动定额管理工作的全过程。

1. 劳动定额制定。影响劳动定额制定的因素涉及劳动者、劳动对象、劳动工具等多方面，只有从实际出发，在全面掌握工时消耗的规律后，采用科学的方法，才能"快、准、全"地制定产品、零件、工序的各项工时定额，为企业经营管理提供基本数据。

2. 劳动定额的贯彻执行。评价和衡量企业劳动定额的贯彻实施情况，可采用以下几项指标：（1）劳动定额面的大小。劳动定额是否覆盖了全体工人或全部产品。（2）企业的生产、财务、人事等各职能部门是否按照劳动定额组织企业的生产经营管理。（3）企业车间是不是按劳动定额对工人的劳动量进行了严格的考核。（4）企业是否采取有效措施推行新定额的贯彻执行。

3. 劳动定额的统计分析。这是企业劳动定额管理的一项极其重要的基础工作。劳动定额贯彻执行以后，是否能够满足企业生产组织和劳动组织的需要；新定额在执行中还存在哪些问题亟待解决。这些问题需要搜集各种数据资料，经过统计汇总、整理和分析，才能加以说明并解决。

4. 劳动定额的修订。由于采用了新的工艺，或材料材质的变更等原因，企业原有的定额会落后于现实的生产水平，企业需要根据统计分析信息的反馈，不断组织力量对原有定额进行修改，以提高企业生产经营管理水平，才能促进企业生产的发展。

（三）制定劳动定额的方法

1. 经验估工法。这种方法是由定额员工依照产品图样和工艺技术要求，并考虑生产现场使用的设备、原材料、工艺等其他生产条件，根据实践经验对产品劳动消耗量进行估定的一种方法。这种方法简便易行，工作量小，能满足定额制定"快"和"全"的要求。但是，容易受到经验的局限，准确性较低。

2. 统计分析法。这种方法是根据过去生产的同类型产品、零件、工序的实耗工时或产量的原始记录和统计资料,经过整理和分析,考虑企业生产组织技术的变更因素,制定劳动定额的方法。此方法一般适合于生产条件稳定,比较固定的大宗类产品的生产企业。

3. 类推比较法。这种方法是以现有同类型产品的零件或工序的定额为依据,经过分析比较推出另一种产品、零件和工序定额的方法。此方法适用于生产同类型产品、零件的企业。因为同类型产品零件加工的几何形状详细,工艺装备、方法相似,具有明显的可比性。

4. 技术定额法。这种方法是通过对生产技术条件的分析,在挖掘生产潜力以及操作合理化的基础上,采用分析计算或实地测定来制定定额的方法。此方法重视对生产技术组织条件和操作方法的分析,有一定的科学技术依据,制定的定额比较准确。

第四节 企业人员培训与发展

一、培训的概念和原则

(一) 培训

通过培训使员工的知识、技能、态度乃至行为发生定向改进,从而确保员工能够按照预期的标准或水平完成所承担的工作任务。我们可以从三个方面来理解培训。

1. 培训是有目的的。培训的终极目标是实现员工个人发展与企业发展的双赢。员工通过培训可以系统地获得知识、技能等。企业通过培训可以造就更有能力的技师、领导者,更高绩效的员工。

2. 培训本身是一个完整的系统。培训这一系统始于对培训需求的分析评价,通过确定培训目标,选择和设计培训方案,实施培训,最后对培训效果进行评估,进而反馈、修正。

3. 培训系统总是与企业其他系统相互作用。培训系统是人力资源管理系统中的一个子系统,每一个子系统功能的发挥都离不开相互之间的作用,任何其他系统的波动都会引起培训这一子系统内部的调整与变更。

(二) 培训的原则

1. 服务企业战略目标原则。战略规划是企业的最高经营纲领,对企业各方面的工作都具有指导意义,培训需要立足于将来,从企业战略的高度出发来计划与实施。

2. 目标原则。目标对人们的行为具有导向作用。在培训之前为受训人员设置目标,有利于培训效果的衡量。培训目标应当明确具体,具有一定程度的困难。

3. 差异化原则。结合组织的发展目标,针对不同职位的工作内容要求和不同人员的自身素质、需求的差异进行培训计划、课程的拟订。

4. 实效原则。培训的内容应当紧密结合企业的生产业务实践,通过培训,能使员工将知识运用到具体的实际工作中去,这样的培训才是高效的。

二、培训的基本流程

（一）培训需求分析

需求管理是培训流程的第一个环节，简单可分为需求搜集与需求确认。

1. 培训需求搜集。我们所要搜集的培训需求无外乎来自三个方面，即组织任务、岗位需要和个人发展。

（1）组织任务。培训要发挥其战略职能就必须介入组织任务的拟制上，而不仅仅是起到保障任务实现的操作职能，在实际操作中需要培训部门与战略决策层、业务部门主管充分沟通确认。

（2）岗位需要。来自岗位需要的要解决的问题是，谁在什么岗位上在什么时候需要什么样的培训的问题。任职或任命部门是岗位需求的搜集对象，如有多少人会被分别任命为那些角色、有哪些新的项目和部门需要启动等。

（3）个人发展。来自个人发展的培训需求主要来自于不同个体的差异性，如欠缺某项技能，个人兴趣发展等。基层主管和员工是个人发展需求的主要来源。

2. 培训需求确认。由于企业资源的有限性，必须对各类需求进行甄别。不同企业在不同阶段对培训需求的确认都有不同的偏好。企业可以根据实际情况定义需求确认的标准。

（二）培训计划制订

确认的培训需求可以作为培训计划拟制的重要输入。培训计划的内容应该包括重要的培训项目、培训资源（教师、教材）、培训形式、培训目标、培训预算、培训对象、培训的课时等。在培训计划拟制完成后，进一步的细化则是培训日程表。

（三）培训课程管理

教材和教师是计划实施最重要的约束项。培训标准的教材套件应该包括课程大纲、教案、PPT文件（讲义）、文字教材、试题、案例练习等。另外，企业培训课程必须与企业的业务实践紧密结合。惠普商学院有一门经典的课程是《管理流程》，这门课的产生很有意思，惠普公司联合斯坦福大学，对内部173位成功经理人进行调查和研究，总结他们的管理方法和领导行为有什么特点，提炼出由五个核心步骤组成的高效管理流程。

（四）培训师资管理

教师资源管理包括培训教师的来源、教师的选拔认证、教师的培养、教师的激励、教师库的维护等。师资来源无外乎企业内外。教师资格一般可以从工作经历、授课经验、专业水平、教学愿望等方面进行考虑，合格教师可以进入教师资源库进行培养。另外对于教师的培养体系也同样重要，如培训师课程体系、教师资格晋升与激励体系、教师与岗位任职资格的结合等。中信银行信用卡中心于2009年上半年推出了内训师体系建设项目"T计划"——"培训培训师"（Training Trainer），一方面要为信用卡中心建设完善的内部讲师体系，并创新性地为内训师提供横向与纵向双向结合的职业发展通道，另一方面是要实行双T培训模式,除了内训师培训外,第二个"T"指战略目标(Target)、工作任务及问题(Task),要将培训项目与具体业务结合起来。

(五)培训组织与实施

企业培训组织与实施必须考虑以下几个方面:

1. 培训前筹备,包括培训用具、场地、教师确认、教材印刷、后勤组织等,最好有标准的备忘录(Checklist)来保证重要筹备项目不被遗忘。

2. 培训通知与学员确认,培训项目必须以统一的口径与方式进行发布,在培训开始之前应对参训人员的名单与数量进行确认。

3. 现场组织与控制,包括签到组织、纪律宣布、背景介绍、教师推荐、现场情况处理等环节。

4. 课堂效果调查,使用标准的课堂评估表对学员的课堂反馈进行调查。

5. 培训记录维护,统计出勤率,将签到表、评估表、考试成绩等数据进行处理和维护,存入相关的培训数据库。

(六)培训效果评估

培训评估是培训基本流程里一个重要环节。它不仅可以监控培训的目标是否实现,更重要的是它有助于信息反馈、流程优化。美国威斯康星大学教授柯克帕特里克(Donald Kirkpatrick)于1959年提出的四层次培训评估模型具有很强代表性。

第一级,反应层。学员对培训教师授课的方式、培训内容和过程的反应和感受,可以通过问卷调查的形式进行评估。

第二级,学习层。确定学员在培训结束时,是否在知识、技能、态度等方面得到了提高。实际上要回答的问题是:"参加者学到东西了吗?"通过测试、问题回答能够评估学员对知识的掌握程度。

第三级,行为层。确定培训参加者在多大程度上通过培训而发生了在工作环境中的行为改变。所评估的重点应该是培训所学的知识是否能够学以致用,是否与工作业务紧密结合在一起。

第四级,结果层。从部门和组织的范围,了解因培训而带来的组织上的改变效果。要回答的问题是"培训为企业带来了什么影响?"结果可能是经济上的,也可能是精神上的。如产品质量得到了改变,生产效率得到了提高,客户的投诉减少了等。

这个模型四个层次的评估,实施从易到难,费用从低到高。一般最常用的方法是第一级的评估。而最有价值的数据是第四级。

三、培训方法

企业培训的效果在很大程度上取决于培训方法的选择,当前,企业培训的方法有很多种,不同的培训方法具有不同的特点,其自身也是各有优劣。要选择到合适有效的培训方法,需要考虑到培训的目的、培训的内容、培训对象的自身特点及企业具备的培训资源等因素。

1. 讲授法。属于传统模式的培训方式,指培训师通过语言表达,系统地向受训者传授知识，期望这些受训者能记住其中的重要观念与特定知识。

2. 工作指导法。由一位有经验的技术能手或直接主管人员在工作岗位上对受训者进行培训，如果是单个的一对一的现场个别培训则称为师带徒培训。负责指导的教练的任务是教给受训者如何做，提出如何做好的建议，并对受训者进行鼓励。

3. 视听法。利用现代视听技术（如投影仪、录像、电视、电影、电脑等工具）对员工进行培训。视听培训是运用视觉和听觉的感知方式，直观鲜明，所以比讲授或讨论给人更深的印象。

4. 工作轮换法。一种在职培训的方法，指让受训者在预定的时期内变换工作岗位，使其获得不同岗位的工作经验，一般主要用于新进员工。

5. 角色扮演法。在一个模拟的工作环境中，指定参加者扮演某种角色，借助角色的演练来理解角色的内容，模拟性地处理工作事务，从而提高处理各种问题的能力。

6. e化学习。这是一种新型的计算机网络信息培训方式，主要是指企业通过内部网或互联网，将文字、图片及影音文件等培训资料放在网上，形成一个网上资料馆，网上课堂供员工进行课程的学习。

四、职业生涯管理

（一）职业生涯管理的含义与特征

1. 职业生涯管理的含义。职业生涯管理是现代企业人力资源管理的重要内容之一，是企业帮助员工制定职业生涯规划和帮助其职业生涯发展的一系列活动。职业生涯管理应看做是竭力满足管理者、员工、企业三者需要的一个动态过程。在现代企业中，个人最终要对自己的职业发展计划负责，这就需要每个人都清楚地了解自己所掌握的知识、技能、能力、兴趣、价值观等。而且，还必须对职业选择有较深了解，以便制定目标、完善职业计划。管理者则必须鼓励员工对自己的职业生涯负责，在进行个人工作反馈时提供帮助，并提供员工感兴趣的有关组织工作、职业发展机会等信息。企业则必须提供自身的发展目标、政策、计划等，还必须帮助员工作好自我评价、培训、发展等，如表 6-4 所示。

表 6-4　　　　　　　　　　职业生涯管理中的角色

个　　人	管　理　者	企　　业
承担自己职业的责任	支持员工的开发规划	提供发展政策和计划
评估自己的兴趣、技能和价值	提供及时的绩效反馈	提供培训和开发机会
搜集职业信息和资源	提供开发的任务和技能	提供职业信息和资源
建立目标和职业发展规划	帮助员工进行自我评估	
利用职业开发机会		

2. 职业生涯管理的特征。

（1）引导性。职业生涯管理是由组织发起的，服务于员工个人职业开发、确立和成功，使员工与组织同步发展以适应组织发展和变革的需要。它帮助员工完成自我定位，克服完成工作目标中遇到的困难挫折，鼓励员工将职业目标同组织发展目标紧密相连，尽可能多地给予他们机会。

（2）功利性。职业生涯管理是为了满足组织和员工双方的需要。在实现员工自身职业发展目标的同时，通过职业生涯管理，全体员工职业技能的增长带动了组织整体人力资源水平的提升，满足了组织为实现其战略目标进行人才储备的需要。

（3）多样性。职业生涯管理形式多样、涉及面广。凡是组织对员工职业活动的帮助，均可列入职业生涯管理之中。其中既包括针对员工个人的，如各类培训、咨询、讲座，以及为员工自发的扩充技能、提高学历的学习给予便利等；同时也包括对组织的诸多人事政策和措施，如规范职业评议制度，建立和执行有效的内部升迁制度等。职业生涯管理贯穿于员工进入组织直至流向其他组织或退休的全过程。

（二）职业生涯管理的内容

1. 个人职业生涯规划。个人职业生涯规划是指个人根据自身的主观因素和客观环境的分析，确立自己的职业生涯发展目标，选择实现这一目标的职业，以及制订相应的工作、培训等计划，并按照一定的时间安排，采取必要的行动实施职业生涯目标的过程。

2. 组织职业生涯规划。组织职业生涯规划就是从组织的角度出发，将组织目标与个人目标联系起来，向员工提供组织的职业需求信息及职业提升路线或策略，了解自己的资源储备，并有针对性地开发组织内部人力资源的活动。组织职业生涯规划包括：第一，对员工进行分析与定位。开展员工自我评估、组织对员工评估、环境特点分析三项工作。第二，现实审查。确定个人有哪些需求具有开发的现实性。第三，帮助员工确定职业生涯目标。结合组织与个人目标，恰当地确定长短期职业发展目标。第四，帮助员工制定职业生涯策略。为实现职业目标应积极地采取哪些行动与措施。第五，评估与修正。回顾员工工作表现，检查职业定位与职业方向是否合适，及时修正。

3. 选择职业发展路径。职业路径是指组织为内部员工设计的自我认知、成长和晋升的管理方案。它指明了员工可能的发展方向及发展机会，组织内每一个员工可能沿着本组织的发展路径变换工作岗位。良好的职业路径设计一方面有利于组织吸收并留住最优秀的员工，另一方面能激发员工的工作兴趣，挖掘员工的工作潜能。职业路径设计方式主要有四种。(1) 传统职业路径，一种基于过去组织内员工的实际发展道路而制定出的一种发展模式。(2) 行为职业路径，一种建立在对各个工作岗位上的行为需求分析基础上的职业发展路径设计。(3) 横向职业路径，采取横向调动来使工作具有多样性，使员工焕发新的活力、迎接新的挑战。(4) 双重职业路径，用来解决某一领域中具有专业技能，既不期望在自己的业务领域内长期从事专业工作，又不希望随着职业的发展而离开自己的专业领域。

资料链接

霍兰德职业兴趣理论

约翰·霍兰德（John Holland）是美国约翰·霍普金斯大学心理学教授，美国著名的职业指导专家。他于1959年提出了具有广泛社会影响的职业兴趣理论，认为人的人格类型、兴趣与职业密切相关，兴趣是人们活动的巨大动力，凡是具有职业兴趣的职业，都可以提高人们的积极性，促使人们积极地、愉快地从事该职业，且职业兴趣与人格之间存在很高的相关性。霍兰德认为人格可分为社会型、企业型、常规型、实际型、调研型和艺术型六种类型。

1. 社会型（S）。

共同特征：喜欢与人交往、不断结交新的朋友、善言谈、愿意教导别人。关心社会问题、渴望发挥自己的社会作用。寻求广泛的人际关系，比较看重社会义务和社会道德。

典型职业：教育工作者（教师、教育行政人员），社会工作者（咨询人员、公关人员）。

2. 企业型（E）。

共同特征：追求权力、权威和物质财富，具有领导才能。喜欢竞争、敢冒风险、有野心、抱负。为人务实，习惯以利益得失、权力、地位、金钱等来衡量做事的价值，做事有较强的目的性。

典型职业：项目经理、销售人员、营销管理人员、政府官员、企业领导、法官、律师。

3. 常规型（C）。

共同特点：尊重权威和规章制度，喜欢按计划办事，细心、有条理，习惯接受他人的指挥和领导，自己不谋求领导职务。喜欢关注实际和细节情况，通常较为谨慎和保守，缺乏创造性，不喜欢冒险和竞争，富有自我牺牲精神。

典型职业：秘书、办公室人员、记事员、会计、行政助理、图书馆管理员、出纳员、打字员、投资分析员。

4. 实际型（R）。

共同特点：愿意使用工具从事操作性工作，动手能力强，做事手脚灵活，动作协调。偏好于具体任务，不善言辞，做事保守，较为谦虚。缺乏社交能力，通常喜欢独立做事。

典型职业：技术性职业（计算机硬件人员、摄影师、制图员、机械装配工），技能性职业（木匠、厨师、技工、修理工、农民、一般劳动）。

5. 调研型（I）。

共同特点：思想家而非实干家，抽象思维能力强，求知欲强，肯动脑，善思考，不愿动手。喜欢独立的和富有创造性的工作。知识渊博，有学识才能，不善于领导他人。考虑问题理性，做事喜欢精确，喜欢逻辑分析和推理，不断探讨未知的领域。

典型职业：科学研究人员、教师、工程师、电脑编程人员、医生、系统分析员。

6. 艺术型（A）。

共同特点：有创造力，乐于创造新颖、与众不同的成果，渴望表现自己的个性，实现自身的价值。做事理想化，追求完美，不重实际。具有一定的艺术才能和个性。善于表达、怀旧、心态较为复杂。

典型职业：艺术方面（演员、导演、艺术设计师、雕刻家、建筑师、摄影家、广告制作人），音乐方面（歌唱家、作曲家、乐队指挥），文学方面（小说家、诗人、剧作家）。

资料来源：由百度百科资料改编而成。

第五节 企业人员激励

一、激励理论概述

在经济发展的过程中，劳动分工与交易的出现带来了激励问题。激励理论是行为科学中用于处理需要、动机、目标和行为四者之间关系的核心理论。行为科学认为，人的动机来自需要，由需要确定人们的行为目标，激励则作用于人内心活动，激发、驱动和强化人的行为。激励理论是业绩评价理论的重要依据，它说明了为什么业绩评价能够促进组织业绩的提高，以及什么样的业绩评价机制才能够促进业绩的提高。自从二十世纪二三十年代以来，国外许多管理学家、心理学家和社会学家结合现代管理的实践，提出了许多激励理论。主要的激励理论有四大类，分别为内容型激励的理论、过程型激励理论、行为改造型激励理论和综合激励理论。

（一）内容型激励理论

内容型激励理论重点研究激发动机的诱因。主要包括马斯洛的"需要层次理论"、赫茨伯格的"双因素理论"和麦克利兰的"成就激励理论"等。

1. 需要层次理论。这是由心理学家马斯洛提出的动机理论。该理论认为，人的需要可以分为五个层次：

（1）生理需要——维持人类生存所必需的身体需要。

（2）安全需要——保证身心免受伤害。

（3）归属和爱的需要——包括感情、归属、被接纳、友谊等需要。

（4）尊重的需要——包括内在的尊重如自尊心、自主权、成就感等需要和外在的尊重如地位、认同、受重视等需要。

（5）自我实现的需要——包括实现个人成长、发挥个人潜能、实现个人理想的需要。

按照马斯洛的观点，人类的需要是有等级层次的，从最低级的需要逐级向最高级的需要发展。需要按其重要性依次排列为：生理需要、安全需要、归属与爱的需要、尊重的需要和自我实现的需要。当某一级的需要获得满足以后，这种需要便中止了它的激励作用。

2. 双因素理论。这一理论是美国的行为科学家弗雷德里克·赫茨伯格（Fredrick Herzberg）提出来的，又称激励理论－保健因素理论。保健因素包括公司政策、管理措施、监督、人际关系、物质工作条件、工资、福利等。当这些因素恶化到人们认为可以接受的水平以下时，就会产生对工作的不满意。但是，当人们认为这些因素很好时，它只是消除了不满意，并不会导致积极的态度。那些能带来积极态度、满意和激励作用的因素就叫做"激励因素"，这是那些能满足个人自我实现需要的因素，包括成就、赏识、挑战性的工作、增加的工作责任，以及成长和发展的机会。如果这些因素具备了，就能对人们产生更大的激励。

3. 成就激励理论。美国哈佛大学教授戴维·麦克利兰把人的高级需要分为三类，即权力、交往和成就需要。在实际生活中，一个组织有时因配备了具有高成就动机需要的人员使得组织成为高成就的组织，但有时是由于把人员安置在具有高度竞争性的岗位上才使组织产生了高成就的行为。麦克利兰认为前者比后者更重要。这说明高成就需要是可以培养出来的，并且目前已经建立了一整套激励员工成就需要的培训方法，来提高生产率和为在出现高成就需要的工作时培养合适的人才。

（二）过程型激励理论

过程型激励理论着重研究人们选择其所要进行的行为的过程。主要包括期望理论、公平理论、目标设置理论等。

1. 期望理论。这是由美国心理学家维克多·弗鲁姆（V. H. Vroom）提出来的，他认为一个目标对人的激励程度受两个因素影响：一是目标效价，指人对实现该目标有多大价值的主观判断。如果实现该目标对人来说，很有价值，人的积极性就高；反之，积极性则低。二是期望值，指人对实现该目标可能性大小的主观估计。只有人认为实现该目标的可能性很大，才会去努力争取实现，从而在较高程度上发挥目标的激励作用；如果人认为实现该目标的可能性很小，甚至完全没有可能，目标激励作用则小，甚至完全没有。

弗鲁姆的期望理论体现了三个层面的关系：（1）个人努力与工作绩效的关系；（2）工作绩效与组织奖励的关系；（3）组织奖励与个人期望的关系。

2. 公平理论。公平理论又称社会比较理论，该理论侧重于研究工资报酬分配的合理性、公平性及其对职工生产积极性的影响，因此在薪酬管理方面，要实施具有公平性的报酬体系，这种公平体现在内部公平、外部公平、自我公平三个方面。

3. 目标设置理论。美国管理学家洛克（E. A. Locke）和休斯（C. L. Huse）等人提出了"目标设置理论"。概括起来，主要有三个因素：

（1）目标难度。目标应该具有一定难度，那种轻而易举就能实现的目标缺乏挑战性，不能调动起人的奋发精神，因而激励作用不大。当然，高不可攀的目标也会使人望而生畏，从而失去激励作用。因此，应把目标控制在有较大难度，又不超出人的承受能力这一水平上。

（2）目标的明确性。目标应明确、具体。能够观察和测量的具体目标，可以使人明确奋斗方向，并明确自己的差距，这样才能有较好的激励作用。

（3）目标的可接受性。只有当职工接受了组织目标，并与个人目标协调起来时，目标才能发挥应有的激励功能。

（三）行为改造型激励理论

行为改造理论重点研究激励的目的（即改造、修正行为）。主要包括斯金纳的强化理论和挫折理论等。

1. 强化理论。强化理论是美国心理学家和行为科学家斯金纳等人提出的一种理论。强化理论是以学习的强化原则为基础的关于理解和修正人的行为的一种学说。所谓强化，从其最基本的形式来讲，指的是对一种行为的肯定或否定的后果（报酬或惩罚），它至少在一定程度上会决定这种行为在今后是否会重复发生。

根据强化的性质和目的，可把强化分为正强化和负强化。在管理上，正强化就是奖励那些组织上需要的行为，从而加强这种行为；负强化就是惩罚那些与组织不相容的行为，从而削弱这种行为。正强化的方法包括奖金、对成绩的认可、表扬、改善工作环境和人际关系、提升、安排担任挑战性的工作、给予学习和成长的机会等。负强化的方法包括批评、处分、降级等，有时不给予奖励或少给奖励也是一种负强化。

2. 挫折理论。挫折理论是关于个人的目标行为受到阻碍后，如何解决问题并调动积极性的激励理论。挫折是一种个人主观的感受，同一遭遇，有人可能构成强烈挫折的情境，而另外的人则并不一定构成挫折。

（四）综合激励理论

心理学家勒温提出的场动力理论是最早期的综合型激励理论。这个理论强调，对于人的行为发展来说，先是个人与环境相互作用的结果。外界环境的刺激实际上只是一种导火线，而人的需要则是一种内部的驱动力，人的行为方向决定于内部系统需要的强度与外部引线之间的相互关系。如果内部需要不强烈，那么，再强的引线也没有多大的意义。

波特和劳勒于1968年提出了新的综合型激励模式，将行为主义的外在激励和认知派的内在激励综合起来。在这个模式中含有努力、绩效、个体品质和能力、个体知觉、内部激励、外部激励和满足等变量。在这个模式中，波特与劳勒把激励过程看成外部刺激、个体内部条件、行为表现、行为结果相互作用的统一过程。一般人都认为，有了满足才有绩效。而他们则强调，先有绩效才能获得满足，奖励是以绩效为前提的，人们对绩效与奖励的满足程度反过来又影响以后的激励价值。人们对某一作业的努力程度，是由完成该作业时所获得的激励价值和个人感到做出努力后可能获得奖励的期望概率所决定的。很显然，对个体的激励价值愈高，其期望概率愈高，则他完成作业的努力程度也愈大。

二、激励原则

1. 目标激励原则。目标激励原则体现在目标设置和目标管理两个方面。（1）目标设置。目标应该具体化；要阐明目标的社会价值并和个人利益相联系；目标既要有一定难度又要有实现的可能性；让完成目标的人参与目标设置；要对达到目标的进程有及时、客观的反馈信息。（2）目标管理。制定总体目标；作好组织准备；制订个人计划；阶段性成果评定。

2. 企业文化激励原则。21世纪企业之间的竞争已从生产效率的竞争演化为创新率的竞争，实质是企业文化的竞争。传统的"命令式"的领导方式已不适应对新型"知识员工"的管理。管理在一定程度上就是用一定的文化塑造人，只有当企业文化能够真正融入每个员工个人的价值观时，他们才能把企业的目标当成自己的奋斗目标。

3. 多跑道、多层次激励原则。激励的目的是为了提高员工工作的积极性，影响工作积极性的主要因素有：工作性质、领导行为、个人发展、人际关系、报酬福利和工作环境，而且这些因素对于不同企业所产生影响的排序也不同。针对员工需求差异化和多样性的特点，制订合理有效的激励方案，首先要了解员工的需求；其次结合企业发展的特点实施多跑道、多层次的激励，这样才能使员工真正安心在最适合他的岗位上工作。

三、激励计划

（一）员工个人激励计划

1. 计件工资计划。计件工资计划包括两种：直接计件工资和标准工时计划。这是比较传统的，同时也是目前应用最广泛的一种个体激励方式。这种方式是根据员工的单位产量来支付报酬的（称为计件工资率）。由于报酬和绩效是成比例的，所以，计件工资计划易于理解、公平，且能够起到很好的激励作用。标准工时计划与直接计件工资的差异表现在：员工不是根据计件工资率来获得工资，而是根据绩效超过标准的一定百分比而得到企业支付的同比例奖金。这类激励计划有其自身的弊端，员工工作的努力程度并没有增加，反而产生质量等其他问题。

2. 绩效加薪。绩效加薪是指企业根据员工个人的绩效来增加其工资（绩效工资）。绩效工资的不良后果产生的原因之一就是绩效评估过程模糊不清，不公平的评价体系导致绩效工资也是不公平的。

3. 销售佣金。销售人员的薪酬一般采用基本工资加佣金的综合形式。在这种激励计划下，销售人员不仅得到了一定的生活保障，并且增大了激励的程度，从而大大降低了离职率。

4. 利润分享。所有员工可以分享企业年度利润的一部分。典型的利润分享是现金分享，即企业每隔一段时间就把一定百分比的利润分配给雇员。

5. 员工持股。员工持股就是全体或部分员工认购一定量自己企业的股票。这种方式为员工提供了进一步的经济性奖励，创造了一种新的所有者的感觉。

6. 收益分享。它鼓励大多数或全部员工一起努力达到企业的生产率目标，然后员工和企业共同分享由这种努力所带来的成本节约收益。

7. 风险性可变工资。实际上指让员工薪水中的一部分承担一定风险的计划。如果员工达到或者超过了公司设定的目标，就能得到奖金，如果没有达到目标，就会失去他们在通常情况下应该拿到的一部分工资。

8. 基于认可的奖励。包括经济性奖励和非经济性奖励。经济性的奖励主要是奖金、红利以及等价于经济性奖励的物质奖励等；非经济性的奖励主要包括好评、晋升、调动等。对于专业人员即那些用自己掌握的知识来解决工作问题的员工，包括律师、医生、工程师、顾问等，他们可能更看重的是非经济性的奖励。

（二）团队激励计划

团队激励意义很大。今天，很多工作都是在团队内组织完成的，如新产品开发小组、汽车装配小组等。这里绩效不仅仅是个人努力也是团队努力的成果。团队激励计划增强了团队规划与团队解决问题的能力，同时有助于团队协作。根据团队的绩效向团队成员支付奖金有三种方式：第一，为每个团队成员设立工作标准，然后计算每个成员的产出。第二，根据团队总产量制定标准产量，所有成员按照团队工作的计件工资率来支付工资。第三，把报酬建立在基于团队绩效的一些总体标准的目标基础上，如每单位最终产品的总体劳动时间。

(三) 管理人员激励计划

管理人员在影响部门和企业的盈利能力方面起着关键性的作用，因此，大多数企业都会考虑如何激励管理人员。大部分管理人员除了得到基本工资，还会得到短期奖金与长期激励性报酬。

1. 短期激励。大多数企业都制订了年度奖金计划，这项计划是为了激励企业高层管理人员完成短期绩效目标。实施年度奖金计划时需要考虑三个因素：享受的资格条件、奖金的规模（确定年度奖金的总量）和个人奖金额。个人奖金额取决于个人业绩。

2. 长期激励。企业采用长期激励计划是为了促使高层管理人员在决策中要有长远的眼光。主要方式是股票期权。股票期权是一种权利，这种权利是指能够在特定的期限内，以某种特定的价格购买一定数量公司股票。因此，高层管理者希望通过行使自己的权利而获利，即在未来的某一时间以今天的价格购买公司股票，这里的前提是，股票价格会上涨。

本章小结

〔内容摘要〕

人力资源管理是现代企业管理过程中的一项十分重要的管理活动。人力资源管理活动的功能主要体现在对优秀人才吸纳、开发、激励、维持四个方面，通常被概括为：选、育、用、留。本章在对人力资源管理基础性工作即人力资源规划和工作分析与设计介绍的基础上，分别对人员招募与配置、培训与开发、激励计划制订的内容展开阐述，通过相关流程及方法的归纳与总结，旨在为学习者更好地理解人力资源管理活动内容，发挥各项功能提供帮助。

〔主要知识点〕

1. 人力资源规划的内容。企业从战略规划和发展目标出发，根据其内外部环境的变化，预测企业未来发展对人力资源的需求，以及为满足这种需要所提供人力资源的活动过程。包括人员需求预测和人员供给预测两个主体内容。

2. 工作设计的维度。任何工作都可以从技能多样性、任务完整性、任务重要性、工作自主性、反馈五个方面对其进行设计。

3. 人员甄选测试方法。人员选聘通常采用心理测试、面试、管理评价中心等方法。

4. 人员配置的方法。员工配置的基本方法主要有以人为标准进行配置，以岗位为标准进行配置和以双向选择为标准进行配置三种。

5. 培训的基本流程。一个完整的培训流程主要包括培训需求分析、培训计划制订、培训课程管理、培训师资管理、培训组织与实施、培训效果评估六个部分。

6. 职业生涯管理的内容。从管理的主体来讲职业生涯管理主要包括个人职业生涯管理和组织职业生涯管理两个层面。

〔关键概念〕

人力资源规划　工作分析　工作设计　人员甄选　人员配置　职业生涯管理

思考题

1. 为什么说人力资源管理是企业的战略伙伴？
2. 如何通过绩效薪酬来激励企业员工？
3. 企业可以采用哪些方法吸引并留住高素质的人才？

思考案例

点燃员工的学习热情

云胜公司 CIO 杨华光走进公司大门,看到程序员赵宁良在他前面晃晃悠悠地走着,"小赵!"他喊道。"转正了,对工作有什么想法?"杨华光走近小赵问。"我来的时间短,现在主要是向大家学习。"小赵说。"咱们部门的论坛里有大量的资料,还有同事在上面发的帖子,都是交流心得体验的,你应该多看看,能得到不少启发。那可是咱们部门的'三角地'呀。"杨光华说。小赵听到主任的话笑了起来,"主任,北大的'三角地'早就不是你说的以文会友的'三角地'了。"杨华光也笑了笑。"咱们部门的论坛,也不像你说的那么好,我上去过几次,资料是有一些,但想交流很难,上面没什么人,发帖也没人关注啊。"小赵的嘟囔让杨华光有点吃惊,难道论坛很久没人更新了吗?"小赵,你刚转正,培训比较多,工作很紧张吧,但这可是个学习的好机会。"杨华光想起了公司的员工培训。"主任,现在参加培训就是休息。"小赵调皮地说。"听说,以前公司培训都是让部门主管或者专业强的人士讲,现在是各部门的老人谁有时间谁去讲讲,根本见不到高手。有人是临时拉过去凑数,连点准备都没有。不像以前参加一次培训就像练功时吃到灵芝,受益匪浅。莫说我的项目忙,主管不让我们去,就是去也很无聊,只能全当休息。"听到这里,杨华光的心情沉重起来。

站在办公室门口,杨华光想了想,向 CEO 吴国林的办公室走去。"吴总,我发现我们部门的人员学习热情下降了,我想组织一些与业务部门互动的活动,激发一下员工的学习兴趣,想让吴总支持一下。"杨华光说。"学习是好事,但现在各部门都很忙,生产任务这么紧张,再说你们信息中心不是也有几个大项目在忙吗?是不是等以后再说。"吴总说。"吴总,我说的学习并不是与工作无关的学习,是有助于提高工作效率的实践。而且学习也是一种找差距、找弱点的过程,这样才可以提高员工的工作能力。学习氛围对一个团队来说很重要,我深有体会。"杨华光解释说。"另外,咱们公司培训现在好像不太受欢迎,员工觉得内容方面有的与工作需求关系不大,是不是能让行政部改进一下。"杨华光接着说。"怎么改进?"吴国林问。"能否让各部门主管或者专业高手定期去主持培训,让参加培训的人每次都能有收获,同时这也是员工与管理层互动的一个方式。"杨华光说。"培训?据我所知,咱们公司做得很不错。但你所说的主管、专家,他们每个人都有很多事。你能否告诉我,对学习的投入回报是什么?"吴总问。"回报?"杨华光笑笑,心里却担心起来。

资料来源:由中国人力资源开发网文章改编而成。

思考题:

1. 令杨华光感到困惑的问题有哪些?
2. 怎样才能为员工营造学习氛围,激发学习兴趣,维持学习热情,保证企业的人才健康成长呢?
3. 如何将培训投入与回报更有效地链接起来?

应用训练

HRM 规划拟定

【实训目标】

通过实训,一方面强化同学们对人力资源管理理论的记忆,提高灵活运用能力;另一方面培养大家组织、合作、协调等能力。

【实训内容】

在理解人力资源管理六大模块和相关理论的基础上,完成人员选聘、配置、培训与激励等各项活动计划、制度的拟定与实施。

【实训步骤】

（一）招聘与配置

1. 选择学校所在地的一家中小企业，了解其基本情况。

（1）主营业务活动；

（2）企业的组织结构与部门设置；

（3）各部门的岗位设置与人员配置；

（4）未来的发展目标与经营战略；

（5）员工及各层级管理人员的绩效考核奖励制度与福利制度。

2. 根据战略目标拟订人力资源规划。

（1）人员需求预测；

（2）人员供给预测。

3. 根据规划拟订人员招聘计划。

（1）依据战略目标重新设计工作说明书；

（2）撰写招聘计划；

（3）选择有效渠道发布招聘信息；

（4）搜集符合岗位基本要求的应聘人信息并予以面试通知。

4. 模拟招聘过程。

（1）任命招聘主考官；

（2）实施校园现场模拟招聘。

5. 对招聘结果进行评估，看看是否满足了人员需求。

（二）培训与激励

1. 拟订入职培训计划，包括培训的内容、培训所要达到的要求、培训的时间安排等。

2. 根据企业的未来发展方向，提出明确的岗位能力要求，针对能力欠缺的在职人员进行培训需求的申请，并拟定课程内容，与有关各部门协调，制订培训计划。

3. 了解近两年来企业主营业务活动业绩、离职率，走访企业内部员工及管理人员，听取意见和建议，对现有的各种激励制度的效果进行分析与评估，补充拟定绩效考核、奖励制度，在企业现有的条件下增设自主福利制度。

第七章　现代企业市场营销管理

---------------- 【导入案例】 ----------------

铱星为何悲情陨落

　　中国中央电视台在 2000 年 9 月曾用"科学家的宠儿，市场的弃儿"为名报道了美国摩托罗拉公司创办的"铱星通信系统"。摩托罗拉公司由工程师提议的"通信系统"被评为美国最佳科技成果和世界科技成就之一，并由此成立铱星公司。铱星公司在把这种先进的设备推向散布于全球的市场时，依靠一家公关集团的事业部设计了一个活动的方案，这个方案可能是有史以来最大的一次创品牌的活动。这场花费 1.4 亿美元的活动在 45 个国家展开，邮寄材料被译成 13 种文字。最后，作为这次全球性产品推出的象征性活动，广告代理商雇用激光专家把公司的巨大星座标志打到云朵上面，然而，铱星公司运营一年之后，损失 100 亿美元，悲情陨落！一个企业要在市场上成功和持续发展，需要优于竞争者的核心能力支撑。许多人认为企业的核心竞争能力应体现在技术优势上，那么，有世界最先进技术优势的铱星公司为什么会破产呢？根据市场营销学的理论，道理很简单，市场需求不足。

　　资料来源：http://jpkc.sptpc.com/dxscyx2007。

　　问题：铱星公司运营失败带给我们的启示是什么？

　　企业市场营销管理就是站在企业的角度，以实现潜在交换（或实现企业产品的社会价值）为目的，研究同实现交换有关的需求、市场、环境、战略与策略等方面问题的一门学科。它是建立在经济科学、行为科学、管理学理论基础之上的综合性的应用科学。在买方市场和市场国际化的今天，企业市场营销管理已成为企业生存、发展的一种核心思维方式。

第一节　市场营销概述

一、现代社会的市场营销

（一）市场营销的基本概念

1. 市场营销的界定。市场营销的含义是比较广泛的。它也重视销售，但它更强调企业应当在对市场进行充分分析和认识的基础上,以市场的需求为导向,规划从产品设计开始的全部经营活动,以确保企业的产品和服务能够被市场所接受,从而顺利地销售出去,并占领市场。

美国著名的营销学者菲利普·科特勒认为,市场营销是个人或群体通过创造,提供并同他人交换有价值的产品,以满足各自的需要和欲望的一种社会活动和管理过程。在这个核心概念中包含了需要、欲望和需求,产品或提供物,价值和满意,交换和交易,关系和网络等一系列的概念。

资料链接

营销大师——菲利普·科特勒

菲利普·科特勒(Philip Kotler)博士生于1931年,是现代营销集大成者,被誉为"现代营销学之父",拥有麻省理工大学的博士、哈佛大学博士后等八所大学的荣誉博士学位。现任西北大学凯洛格管理学院终身教授、美国管理科学联合市场营销学会主席、美国市场营销协会理事、营销科学学会托管人等。

科特勒博士见证了美国40年经济的起伏坎坷、衰落跌宕和繁荣兴旺的历史,从而成就了完整的营销理论,培养了一代又一代美国大型公司的企业家。他多次获得美国国家级勋章和褒奖,他亦曾担任许多跨国企业的顾问,这些企业包括IBM、通用电气、美洲银行、北欧航空、米其林等。此外,他还曾担任美国管理学院主席、美国营销协会董事长和项目主席以及彼得·杜拉克基金会顾问。

科特勒博士著作众多,著有《营销管理》、《科特勒营销新论》、《非营利机构营销学》、《新竞争与高瞻远瞩》、《国际营销》、《营销典范》、《营销原理》等。许多著作都被翻译为20多种语言,被58个国家的营销人士视为营销宝典。其中,《营销管理》一书更是被奉为营销学的圣经。他还为《哈佛商业评论》、《加州管理杂志》、《管理科学》等一流杂志撰写了100多篇论文。

科特勒晚年的事业重点是在中国,他每年来华六七次,为平安保险、TCL、创维、云南药业集团、中国网通等公司作咨询。1999年底,有着近三十年历史的科特勒咨询集团(KMG)在中国设立了分部,为中国企业提供企业战略、营销战略和业绩提升咨询服务。

资料来源:http://baike.baidu.com/view/175448.htm。

2. 市场营销的核心概念。为进一步理解市场营销的深刻内涵,有必要讨论与之相关的概念。这些概念相互关联,既揭示出市场营销的核心特征,又反映了市场营销达到目标的基本过程。

(1)需要、欲望和需求。市场交换活动的基本动因是满足人们的需要和欲望,这是市场营销理论提供给我们的一种观察市场活动的新的视角。实际上,我们探讨的"需要"、"欲望"、"需求"三个看来十分接近的词汇,其真正的含义是有很大差别的。

需要是指人们生理上、精神上或社会活动中所产生的一种无明确指向性的满足欲,是人类与生俱来的本性。当人们有了某种需要后,内心会产生紧张,并试图通过某种方式消除这种紧张感。比如，饥饿时会产生对食物的需要。营销者的任务并非创造人类的需要，而是发现需要，并通过提供产品或服务满足人们的需要。

欲望是指为满足基本需要而希望得到某种具体物品的愿望，它往往受到个人社会、文化背景的影响。欲望可以用满足需要的具体实物来描述。营销者的任务是开发并提供适当的产品，不但要能满足人们的需要，更要能与他们的欲望相一致。

需求则是有购买力的欲望。人类的欲望无穷无尽，但可支配的资源却有限。因此，人们会在购买力水平的约束下，选择能够最大限度满足他们欲望的产品或服务。因为时代不同，购买力水平发生变化，导致需求也发生改变。这告诉营销者：既要使所提供的产品或服务与消费者的购买力水平相适应，又要满足消费者需求的整体利益和价值。

（2）价值和满意。人们是否购买产品并不仅仅取决于产品的效用，同时也取决于人们获得效用的代价。人们在获得使其需要得以满足的产品效用的同时，必须支付相应的费用，这是市场交换的基本规律，也是必要的限制条件。市场交换能否顺利实现，往往取决于人们对效用和代价的比较。如果人们认为产品的效用大于其支付的代价，再贵的商品也愿意购买；相反如果人们认为代价大于效用，再便宜的东西也不会要，这就是人们在交换活动中的价值观。人们在以适当的代价获得了适当的效用的情况下，才会有真正的满足；只有在交易中感到满意的顾客才可能成为企业的忠实顾客。

（3）交换、交易与关系。交换是指通过提供某种东西作为回报，从交换对象处取得所需的行为。交换是市场营销的核心概念，营销者向消费者提供产品或服务，目的是欲从消费者处获取销售额、消费者满意以及对于品牌的认可等。要达到此目的，产品或服务必须符合消费者需要显然是前提。

交易是市场营销的度量单位，是指买卖双方价值的交换过程。比如，支付2 000元从国美电器购买一台电视机，就是一次交易过程。

通过交换与交易过程，能够与顾客建立起以价值、情感和社会利益为纽带的长期关系，则利于达成企业长期发展的目标。例如，众多企业都希望构建强势品牌，目的就在于通过著名品牌可以增加与消费者之间的情感联系，提高顾客忠诚，建立长期互利的关系。

（二）市场营销与销售、促销、推销的区别

现代市场营销学认为，推销只是市场营销活动的一个组成部分，但不是重要部分，推销是企业营销人员的职能之一，但不是重要的职能。现代企业市场营销活动包括市场营销研究、市场需求预测、新产品开发、定价、分销、物流、广告、人员推销、销售促进、售后服务等，而销售仅仅是现代市场营销活动的一部分，而不是最重要的部分。著名管理学家彼得·德鲁克曾指出，市场营销的目的就是使销售成为不必要。促销只是市场营销组合策略的一个组成部分，它包括广告、公关、人员推销和营业推广四个方面。

二、市场营销理念的演变

由于市场营销理念是在企业的外部市场环境和内部条件共同作用下形成的。因此，有什么样的市场环境，就会形成什么样的市场营销理念。市场营销理念的演变大致经过以下三个阶段：

（一）传统观念

1. 生产观念。生产观念产生于 19 世纪末到 20 世纪初。当时，由于经济和技术比较落后，消费者并不富裕，而且国内市场和国际市场都在扩大，生产的发展不能满足消费需求的增长，消费者的需求量大，多数商品处于供不应求的"卖方市场"。销售与消费只是被动地适应市场，企业生产什么，市场就销售什么，生产多少就销售多少，没有多大的选择余地。在生产观念的指导下，企业普遍认为，只要能向顾客提供买得起、买得到的产品，就会实现销售。生产的关键就在于降低成本，扩大产量，提供价廉的产品。因此，企业只注重生产，无须关心市场。

以生产观念为导向的营销活动具有以下特点：生产活动是企业经营活动的中心和基本出发点；降低成本、扩大产量是企业成功的关键；不重视产品、品种和市场需求；追求的目标是短期利益；坚持"我生产什么、商家就卖什么、消费者就买什么"的经营思想。

2. 产品观念。产品观念认为，消费者最喜欢高质量、多功能和具有某种特色的产品，企业应致力于生产高附加值产品，并不断加以改进。这种观念产生于市场产品供不应求的"卖方市场"形势下。最容易滋生产品观念的场合，莫过于当企业发明一项新产品时，此时企业最容易导致"市场营销近视"，即不适当地把注意力放在产品上，不是放在市场需求上，在市场营销管理中缺乏远见，只看到自己的产品质量好，看不到市场需求在变化，致使企业经营陷入困境。

生产观念和产品观念的共同特点都是：重生产、轻营销，把市场看做是生产过程的终点，从生产者角度出发，忽视了市场需求的多样性和动态性。当某些产品出现供过于求或不适销对路而产生积压时，有关企业只知"我们制造最好的服装"、"我们制造最好的汽车"，却不知产品为什么销不出去。

3. 推销观念。持推销观念的企业经营者认为，仅有优质的产品和低廉的成本并不一定能吸引顾客，而必须通过企业对顾客的宣传和推销，促使顾客对产品理解和接受。推销观念将顾客看成是被动的、迟钝的，认为只有强化刺激才能吸引顾客。但推销观念同生产观念和产品观念相比，具有明显的进步，其主要表现为：企业经营者开始将眼光从生产领域转向了流通领域，不仅在产品的设计和开发，而且在产品的销售促进上投入了精力和资本。但是推销观念仍然是以企业为中心，是以说服和诱导消费者接受企业已经生产出来的产品为目的，仍然没有把消费者放在企业经营的中心地位。

当大量的推销活动仍不能使企业摆脱产品滞销积压，经营每况愈下的局面时，一些企业就会从市场上去寻找原因，就会考虑根据顾客的需要和市场的变化来调整自己的经营，从而就导致新的企业经营观念应运而生。

（二）市场营销观念

市场营销观念是以消费者需要和欲望为导向的经营哲学，是消费者主权论的体现，形成于 20 世纪 50 年代。该观念认为，实现企业诸目标的关键在于正确确定目标市场的需要和欲望，一切以消费者为中心，并且比竞争对手更有效、更有利地传送目标市场所期望满足的东西。

市场营销观念的产生，是市场营销哲学的一种质的飞跃和革命，它不仅改变了传统的旧观念的逻辑思维方式，而且在经营策略和方法上也有很大突破。它要求企业营销管理贯彻"顾客至上"的原则，将管理重心放在善于发现和了解目标顾客的需要，并千方百计去满足它，从而实现企业目标。因此，企业在决定其生产经营时，必须进行市场调研，根据市场需求及企业本身条件选择目标市场，组织生产经营，最大限度地提高顾客满意程度。

在市场营销观念指导下的营销活动具有如下特征：

（1）消费者需求是企业经营活动的出发点。以顾客为核心的市场营销理念重视顾客需求，企业成立专门的市场调研部门，培养专业的市场分析研究人员，花费大量的人力、物力、财力了解消费者需求的特点和变动趋势，根据市场消费需求组织生产，企业的经营过程已变成了"需求—生产—销售—消费"。这种变化使顾客需求由过去的被动地位转化为主动地位，成为企业经营活动的出发点。

（2）营销活动贯穿于企业经营活动的全过程。要满足顾客的需要并实现企业的营销目标，就必须综合运用各种营销手段，使企业的营销活动形成一个有机的整体。如市场调查与预测、产品设计与开发、生产组织与财务分析、分销渠道与仓储运输、销售与公关、包装商标、广告宣传等，这一切都要贯穿于企业经营活动的全过程，形成完整的体系，以便发挥营销的整体效果。

（3）追求长远利益和公司的长久发展。随着以顾客为中心的营销理念的确立，企业开始注重企业的长远利益。营销人员已经意识到，企业追求利润的手段应该建立在满足消费者需求的基础上。

市场营销观念虽然抓住了"顾客"这个市场核心，是企业指导思想的根本变革，但仍存在不足之处：片面注重顾客的短期需求和眼前利益，忽视社会其他利益的存在，如政府的需求与利益、企业股东的需求与利益、企业职工的需求与利益、社会与自然环境保护等。为了解决上述问题，企业营销理念发展到第三阶段——社会营销观念阶段。

（三）社会营销观念

所谓社会营销观念，即企业在其经营活动中必须承担起相应的社会责任，保持企业利益、消费者利益同社会利益的一致性。社会营销观念是对市场营销观念的修改和补充。它产生于20世纪70年代西方资本主义国家出现能源短缺、通货膨胀、失业增加、环境污染严重、消费者保护运动盛行的新形势下。社会营销观念提出以后，得到了世界各国和有关组织的广泛重视，一些国际组织，如美国的国际开发署、世界卫生组织和世界银行等也开始承认这一理论的运用是推广具有重大意义的社会目标的最佳途径。

鉴于市场营销观念回避了消费者需要、消费者利益和长期社会福利之间隐含着冲突的现实，社会营销观念提出，企业的任务是确定各个目标市场的需要、欲望和利益，并以保护或提高消费者和社会福利的方式，比竞争者更有效、更有利地向目标市场提供能够满足其需要、欲望和利益的物品或服务。社会营销观念要求市场营销者在制定市场营销政策时要统筹兼顾三方面利益，即企业利润、消费者需要的满足和社会利益。

【分析案例】

皮尔斯堡面粉公司的成长

美国皮尔斯堡面粉公司于1869年成立，从成立到20世纪20年代以前，这家公司提出"本公司旨在制造面粉"的口号。因为在那个时代人们的消费水平较低，面粉公司认为不需做大量宣传，只需保持面粉的质量，大批量生产，降低成本和售价，销量就自然大增，利润也会继而增加，不必讲究市场需求特点和推销方法。1930年左右，美国皮尔斯堡公司发现，在推销公司产品的中间商中，有的已经开始从其他的厂家进货，本公司的销量也随之不断减少。公司为了扭转这种局面，第一次在公司内部成立商情调研部门，并选派了大量的推销员力图扭转局面、扩大销量，同时他们更改了口号："本公司旨在推销面粉。"更加重视推销技巧，不惜采用各种手段，进行大量的广告宣传，甚至使用硬性兜售的方法推销面粉。然而种种强力推销方式并未满足顾客不断变化的新需求，特别是随着人们生活水平的提高，这一问题日益明显，迫使面粉公司必须从满足顾客的心理及实际需要出发，对市场进行分析研究。1950年前后，面粉公司经过市场调查，了解战后美国人民的生活方式已发生了变化，家庭妇女采购食品时，日益要求多种多样的半成品或成品，如各式饼干、点心、面包等，来代替购买面粉回家做饭。针对市场需求的变化，这家公司开始生产和推销各种成品或半成品的食品，使销量迅速上升。1958年，这家公司又进一步成立了皮尔斯堡销售公司，着重研究今后3年到30年市场的消费趋势，不断设计和制造新产品，培训新的销售人员，着眼于长期占领市场。

资料来源：贺慈浩著，《市场营销学》，科学出版社2000年版。

分析：结合案例，说明企业经营观念的演变和各阶段的特点。

第二节　市场分析与定位

第二次世界大战以后，随着经济和社会生活越来越丰富，处在买方市场情况下的西方企业纷纷开始实行目标市场营销。目标市场营销即企业识别各个不同的购买者群体的差别，有选择地确认一个或几个消费者群体作为自己的目标市场，发挥自己的资源优势，满足其全部或部分的需要。目标市场营销是市场营销理论和实践的极有意义的进步，成为现代营销的核心战略。目标市场营销主要包含有三个步骤：市场细分（Segmenting）—目标市场选择（Targeting）—市场定位（Positioning），所以又被称为STP战略。

一、市场细分

（一）市场细分的含义

由于人们所处的地理条件、社会环境以及自身的个性心理不同，市场上的顾客千差万别，他们追求不同的利益，拥有不同的需求特点和购买习惯，以至于对商品的品种、数量、价格、式样、规格、色彩乃至购买时间和地点的要求都会有所不同。如果说卖方市场限制了消费者表现和实现其差异需求的条件，买方市场则使消费者步入了个性消费的时代，客观存在的需求差异得到真正尊重和鼓励。以消费需求为中心的营销活动自然地建立在对这些客观差异的识辨和区分即市场细分上。

市场细分是指根据消费者的不同特征把市场分割为若干个消费者群，每一个需求特点相类似的消费者群就是一个细分市场。市场细分不是从产品出发的市场分类，而是从区别消费者的不同需求出发，根据消费者购买行为的差异性，把消费者总体划分为许多类似性购买群体。市场细分是企业在研究市场营销环境和消费者购买行为的基础上选择与确定目标市场的重要手段。所以，消费需求绝对差异造成了市场细分的必要性，消费需求的相对同质性则使市场细分有了实现的可能性。

市场细分理论的提出被看做是营销学的"第二次革命"，是继以消费者为中心的观念提出后对营销理论的又一质的发展，它的出现使营销学理论更趋于完整和成熟。

（二）市场细分的意义

1. 市场细分是制定市场营销战略的关键环节。市场营销战略包括选定目标市场和决定适当的营销组合两个基本观念。在实际应用上，有两种途径：（1）从市场细分到营销组合，即先将一个异质市场细分为若干个"子市场"，然后从若干子市场中选定目标市场，采取与企业内部条件和外部环境相适应的目标市场策略，并针对目标市场设计有效的市场营销组合；（2）从营销组合到市场细分，即在已建立了营销组合后，对产品组合、分销、促销及价格等作出多种安排，将产品投入市场试销；再依据市场反馈的信息，研究消费者对不同营销组合的反应有何差异，进行市场细分，选定目标市场；最后按照目标市场的需求特点，调整营销组合。

2. 市场细分有助于企业发现最佳的市场机会。在市场供给看似已十分丰富，竞争者似乎占领了市场各个角落时，企业利用市场细分就能及时、准确地发现属于自己的市场机会。因为消费者的需求是没有穷尽的，总会存在尚未满足的需求。只要善于市场细分，总能找到市场需求的空隙。百事可乐公司就是通过市场细分为自己发现了绝妙的市场机会，并在此基础上用一系列营销努力成功地改写了可乐市场上可口可乐一统天下的局面。当时可口可乐在消费者心目中几乎就是饮料的代名词，其他品牌的饮料根本无法与之相提并论。百事可乐首创不含咖啡因的"七喜"，并用饮料中是否含有咖啡因作为标准，硬是将饮料市场一劈为二：含有咖啡因的饮料市场和不含咖啡因的饮料市场。并成功地让消费者认同：可口可乐是前一个市场的霸主，而七喜则是后一个市场的领导者。

3. 市场细分能有效地与竞争对手相抗衡。在企业之间竞争日益激烈的情况下，通过市场细分，有利于发现目标消费者群的需求特性，从而调整产品结构，增加产品特色，提高企业的市场竞争能力，有效地与竞争对手相抗衡。例如，日本有两家最大的糖果公司，以前生产的巧克力都是满足儿童消费市场的，森永公司为增强其竞争能力，经过市场调查与充分论证，研制出一种"高王冠"的大块巧克力，定价70日元，推向成人市场。明治公司也不甘示弱，通过市场细分，选择了3个子市场：初中学生市场、高中学生市场和成人市场。该公司生产出两种大块巧克力，一种每块定价40日元，用于满足十二三岁的初中学生；一种每块定价60日元，用于满足十七八岁的高中学生；两块合包在一起，定价100日元，适宜于满足成人市场。明治公司的市场细分策略，比森永公司高出一等。

4. 市场细分能有效地拓展新市场，扩大市场占有率。企业对市场的占有不是轻易就能拓展开来的，必须从小到大，逐步拓展。通过市场细分，企业可先选择最适合自己占领的某些子市场作为目标市场。当占领这些子市场后再逐渐向外推进、拓展，从而扩大市场占有率。

5. 市场细分对小企业具有特别重要的意义。与大企业相比，小企业的生产能力和竞争实力要小得多，它们在整个市场或较大的细分市场上无法建立自己的优势。无论何种情况，只要是小企业力所能及的，便可以见缝插针，拾遗补阙，建立牢固的市场地位，成为这一小细分市场的专家。小企业还可充分发挥"船小调头快"的优势，不断寻找新的市场空隙，使自己在日益激烈的竞争中生存和发展。

（三）市场细分的依据

市场细分标准指的是以消费者所具有的明显不同的特征为分类的依据。消费者市场细分的依据很多，造成消费需求特征多样化的所有因素，几乎都可视为市场细分化的依据或标准，称为细分变量。市场细分工作是寻找需求差异，追溯差异原因的过程。所有可能导致需求差异的内在因素以及体现需求差异的外在因素，都可以成为细分的标准，因此市场细分标准非常繁杂，一般认为主要细分依据是地理因素、人口因素、心理因素和行为因素四大类。

1. 地理因素。以地理环境为标准细分市场就是按消费者所在的不同地理位置将市场加以划分，是大多数企业采取的主要标准之一，这是因为这一因素相对其他因素表现得较为稳定，也较容易分析。地理特征变量包括地理区位、行政层级、气候条件和其他地理环境等一系列的具体变量。由于地理环境、气候条件、社会风俗和文化传统的影响，同一地区的消费者往往具有相似的消费需求，而不同地区的消费者在需求内容和特点上有明显差异。

2. 人口因素。消费者是需求的载体，需求可能因消费者人口特征的不同而不同。人口因素包括年龄、性别、收入、教育水平、家庭规模、宗教和种族等直接反映消费者自身特点的许多因素。因为人口因素中所包含的这些变量来源于消费者自身，而且较易测得，所以，人口因素一直是消费者市场细分的重要因素。

消费者的欲望和需求并不都与人口因素有因果关系。有时候，单单用人口因素细分显得不可靠。例如，美国福特汽车公司"野马"车细分市场的确定不是以生理年龄，而是心理年龄。

3. 心理因素。在物质丰裕的社会，根据马斯洛需求分级，需求往往从低层次的功能性需求向高层次的体验性需求发展，消费者除了对商品的物理功能提出更高要求外，对品牌所附带的价值内涵和生活信息也有所期待。消费者心理特征和生活方式上的差异，会导致对价值内涵和生活信息需求的差异。在地理环境和人口状态相同的条件下，消费者之间存在着截然不同的消费习惯和特点，这往往是消费者的不同消费心理的差异所导致的。

4. 行为因素。所谓的行为因素是指和消费者购买行为习惯相关的一些变量，包括购买时机和频率、追求的利益、使用情况和消费者对品牌的忠诚度等。

根据购买者产生需要、购买或使用产品的时机，可将他们区分开来。时机细分可以帮助企业拓展产品的使用范围。使用者的情况可分为非使用者、曾经使用者、潜在使用者、首次使用者和经常使用者几种。消费者对某种产品的使用数量或使用频率也是值得区分的变量。市场也可以按消费者对品牌的忠诚度来进行细分。品牌忠诚度指消费者对某种品牌的偏好和经常使用程度。

二、目标市场选择

(一) 目标市场的含义

所谓目标市场，是企业决定要进入的那个市场部分，也即是企业在市场细分的基础上，根据自身特长意欲为之服务的那部分顾客群体。市场细分化的目的在于正确地选择目标市场，如果说市场细分显示了企业所面临的市场机会，目标市场选择则是企业通过评价各种市场机会、决定为多少个细分市场服务的重要营销策略。

(二) 目标市场选择

为什么要选择目标市场呢？因为不是所有的子市场对本企业都有吸引力，任何企业都没有足够的人力资源和资金满足整个市场或追求过分大的目标，只有扬长避短，找到有利于发挥本企业现有的人、财、物优势的目标市场，才不至于在庞大的市场上瞎撞乱碰。

选择目标市场一般运用下列三种策略：

1. 无差异性市场营销。所谓无差异性市场营销，是指企业把整个市场看作一个大的目标市场，没有进行市场细分，用一种产品、统一的市场营销组合对待整个市场。它凭借单一的产品、统一的包装、价格、品牌、广泛的销售渠道和大规模的广告宣传，树立该产品长期稳定的市场形象。无差异性市场营销策略曾被当作"制造业中的标准化生产和大批量生产在营销方面的化身"。其最大的优点在于成本的经济性，单一的产品降低了生产、存货和运输的成本，统一的广告促销节约了市场开发费用。这种目标市场覆盖策略的缺点也十分明显。它只停留在大众市场的表层，无法满足消费者各种不同的需要，面对市场的频繁变化显得缺乏弹性。

2. 差异性市场营销。差异性市场营销把整体市场划分为若干需求与愿望大致相同的细分市场，然后根据企业的资源及营销实力，分别为各个细分市场制定不同的市场营销组合。采用这种营销策略的最大优点，是有针对性地满足具有不同特征的顾客群体，提高了产品的竞争能力。但是，也会由于产品品种、销售渠道、广告宣传的扩大化与多样化，致使市场营销费用大幅度增加。

3. 集中性市场营销。集中性市场营销指企业集中所有力量，在某一细分市场上实行专业生产和销售，力图在该细分市场上拥有较大的市场占有率。企业运用此策略是遵循"与其四面出击，不如一点突破"的原则，例如德国的大众汽车公司集中于小型汽车市场的开拓和经营，美国的惠普公司专攻高价的计算机市场，都是集中性市场营销的成功范例。集中性市场营销因为服务对象比较专一，企业对其特定的目标市场有较深刻的了解，可以深入地发掘消费者的潜在需要。企业将其资源集中于较小的范围，进行"精耕细作"，有利于形成集聚力量，建立竞争优势，可获得较高的投资收益率。但这种策略风险较大，一旦企业选择的细分市场发生突然变化，如消费者偏好转移或竞争者策略的改变等，企业将缺少回旋余地。

三种目标市场策略各有利弊。选择目标市场时，必须考虑企业面临的各种因素和条件，如企业规模和原料的供应、产品类似性、市场类似性、产品寿命周期、竞争的目标市场等。选择适合本企业的目标市场策略是一个复杂多变的工作。

三、市场定位

（一）市场定位的含义

市场定位是在20世纪70年代由美国营销学家艾·里斯和杰克特劳特提出的，其含义是指企业根据竞争者现有产品在市场上所处的位置，针对顾客对该类产品某些特征或属性的重视程度，为本企业产品塑造与众不同的、给人印象鲜明的形象，并将这种形象生动地传递给顾客，从而使该产品在市场上确定适当的位置。

市场定位并不是你对一件产品本身做些什么，而是在潜在消费者的心目中做些什么。市场定位的实质是使本企业与其他企业严格区分开来，使顾客明显感觉和认识到这种差别，从而在顾客心目中占有特殊的位置。

（二）市场定位的方式

1. 避强定位。避强定位策略是指企业力图避免与实力最强的或较强的其他企业直接发生竞争，而将自己的产品定位于另一市场区域内，使自己的产品在某些特征或属性方面与最强或较强的对手有比较显著的区别。避强定位策略能使企业较快地在市场上站稳脚跟，并能在消费者或用户中树立形象，风险小。缺点是避强定位往往意味着企业必须放弃某个最佳的市场位置，很可能使企业处于最差的市场位置。

2. 迎头定位。迎头定位是指企业根据自身的实力，为占据较佳的市场位置，不惜与市场上占支配地位的、实力最强或较强的竞争对手发生正面竞争，而使自己的产品进入与对手相同的市场位置。实行迎头定位策略的企业，在竞争过程中往往相当引人注目，甚至产生所谓轰动效应，企业及其产品可以较快地为消费者或用户所了解，易于达到树立市场形象的目的，但也具有较大的风险性。

3. 重新定位。公司在选定了市场定位目标后，如定位不准确或虽然开始定位得当，但市场情况发生变化时，如遇到竞争者定位与本公司接近，侵占了本公司部分市场，或由于某种原因消费者或用户的偏好发生变化，转移到竞争者方面时，就应考虑重新定位。重新定位是以退为进的策略，目的是为了实施更有效的定位。

市场定位是设计公司产品和形象的行为，以使公司明确在目标市场中相对于竞争对手自己的位置。公司在进行市场定位时，应慎之又慎，要通过反复比较和调查研究，找出最合理的突破口，避免出现定位混乱、定位过度、定位过宽或定位过窄的情况。而一旦确立了理想的定位，公司必须通过一致的表现与沟通来维持此定位，并应经常加以监测以随时适应目标顾客和竞争者策略的改变。

【分析案例】

定位激活万宝路

20世纪20年代的美国，被称为"迷惘的时代"。经过第一次世界大战的冲击，许多青年都自认为受到了战争的创伤，并且认为只有拼命享乐才能将这种创伤冲淡。他们或在爵士乐的包围中尖声大叫，或沉浸在香烟的烟雾缭绕当中。无论男女，他（她）们嘴上都会异常悠闲雅致地衔着一支香烟，妇女是爱美的天使，社会的宠儿，她们抱怨白色的香烟嘴常沾染了她们的唇膏。于是"万宝路"出世了。"万宝路"这个名字也是针对当时的社会风气而定的。"MARLBORO"其实是"Man Always Remember Lovely Because Of Romantic Only"的缩写，意为"男人们总是忘不了女人的爱"。其广告口号是"像五月的天气一样温和"，用意在于争当女性烟民的"红颜知己"。莫里斯公司把香烟的烟嘴染成红色，以期广大女士为这种无微不至的关怀所感动，从而打开销路。然而"万宝路"从1924年问世，一直至20世纪50年代，始终默默无闻。莫里斯温柔气质的广告形象致使广大男性烟民对其望而却步，虽然突出了自己的品牌个性，也提出了对某一类消费者（这里是妇女）特殊的偏爱，但却为其未来的发展设置了障碍，导致它的消费者范围难以扩大。女性对烟的嗜好远不及对服装的热情，而且一旦她们变成贤妻良母，她们并不鼓励自己的女儿抽烟！而女性往往由于其爱美之心，担心过度抽烟会使牙变黄，面色受到影响，在抽烟时较男性烟民要节制得多。

抱着心存不甘的心情，莫里斯公司开始考虑重塑形象。公司派专人请利奥·伯内特广告公司为"万宝路"进行广告策划，以期打出"万宝路"的名气销路。"让我们忘掉那个脂粉香艳的女子香烟，重新创造一个富有男子汉气概的举世闻名的'万宝路'香烟！"——利奥·伯内特广告公司的创始人对一筹莫展的求援者说。一个崭新大胆的改造"万宝路"香烟形象的计划产生了。产品品质不变，包装采用当时首创的平开式盒盖技术，并将名称的标准字（MARLBORO）尖角化，使之更富有男性的刚强，并以红色作为外盒主要色彩。

广告的重大变化是：万宝路的广告不再以妇女为主要对象，而是用硬铮铮的"男子汉"。在广告中强调"万宝路"的男子气概，以吸引所有爱好追求这种气概的顾客。莫里斯公司开始用具有男子汉气概的马车夫、潜水员、农夫等做广告男主角。但这个理想中的男子汉最后还是集中到美国牛仔这个形象上：一个目光深沉、皮肤粗糙、浑身散发着粗犷、豪气的英雄男子汉，在广告中袖管高高卷起，露出多毛的手臂，手指总是夹着一支冉冉冒烟的"万宝路"香烟。这种洗尽女人脂粉味的广告于1954年问世，它给"万宝路"带来巨大的财富。仅1954~1955年间，"万宝路"销售量提高了3倍，一跃成为全美第十大香烟品牌，1968年其市场占有率上升到全美同行第二位。现在，"万宝路"每年在世界上销售香烟3 000亿支，用5 000架波音707飞机才能装完。世界上每抽掉4支烟，其中就有一支是"万宝路"。

资料来源：王维、龚福麒著，《市场营销学》，经济科学出版社2002年版。

分析：我们能从万宝路由衰而盛的成长过程中得到哪些有益的启示？

第三节 市场营销组合策略

企业的营销策略是企业对其内部与实现营销目标有关的各种可控因素的组合和运用。影响企业营销目标实现的因素是多方面的，许多企业在营销实践中认识到，必须对企业的各种营销策略围绕统一的营销目标加以有机组合，才能使营销活动取得成功，并降低营销的成本。1960年，美国市场营销学家杰罗姆·麦卡锡将企业营销组合涉及的各种因素归结为四个主要方面的组合，即产品（Product）、价格（Price）、地点（Place）和促销（Promotion），从而使企业的营销策略围绕这四方面形成了四种不同类型的策略组合。

一、产品策略

企业要实现市场营销目标，就必须向消费者提供受欢迎的产品以满足消费者的某种需求，所以产品策略是企业营销策略组合中的首要策略。所谓产品策略，是指企业以向目标市场提供各种适合消费者需要的有形和无形产品的方式来实现其营销目标，其中包括与产品有关的品种、规格、式样、质量包装、品牌等可控因素的组合和运用。

（一）产品组合策略

1. 产品整体概念。产品是指能够提供给市场以满足需要和欲望的任何东西，包括实物、服务、人员、地点、组织和观念等。具体可使用五个层次来表述产品整体概念：（1）核心利益。核心利益是产品最基本的层次，它是指向顾客提供基本的效用或利益。（2）基础产品。基础产品是核心利益借以实现的形式，是企业向顾客提供的产品实体和服务的外观。基础产品有五个基本特征，即质量、特色、款式、品牌和包装等。（3）期望产品。它指的是顾客在购买产品时期望的一整套属性和条件。（4）附加产品。它指的是产品包含的附加服务和利益，从而把一个公司的产品与另一个公司的产品区别开来。（5）潜在产品。潜在产品是产品最终可能的所有增加和改变。

2. 产品组合的概念。产品组合也称产品品种配备，是指一个公司所能提供给消费者的全部产品大类（产品线）和产品项目的组合，或叫做产品的各种花色品种的配备。产品大类又称产品线，是指密切相关一组的产品，因为这些产品以类似的方式发挥功能，售予同类顾客群，通过同一种渠道出售，售价在一定的幅度内变动。一个公司的产品组合具有一定的宽度、长度、深度和关联性。宽度是指一个企业有多少产品大类（产品线）。长度是指一个企业的所有产品线中所包含的产品项目的总和。深度指产品线中每种产品所提供的花色品种规格的多少。关联性是指一个企业的各个产品线在最终使用、生产条件、分销渠道或其他方面的相关联的程度。

产品组合的三个变化因素对企业制定产品组合策略具有重要意义。一般情况下，扩大产品组合的广度，可以拓展企业的经营领域，实行多角化经营，分散投资风险，不断开拓新市场；增加产品组合的深度，使产品线变得更加完整，可以适应更多的特殊需求，占领同类产品更多的细分市场，提高市场占有率；加强产品组合的关联性，可以增加企业的市场地位，发挥和提高企业在有关专业上的综合优势，在某一特定的市场领域赢得良好声誉。

3. 产品组合调整策略。一个企业的产品组合，应当根据市场竞争状况和销售、利润的变动进行适时调整，从而使产品组合保持动态优化。在对现有产品组合的未来发展趋势进行分析和评价的基础上，要对其进行调整。其主要策略如下：

（1）扩大产品组合。它是指拓宽产品组合的广度和加强产品组合的深度，前者是在原产品组合中增加一个或几个产品线，扩大经营范围，后者是在原有产品线内增加新的产品项目。当企业预测现有产品线的销售额和盈利率在未来一两年内可能下降时，就须考虑增加新的产品线；当企业打算增加产品特色，或为更多的细分市场提供产品时，则可选择在原产品线内增加新的产品项目。

（2）缩减产品组合。它是指缩减产品线或产品项目。随着企业产品组合在广度和深度上的扩展，用于市场的调查研究、产品设计、促销、仓储、运输等方面的费用也随之上升。当市场不景气或能源、原材料供应紧张时，从产品组合中剔除那些获利很小，甚至不获利的产品线或产品项目，可使企业集中资源，发展那些获利多的产品线或产品项目，获利水平反而会提高。

（3）产品延伸。它是指全部或部分地改变公司原有产品的市场定位。每一个企业的产品都有其特定的市场定位。具体做法有以下三种：

第一，向下延伸。它是指企业原来定位于高档市场的产品线向下延伸，在高档产品线中增加中低档产品项目。采取这种策略，可以使企业利用高档名牌产品的声誉，吸引不同层次的顾客，从而增加产品销售，扩大市场份额，充分利用原有的物质技术力量。但这种策略也会给企业带来一定的风险，如果处理不当，低档产品会对企业原有产品的市场形象和声誉造成不利的影响。

第二，向上延伸。它是指企业原来定位于低档市场的产品线向上延伸，在原有产品线内增加高档产品项目。采取这一策略的原因，是因为高档产品市场具有较大的市场潜力和较高的利润率，企业在技术设备和营销能力方面已经具备进入高档市场的条件，需要对产品线进行重新定位等。这一策略的最大风险在于，低档产品在消费者心目中地位的改变比较困难。

第三，双向延伸。它是指企业原来定位于中档市场的产品线掌握了一定的市场优势后，决定向产品线的上下两个方向延伸，一方面增加高档产品，另一方面增加低档产品，力求全方位占领某一市场。采取这一策略的主要问题是，随着产品项目的增加，企业的营销费用和管理费用会相应增加，因此，要求企业对高、低档产品的市场需要有准确的预测，以使企业产品的销售在抵补费用的增加后有利可图。

（二）品牌与包装策略

1. 品牌的相关概念。品牌是由名称、图形、符号、标记或它们的组合形成的，它的基本功能是把不同企业之间的同类产品区别开来，避免与竞争者之间的产品发生混淆。品牌是一个集合概念，它包括品牌名称、品牌标志和商标。品牌名称是指品牌中能够用语言表达的部分，例如"可口可乐"、"麦当劳"、"长虹"、"海尔"等。品牌标志是指品牌中可以被识别、辨认，但不能用语言表达的部分，常常是一些符号、图案、明显的色彩或字体等，如

"海尔"品牌中两个小孩的标记。商标是指经政府有关部门登记注册后受法律保护的品牌,具有专门使用权和排他性。所以,商标实际上是一个法律名词,是受法律保护的品牌或品牌的一部分。品牌与商标既有联系又有区别。商标是注册登记的品牌或其中的一部分,它们之间是整体与部分的关系,所有的商标都是品牌,但品牌不一定是商标。品牌是一个商业名称,商标是一个法律名称。

2. 品牌策略。

(1) 统一品牌策略。统一品牌策略是指企业将经营的所有系列产品使用同一品牌的策略。使用同一策略,有利于建立"企业识别系统"。这种策略可以使推广新产品的成本降低,节省大量广告费用。如果企业声誉甚佳,新产品销售必将强劲,利用统一品牌是推出新产品最简便的方法。采用这种策略的企业必须对所有产品的质量严格控制,以维护品牌声誉。

(2) 个别品牌策略。个别品牌策略是指企业对各种不同产品,分别采用不同的品牌。这种策略的优点是,可以把个别产品的成败同企业的声誉分开,不至于因个别产品信誉不佳而影响其他产品,不会对企业整体形象造成不良后果。但实行这种策略,企业的广告费用开支很大。

(3) 扩展品牌策略。扩展品牌策略是指企业利用市场上已有一定声誉的品牌,推出改进型产品或新产品。采用这种策略,既能节省推广费用,又能迅速打开产品销路。这种策略的实施有一个前提,即扩展的品牌在市场上已有较高的声誉,扩展的产品也必须是与之相适应的优良产品。否则,会影响产品的销售或降低已有品牌的声誉。

(4) 品牌创新策略。品牌创新策略是指企业改进或合并原有品牌,设立新品牌的策略。品牌创新有两种方式:一是渐变,使新品牌与旧品牌造型接近,随着市场的发展而逐步改变品牌,以适应消费者的心理变化,这种方式花费很少,又可保持原有商誉。二是突变,舍弃原有品牌,采用最新设计的全新品牌,这种方式能引起消费者的兴趣,但需要大量广告费用支持新品牌的宣传。

3. 包装策略。包装属于产品整体概念中的形式产品,是产品的又一重要组成部分。所谓包装,通常是指产品的容器或包装物及设计。产品包装一般有三个层次。一是内包装,即产品的直接容器或包装物,如酒类的瓶子等。二是中层包装,即保护内包装的包装物,如每条香烟的包装。三是储运包装,即便于储运和识别的外包装,如装运香烟的纸板箱等。精美的包装可美化产品,提高产品档次和身价,增加吸引力,触发消费者的购买动机,促进销售。包装作为产品的特定标志,既便于同竞争者产品相区别,又便于运输、携带、储存和使用。

常见的包装策略主要有以下几种:

(1) 类似包装策略。企业对其生产的产品采用相同的图案、近似的色彩、相同的包装材料和相同的造型进行包装,便于顾客识别出本企业产品。对于忠实于本企业的顾客,类似包装无疑具有促销的作用,企业还可因此而节省包装的设计、制作费用。但类似包装策略只能适宜于质量相同的产品,对于品种差异大、质量水平悬殊的产品则不宜采用。

(2) 配套包装策略。按各国消费者的消费习惯,将数种有关联的产品配套包装在一起成套供应,便于消费者购买、使用和携带,同时还可扩大产品的销售。在配套产品中添加某种新产品,可使消费者不知不觉地习惯使用新产品,有利于新产品上市和普及。

（3）再使用包装策略。即包装内的产品使用完后，包装物还有其他的用途。如各种形状的香水瓶可作装饰物，精美的食品盒也可被再利用等。这种包装策略可使消费者感到一物多用而引起其购买欲望，而且包装物的重复使用也起到了对产品的广告宣传作用。但要谨慎使用该策略，避免因成本加大引起商品价格过高而影响产品的销售。

（4）附赠包装策略。即商品包装物中附赠奖券或实物，或包装本身可以换取礼品，吸引顾客的惠顾效应，导致重复购买。我国出口的"芭蕾珍珠膏"，每个包装盒附赠珍珠别针一枚，顾客购至50盒即可串成一条美丽的珍珠项链，这有利于珍珠膏在国际市场销售。

（5）改变包装策略。即改变和放弃原有的产品包装，改用新的包装。由于包装技术、包装材料的不断更新，消费者的偏好不断变化，采用新的包装以弥补原包装的不足，企业在改变包装的同时必须配合好宣传工作，以消除消费者以为产品质量下降或其他的误解。

（6）更新包装策略。更新包装，一方面是通过改进包装使销售不佳的商品重新焕发生机，重新激起人们的购买欲；另一方面是通过改进，使商品顺应市场变化。

（7）复用包装策略。复用是指包装再利用的价值，它根据目的和用途基本上可以分为两大类：一类是从回收再利用的角度来讲，如产品运储周转箱、啤酒瓶、饮料瓶等，复用可以大幅降低包装成本，便于商品周转，有利于减少环境污染。另一类是从消费者角度来讲，商品使用后，其包装还可以作为其他用途，以达到变废为宝的目的，而且包装上的企业标识还可以起到继续宣传的效果。这就要求在包装设计时，考虑到再利用的特点，以保证再利用的可能性和方便性。如瓷制的花瓶作为酒瓶来用，酒饮完后还可以成为花瓶。再如用手枪、熊猫、小猴等造型的塑料容器来包装糖果，糖果吃完后，其包装还可以作玩具。

（8）企业协作的包装策略。企业在开拓新的市场时，由于宣传等原因其知名度可能并不高，所需的广告宣传投入费用又太大，而且很难立刻见效。这时可以联合当地具有良好信誉和知名度的企业共同推出新产品，在包装设计上重点突出联手企业的形象，这是一种非常实际有效的策略，在欧美、日本等发达国家是一种较为普遍的做法。如日本电子产品在进入美国市场时滞销，后采用西尔斯的商标，以此占领了美国市场。

（9）绿色包装策略。随着消费者环保意识的增强，绿色环保成为社会发展的主题，伴随着绿色产业、绿色消费而出现的绿色概念营销方式成为企业经营的主流。因此在包装设计时，选择可重复利用或可再生、易回收处理、对环境无污染的包装材料，容易赢得消费者的好感与认同，也有利于环境保护和与国际包装技术标准接轨，从而为企业的发展带来良好的前景。如用纸质包装替代塑料袋装，羊毛材质衣物中夹放轻柔垫纸来取代硬质衬板，既美化了包装，又顺应了发展潮流，一举两得。

二、定价策略

产品价格对于该产品为市场所接受的程度有着巨大的影响作用，价格定得是否合理不仅影响到竞争者的行动，而且关系到生产者和经营者的效益及其市场形象，而且还关系到消费者的生活水平，定价策略在市场营销活动中具有重要地位。

（一）影响产品定价的因素

1. 产品成本因素。就单个企业来说，其成本由固定成本和流动成本组成。固定成本是不随产量变化而变化的成本，流动成本是指随产量变化而变化的成本。就总体而言，企业定价时首先要使成本得到补偿，这就要求价格不能低于成本。

2. 市场价格水平。市场价格水平是产品定价的重要依据。当企业产品具有特色或是质量较高的名牌产品时，企业可以把价格定得高于市场价格。出售质量较差或已被淘汰的商品时，产品定价应低于市场价格。

3. 产品的供需状况。当市场对产品的需求量大于供给量时，价格就会出现上升趋势，相反的情况下则出现下降的趋势。

4. 竞争对手状况。企业定价的高低是与竞争对手的产品及其服务和价格综合比较的结果。竞争对手较弱时，企业可以将价格定得较高而获取高额利润。

5. 国家的宏观经济政策。在市场经济条件下，国家不直接干预商品的价格，主要通过宏观经济政策和税收、信贷等经济杠杆来影响价格的形成和变化。

（二）定价策略的种类

1. 新产品定价策略。常见的新产品定价策略有三种：

（1）撇脂定价策略。这是一种高价格策略，即在新产品上市开始，价格定得高，以便在较短时间内获得较大利润。这种定价策略因与从牛奶中撇取油脂相似而得名，由此制定的价格称为撇脂价格。实行这种策略必须具有以下条件：首先，新产品比市场上现有产品有显著的优点，能使消费者"一见倾心"；其次，在产品初上市场阶段，商品的需求价格弹性较小或者早期购买者对价格反应不敏感；最后，短时期内由于仿制等方面的困难，类似仿制产品出现的可能性小，竞争对手少。此策略的优点是达到短期最大利润目标，有利于企业的竞争地位的确定。但缺点也明显，即由于定价过高，有时得不到消费者认可；同时，高价会吸引众多的生产者和经营者转向此产品的生产和经营，加速市场竞争的白热化。

（2）渐取定价策略。这是一种低价格策略，即在新产品投入市场时，以较低的价格吸引消费者，从而很快打开市场。这种价格策略就像倒入泥土的水一样，从缝隙里很快渗透到底，由此而制定的价格叫渗透价格。采用此策略的条件是：商品的市场规模较大，存在着强大的市场潜力；商品的需求价格弹性较大，稍微降低价格，需求量会大大增加；通过大批量生产能降低生产成本。这种策略的优点是可以占有比较大的市场份额，通过提高销售量来获得企业利润，也较容易得到销售渠道成员的支持，同时，低价对阻止竞争对手的介入有很大的屏障作用。其不利之处在于定价过低，一旦市场占有率扩展缓慢，收回成本速度也慢。有时低价还容易使消费者怀疑商品的质量保证。

（3）中间定价策略。这是一种折衷价格策略，它吸取上述两种定价策略的长处，采取比撇脂价格低，比渗透价格高的适中价格。既能保证企业获得一定的初期利润，又能为消费者所接受。由此而制定的价格称为满意价格，也称为"温和价格"或"君子价格"。

2. 折扣定价策略。它是企业为调动各方面积极性或鼓励顾客作出有利于企业的购买行为的常用策略，常用于生产厂家与批发企业之间、批发商与批发商之间，以及批发商与零售商或批、零企业与消费者之间。

（1）现金折扣。即对按约定日期付款或提前付款的顾客给予一定的价格折扣。其目的在于鼓励顾客提前支付货款，加速资金周转，减少呆账风险。如"2/10，信用净期30"，表示货款必须在30天内付清，如果在成交后10天内付款，可打2%的折扣；超过10天必须全额付款。

（2）数量折扣。根据顾客购买数量的多少给予一定的价格折扣，它可分为累计数量折扣和非累计数量折扣两种形式。累计数量折扣，即规定顾客在一定的时间内购买商品累计达到一定的数量和金额时，按总量大小给予不同的折扣，其目的在于鼓励顾客经常购买本企业的产品，建立一种长期的购买合作关系。非累计数量折扣，即按顾客每次购买产品数量和金额的多少给予不同的折扣，购买越多，折扣越大，其目的在于鼓励顾客一次性的大量购买，便于企业大批量地生产和销售。

（3）功能性折扣。即厂商根据各类中间商在市场营销中所担负的不同职能，给予不同的价格折扣。如给予批发商的折扣较大，给予零售商的折扣较小，使批发商乐于大批进货，并有可能进行批转业务。使用功能性折扣目的在于刺激各类中间商充分发挥各自组织市场营销活动的能力。

3. 心理定价策略。这是根据顾客不同的购买心理，采用不同的定价技巧，通常为零售商所采用。这主要有以下几种策略：

（1）尾数定价策略。又称非整数定价，即对多数日用品或低档商品，在定价时，保留价格尾数，用零头数标价，使价格水平保留在较低一级档次。如定9.98元，而不定10元，在消费者心理上产生一种便宜的感觉。在消费者看来，带尾数的价格是经过精心计算得来的，是比较准确的，给人以真实感、信赖感，用以满足顾客的求实心理，使之感到物美价廉。

（2）整数价格。即企业在定价时，采用合零凑数的方法制定整数价格，这也是针对消费者心理状态而采取的定价策略。如把一套西装的价格定在500元而非499元。因为现代商品太复杂，许多交易中，消费者只能利用价格辨别商品的质量，特别是对一些名店、名牌商品或消费者不太了解的产品，整数价格反而会提高商品的"身价"，使消费者有一种"一分钱、一分货"的想法，从而利于商品的销售。

（3）声望定价策略。企业利用消费者仰慕名牌和"价高质必优"的心理，对在消费者心目中享有声望的产品制定较高的价格，如一些名牌产品（名烟、名酒）、有名望的商店（老字号）、标志性高级消费品（高级轿车、钻石、香水、精美瓷器、水晶、珍珠等），定低价往往会比定高价销售差，所以，价格定得都较高。一方面显示商品的档次和企业的声望，另一方面又迎合了消费者的求名心理，满足较高收入消费者的需要。

（4）招徕定价策略。也称特价品定价、牺牲品定价，即企业利用消费者的求廉心理，在一定时期内，有意识地将某几种商品的价格定得特别低，以招徕顾客，借以带动和扩大其他正常价格产品的销售。现在，一些超级市场和百货商店几乎天天都有"特价"、"惊爆价"、"减价"等商品，就是这种策略的运用。采用招徕定价时，应注意：一是特价商品的确定必须是大多数消费者都需要的；二是价格对顾客要具有足够的吸引力，降价幅度太小，难以吸引顾客；幅度太大，会造成误会，顾客误以为是残次品；三是数量要充足，保证供应，否则顾客会有一种被愚弄的感觉，损害企业形象。

三、分销渠道策略

在现代市场经济条件下,多数生产企业并不是把产品直接销售给最终消费者(用户),生产者同消费者(用户)之间存在着时间、地点、数量和所有权等方面的差异和矛盾,只有通过一定的分销渠道,才能在适当时间、适当地点,按适当数量和价格,把产品从生产者转移到消费者(用户)手中。

(一)分销渠道的概念

分销渠道是指产品从生产者转移到消费者或用户的手中所经过的通路,这个通路由一系列的市场中介机构或个人组成。渠道的起点是生产者,终点是消费者或用户,中间环节有各类批发商、零售商、代理商和经纪人等。

在市场经济条件下,大部分生产企业并不直接把产品销售给最终用户或消费者,而是借助于一系列中间商的转卖活动。不过,商品在流通领域内的转移,实际包括由商品交易活动完成的商品所有权转移过程和由储存、运输等完成的商品实体转移过程两个方面,而且,商品实体转移的方向和经过的环节并不一定与商品所有权转移的方向和经过的环节完全一致。

(二)分销渠道策略的种类

分销渠道选择,关系到企业能否将产品及时、顺畅地销售出去,关系到企业的销售成本和盈利水平。一般来说,企业的分销渠道策略主要就以下问题进行决策:

1. 直接渠道与间接渠道。生产者将产品直接卖给消费者,形成的是直接渠道;经过中间商转卖而形成的销售渠道则为间接渠道。生产者选择直接渠道销售产品,有利于及时销售鲜活、时尚产品,减少损失;有利于销售技术复杂的产品,便于直接提供服务。一般说来,大多数消费品的销售主要采用间接渠道,而直接渠道在工业品销售中占有重要地位。

2. 长渠道与短渠道。商品在从生产者转移到消费者或用户的流通过程中,要经过若干"流通环节"或"中间层次"(如批发商、代理商、零售商等)。在商品流通过程中,经过的环节或层次越多,分销渠道越长;反之,分销渠道越短。分销渠道的长与短是相对而言的,仅从形式的不同不能决定孰优孰劣。因为随着营销渠道的长短变化,一种产品既定的市场营销职能不会减少或增加,只是在参与流通过程的中间商之间转移替代或分担。因此,渠道长度决策的关键是选择适合自身特点的渠道类型,权衡利弊得失,尽力扩大经营的效能和效益。

3. 宽渠道与窄渠道。分销渠道的宽窄取决于渠道的每个层次(环节)中使用同种类型中间商数目的多少。如果生产者利用许多的批发商和零售商来分销产品,这种渠道就是宽渠道;反之,如果只通过很少的专业批发商分销其产品,甚至在某一地区只授权给一家中间商总经销,这种渠道就是窄渠道。

四、促销策略

促销策略是指企业如何通过人员推销、广告、公共关系和营业推广等各种促销方式,向消费者或用户传递产品信息，引起他们的注意和兴趣，激发他们的购买欲望和购买行为，以达到扩大销售的目的。

（一）人员推销

所谓人员推销，是指企业通过派出推销人员与一个或一个以上可能成为购买者的人交谈，作口头陈述，以推销商品，促进和扩大销售。人员推销的最大特点是直接性。在推销过程中，买卖双方当面洽谈，易于形成一种直接而友好的相互关系。通过交谈和观察，推销员可以掌握顾客的购买动机，有针对性地从某个侧面介绍商品特点和功能，抓住有利时机促成交易。

（二）广告

广告指法人、公民和其他经济组织，为推销商品、服务或观念，通过各种媒介和形式向公众发布的有关信息。大众传播媒介刊播的经济信息和各种服务信息，报道商品、服务的经营者、提供者，凡收取费用或报酬的，均视为广告。广告决策主要包括确定广告目标、确定广告预算、确定广告内容、选择广告媒体和评估广告效果五方面内容。

1. 确定广告目标。广告目标是指企业广告活动在一定时期内所要完成的特定传播任务。企业的广告目标取决于企业的整体营销目标，还要服从于企业的目标市场、市场定位和营销组合等决策。具体讲，企业的广告目标主要有告知信息、诱导购买和提醒使用。

2. 确定广告预算。确定广告预算要考虑产品生命周期、市场份额和竞争情况等因素的影响。在产品生命周期的不同阶段，所需的广告费用不同。一般说来，投入期需要较多的广告投入，以提高消费者对产品的认知程度；成长期的广告活动频率可以降低，广告费用支出渐次递减而有所侧重，以维持公众对产品的印象；成熟期则需投入大量广告费用，大力进行广告促销，以增加产品的竞争力，维持企业的市场地位；衰退期则应缩减广告费用。

3. 确定广告内容。广告内容的设计需要创造性和艺术性，这是广告取得成功的重要保证。内容设计主要包括确定信息内容、设计表达结构、设计表达形式和选择信息发送者。

4. 选择广告媒体。广告媒体是企业向目标顾客传递信息的载体，是广告宣传所使用的物质手段，广告媒体的种类很多，主要包括报纸、杂志、广播、电视、直接邮寄、户外广告等。可以说，在现代社会中，只要是能对人的观感产生影响的物体都可能成为广告媒体。企业在选择广告媒体时，除了要考虑各种媒体的特点以外，还应考虑目标受众接触传播媒体的习惯、广告产品的特点、广告信息内容的特点。此外媒体的成本、广告信息传播的范围、频率和效果等也制约着企业对媒体的选择。

5. 评估广告效果。评估广告效果的目的在于了解消费者对广告理解和接受的程度，以及广告对产品推销所起的作用。评估广告效果主要包括沟通效果评估和销售效果评估两方面内容。

（三）公共关系

公共关系是企业利用各种传播手段，同顾客、中间商、社区民众、政府机构以及新闻媒介在内的各方面公众沟通思想情感，以建立良好的社会形象和营销环境的活动。企业形象是企业在社会公众心目中从内在到外表的整体特征和综合印象，主要可表现为企业在社会公众心目中的知名度和美誉度。企业应当在对社会公众进行充分调查研究的基础上，对于建立什么样的企业形象、建立到什么程度等问题作出决策。企业应当在自身的各种形象素质中选择最能反映企业优势和特征的某些要素作为企业形象的主要方面，并相应设计和选择能引起社会公众注意并广泛传播的形象标志，对企业的目标形象进行认真的塑造。企业还应对通过一段时期的公共关系活动，促使企业知名度和美誉度提高的期望程度作出具体规划，从而构成企业的形象目标。

（四）营业推广

营业推广是企业在某一段时期内采用特殊的手段对消费者实行强烈的刺激，以促进企业销售迅速增长的一种策略。营业推广常用的手段包括：赠送样品，发放优惠券，有奖销售，以旧换新，组织竞赛和现场示范等。营业推广有时也用于对中间商的促销，如转让回扣，支付宣传津贴，组织销售竞赛等。各种展销会和博览会也是营业推广经常采用的手段。营业推广以强烈的呈现和特殊的优惠为特征，给消费者以不同寻常的刺激，从而激发起他们的购买欲望。营业推广不能作为一种经常的促销手段来加以使用，但在某一个特定时期内，对于促进销售的迅速增长则是十分有效的。

本章小结

〔内容摘要〕

本章以需求管理为主线，从三个方面构建市场营销管理体系。第一部分作为导论，主要介绍市场营销的含义以及市场营销思想演变过程等一些基本问题，确立企业营销管理的基本思想；第二部分是市场分析与选择，主要通过市场细分，找到目标市场，并进行恰当的定位，阐述了市场营销管理战略方面的问题；第三部分是营销组合决策及实施，其任务在于论述企业如何运用各种市场营销手段以实现企业的预期目标，运用的策略都是围绕企业经营决策展开的，具体阐明产品决策、定价决策、渠道决策和促销决策。企业市场营销管理的内容具有综合性、实践性、应用性。

〔主要知识点〕

1. 企业市场营销管理思想的演变。市场营销理念的演变大致经过三个阶段：传统观念阶段、市场营销观念阶段和社会营销观念阶段。传统观念主要有生产观念、产品观念和推销观念。

2. 市场细分的标准。对市场进行细分的标准主要有地理因素、人口因素、心理因素和行为因素四大类。

3. 目标市场选择的策略。选择目标市场一般运用三种策略：无差异性市场营销策略、差异性市场营销策略和集中性市场营销策略。

4. 市场定位的方式。避强定位、迎头定位和重新定位。

5. 企业市场营销组合策略。企业的营销组合策略主要是产品策略、定价策略、分销渠道策略和促销策略。

〔关键概念〕

市场营销　目标市场　市场细分　市场定位　产品组合　分销渠道　营业推广

思考题

1. 推销观念与营销观念的区别何在？

2. 细分产业市场依据哪些主要变量？
3. 试述产品组合的内涵。
4. 简述促销策略的主要方式。

思考案例

光彩四溢的夏奈尔（CHANEL）

夏奈尔是一个有 80 多年经历的著名品牌，夏奈尔时装永远有着高雅、简洁、精美的风格，她善于突破传统，早在 20 世纪 40 年代就成功地将"五花大绑"的女装推向简单、舒适，这也许就是最早的现代休闲服。夏奈尔最了解女人，夏奈尔的产品种类繁多，每个女人在夏奈尔的世界里总能找到适合自己的东西，"当你找不到合适的服装时，就穿夏奈尔套装"那句至今仍在欧美上流女性中流传的衣经名言足以表现夏奈尔品牌服饰的魔力和功用。

突破传统，抛弃束缚，便是夏奈尔的一贯原则。成名于第一次世界大战前后的夏奈尔借助妇女解放呼声日高之机，成功地将女装原本复杂、累赘的衣装推向简单、舒适的时代。夏奈尔制作过前所未见的夏季休闲服，那是廓型宽松的除去腰部线条的针织服。在夏奈尔之风吹起的时候，亚麻裙、海军服、开口宽衫、简单的帽子成为那时期的特色。

男装风格特征的融入，低领及男用衬衫配以腰带，这便是早期的夏奈尔风格，且沿袭至今。第一次世界大战期间，将服装上所有矫饰一一卸下，代之以长及臀部的围巾。夏奈尔是第一批将裙摆提高至足踝以上的设计师。

夏奈尔对流行时尚具有非凡的洞察力和敏锐的捕捉力。最初，她发现当时的女帽堆砌着繁复的羽饰、蕾丝，既不实用又俗气，于是她推出了一种截然不同的式样，简洁大方而不失优雅，立刻受到年轻人的喜爱。1910 年，夏奈尔为原来穿着裙子打球的女人，设计了运动裤装，然后她又设计了以男性服装为元素的宽松上衣。

她鲜明的个性和创造力都是具有强烈的爆炸性的。她对服装的敏感触觉往往因其敢作敢为、无视世俗偏见的叛逆个性而具有开创意义。夏奈尔曾说："时装，流向街头，但我否认它来自街头。"及时看准时代的潮流，把明天的女性风貌在时装中体现出来，这是绝对自负的夏奈尔的语言。夏奈尔不承认偶然的、随意的、单凭兴趣设计的服装，她深信，流行无论怎样变化，在服装上最终是回归自然。她的理论被证明是正确的，而且随着时间的流逝越发闪光，她成了未卜先知的人。作为历史上一位最伟大与最有影响力的高级时装设计师，光彩四溢的夏奈尔从未过时。

资料来源：http：//dept. shufe. edu. cn/jpkc/marketing/allanli/no8/shalaier. htm。

思考题：
1. 夏奈尔品牌产生的历史背景是什么？
2. 夏奈尔所凝聚的品牌内涵是什么？人们购买的是什么？

应用训练

开发你的市场调研能力

【实训目标】
该项练习帮助学生掌握市场细分的基本理论与技能。

【实训内容】
在学校附近选择三家大的综合百货商场，了解各个商场经营商品类别、层次，分析其定位上的差异。

【实训步骤】

1. 将班级每6~8位同学分成一组，每组确定1~2人负责。
2. 对学生进行商品类别划分培训，确定选择哪几类商品作为调研的目标。
3. 学生按组进入商场调查，并将调查情况详细记录。
4. 对调查的资料进行整理分析。
5. 依据市场细分和市场定位理论，找出各商场市场定位的特点与差异。
6. 各组在班级进行交流、讨论。

资料来源：http://www.aflc.com.cn/upload/。

第八章 现代企业物流与供应链管理

【导入案例】

亚马逊物流促销为何纵横天下

美国亚马逊网上书店自1995年7月在美国开业以来，经历了7年的发展历程，到2002年底全球已有220个国家的4 000万网民在亚马逊书店购买了商品，亚马逊为消费者提供的商品总数已达到40多万种。随着近几年来在电子商务发展受挫，许多追随者纷纷倒地落马之时，亚马逊却顽强地活了下来并脱颖而出，创造了令人振奋的业绩：2002年第三季度的净销售额达8.51亿美元，比上年同期增长了33.2%；2002年前三个季度的净销售额达25.04亿美元，比上年同期增长了24.8%。虽然2002年前三个季度还没有盈利，但净亏损额为1.52亿美元，比上年同期减少了73.4%，2002年第四季度的销售额为14.3亿美元，实现净利润300万美元。亚马逊的扭亏为盈无疑是对B2C电子商务公司的巨大鼓舞。

为什么在电子商务发展普遍受挫时亚马逊的旗帜不倒？是什么成就了亚马逊今天的业绩？亚马逊的快速发展说明了什么？带着这一连串的疑问和思索探究亚马逊的发展历程后，我们经过研究后惊奇地发现，正是物流拯救了亚马逊，是物流创造了亚马逊今天的业绩。

资料来源：http://www.globrand.com/2009/200834.shtml。

问题：在竞争异常激烈的经济环境下，亚马逊的成功带给我们的启示是什么？

随着全球经济一体化发展趋势的日益显著，企业间的竞争变得异常尖锐和激烈。企业要想在多变的市场环境中立足并谋求发展，必须不断地寻求新的竞争优势，增强综合实力。物流与供应链管理正是为迎合这一需要而从众多的管理领域中脱颖而出的。有效的物流与供应链管理不仅可以实现企业成本的降低和效率的提高，而且还可以实现客户服务水平的整体提升，使企业拥有持续的市场竞争力。尤其是在当前的网络环境下，物流与供应链管理已成为企业管理活动的重要内容。

第一节 现代企业物流概述

一、物流的概念

自从人类进入文明社会，就产生了物流活动。传统物流就是指商品在运输、装卸和储存等方面的活动过程。现代物流是相对传统物流而言的。它是在传统物流的基础上，引入高科技手段，通过计算机进行信息联网，并对物流信息进行科学管理，从而加快物流速度，提高准确率，减少库存，降低成本，延伸并扩大了传统物流的职能。

国家质量技术监督局2001年4月7日批准颁布的《中华人民共和国国家标准物流术语》（GB/T 18354－2001）对物流的定义为："物品从供应地向接受地的实体流动过程。根据实际需要，将运输、储存、装卸搬运、包装、物流加工、配送和信息处理等基本功能实施有机地结合。"

理解物流概念，应当注意以下几点：

1. 物流是物品实体的流动。任何一种物品都有两重性：（1）自然属性，即它有一个物质实体；（2）社会属性，即它具有一定的社会价值，包括它的稀缺性、所有权性质等。物品物质实体的流动是物流，物品社会实体的流动是商流。商流是通过交易实现物品所有权的转移，而物流是通过运输、储运等实现物品物质实体的转移。

2. 物流是物品由供应地流向接受地的流动，即它是一种满足社会需求的活动，是一种经济活动。不属于经济活动的物质实体流动也就不属于物流的范畴。

3. 物流包括运输、搬运、存储、保管、包装、装卸、流通加工和物流信息处理等基本功能活动。

4. 物流包括空间位置的移动、时间位置的移动以及形状性质的变动，因而通过物流活动，可以创造物品的空间效用、时间效用和形状的效用。

二、物流对企业的作用

（一）生产的前提保证

物流为企业创造经营的外部环境。一个企业的正常运转，必须有这样一个外部条件：一方面要保证按企业生产计划和生产节奏提供和运送原材料、燃料、零部件；另一方面，要将产品和制成品不断运离企业，这个最基本的外部环境正是要依靠物流及有关的其他活动创造条件和提供保证的。

（二）降低成本

物流在整个企业战略中，对企业经营活动的成本产生了重要影响。从产品的成本结构分析，物流费用占产品价格的比例较高。美国研究表明各种商品的物流费用百分比，最低为10%，最高为32%。在我国，一般消费品从产品出厂到消费者手中，其物流费用约占产品最终价格的40%。因而，通过物流合理化、现代化等一系列措施来降低成本，支持保障营销和采购等活动。所以，物流既是指主要成本的产生点，又是指降低成本的关注点，物流是"降低成本的宝库"等说法正是对这种认识的形象表述。

（三）物流的利润价值

物流活动的合理化，可以通过降低生产的经营成本间接提高利润，这只是物流利润价值的一个表现。对于专门从事物流经营活动的企业而言，通过有效的经营，可以为生产企业直接创造利润。

许多物流企业，在为用户服务的同时，还可以增加物流企业的利润，成为企业和国民经济新的利润增长点。过去把国民经济中许多物流活动当做公益活动来办，投入没有回报，组织不合理，服务水平低，技术落后。这些领域在采用现代物流的组织、管理和技术之后，可以成为国民经济新的利润源，企业中许多物流活动，例如连锁配送、流通加工等，都可以直接成为企业利润新的来源。

（四）物流的服务价值

提供差异化的客户服务，提高客户满意度。市场从卖方向买方转变导致客户的需求不断升级，体现在物流方面，客户需要提供门到门的服务，更短的提前期等。企业物流的及时可得性已成为现代企业是否有竞争力的重要标志之一。企业物流提供良好的服务有利于参与市场竞争，有利于树立企业品牌的形象，有利于和服务对象结成长期的、稳定的、战略性合作伙伴关系，这对企业长远的、战略性的发展有非常重要的意义。物流的服务价值，实际上就是促进企业战略发展的价值。花王株式会社（Kao）是日本的一家生产香皂、洗发水、卫生用品等日用必需品的制造商，早在20世纪60年代花王株式会社就开始了物流系统的建设，到了现在已是公认的物流系统最优秀的公司之一。它提出了"次日交货"的策略，并按照这个策略向它的客户提供产品。无论客户在日本的哪个地区，在客户订单到达的第二天前，花王株式会社就会把产品交到客户的手中。

资料链接

第三方物流

第三方物流（Third-Party Logistics，3PL）是指生产经营企业为集中精力搞好主业，把原来属于自己处理的物流活动，以合同方式委托给专业物流服务企业，同时通过信息系统与物流企业保持密切联系，以达到对物流全程管理控制的一种物流运作与管理方式。第三方物流是相对"第一方"发货人和"第二方"收货人而言的。3PL既不属于第一方，也不属于第二方，而是通过与第一方或第二方的合作来提供其专业化的物流服务，它不拥有商品，不参与商品的买卖，而是为客户提供以合同为约束、以结盟为基础的、系列化、个性化、信息化的物流代理服务。最常见的3PL服务包括设计物流系统、报表管理、货物集运、选择承运人、货代人、海关代理、信息管理、仓储、咨询、运费支付、运费谈判等。由于其服务的方式一般是与企业签订一定期限的物流服务合同，所以有人称第三方物流为"合同契约物流"。

第三方物流内部的构成一般可分为两类：资产基础供应商和非资产基础供应商。对于资产基础供应商而言，他们有自己的运输工具和仓库，他们通常实实在在地进行物流操作。而非资产基础供应商则是管理公司，不拥有或租赁资产，他们提供人力资源和先进的物流管理系统，专业管理顾客的物流功能。

资料来源：芮桂杰主编，《第三方物流》，中国财政经济出版社2008年版。

> 课堂讨论：
> 分组讨论我国物流业的发展现状。

第二节 现代企业物流管理

一、采购管理

（一）采购的含义

采购是指企业为实现企业目标，在充分了解市场商品需求的情况下，根据企业经营能力，运用适当的采购策略和方法，通过等价交换，取得适销对路的商品的经济活动过程。企业的采购，使企业商品供应计划得以具体实现。

（二）采购方式

1. 传统计划采购。传统计划采购，一般的模式是，每个月的月末，企业各个单位报下个月的采购申请表，报下个月需要采购的物资的品种数量，然后采购部门把这些表汇总，制定出统一的采购计划，并于下个月实施采购。采购回来的物资存放于企业的仓库中，满足企业对于各个单位的物资供应。这种采购，以各个单位的采购申请单为依据，以填充库存为目的，管理比较简单、粗糙，市场响应不灵敏、库存量大、资金积压多，库存风险大。这种采购方式容易导致库存积压和缺货并存，不利于企业的生产和对顾客的服务水平的提高。

2. 订货点采购。它是根据需求的变化和订货提前期的大小，精确订货点、订货批量或订货周期、最高库存水平等，建立起连续的订货启动、操作机制和库存控制机制，达到既满足需求又使得库存总成本最小的目的。这种采购模式以需求分析为依据，以填充库存为目的，采取一些科学方法，兼顾满足需求和库存成本控制。其原理比较科学，易于操作，目前应用很普遍。

3. MRP 采购。物料需求计划（Material Requirement Planning，MRP）采购，主要应用于生产企业。MRP 采购的原理是根据主产品的生产计划、主产品的结构以及主产品及其零部件的库存量，逐步计算求出主产品的各个零部件、原材料所应该投产时间、投产数量，或者订货时间、订货数量，也就是产生出所有零部件、原材料的生产计划和采购计划。然后按照这个采购计划进行采购。MRP 采购也是以需求分析为依据，以满足库存为目的。由于计划比较精细、严格，所以它的市场响应灵敏度及库存水平都比订货点采购有所进步。

4. JIT 采购。JIT 采购，也称准时化采购，是一种完全以满足需求为依据的采购方法。它对采购的需求，就是要供应商恰好在用户需要的时候，将合适的品种、合适的数量送到用户需求的地点，做到既响应需求的变化，又使得库存向零库存趋近。它设置了一个最高的标准，即原材料和外购件的库存为零，缺陷为零。同时，为了尽可能地实现这样大的目标，JIT 采购提供了一个不断改进的有效途径，即：降低原材料和外购件库存—暴露物资采购问题—采取措施解决问题—降低原材料和外购件库存。JIT 采购模式精简了采购作业流程，减少了浪费，极大地提高了工作效率。它是一种比较科学、比较理想的物资采购方式。

5. 供应链采购。供应链采购是指在供应链机制下，采购不再由采购者操作，而是由供应商操作。采购者只需要把自己的需求信息向供应商连续及时传递，由供应商根据用户的需求信息，预测用户未来的需求信息，并根据这个预测的需求量制订自己的生产计划和送货计划。主动小批量、多频次向用户补充货物库存，用户的库存量的大小由供应商自主决策，既保证用户需要，又使货品库存量最小、浪费较少。它也是一种科学的、理想的采购模式。

6. 电子商务采购。电子商务采购是在电子商务环境下的采购模式，也就是网上采购，即在网上寻找品种、寻找供应商、网上订货预付款的一种新型采购模式。这种模式扩大了采购市场的范围，缩短了供应距离，简化了采购手续，减少了采购时间，可以节约采购成本，提高工作效率。

二、运输管理

（一）运输的含义

运输是指物品借助于运力在空间上所发生的位置移动。具体地讲，运输是使用运输工具和运输设施对物品进行运送的活动以实现物资的空间位置转移。运输作为物流系统的一项功能来讲，包括生产领域的运输和流通领域的运输。生产领域的运输活动，一般是在生产企业内部进行，因此称之为厂内运输。它是作为生产过程中的一个组成部分，是直接为物质产品的生产服务的。流通领域的运输活动，则是作为流通领域里的一个环节，是生产过程在流通领域的继续。其主要内容是对物质产品的运输，是以社会服务为目的，是完成物品从生产领域向消费领域在空间位置上的物理性的转移过程。

（二）运输的基本方式

1. 铁路运输。铁路运输是使用铁路列车运送客货的一种运输方式，经由铁路运输的货物，一般具有价值低、运输批量大、送达速度要求不太高、运输距离远、运输价格低廉等特点，且以整车运输居多。

铁路运输的优点比较多，具有安全程度高、运输速度快、运输距离长、运输能力大、运输成本低等优点，且具有污染小、潜能大、不受天气条件影响的优势，是公路、水运、航空、管道运输所无法比拟的。但是，铁路运输的不足也比较明显：始建投资大，建设时间长；始发与终到作业时间长，近距离运输费用较高，不利于运距较短的运输业务；受轨道限制，灵活性较差；路基、站场等建筑工程投资大；货物滞留时间长，不适宜紧急运输。

2. 公路运输。公路运输是使用公路设备、设施运送物品的一种运输方式。其特点是机动、灵活，投资少，受自然条件限制小，能够取货到家，为铁路、水运、空运起集散作用。由于公路运输有很强的灵活性，近年来，随着我国高速公路的快速建设，在有铁路、水运的地区，较长途的大批量运输也开始使用公路运输。

公路运输的主要优点是灵活性强，公路建设期短，投资较低，易于因地制宜。公路运输可以采取"门到门"运输形式，即从发货者门口直接到收货者门口，而无须转运或反复装卸搬运。

3. 水路运输。水路运输是使用船舶及其他水上工具通过河道、海上航道运送货物的一种运输方式。水路运输又可分为海运和内河运输，海运又有沿海和海洋运输两种。水路运输具有运载量大、运费低、耗能低、投资少、可不占或少占农田等优越性，但受自然条件限制，水路运输又有连续性差、速度慢、联运货物要中转换装等不利因素，延缓了货物的送到速度，也增加了货损、货差。水路运输适用于承担运量大、运距长的大宗货物运输。

4. 航空运输。简称空运，使用飞机运送客货的运输方式。具有航线直、速度快、可以飞越各种障碍、有长距离不着陆的优点，能保证贵重、急需或时间性要求很强的小批物品的运输。缺点是运载量小，运输成本高。

航空运输的单位成本高，因而主要运载的物品有两类：一是价值高、运费承担能力很强的物品，如贵重设备的零部件、高档产品等；另一类是紧急需要的物品，如救灾抢险物品等。

5. 管道运输。管道运输有地面、地下和架空安装三种方式，主要适合自来水、石油、煤气、煤浆、成品油、天然气等液态、气态物品的运输。近年来，随着技术的发展，管道运输已发展到粉粒状物品的短距离的配送。管道运输的优点是：不占用或较少占用地面位置；维修成本低；运输效率和设备运转效率高；安全系数大。缺点是：对管道运输技术水平有较高的要求；不适合固态物品的运输。

6. 联合运输。联合运输是综合性的运输组织工作，其内容主要包括两种以上运输工具或两程以上运输衔接，或一种运输方式多家经营和多种运输方式联合经营的组织衔接，以及产、供、运、销的运输协作。联运作业的流程一般包括受理托运、仓库保管、开具货票、核收费用、填制并提交运货单、配装、承运、中转作业和到达交付以及货运事故处理几个程序。联合运输通过各联运企业合理组织各种运输方式的衔接和配合，将由货主自理的交接、装卸、中转等运输手续，改为由联运企业集中、全面代办或实行代理业务，极大地方便了货主，节约了人力、财力。

三、仓储管理

仓储管理是对仓库以及储存的管理，是仓储机构为了充分利用所具有的仓储资源提供高效的仓储服务所进行的计划、组织、控制和协调过程，其基本任务是提供物流的储存功能、创造时间价值、提高资源效益，是现代物流最为重要的、必不可少的基本环节之一。

（一）仓储的功能

1. 调节功能。仓储在物流中起着"蓄水池"的作用，一方面仓储可以调节生产与消费的关系，如销售与消费的关系，使它们在时间和空间上得到协调，保证社会再生产的顺利进行；另一方面还可以实现对运输的调节。

2. 分类和交叉站台。交叉站台是由英文 cross docking 翻译过来的，当一个供应商的货物入库之后要发运多个目的地，并有多个供应商在供货时，交叉站台的运作模式就是将供应商送达的货物从卸货平台卸下后，根据目的地的不同进行有效及时的分配，并直接运到装货平台，装上发往不同目的地的车辆，减少货物在仓库的储存时间。

3. 加工/延期效益。仓库还可以通过承担加工或参与少量的制造活动，以延期或延迟生产。具有包装能力或加标签能力的仓库可以把产品的最后一道生产一直推迟到知道该产品的需求为止。按照具体的客户订单，仓库给产品加上标签，完成最后一道加工，并最后确定包装。加工/延期提供了两个基本经济收益：第一，风险最小化，因为最后的包装要等到敲定具体的订购标签和收到包装材料时才完成；第二，通过对基本产品（如上光罐头）使用各种标签和包装配置，可以降低存货水平。降低风险与降低存货水平相结合，往往能够降低物流系统的总成本。

4. 进行产品整合。如果考虑到颜色、大小、形状等因素，企业的一个产品线包括了数千种不同的产品，这些产品经常在不同工厂生产，企业可以根据客户需要，将产品在仓库中进行配套、组合、打包，然后运往各地客户。否则，从不同工厂满足订货将导致不同的交货期。仓库除了满足客户订货的产品整合需求外，对于使用原材料或零配件的企业来说，从供应仓库将不同来源地原材料或零配件配套组合在一起，整车运到工厂以满足需求也是经济的。

5. 堆存与保管。这种仓储服务的直接经济利益从属于这样一个事实，即对于所选择的业务来说储存是至关重要的。例如，草坪、家具和玩具是全年生产的，但主要是在非常短的一段市场营销期内销售。与之相反，农产品是在特定的时间内收获的，但消费则是在全年进行的。这两种情况都需要仓库的堆存来支持市场营销活动。堆存提供了存货缓冲，使生产活动在受到材料来源和顾客需求的限制条件下提高效率。

保管为一种静止的状态，也可以说是时速为零的运输，保管产生时间效益。一般情况下，生产与消费之间有时间差，保管的主要功能就是在供应和需求之间进行时间调整。此外，如果生产或收获的产品产出多少就销售多少，不进行保管，则价格必然暴跌，为了防止这种情况的发生也需要把产品保管在仓库里。可见，保管在提高时间功效的同时还有调整价格的功能。因此，我们说保管具有以调整供需为目的的调整时间和调整价格的双重功能。

（二）仓储管理的内容

1. 仓储的规划与设计。主要指仓库的选址，仓库建筑面积的确定，库内运输道路与作业的布置等。对仓库选址应考虑以下因素：

（1）成本因素。需要决策的是仓库靠近原材料生产地还是靠近消费地，如果是要在几个生产地和几个消费地之间建立仓库，则需要运用线性规划模型，使运费达到最小。

（2）场地的可获得性。建造仓库的候选地，其面积是否满足存储容量。例如 10 000 平方米的仓库，要建在市中心显然是不行的，因为要考虑地价。

（3）交通的便利性。要建综合物流中心，显然需要强调物流的便利性，在远离公路、铁路、水路或航空港的地方建立物流中心是不合适的。

（4）时间因素。建立综合物流中心，就是既要使整个供应链的成本最小，又要对顾客的需求做出有效的反应，因此也要考虑货物运送到顾客手中的时间限制。

（5）建筑材料的价格。这也是一个不得不考虑的因素，在什么地方建物流中心，很大一部分材料都是在当地获得，因此建筑材料的价格低廉也可节省一大笔费用。

以上是仓库规划时常需考虑的因素，对这些因素要综合起来考虑，可运用高等运筹学中的线性规划模型加以解决。建库还要注意企业的战略发展，有时候需要将目光放长远一些，或许现在选址费用比较低廉，但不利于企业将来的发展，仓库选址问题需要运用战略家的眼光看待。

2. 仓储日常的作业管理。仓库的日常作业按大类来分，可分为现场作业和事务作业两类。现场作业包括入库作业，如入库物品的检验、上架等；保管作业；分拣备货作业；出库检验作业，按照出库单据或出库计划确认出库物品种类和数量；捆包、包装作业；装载作业，按照运送不同方向或区域的货车分货、向货车载货；流通加工，贴标签、装箱、装袋等；盘点，将账面数量和实物数量进行核对以掌握准确的存货数量。事务作业包括入库数量更新，入出库发生时以及在盘点基础上的库存台账的更新；票据制作，装箱单、备货明细、运单等票据的印刷；结算处理，提供运费、保管费用、作业费用等数据。

日常作业管理是仓储正常运行的条件，实际上仓库管理的大部分工作都是日常作业管理。作业管理的好坏直接影响到仓库作业的效率。

此外，仓库作业考核问题，新技术、新方法在仓库管理中的运用问题，仓库安全与消防问题等，都是仓库管理所涉及的内容。

四、装卸搬运管理

（一）装卸搬运的含义

装卸是指物品在指定地点以人力或机械装入运输设备或卸下。搬运是指在同一场所内，对物品进行水平移动为主的物流作业。装卸搬运是物流的基本功能之一。

一般来说，在同一地域范围内（如车站范围、工厂范围、仓库的内部等），装卸是改变"物"的存放、支撑状态的活动，主要指物体上下方向的活动。而搬运是改变"物"的空间位置的活动，主要指物体横向或斜向的移动。在实际操作中，装卸与搬运是密不可分的，因此，在物流科学中并不特别强调两者的差别，而是作为同一种活动来对待，全称为"装卸搬运"。有时候或在特定场合，单称"装卸"或单称"搬运"，也包含了"装卸搬运"的完整含义。在习惯使用中，物流领域（如铁路运输）常将装卸搬运这一整体活动称作"货物装卸"；在生产领域中常将这一整体活动称为"物料搬运"。实际上，活动内容都是一样的，只是领域不同而已。

（二）装卸搬运的方法

1. 单件装卸作业。单件装卸作业是指将货物单件、逐件进行装卸搬运的方法，这是人工装卸搬运阶段的主导方法。主要适用于：一是单件货物本身特有的安全属性；二是装卸搬运场合没有或不适宜机械装卸；三是货物形状特殊，体积过大，不便于采用集装作业等。

2. 集装作业。集装作业是对集装货载进行装卸搬运的作业方法。集装作业由于集装单元较大、较重，不能进行人力手工装卸，也很少使用半机械化装卸，对大量集装货载而言只能采用机械进行装卸。集装作业受到场所条件、装卸设备条件和集装货载存放条件的限制，因而其机动性较差。集装作业一次作业装卸量大，装卸速度快，且在装卸时并不逐个接触货体，而仅对集装体进行作业，因而货损较小，货差也不大。集装作业有以下几种方法：

（1）托盘装卸。叉车托盘化说明叉车是托盘装卸搬运的主要机械。叉车可以在完成装卸的同时完成短距离搬运,而无须落地过渡。水平装卸搬运需要采用托盘搬运车或辊子式运输机。由于叉车叉的升高有限,有时垂直装卸搬运需要采用升降机、电梯、巷道起重机等配套设备。

(2)集装箱装卸。集装箱的装卸搬运作业分为垂直装卸作业和水平装卸作业。集装箱装卸主要使用港口岸壁吊车、龙门吊车等各种垂直起吊设备进行垂直装卸,也就是"吊上吊下"式的装卸。同时,各种吊车还可以做短距离水平运动,因此可以同时完成小范围的搬运。如长距离的搬运,则还需与搬运车相配合或利用叉车或半挂车进行"滚上滚下"式装卸。

(3)货捆装卸。货捆装卸适于长尺寸货物、块条状物及强度较高无须保护的货物。货捆装卸主要采用各种类型的起重机(如门式起重机和桥式起重机)进行装卸,货捆的捆具可与吊具、索具有效配合进行"吊上吊下"式装卸。货捆装卸还可采用一般叉车进行装卸。

(4)集装网、袋装卸。集装网、袋装卸主要采用各种类型的吊车进行"吊上吊下"作业,也可以与各种搬运车配合进行吊车所不能及的搬运。

3. 散装作业。散装作业是指对煤炭、建材、矿石等大宗货物以及谷物、水泥、化肥、食粮、原盐等货物采用的散装、散卸的方法。目的是提高装卸效率,降低装卸成本。主要有重力法、倾翻法、机械法、气力输送法等。

(1)重力法。重力法是利用货物的势能来完成装卸作业的方法。比如重力法卸车是指底开门车或漏斗车在高架线或卸车坑道上自动开启车门,煤炭矿石等散装货物依靠重力自行流出的卸车方法。

(2)倾翻法。倾翻法是将运载工具的载货部分倾翻,从而将货物卸出的方法。比如自卸汽车靠液压油缸顶起货箱实现货物卸载。

(3)机械法。机械法是指采用各种装卸搬运机械(如带式输送机、链斗装车机、单斗装车机、抓斗机、挖掘机等)通过舀、抓、铲等作业方式,达到装卸搬运的目的。

(4)气力输送法。气力输送法是利用风机在气力输送机的管内形成单向气流,依靠气体的流动或气压差来输送货物的方法。

五、包装管理

(一)包装的功能

1. 保护功能。商品包装的保护功能是其最重要和最基本的功能。主要指保护商品在流通过程中使其价值和使用价值不受外界因素影响。其影响因素包括包装的结构、材料,与包装的保护功能有着直接的联系,如我们常见的电子产品包装,一般多采用较厚的纸板,结构以封闭式包装为主,内衬泡沫等填充物,以免电子产品受损坏,充分体现了包装的保护功能。

2. 销售功能。包装具有促进销售的功能,即商业功能。销售包装是指将包装连同商品一起销售给消费者的包装。销售包装主要目的在于美化商品,宣传商品,以扩大销售。产品进行包装以后,首先进入消费者视觉的往往不是产品本身,而是产品的包装。所以,能不能引起消费者的购买欲望进而产生购买行动,在一定程度上取决于包装的好坏。特别是在自选市场里，包装起着"无声的推销员"的作用。一般来说，产品的内在质量是竞争能力的基础，但是，一种优质商品如果没有一个良好的包装相匹配，就会降低"身价"，并削弱市场竞争能力，这在国际市场上表现特别明显。当然，如何平衡包装投入和产品成本之间的关系是值得企业深思的。

3. 方便功能。商品经过包装，特别是推行包装标准化，能够为商品的流转提供许多方便。例如，将液态产品（硫酸、盐酸等）盛桶封装，小件异形产品装入规则箱体，零售小件商品集装成箱，为产品的装卸、搬运、储存提供方便。同时，推行包装标准化，能够提高仓库的利用率，提高运输工具的装载能力。此外，产品包装容器上标有鲜明的标记，以指导产品的装卸和运输，便于商品的识别、清点和验收入库，有利于减少货损和货差，减少各流通环节的作业时间，加快商品流转，降低流通费用。

（二）包装技术

1. 防震包装。防震包装又称缓冲包装，在各种包装方法中占有重要地位。所谓防震包装就是指为了缓冲内装物体受到冲击和震动，保护其免受损坏所采取的防护措施。产品从生产出来到开始使用要经过一系列的保管、堆积、运输和装卸过程，在任何环节中，都会有外力作用于产品之上，并可能使产品发生机械性的损坏，如堆积过程主要受静压力作用，运输过程主要受震动作用，装卸过程主要受冲击力作用，这些外力可能使包装件产生位移、塑性变形、震动破损等。

防震包装方法应该根据内装物的形状、特性、流通过程中的环境条件、缓冲材料的特性等因素综合选定。防震包装方法一般分为全面防震包装、部分防震包装和悬浮（或悬吊）缓冲包装三大类。

2. 防锈包装。防锈包装技术，是将防锈蚀材料采用一定的工艺，涂在被包装的金属制品上，以防止其锈蚀损坏的包装方法。防锈剂主要分为防锈油和气化性防锈剂两类。防锈油是在防锈矿油（空气、水分的绝缘材料）中加入防锈添加剂的产品，气化性防锈剂是一种常温下易挥发的物质，挥发出的气体附着于金属表面，从而防止金属产品生锈。对包装的金属制品表面作清洗处理，涂封防锈材料。选用透湿率小且易封口的防潮包装材料进行包装，如轴承、机电产品配件等均采用此包装。为了取得更好的防锈效果，在内装金属制品周围还需要放入适量的吸潮剂，以吸收内存的或外界侵入的水分，保持相对湿度在50%以下。

3. 防湿、防潮、防水包装。采用防湿、防潮、防水包装的目的，其一是阻隔外界水分的侵入，其二是减少、避免由于外界温、湿度的变化而引起包装内部产生返潮、结露和霉变现象。防湿、防水用的密封材料有压敏胶带、防水胶粘带、防水胶粘剂以及密封用橡胶皮等。用于纸箱、胶合板箱等表面防水处理的防水涂料有石蜡和清漆等，用于包装箱外的覆盖材料应具有一定的强度和耐水、耐老化、耐高低温、耐日晒等特性。

4. 防霉包装。包装防腐烂变质的措施，通常是采用冷冻真空包装或高温灭菌方法。冷冻包装的原理是减慢细菌活动和化学变化的过程，以延长存储期，但不能消除食品的变质；高温杀菌法可消灭引起食品腐烂的微生物，可在包装过程中用高温处理防霉。有些经干燥处理的食品包装，应防止水汽侵入而引起霉腐，可选择防水汽和气密性好的包装材料，采取真空和充气包装。

5. 防虫包装。防虫包装技术，常用的是驱虫剂，即在包装中放入有一定毒性和嗅味的药物，利用药物在包装中挥发气体杀灭和驱除各种害虫。常用驱虫剂有萘、对位二氯化苯、樟脑精等。也可采用真空包装、充气包装、脱氧包装技术，使害虫无生存环境，从而防止虫害。

6. 危险品包装。危险品有上千种，按其危险性质，交通运输及公安消防部门规定分为十大类，即爆炸性物品、氧化剂、压缩气体和液化气体、自燃物品、遇水燃烧物品、易燃液体、易燃固体、毒害品、腐蚀性物品和放射性物品等，有些物品同时具有两种以上危险性能。对有毒商品的包装要明显地标明有毒的标志。防毒的主要措施是包装严密不漏、不透气。例如，塑料袋密封后再装入木箱中，箱内用两层牛皮纸、防潮纸或塑料薄膜衬垫，使其与外界隔绝。对有腐蚀性的商品，要注意商品与包装容器的材质发生化学变化；金属类的包装容器，要在容器壁涂上涂料，防止腐蚀性商品对容器的腐蚀。例如，包装合成脂肪酸的铁桶内壁要涂有耐酸保护层，防止铁桶被商品腐蚀，从而商品也随之变质；再如，氢氟酸是无机酸性腐蚀物品，有剧毒，能腐蚀玻璃，不能用玻璃瓶做包装容器，应装入金属桶或塑料桶，然后装入木箱。对于易燃、易爆商品，例如有强烈氧化性的，遇有微量不纯物或受热即急剧分解引起爆炸的产品，防爆炸包装的有效方法是采用塑料桶包装，然后将塑料桶装入铁桶或木箱中，每件净重不超过 50 千克，并应有自动放气的安全阀，当桶内达到一定气体压力时，能自动放气。

六、配送管理

（一）配送的含义

配送是在经济合理区域范围内，根据用户要求，对物品进行拣选、加工、包装、分割、组配等作业，并按时送达指定地点的物流活动。由此可见，配送几乎包括了物流的所有功能要素（拣选、加工、包装、分割、组配），是在一个经济合理区域范围内全部物流活动的体现。

（二）配送的方式

1. 定时配送。按规定时间间隔进行配送，如数天或数小时一次等，每次配送的品种及数量可按计划执行，也可以在配送之前以商定的联络方式（如电话、计算机终端输入等）通知配送品种及数量。这种方式由于时间固定，易于安排工作计划、易于计划使用车辆，对用户来讲，也易于安排资源（如人员、设备等）。但是，由于配送物品种类变化，配货、装货难度较大，在要求配送数量变化较大时，也会使配送运力安排出现困难。

2. 定量配送。定量配送是将事先协议商定的批量在一个指定的时间范围内送达。定量配送由于配送品种和数量相对固定，备货工作相对简单，而且时间没有严格限制，可以按托盘、集装箱及车辆的装载能力来有效地选择配送的数量，这样能够有效地利用托盘、集装箱等集装方式，也可以做到整车配送，配送的效率较高。定量配送这种服务方式，由于时间不严格规定，这样可以将不同用户所需物品凑整车后进行合理配装配送，运力利用也较好。定量配送适用于对于库存的控制不十分严格，有一定的仓储能力，不实行"零库存"或运输线路没有保障的客户。

3. 定时定量配送。定时定量配送是指按照所规定的配送时间和配送数量进行配送。这种方式兼有定时、定量两种方式的优点，但是其特殊性强，计划难度大，因此适合采用的对象不多，是一种精密的配送服务方式。这种方式要求有较高的服务质量水平，组织工作难度很大，通常针对固定客户进行这项服务。由于适合采用的对象不多，很难实行共同配送等配送方式，因而成本较高，在用户有特殊要求时采用，不是一种普遍适用的方式。

4. 定时定线配送。这是一种在约定的运送路线上，按照运行时刻表进行的配送方式。此方式要求用户预先提出供货的品种、数量、到货时间和到货地点，以便合理地配货配装。采用这种方式有利于配送企业科学地安排车辆和司乘人员，也便于实施共同配送，以降低配送成本。对于用户来说，这种配送方式有利于安排接货，同时由于成本不高，可以获得低价格的好处。该方式对于消费者集中的商业繁华区域的用户，可利用行人少的夜间送货，以解决因街道狭窄、交通拥挤而难以实现配送到门的难题。

5. 应急配送。满足用户应急需求进行的配送。这种方式是对其他配送服务方式的完善和补充，它主要是为了满足用户由于事故、灾害、生产计划突然改变等因素所导致的突发性需要，以及普通消费者的突然性需求，而采用的高度灵活的应急配送方式。大型配送企业想要保持自己的经营地位，通过满足用户急需来形成自己的优势，从而赢得用户的信赖，就应当具备这种能力。当然，这种服务方式成本较高，不是经常采用的一种方式。

6. 准时配送（JIT）。准时配送是按照双方协议的时间，准时准点将货物配送到用户的一种服务方式。这种配送方式与时配、日配不同，时配、日配是面向社会普遍承诺的配送服务方式，针对社会上不确定的、随机性的需求。准时方式则是两方面的协议，往往是根据用户的生产节奏、销售进度，按指定的时间将货物送达，这种方式比日配、时配更精确，利用这种方式，用户的微量库存——保险储备也可以取消，绝对实现用户企业"零库存"的目标。由于准时配送服务方式是通过协议确定的，而企业之间的协议相对比较稳定。因此计划性较强，所以准时配送服务一般可以通过看板方式来实现，特别在企业内部供应配送上，采用看板管理是落实准时配送服务的一种主要方式。

（三）配送中心

1. 配送中心的含义。配送中心是从事配送业务的物流场所或组织，一般应符合以下要求：主要为特定的客户服务；配送功能健全；完善的信息网络；辐射范围小；多品种、小批量；以配送为主，储存为辅。

现代的配送中心与普通的仓库和传统的批发、储运企业相比，已经存在质的不同。仓库仅仅是储存商品；而配送中心绝不是被动地接受委托存放商品，它还起到集配作用，具有多样化的功能。和传统的批发、储运企业相比，配送中心在服务内容上由商流、物流分离发展到商流、物流、信息流有机结合；在流通环节上由经过多个流通环节发展到一个中心完成流通全过程；在经销方式上由层层买断发展到代理制；在工商关系上由临时的、随机的关系发展到长期的、固定的关系。这些特点在社会化的共同配送中心表现得尤为突出。

2. 配送中心的作用。配送中心是一个联结生产与生产、生产与消费的组织，配送中心的具体作用如下：

（1）可降低物流成本。通过在供应商与客户之间设置配送中心，将干线部分的大批量、高效率运输与支线部分的小批量、快速配送结合起来,从而在保证物流服务质量的前提下,有效降低了供应方物流成本,而需求方也享受了价格优惠。

(2) 实现供销方库存集约化和需方零库存。将分散在各家的仓库或多处营业仓库的商品集中存放在配送中心,有利于防止过剩库存和缺货的发生,提高了库存管理水平,有利于维持适当的库存。对需方来说,由配送中心及时配送有利于需方实行无库存经营。

(3) 实现物流的系统化和专业化。当今世界没有哪家企业不关注成本控制、经营效率和改善服务,而这一切的基础是建立在一个高效率的物流系统上。配送中心在物流系统中占有重要地位,能提供专业化的保管、包装、加工、配送、信息等系统服务。建立配送中心后能够给企业提供更加专业化、系统化的服务。

(4) 通过提高服务水平,促进产品销售。配送中心设置在接近顾客的地方,在接到顾客的订货后可以及时供货,而且可以一次满足多品种的订货。

(5) 有利于把握销售信息。配送中心一面连着供方,另一面连着需方,扮演着中介者的角色,有利于促进供需双方的信息沟通。作为商品的分销中心,配送中心通过库存的变化、出库状况,直接掌握着各个方面的需求信息,从这方面来说配送中心又是一个需求信息中心。

(6) 减少交易中间环节。利用配送中心的各项功能完成商品从厂商到零售商甚至最终消费者的直接转移,按照物流合理化的原则,尽可能减少中间环节和交易费用,降低物流整体成本。

(7) 促进地区经济的快速增长。在市场经济体系中,物流配送把国民经济的各个部分紧密地联系在一起。配送中心同交通运输设施一样,是连接国民经济各地区及沟通生产与消费、供给与需求的桥梁和纽带,是经济发展的保障,是拉动经济增长的内部因素,也是吸引投资的环境条件之一。

人物介绍

大师风采——道格拉斯·M·兰博特

道格拉斯·M·兰博特(Douglas M. Lambert)博士是全球供应链论坛的主席,全球物流和供应链管理领域居领袖地位的大师,《国际物流管理杂志》的主办人以及两位主编之一。他是目前世界上唯一的一位同时获得供应链管理专业人员协会颁发的"最佳博士论文奖"及"杰出成就奖"两项殊荣的学者,并荣获了该协会唯一的一个"协会创办者最佳研究成果奖"。

兰博特博士先后编著、合著了10余部物流方面的著作,其中的《战略流通管理》以及在此基础上改编的《战略物流管理》几经再版,已经被翻译成多种文字,成为全球物流教育的经典教材。中文版的《战略物流管理》和《基础物流管理》现已被国内大多数的商学院选作MBA教材。

1992年,兰博特博士创立了"全球供应链论坛"(Global Supply Chain Forum, GSCF)。该论坛是一个由来自15家世界级公司的代表和学术界的精英组成的非营利组织,在全球范围内为探索和研究供应链管理的理论与实践提供了一个平台。

兰博特博士非凡的学术成就是建立在为企业解决具体的实际问题基础之上。除了著书立说外,兰博特博士还采用为企业提供咨询服务和举办大型公开讲座的方式,将其学术研究成果回报给企业及社会。30余年来,他已经为近百家公司提供过咨询服务及专题报告,并公开举办了500余场各种讲座,讲座的内容涵盖了物流和供应链管理方面的所有重要话题,为提高企业在物流和供应链方面的管理水平做出了卓越的贡献。

资料来源: http://www.cnsba.com。

> 课堂讨论：
>
> "物流热"近年来被炒得火热，无论是我国东部经济发达地区还是正值"大开发"的中西部地区，大家都在大谈物流，大搞物流建设，在 2009 年初，物流业被列入十大产业振兴规划，人们已经把物流与国民经济发展紧密地联系在一起。请结合目前中国的物流业现状，尤其是作为该行业构成主体的企业发展情况，评价"物流热"。

第三节 供应链管理

企业面临着越来越激烈的市场竞争。现代企业要追求最佳的经济效益，取得市场竞争中的领先地位，仅仅着眼于优化利用本企业内部的资源是远远不够的，还需要借助于其他有关企业的资源，实现优势互补，共同增强竞争力，才能达到快速响应消费者的需求、迅速占领市场的目的。为此，制造商着眼于在全球范围内寻求与其相关的供应商、销售商建立合作伙伴关系，结成利益共同体，形成一条从供应商、制造商、销售商到最终用户的供应链。

一、供应链管理概述

（一）供应链的含义

传统的供应链概念局限于企业的内部操作层上，注重企业自身的资源利用。有些学者把供应链的概念与采购、供应管理相关联，用来表示与供应商之间的关系，这种观点得到了研究合作关系、JIT 关系、精细供应、供应商行为评估和用户满意度等问题的学者的重视。但这样一种关系也仅仅局限在企业与供应商之间，而且供应链中的各企业独立运作，忽略了与外部供应链成员企业的联系，往往造成企业间的目标冲突。学者注意到了供应链的外部环境，认为它应是一个"通过链中不同企业的制造、组装、分销、零售等过程将原材料转换成产品，再到最终用户的转换过程"，这是更大范围、更为系统的概念。

我们认为：供应链是指围绕核心企业，通过对物流、资金流和信息流的控制，从采购原材料开始，制成产成品，最后由销售网络把产品送到消费者的将供应商、制造商、销售商直到最终用户连成一个整体的功能网络结构。

供应链主要具有以下特征：

1. 复杂性。因为供应链节点组成的跨度（层次）不同，供应链往往由多个、多类型甚至多国企业构成，所以供应链结构模式比一般单个企业的结构模式更为复杂。

2. 动态性。供应链管理因企业战略和适应市场需求变化的需要，其中节点需要动态的更新，这就使得供应链具有明显的动态性。

3. 面向用户需求。供应链的形成、存在、重构，都是基于一定的市场需求而发生，并且在供应链的运作过程中，用户的需求拉动是供应链中信息流、产品/服务流、资金流运作的驱动源。

4. 交叉性。对于产品而言，每种产品的供应链都由多个链条组成。对于企业而言，每个企业既可以是这个链条的成员，同时又是另一个链条的成员，众多的链条形成交叉结构，增加了供应链协调管理的难度。

（二）供应链管理的含义

所谓供应链管理，就是指在满足一定的客户服务水平的条件下，为了使整个供应链系统成本达到最小而把供应商、制造商、仓库、配送中心和渠道商等有效地组织在一起来进行的产品制造、转运、分销及销售的管理方法。从上述定义中，我们能够解读出供应链管理包含的丰富内涵。

首先，供应链管理把产品在满足客户需求的过程中对成本有影响的各个成员单位都考虑在内了，包括从原材料供应商、制造商到仓库再经过配送中心到渠道商。不过，实际上在供应链分析中，有必要考虑供应商的供应商以及客户的客户，因为他们对供应链的业绩也是有影响的。

其次，供应链管理的目的在于追求整个供应链的整体效率和整个系统费用的有效性，总是力图使系统总成本降至最低。因此，供应链管理的重点不在于简单地使某个供应链成员的运输成本达到最小或减少库存，而在于通过采用系统方法来协调供应链成员以使整个供应链总成本最低，使整个供应链系统处于最流畅的运作中。

最后，供应链管理是围绕把供应商、制造商、仓库、配送中心和渠道商有机结合成一体这个问题来展开的，因此它包括企业许多层次上的活动，包括战略层次、战术层次和作业层次等。

（三）供应链管理的主要内容

供应链管理覆盖了从供应商的供应商到客户的客户的全部过程，主要涉及四个主要领域：供应、生产计划、物流、需求。供应链管理是以同步化、集成化生产计划为指导，以各种技术为支持，尤其以 Internet/Intranet（国际互联网/企业内部网）为依托，围绕供应、生产计划、物流、满足需求来实施的。供应链管理的目标在于提高用户服务水平和降低总的交易成本，并且寻求两者之间的平衡。供应链管理包括的其他内容：战略性供应商与用户合作伙伴关系；供应链产品需求预测和计划；供应链设计（全球节点企业定位、设备和生产的集成化管理）；企业内部和企业之间物料供应与需求管理；基于供应链管理的产品设计和制造管理；用户管理和物流管理（运输、库存、包装等）；企业间资金流管理；基于 Internet/Intranet 的供应链交互信息管理。

（四）供应链管理的特征

1. 管理目标多元化和管理视野拓宽。传统管理目标往往寻求针对现有问题，设计的管理行为着力最终解决问题，目标较为单一。供应链管理目标多元化在于不仅强调问题的最终解决，而且关注解决问题的方式，以最快的速度、最低的成本、最佳途径解决问题。凸显出管理目标上既具有时间方面的要求，又有成本方面的要求，还有效果上的追求，供应链管理目标呈现出多元化。

供应链管理的视野打破过去只限于围绕某个企业、企业内部某个部门或某个行业的点、线以及面的管理区域。供应链管理的触角从一个企业延伸到另一个企业，从企业内一个部门延伸到另一个部门，从本部门扩展到其他相关的行业。供应链管理的视野是全方位、立体化的。

2. 管理要素增多和管理系统的复杂程度增加。供应链管理要素的种类和范围比以往有较大的扩展，它不仅包含过去传统中的人、财、物，而且扩展到信息、知识、策略等。管理对象无所不包，几乎涉及所有的软、硬件资源要素，因而使管理者有较大的选择余地，同时管理难度进一步加大。尤其需要注意的是，软件要素在供应链管理中的作用日显重要，在许多情况下，如信息、策略和科技等软件要素常常是决定供应链管理成败的关键，故要引起管理者的注意。

供应链系统涉及宏观与微观、纵向与横向、外部环境与内部条件等部分的交互作用，彼此之间又交织形成一个密切相关的、动态的、开放的有机整体。各部分之间织成相互依赖、相互促进、相互制约的关系链，从而使得供应链组成极其复杂，管理难度增大，需要运用非常规的分析方法才能把握供应链管理系统的内在本质。

3. 管理过程的战略化和流程的集成化。供应链上涉及供应商、制造商、销售商，以及联系三者之间的物流、信息流、资金流等多个环节，往往各自的职能目标产生冲突，只有通过认识供应链管理重要性和整体性，从战略的角度出发，运用战略管理才能有效实现供应链管理目标。

为实现整体目标最优，供应链管理需要一种纵横的、一体化的集成管理模式，以流程为基础，以价值链为核心，强化供应链整体的集成与协调，通过信息共享、技术交流和合作、资源优化配置等手段，实现供应链一体化管理。

4. 新的库存管理观和以客户为中心的管理思想。供应链新的库存管理观改变了过去库存管理只是"保护"（使生产、流通、销售免受供需双方的影响）的管理方法，而是实施加快通向市场的速度，缩短从供应商到消费者的通道长度，把过去视供应者为竞争对手变为合作伙伴，从而促使企业能更快捷、经济地反映市场需求，大幅降低总体库存水平。

供应链类型和供应链长短都是由顾客需求所决定的，供应链上的企业创造的价值只能通过客户的满意度以及产生的利润来衡量。客户取得成功，供应链才能得以生存和发展。因此，供应链管理必须以客户为中心，把为客户服务、满足客户需求作为供应链管理的出发点，并贯穿管理的全过程，不断提高客户服务质量，实现客户满意度，把促成客户成功作为创造竞争优势的根本手段。

资料链接

第四方物流

第四方物流是1998年美国埃森哲咨询公司率先提出的，是一个供应链的集成商，专门为第一方、第二方和第三方提供物流规划、咨询、物流信息系统、供应链管理等活动。第四方物流是供需双方及第三方物流的领导力量，并不实际承担具体的物流运作活动。第四方物流不是物流的利益方，而是通过拥有的信息技术、整合能力以及其他资源提供一套完整的供应链解决方案，以此获取一定的利润。它帮助企业实现降低成本和有效整合资源，并且依靠优秀的第三方物流供应商、技术供应商、管理咨询以及其他增值服务商，为客户提供独特的和广泛的供应链解决方案。

资料来源：http://baike.baidu.com/view/50319.htm?fr=ala0_1。

二、供应链管理的方法

近年来，供应链管理发展迅猛，各种各样的供应链管理方法层出不穷，各种供应链管理方法的侧重点虽然不同，但实施目标都是相同的，即减少供应链的不确定性和风险，从而积极地影响库存水平、生产周期、生产过程，并最终影响对顾客的服务水平。其中主要的供应链管理方法有快速反应、有效顾客反应、作业成本核算方法和合作计划、预测与补给。

（一）快速反应（Quick Response，QR）

1. QR 的含义。快速反应是指在供应链中，为了实现共同的目标，零售商和制造商建立战略伙伴关系，利用电子数据交换（EDI）等信息技术，进行销售时点的信息交换以及订货补充等其他经营信息的交换，用多频度、小批量配送方式连续补充商品，以缩短交货周期，减少库存，提高客户服务水平和企业竞争力的供应链管理方法。QR 最早由连锁零售商沃尔玛、凯马特等开始推动，并逐步推广到纺织服装行业。

2. QR 的优点。

（1）QR 对厂商的优点。①提高了厂商的市场份额。对于厂商而言，由于厂商为销售商送来的货物与承诺的货物是相符的，厂商能够很好地协调与销售商间的关系，长期的良好顾客服务会增加市场份额。②降低了厂商流通费用。由于集成了对顾客消费水平的预测和生产规划，就可以提高库存周转速度，需要处理和盘点的库存量减少了，从而降低了流通费用。③降低了厂商管理费用。因为不需要人工输入订单，所以采购订单的准确率提高了；货物发出之前，仓库对运输标签进行扫描并向零售商发出提前运输通知，此外，额外发货的情况也大为减少，这些措施都降低了管理费用。④有利于厂商制订生产计划。由于可以对销售进行预测并能够得到准确的销售信息，厂商可以准确地安排生产计划。

（2）QR 对销售商的优点。①降低销售商销库存成本。条形码和销售终端（POS）扫描使销售商能够跟踪各种商品的销售和库存情况，这样就能够准确地跟踪存货情况。销售商使用库存模型来确定什么情况下需要采购，以保证在顾客需要商品时可以得到现货，力求在库存真正降低时才订货，降低了库存成本。②减少了削价的损失。由于具有了更准确的顾客需求信息，销售商可以更多地储存顾客需要的商品，减少顾客不需要商品的存货，这样就减少了削价的损失。③降低了销售商的采购成本。商品采购成本是企业完成采购职能时发生的费用，这些职能包括订单准备、订单创建、订单发送及订单跟踪等。实施快速反应后，上述业务流程大大简化了，采购成本降低了。

3. QR 成功的条件。QR 的成功实施必须具备以下五个条件：

（1）改变传统的经营方式，革新企业的经营意识和组织结构。一是企业必须改变只依靠独立的力量来提高经营效率的传统经营意识，通过树立与供应链各方建立战略合作伙伴关系，从而利用供应链各成员的资源来提高经营效率的现代经营理念；二是零售商在垂直型QR 系统中起主导作用，零售店铺是垂直型 QR 系统的起始点；三是在垂直型 QR 系统内，通过 POS 数据等销售信息和成本信息的相互公开和交换来提高各个供应链成员企业的运作效率；四是明确垂直型 QR 系统内各个企业之间的分工协作范围和形式，消除重复作业及无效作业，建立有效的分工协作框架体系；五是通过利用信息技术实现事务作业的无纸化与自动化。

（2）开发和应用现代信息技术。这些现代信息技术包括：条形码技术、电子订货系统（EOS）、POS 数据读取系统、EDI 技术、预先发货清单技术（ASN）、电子资金转账系统（EFT）、供应商管理库存（VMI）和持续补货系统（CRP）等。

（3）与供应链上下游企业建立战略伙伴关系。其具体内容包括积极寻找和发现战略合作伙伴并在合作伙伴之间建立分工和协作关系。合作的目标既要削减库存，又要避免缺货现象的发生，还要降低商品风险，避免大幅度降价现象发生，以及减少作业人员和简化事务性作业等。

（4）改变对企业商业信息保密的传统做法。将销售信息、库存信息、生产信息、成本信息等与合作伙伴交流分享，并在此基础上，要求各方在一起发现问题、分析问题和解决问题。

（5）缩短生产周期和降低商品库存。供应方必须做到缩短商品的生产周期；进行多品种、少批量生产和多频度、小批量配送，降低零售商的库存水平，提高为顾客服务的水平；在商品实际需要将要发生时参照 JIT 生产方式组织生产，减少供应商的库存水平。

（二）有效顾客反应（Efficient Customer Response，ECR）

1. ECR 的含义。有效顾客反应是一种通过制造商、批发商和零售商各自经济活动的整合，以最低的成本，最快、最好地实现消费者需求的流通模式。ECR 强调供应商和零售商的合作，尤其在企业间竞争加剧和需求多样化发展的今天，产销之间迫切需要建立相互信赖、相互促进的协作关系，通过现代化的信息和手段，协调彼此的生产、经营和物流管理活动，进而在最短的时间内应对客户需求变化。ECR 的最终目标是分销商和供应商组成联盟一起为消费者最大的满意度以及最低成本而努力，建立一个敏捷的消费者驱动的系统，实现精确的信息流和高效的实物流在整个供应链内的有序流动。

2. ECR 实施的原则。要实施 ECR，首先应联合整个供应链所涉及的供应商、分销商以及零售商，改善供应链中的业务流程，使其最合理有效；然后，再以较低的成本，使这些业务流程自动化，以进一步降低供应链的成本和时间。这样，才能满足客户对产品和信息的需求，即给客户提供最优质的产品和适时准确的信息。ECR 的实施原则包括如下五个方面：

（1）以较少的成本，不断致力于向供应链客户提供产品性能更优、质量更好、花色品种更多、现货服务更好以及更加便利的服务。

（2）ECR 必须有相关的商业巨头的带动。该商业巨头决心通过互利双赢的经营联盟来代替传统的输赢关系，达到获利之目的。

（3）必须利用准确、适时的信息以支持有效的市场、生产及后勤决策。这些信息将以 EDI 的方式在贸易伙伴间自由流动，它将影响以计算机信息为基础的系统信息的有效利用。

（4）产品必须随其不断增值的过程，从生产至包装，直至流动至最终客户的购物篮中，以确保客户能随时获得所需产品。

（5）必须采用共同、一致的工作业绩考核和奖励机制，它着眼于系统整体的效益（即通过减少开支、降低库存以及更好的资产利用来创造更高的价值），明确地确定可能的收益（例如，增加收入和利润）并且公平地分配这些收益。

3. ECR 系统的效益。由于在流通环节中缩减了不必要的成本，零售商和批发商之间的价格差异也随之降低，这些节约了的成本最终将体现在消费者身上，各贸易商也将在激烈的市场竞争中赢得一定的市场份额。

（三）作业成本核算方法（Activity-Based Costing，ABC）

作业成本核算方法是20世纪80年代末在美国兴起的一种先进的成本计算与企业管理方法。作业成本核算方法是指以作业为核心，以资源流动为线索，以成本动因为媒介，依据不同成本动因分别设置成本归集对象即成本库来归集、汇总费用，再以各种产品耗费的作业量分摊这些费用至产品中，从而汇总计算各种产品的总成本和单位成本的方法。它不同于传统的直接以产品数量为基础的成本系统，而是把成本计算深入到作业层次，以"产品消耗作业，作业消耗资源"为主线，通过对作业成本的确认和计量，对所有作业活动进行追踪和动态反映。它可以提供相对准确的成本信息，以求尽可能消除"不增值作业"，改进"可增值作业"，促使损失、浪费减少到最低限度，提高决策、计划、控制的科学性和有效性，促进企业管理水平的不断提高。

（四）合作计划、预测与补给（CPFR）

1. CPFR的含义。当今世界，激烈的市场竞争和快速多变的市场需求使企业面临不断缩短交货期、提高质量、降低成本和改进服务的压力，迫使供应商、制造商、分销商和零售商走向合作。因此，供应链作为包括供应商、制造商、分销商和零售商的"由物料获取并加工成中间件或成品，再将成品送到用户手中的一些企业和部门构成的网络"，成了学术界和企业界研究和实践的热点。但供应链是错综复杂的，供应链的业务活动不仅要跨越供应链通道（供应商、制造商、分销商、零售商和其他合作伙伴）的范畴，而且要跨越功能、文化和人员的范畴，在努力减少成本、增加效率和获得竞争的过程中，不得不重新构思、重新定义和重新组织供应链合作伙伴关系和模式。为了建立新型合作伙伴关系，一种面向供应链的策略——合作计划、预测与补给（Collaborative Planning, Forecasting and Replenishment，CPFR）应运而生，并逐渐成为供应链管理中一个热门的研究问题。CPFR是一种面向供应链的新型合作伙伴的策略和管理模式。它通过零售企业与生产企业共同预测和补货，并将各企业内部的计划工作（如生产计划、库存计划、配送计划、销售计划等）由供应链各企业共同参与，改善零售商和供应商的伙伴关系，以提高预测的准确度，改进计划和补货的过程和质量，最终达到提高供应链效率、减少库存和提高消费者满意程度的目的。

2. CPFR的实施。CPFR的实施可划分为计划、预测和补给三个阶段，包括9个主要流程活动。第1个阶段为计划，包括第1、2步；第2个阶段为预测，包括第3~8步；第3个阶段为补给，包括第9步。

第1步：供应链伙伴达成协议。这一步是供应链合作伙伴包括零售商、分销商和制造商等为合作关系建立指南和规则，共同达成一个通用业务协议，包括合作的全面认识、合作目标、机密协议、资源授权、合作伙伴的任务和成绩的检测。

第2步：创建联合业务计划。供应链合作伙伴相互交换战略和业务计划信息，以发展联合业务计划。合作伙伴首先建立合作伙伴关系战略，然后定义分类任务、目标和策略，并建立合作项目的管理简况（如订单最小批量、交货期、订单间隔等）。

第3步：创建销售预测。利用零售商销售点终端数据、因果关系信息、已计划事件信息创建一个支持共同业务计划的销售预测。

第4步：识别销售预测的例外情况。识别分布在销售预测约束之外的项目，每个项目的例外准则需在第1步中得到认同。

第5步：销售预测例外项目的解决/合作。通过查询共享数据、E-mail、电话、交谈、会议等解决销售预测例外情况，并将产生的变化提交给销售预测。

第6步：创建订单预测。合并销售点终端数据、因果关系信息和库存策略，产生一个支持共享销售预测和共同业务计划的订单预测，提出分时间段的实际需求数量，并通过产品及接收地点反映库存目标。订单预测周期内的短期部分用于产生订单，在冻结预测周期外的长期部分用于计划。

第7步：识别订单预测的例外情况。识别分布在订单预测约束之外的项目，例外准则在第1步已建立。

第8步：订单预测例外项目的解决/合作。通过查询共享数据、E-mail、电话、交谈、会议等调查研究订单预测例外情况，并将产生的变化提交给订单预测（第6步）。

第9步：订单产生。将订单预测转换为已承诺的订单，订单产生可由制造厂或分销商根据能力、系统和资源来完成。

本章小结

〔内容摘要〕

本章主要介绍了物流的概念，分析了有效的物流与供应链管理不仅可以实现企业成本的降低和效率的提高，使企业拥有持续的市场竞争力；叙述了物流管理的主要职能，包括采购管理、运输管理、仓储管理、装卸搬运管理、包装管理和配送管理，着重介绍了具体的管理方法；介绍了供应链管理的相关内容。当代社会，市场竞争全球化，企业之间的竞争正在演变为不同供应链之间的竞争，因此，供应链管理也是现代企业的重点内容之一。本章重点分析了供应链管理的内涵和方法，主要方法有快速反应（QR）、有效顾客反应（ECR）、作业成本核算方法（ABC），以及合作计划、预测与补给（CPFR）。

〔主要知识点〕

1. 物流对企业的作用。物流对于企业的意义非常重要，它是企业生产的前提保证，能够降低企业的成本，增加企业利润，而且还能创造一定的服务价值。

2. 物流管理的主要职能。主要有采购管理、运输管理、仓储管理、装卸搬运管理、包装管理和配送管理。

3. 供应链管理的主要方法。主要的供应链管理方法有快速反应、有效顾客反应、作业成本核算方法和合作计划、预测与补给。

〔关键概念〕

物流　采购　仓储管理　配送　供应链　供应链管理　有效顾客反应　作业成本核算方法

思考题

1. 物流的定义及其内涵。
2. 物流活动对企业的作用。
3. 物流管理的主要职能。
4. 供应链管理的定义及内涵。

5. 供应链管理的主要内容。
6. 快速反应的主要优点有哪些？

思考案例

耐克公司的全球化供应链

耐克公司作为全球最大的运动品公司，有着许多先进的经营之道。在技术上，耐克产品具有领先优势，而且它采用以品牌为导向的营销策略，成功地使用体育明星做广告，把这个品牌确立为年轻人中的偶像。然而，像任何一个全球化的组织一样，供应链的后勤和管理是耐克的一个关键战略问题。

耐克公司总部位于美国俄勒冈州比弗顿（Beaverton），运营着一个跨越全球的虚拟企业。它的核心部分是一套业务流程，流程的设计将它高强的研发能力和低成本的制造战略结合在一起。例如，耐克的"air max penny"篮球鞋，是在俄勒冈和田纳西设计，由俄勒冈、中国台湾和韩国的技术人员开发。成人尺码的鞋在韩国制造，青少年尺码的鞋在印度尼西亚制造，52个部件由日本、韩国、中国台湾、印度尼西亚和美国的公司供应。而且，生产过程极为复杂，每双鞋经过了120多双手，制造期较长。

协调这一漫长流程的是信息系统，以及以物流为基础的组织结构，实现了在恰当时刻把部件聚集到一起，同时管理全球市场的产品供应。重要的是，还能适应不断革新的产品、原材料和流程，使耐克公司每年有300多种新款鞋走向市场。

在美国和欧洲，耐克产品的主要分销活动越来越多包给专业化的第三方，它们和公司的全球销售与客户服务支持系统连接起来。这种连接使承包商能够优化发货次序和订单管理，提高效率，同时确保整个耐克虚拟企业的所有决策者都能很容易地获得产品可用信息。当供应链全球化后，产品也是面向全球市场，供应链的管理成为公司成败的一个关键因素。

资料来源：毕新华，《现代物流管理》，科学出版社2004年版。

思考题：耐克公司的全球化供应链管理有何特点？

应用训练

入库作业应用实训

【实训目标】

通过本次实训，让学生熟悉和掌握入库作业计划的编制，入库前的准备工作，接运与卸货等入库作业方面的知识和实践技能。

【实训内容】

联系当地一家连锁零售企业，进行入库作业应用实训。实训练习主要包括：编制商品入库作业计划、商品入库前的准备工作、接运与卸货、核对单据、初步验收、接货员与送货人员办理交接手续、商品验收和进货信息的处理。

【实训步骤】

1. 编制商品入库作业计划。仓库保管员根据采购计划和实际的进货单据，以及供应商的送货规律、送货方式等信息编制商品入库作业计划。

2. 做好入库前的准备工作。准备工作的主要内容有：根据预计到货的商品特性、体积、质量、数量和到货时间等信息，结合商品分区、分类和储位管理的要求，预计储位，预先确定商品的理货场所和储存位置。按照到货时间和数量，预先计划并安排好接运、卸货、检验、搬运货物的作业人员。根据到货商品的性能及包装、单位重量、单位体积、到货数量等信息，确定检验、计量、卸货与搬运方法，准备好相应的检验设备、卸货及堆码工具与设备，并安排好卸货站台空间。根据到货计划，准备到货的单证核查相关文件，准备相关验收标准。

3. 接运与卸货。接运员根据商品转运方式不同，提前与运输商沟通，准备好接运器具从相应站港接运商品，对直接送达仓库的商品，必须及时组织卸货入库。

4. 核对单据。保管员核对三方面单据：存货方提供的入库通知单、采购订单、采购合同，供应方开具的发票、磅码单、发货明细表等；除此之外，有些商品还有随货同行的商品质量保证书、检疫合格证、装箱单等；对由承运企业转运的货物，接运时还需审核运单，运输的普通记录或商务记录。核对货物与单据反映的信息是否相符。

5. 初步验收。理货员在对商品进行初步清点的基础上，按储放地点、包装标志进行分类并做出标记。同时根据相关单据和信息，对商品进行初步清理验收，在这个阶段理货员仅对货物的包装进行检查，包装完好就进行下一个作业过程，如果包装出现如破损、水湿、渗漏、污染等异常，将货品分开存放，报请仓库主管处理。

6. 办理交接手续。接货员与送货人员办理交接手续，如果初步验收没有异常情况出现，收货员接收货物，同时在回单上签字盖章。如果在初步验收中有异常情况出现，必须在送货单上详细注明并由送货人员签字，作为事后处理的依据。

7. 商品验收。在办完商品交接手续之后，检验员要对入库的商品做进一步的验收工作。检验员首先必须根据采购合同或订单所规定的具体要求和条件为依据，同时考虑供应商的质量保证体系是否完善、商品的理化性能、商品价值的大小、生产技术条件及品牌信誉、物流环境等因素确定的验收比例。根据实际需要运用感官检验法、理化检验法进行检验。将验收结果填写在验收单里。

8. 进货信息的处理。商品清点，验收完毕，搬运员将商品送入指定储位储存。与此同时，信息录入员首先必须将所有进货入库单据进行归纳整理，并详细记录验收情况，登记入库商品的储位。然后依据验收记录和其他到货信息，对库存商品保管账进行账务处理。最后将到货信息及时通过单据或库存数据，反馈给供应商和本公司采购、财务等部门，为采购计划的制订和财务货款结算提供依据。

资料来源：http：//ggx.dlvtc.edu.cn/ps/shijianjiaoxue.html。

第九章　现代企业财务管理

---【导入案例】---

腾讯的资本跳跃

腾讯公司是目前中国最大的互联网综合服务提供商之一，也是中国服务用户最多的互联网企业之一。自成立以来，腾讯在以资本为纽带的各种财务活动中，成就了自身价值。腾讯公司创立于1998年11月，注册资本为50万元人民币。公司在1999年开发了QQ的雏形，由于用户数量不断增长，其创始人马化腾及其大学同学张志东不得不四处寻找投资者。经过6次商业方案的修改，腾讯终于在1999年第一届深圳高交会上获得了IDG与电讯盈科所提供的风险投资。这是马化腾拿到的第一笔风险投资。IDG与盈科数码投资220万美元，各占腾讯20%的股份，腾讯创业团队占60%的股份。2001年下半年，南非媒体集团纳斯珀斯公司（Naspers）下属公司MIH用8 500万美元买进腾讯46.5%的股份，公司创办者们减持到46.3%，而剩下的7.2%归IDG所有。

2003年8月，腾讯创业团队回购IDG持有的7.2%的股份，MIH也向创业团队出售了少量股份，腾讯股权结构变为创业团队和MIH各占50%。至此，IDG通过MBO实现了风险资本的成功退出。与此同时，腾讯的大股东——南非媒体集团纳斯珀斯公司在2003年12月表达了意欲将腾讯上市的想法。巨大的市场份额使腾讯在2004年6月16日香港首日上市时便掀起热浪。腾讯IPO（Initial Public Offerings，首次公开发行股票）之后，其创业团队总共获得了17.5亿港元的账面资产，其中拥有公司14.43%股权的马化腾个人资产接近9亿港元。由此，腾讯顺利地完成了自己的资本跳跃。腾讯上市后，其最大的股东MIH的投资也获得了7倍的升值。

资料来源：根据网易科技新闻改编而成。
问题：1. 企业的财务管理对于企业有何意义？
　　　2. 企业投融资该如何决策？

财务管理大约起源于15世纪末16世纪初的西方。当时地中海沿岸蓬勃发展的商业城市催生了许多由公众入股的商业组织。这些商业股份经济的发展客观上要求企业合理预测资本需要量，有效筹集资本。自此财务管理的理念便逐渐深入到社会的各个角落。企业的财务管理工作作为其中的一项内容更是受到了企业以及社会的一致认可。由于企业在运转的过程中

几乎每个部门、每个环节都与资金发生或多或少的联系，因此财务管理的触角常常涉及企业经营的各个角落。做好企业财务管理的各项工作不仅能够快速及时地反映出企业的实际生产经营状况，更能以此为指导，采取必要的措施努力提高企业的经济效益、实现其社会价值。

第一节 企业财务管理概述

一、企业财务管理的含义

财务管理又称理财管理，是企业管理的一个重要组成部分，它是指企业根据财经法规制度，按照财务管理的基本原则，组织企业财务活动，处理财务关系的一项经济管理工作。其中企业的财务活动主要包括资金筹集、资金投资、资金营运和收益分配一系列活动。财务关系是指企业在组织各项财务活动过程中与国家、企业所有者、债权人、债务人以及职工发生的经济关系。

二、企业财务管理的目标

财务管理目标是一切财务活动的出发点和归宿。随着财务管理理论的不断丰富和发展，其中财务管理的目标也在不断地推陈出新。在学术界先后出现了四种比较具有代表性的观点。

（一）利润最大化

利润最大化目标认为，利润代表了企业新创造的财富，利润越多则说明企业的财富增加得越多，越接近企业的目标。但利润最大化目标存在以下缺点：

1. 没有明确利润最大化中利润的概念，这就给企业管理当局提供了进行利润操纵的空间。

2. 不符合货币时间价值的理财原则，它没有考虑利润的取得时间，不符合现代企业"时间就是价值"的理财理念。

3. 不符合风险－报酬均衡的理财原则。它没有考虑利润和所承担风险的关系，增大了企业的经营风险和财务风险。

4. 没有考虑利润取得与投入资本额的关系。该利润是绝对指标，不能真正衡量企业经营业绩的优劣，也不利于本企业在同行业中竞争优势的确立。

（二）股东财富最大化

股东财富最大化是指通过财务上的合理经营，为股东创造最多的财富，实现企业财务管理目标。不可否认，具有积极的意义。然而，该目标仍存在如下不足：

1. 适用范围存在限制。该目标只适用于上市公司，不适用于非上市公司，因此不具有普遍的代表性。

2. 不符合可控性原则。股票价格的高低受各种因素的影响，如国家政策的调整、国内外经济形势的变化、股民的心理等，这些因素对企业管理当局而言是不可能完全加以控制的。

3. 不符合理财主体假设。理财主体假设认为，企业的财务管理工作应限制在每一个经营上和财务上具有独立性的单位组织内，而股东财富最大化将股东这一理财主体与企业这一理财主体相混同，不符合理财主体假设。

4. 不符合证券市场的发展。证券市场既是股东筹资和投资的场所，也是债权人进行投资的重要场所，同时还是经理人市场形成的重要条件，股东财富最大化片面强调站在股东立场的资本市场的重要性，不利于证券市场的全面发展。

(三) 企业价值最大化

企业价值最大化是指采用最优的财务结构，充分考虑资金的时间价值以及风险与报酬的关系，使企业价值达到最大。该目标的一个显著特点就是全面地考虑到了企业利益相关者和社会责任对企业财务管理目标的影响，但该目标也有许多问题需要我们去探索：

1. 企业价值计量方面存在问题。首先，把不同理财主体的自由现金流混合折现不具有可比性。其次，把不同时点的现金流共同折现不具有说服力。

2. 不易为管理当局理解和掌握。企业价值最大化实际上是几个具体财务管理目标的综合体，包括股东财富最大化、债权人财富最大化和其他各种利益财富最大化，这些具体目标的衡量有不同的评价指标，使财务管理人员无所适从。

3. 没有考虑股权资本成本。在现代社会，股权资本和债权资本一样，不是免费取得的，如果不能获得最低的投资报酬，股东们就会转移资本投向。

(四) 利益相关者财富最大化

此观点认为，现代企业是一个由多个利益相关者组成的集合体，财务管理是正确组织财务活动、妥善处理财务关系的一项经济管理工作，财务管理目标应从更广泛、更长远的角度来找到一个更为合适的理财目标。但此观点也有明显的缺点：

1. 企业在特定的经营时期，几乎不可能使利益相关者财富最大化，只能做到其协调化。

2. 所设计的计量指标中销售收入、产品市场占有率是企业的经营指标，已超出了财务管理自身的范畴。

从"利润最大化"到"股东财富最大化"到"企业价值最大化"再到"利益相关者财富最大化"，无疑是认识上的一大飞跃，但它们都存在着一个共同的缺点：只考虑了财务资本对企业经营活动的影响，而忽略了知识资本对企业经营活动的作用。

三、资金的时间价值

(一) 资金时间价值的概念

现实生活中我们经常做出这样一些判断，如把钱存到银行赚取一定的利息；对于同样数额的报酬，现在拿比一年后拿更有诱惑力。其实这些都是因为资金时间价值的存在。所谓资金时间价值是指一定量资金在不同时点上的价值量的差额。它产生于资金的周转使用过程，是资金所有者让渡资金使用权而参与社会财富分配的一种形式。

资金的时间价值是一个客观存在的经济范畴，是企业财务管理工作中必须考虑的重要因素。它的概念和产生原理告诉我们，企业的闲余资金应充分地利用。长期的大量的资金闲置是一种极大的浪费。

（二）资金时间价值的计算

1. 计算中的基本概念。

（1）终值。终值（Future Value，FV）也称将来值或未来值，是指现在的一笔资金在将来某一时间点的价值，是现值的对称。如某人现在存入银行 10 000 元，一年后可以提取 10 225 元。其中 10 225 元就是现在 10 000 元的终值。

（2）现值。现值（Present Value，PV）是指将来某一时间点的一笔资金相当于现时的价值，是终值的对称。

在企业的财务管理活动中，终值和现值是两个常用的概念，常常用来对不同时点上的资金进行比较分析，从而指导企业的投融资以及各种相关的决策。

（3）利率。利率（i）又称利息率，表示一定时期内利息量与本金的比率，通常用百分比表示，按年计算则称为年利率，按月计算则称为月利率。其计算公式是：

$$利息率 = 利息量 \div 本金 \div 时间 \times 100\%$$

（4）计息期数。计息期数（n）可以是年，也可以是月或者季度。

2. 计算中的基本方法。

（1）单利计算。单利计算是指在计算资金时间时只对本金计算利息，而不将以前计算期的利息累加到本金中去，即利息不再生息。目前，我国银行普遍采用的是这种计息方式。如某客户在银行以 3 年定期的方式存入 10 000 元，利率为 3.24%，则它到期可得本息总和为 10 000 + 10 000 × 3.24% × 3 = 10 972 元。单利计算公式可以表述为：

$$FV = PV + PV \cdot i \cdot n$$
$$= PV(1 + i \cdot n)$$

（2）复利计算。复利计算是指在计算资金时间价值时不仅本金计息，而且前期本金所产生的利息也要计息，即利息再生利息，逐期滚利，俗称"驴打滚"。如企业一笔 3 年期的 10 000 元存款，利率为 3.24%，如果以复利计算，则它到期后可得本息总和为 10 000 × (1 + 3.24%)^3 = 11 003.8 元。企业进行财务预测或者决策等计算时通常应采用复利计算，这是因为企业的资金是不断周转的，上期周转的增值会进入下一次周转，再增值。①

复利计算可以表述如表 9 - 1 所示。

根据以上计算，我们可以推出复利计算终值的一般公式为：

$$FV = PV(1 + i)^n$$

由于 $(1+i)^n$ 的计算比较困难，因此我们可以用查表的方式进行计算。其中 $(1+i)^n$ 称为一元复利终值系数（$FVIF_{\%,n}$）或终值系数，所以用复利计算终值的公式也可以表示为

$$FV = PV \cdot FVIF_{\%,n}$$

---

① 在后面讲述中，如无特别说明，企业收益率均采用复利计算。

表 9-1　　　　　　　　　　　　　复利计算

期数	本金	利息	本利和
1	PV	$PV \cdot i$	$PV(1+i)$
2	$PV(1+i)$	$PV(1+i)i$	$PV(1+i)^2$
3	$PV(1+i)^2$	$PV(1+i)^2 i$	$PV(1+i)^3$
…	…	…	…
n	$PV(1+i)^{n-1}$	$PV(1+i)^{n-1}i$	$PV(1+i)^n$

3. 应用举例。

（1）投资收益率的计算。投资收益率是指导企业投资决策的一个重要指标。在企业财务管理过程中经常会碰到它的计算。

【例 9-1】某企业投资 1 000 万元进行一个项目，7 年后这笔投资已经增值 2 180 万元，求这笔投资的收益率。

根据公式 $FV = PV(1+i)^n$，得：

$$2\,180 = 1\,000 \times (1+i)^7$$
$$(1+i)^7 = 2.18$$

即一元终值系数为 2.18，查一元终值系数表，先找到第 7 期，从左到右找不到 2.18，但可以找到 2.076、2.211，它们对应的利率分别为 11%、12%。其关系满足下列情况：

11%	i	12%
2.076	2.18	2.211

因此我们可以认定要计算的利率在 11%~12%之间。

根据"插值法"的比例计算原则，有：

$$\frac{12\% - i}{12\% - 11\%} = \frac{2.211 - 2.18}{2.211 - 2.076}$$
$$i = 11.77\%$$

（2）与年金有关的计算。年金是指一定时期内每期相当金额的收付款项。它通常具有两个特点：一是金额相等；二是时间间隔相等。年金通常可以分为普通年金、预付年金、递延年金、永续年金。

【例 9-2】某人每年末在银行存入 10 000 元，连续存 4 年，若利率为 5%，则到期他可以提取多少钱？

这笔资金的终值可以通过每期终值相加而得到，为 43 110 元。但如果期数较多的话，则计算很复杂，因此我们可以通过一定的数学计算得到较为简化的计算公式。方法如下：

假设每期存入资金为 A，共存了 n 期，则：

第一期存入资金的终值为：$A(1+i)^{n-1}$

第二期存入资金的终值为：$A(1+i)^{n-2}$

第三期存入资金的终值为：$A(1+i)^{n-3}$

……

第 n 期存入资金的终值为：$A(1+i)^{n-n} = A$

所以：
$$FVA = A(1+i)^{n-1} + A(1+i)^{n-2} + A(1+i)^{n-3} + \cdots + A(1+i)^{n-n}$$
$$= A[(1+i)^{n-1} + (1+i)^{n-2} + (1+i)^{n-3} + \cdots + 1]$$

根据等比数列的计算法则，我们可以知道：
$$FVA = A[(1+i)^n - 1]/i$$

根据公式，当 $i = 5\%$，$n = 4$，$A = 10\,000$ 时，则：
$$FVA = 10\,000 \times [(1+5\%)^4 - 1]/5\% = 43\,110 \text{（元）}$$

计算结果与每期终值的相加结果相同。

四、企业财务管理的基本环节

企业财务管理活动是通过一定的环节来实现的。所谓财务管理环节是根据财务管理工作的程序及各部分间的内在关系划分的各种财务活动，主要有财务预测、财务决策、财务计划、财务控制、财务分析和监督。财务管理的各个环节相互连接，形成财务管理工作的完整过程，被称为财务管理循环。

（一）财务预测

财务预测是指财务人员根据财务活动的历史资料，依据现实的要求和条件，对企业未来的财务活动和财务成果做出科学的预计和测算。

它的主要任务在于：测算各项生产经营方案的经济效益，为决策提供可靠的依据；预计财务收支的发展变化情况，以确定经营目标；测定各项定额和标准，为编制计划、分解计划指标服务。财务预测环节主要包括明确预测目标，搜集相关资料，建立预测模型，确定财务预测结果等步骤。

（二）财务决策

财务决策是指财务人员在一定财务目标的指导下对若干财务方案、财务政策进行选择和决定的过程，通常又称为短期财务决策。

财务决策的目的在于确定最优的财务方案。只有确定了效果好并切实可行的方案，财务活动才能取得好的效益，实现企业价值最大化的财务管理目标，因此财务决策是整个财务管理的核心。财务决策一般包括下列几个步骤：（1）根据财务预测提出问题；（2）确定解决问题的各种方案；（3）分析、评价各种方案；（4）选择最佳方案。

（三）财务计划

财务计划是指在一定时期内，反映企业资金的取得与运用以及各项经营收支及财务成果的书面文件。它是企业经营计划的重要组成部分，是进行财务管理、财务监督的主要依据。财务计划是以财务决策所确定的方案以及财务预测所提供的信息为基础来编制的，是财务预测和财务决策的具体化。企业之所以要进行财务计划，目的在于确立财务管理上的奋斗目标，在企业内部实行经济责任制，使生产经营活动按计划协调进行，挖掘增产节约潜力，提高经济效益。

（四）财务控制

财务控制是指利用有关信息以及特定手段，对企业的资金投入以及收益过程和结果进行衡量和校正，从而实现财务计划中所规定的各项目标。根据财务控制工作所发生的时序，可以将财务控制分为事前控制、事中控制和事后控制三类。

第一，事前控制，又称预防性控制，是指在财务活动发生前就制定一系列的制度和规定，把可能产生的差异予以排除。如在资金支出活动发生前就制定资金使用的范围，制定好内部监督机制。在企业的财务管理中，各种标准、制度、规范的事先制定都可以看做是事前控制活动。

第二，事中控制，是指在企业财务活动的过程中，对一些具体的财务指标进行动态的跟踪和反馈，从而发现其中存在的问题，进而及时地予以干预和纠正，避免事态扩大或者更多的损失。

第三，事后控制，又称回馈性控制，是指在问题偏差发生以后，对产生偏差的原因进行分析和总结，从而采取切实有效的改进措施，从而避免今后类似问题的出现。

一般说来，事后控制不如事中控制，事中控制不如事前控制。北宋欧阳修有言：祸患常积于忽微，而智勇多困于所溺。小节不拘，蚁穴不堵，往往是酿成大祸的前兆。

资料链接

预 防 控 制

魏文王问名医扁鹊说："你们家兄弟三人，都精于医术，到底哪一位最好呢？"

扁鹊答说："长兄最好，中兄次之，我最差。"文王再问："那么为什么你最出名呢？"

扁鹊答说："我长兄治病，是治病于病情发作之前。由于一般人不知道他事先能铲除病因，所以他的名气无法传出去，只有我们家的人才知道。我中兄治病，是治病于病情初起之时。一般人以为他只能治轻微的小病，所以他的名气只及于本乡里。而我扁鹊治病，是治病于病情严重之时。一般人都看到我在经脉上穿针管来放血、在皮肤上敷药等大手术，所以以为我的医术高明，名气因此响遍全国。"

文王说："你说得好极了。"

资料来源：《史记》。

（五）财务分析

财务分析是以核算资料为主要依据，对企业财务活动的过程和结果进行调查研究，评价计划完成情况，分析影响计划执行的因素，挖掘企业潜力，提出改进措施。

（六）财务监督

财务监督是指以国家各种财经法规、制度以及企业会计核算资料为依据对企业财务活动的合理性、合法性和有效性进行检查。

财务监督主要分为内部监督和外部监督两种。企业财务部门以及有关单位所进行的监督属于内部监督；国家各级审计机构、财政、银行、税务等部门对企业所进行的监督属于外部监督。

第二节 企业投资管理

一、企业投资含义与原则

（一）企业投资的含义

企业投资作为企业财务活动的重要内容，对企业的成长和壮大具有积极的作用。所谓企业投资是指企业为了获得预期的不确定的经济利益而将现期的一定收入通过特定的方式转化为资本的行为。企业投资包括投资主体、投资客体、投资动机或目的、投资方式四要素。

1. 投资主体。投资主体是指拥有一定量的资金，能自主决策，并对投资结果承担相应责任的自然人或者法人。在企业投资活动中，主体为企业法人。

2. 投资客体。投资客体是指投资的对象或者标的物。投资客体的表现形式是多种多样的。比如企业如果将资金用来建造工厂，则投资客体为厂房、机器等固定资产；如果用来购买股票、证券，则投资客体为金融资产。

3. 投资动机或目的。企业投资的目的就在于通过资金的垫付和使用，来实现其增值。实现投资的经济效益是企业投资行为的出发点。当然，除此之外，企业某些投资还带有社会效益以及环境效益等目标。

4. 投资方式。投资方式是指资本运用的形式和方法，比如根据企业投资客体的不同主要有直接投资和间接投资两类。直接投资是指企业直接将资本投入建设项目，形成实物资产；间接投资是指企业通过购置有价证券的形式来进行投资。此外还有生产性投资、非生产性投资等采用不同角度的分类。

（二）企业投资的原则

企业投资的根本目的是谋求利润，增加企业价值。企业能否实现这一目的，关键在于企业能否在风云变幻的市场环境下，抓住有利时机，做出合理的投资决策。为此，企业在投资时必须坚持以下原则：

1. 认真进行市场调查，及时捕捉投资机会。在市场经济条件下，投资机会受市场需求、技术革新等各种因素的影响不断变化。因此企业在投资决策之前，必须认真进行市场调查和市场分析，探析市场发展的趋势和方向，只有如此才能把握住稍纵即逝的各种市场机会，寻找到最有利的投资项目。

2. 建立科学的投资决策程序，认真进行投资项目的可行性分析。企业的任何投资决策都会面临一定的风险。为了保证投资决策的正确有效，降低不必要的风险，必须按科学的投资决策程序，认真进行投资项目的可行性分析。投资项目可行性分析的主要任务是对投资项目技术上的可行性和经济上的有效性进行充分论证,从而合理确定不同项目的优劣。

3. 拓宽资金筹集渠道,保证投资项目的资金供应。企业的投资项目,特别是大型项目,建设工期长,资金需求量大,一旦开工,就必须有足够的持续的资金支持,否则就会使工程建设中途下马,出现"半截子工程",造成很大的损失。因此,在投资项目上马之前,必须科学预测投资所需资金的数量和时间,采用适当的方法,筹措资金,保证投资项目顺利完成,尽快产生投资效益。

4. 认真分析风险和收益的关系,适当控制企业的投资风险。收益和风险是共存的。一般而言,收益越大,风险也越大,收益的增加是以风险的增大为代价的,而风险的增加将会引起企业价值的下降,不利于财务目标的实现。企业在进行投资决策时,不仅要考虑收益,更要考虑自身所能承担的风险。只有在收益和风险达到均衡时,才有可能不断增加企业价值,实现财务管理的目标。

二、企业投资类别与方式

(一) 按照企业是否参与投资的经营管理分类

按照企业是否参与投资的经营管理,企业投资可以分为直接投资与间接投资。

直接投资是指企业将资金直接用于投资项目,形成厂房、机器等实物资产,或通过参股其他企业进而参与其经营管理活动。直接投资主要有两种方式:一是投入资本,开办新企业或设立子公司;二是买入现有企业的股票或直接并购目标企业。相对而言,通过股权投资从而获得生产能力的方式要比新建企业更为简单和快捷,因此较为企业所青睐。

间接投资是指企业将资金用于购买股票、债券等各类有价证券,享有证券收益,但并不参与企业的经营管理的投资活动。

(二) 按照投资在扩大再生产中所取的作用分类

按照投资在扩大再生产中所取的作用,企业投资可以分为外延性投资与内涵性投资。

外延性投资的实质是通过增加生产要素的投入量,从而扩大生产规模,也就是现有生产能力的简单复制。如新建技术水平相当的厂房和设备。

内涵性投资的实质是通过提高现有生产要素的使用效率,增强劳动过程中的组织管理,从而提高效率和产能。如新工艺、新技术的投资。

(三) 按照投资期限的长短分类

按照投资期限的长短,企业投资可以分为短期投资和长期投资。

短期投资是指各种能够随时变现、持有时间不超过一年的有价证券以及不超过一年的其他投资。短期投资的变现能力非常强,因为公司可以随时在证券市场出售这些有价证券,因此常被人们称为"准现金"。

长期投资是指将资金投入不可能或不准备在一年内变现的资产,包括实业投资、股权投资、债券投资和其他投资。一般说来,企业所进行的实业投资期限都比较长,因此所要求的收益率也较短期投资要高得多。

（四）按照投资区域的不同分类

按照投资区域的不同，企业投资可以分为国内投资和国际投资。

国内投资是指企业在本国境内所进行的投资。它包括各种内容、各种形式的投入。

国际投资是指企业资本的跨国流动。根据是否拥有对海外企业的实际经营管理权，国际投资又可以分为国际直接投资和国际间接投资。国际直接投资（Foreign Direct Investment，FDI）是指投资者参与海外企业的生产经营活动，拥有实际管理权和控制权的投资方式。国际间接投资则指投资者通过购买外国的公司股票、公司债券、政府债券等金融资产，依靠利息、股息及买卖价差来实现资本增值的投资方式。

三、项目投资决策

（一）项目投资决策及其要素

企业的投资往往以项目的形式来开展。所谓的项目投资决策就是指企业根据预期的投资目标，拟定若干个有价值的投资方案，并用科学的方法或工具对这些方案进行比较、分析和遴选，以确定最佳实施方案的过程。在企业进行项目投资决策的过程中必须考虑以下几个方面的要素：

1. 投资收益。项目投资的根本动机是追求投资收益。一般来说，项目投资的收益主要包括投资利润和资本利得。投资利润是投入资金运用后取得的收入与发生的成本之差；资本利得是金融商品买卖价差。在投资中考虑投资收益，要求投资方案的选择必须以投资收益的大小来取舍；要以投资收益具有确定性的方案为选择对象；要分析影响投资收益的因素，并分析这些因素对投资方案的作用，进而寻求提高和稳定投资收益的渠道。

2. 资金成本。企业从各种渠道筹集的资金不可能是无偿使用的，要付出一定的代价。企业由于拥有资金使用权而必须支付的各种费用就是资金成本，它包括资金的使用费用和筹措费用。使用费用主要包括资金时间价值和投资者要考虑的投资风险收益两部分；筹措费用主要指资本获得过程中的各种相关支出，如委托金融机构发行股票、债券的注册费和代办费等。

3. 现金流量。投资决策中的现金流量是指与决策有关的现金流入、流出数量。企业无论进行哪种形式的项目投资，都必须事先进行可行性分析，而可行性分析中各种指标的计算都是以项目的现金流量为基础的。一个投资项目的现金流入量是指该项目引起的现金收入额；现金流出量是指该项目的现金支出额。在一定时期内，现金流入量与现金流出量的差额为净现金流量（Net Capital Flow，NCF）。

4. 投资风险。投资风险是项目运行过程中产生的，表现为投资预期收益不能充分实现或不能实现的风险。项目的收益与风险往往是并存的。市场信息的快速变化，通货膨胀、金融危机等客观因素的存在以及企业经营管理过程中的各种主观失误都是造成项目风险的原因。

（二）项目投资决策的程序

项目的投资决策是一个动态的系统反馈过程，其机理可以用图9-1来表示。

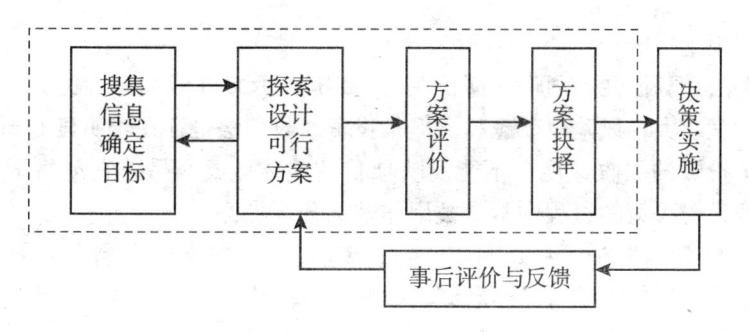

图 9-1　项目投资动态系统反馈

1. 搜集信息确定目标。项目决策目标就是企业投资活动想要实现的某种状态。投资目标制定得不明确或者不合理，都可能会导致投资决策失误。在决策目标的确定过程中，重点是要调查和分析企业的内外经营环境，收集项目的相关信息，寻求决策的条件。

2. 探索设计可行方案。一个投资项目要付诸实施，往往可以通过不同的途径，采用不同的方式。为了寻找到最合理的投资途径与方式，使投资项目的主要指标既满足企业发展的基本需要，又具备现实的可行性，并为效益的最大化提供保证，就必须确定科学的项目方案，而这一目标实现的前提就是拟定出若干个全面、可行的备选方案。

3. 方案评价。备选方案拟订出来后，进一步的工作就是采用一定的指标体系对这些方案进行深入的分析和比较，确定各种方案的优缺点，并对方案进行排序。

4. 方案抉择。由于不同的投资项目方案往往各有利弊，故比较选择时必须注重综合性。在对各个投资方案进行比较论证后，决策人员就可以提出倾向性意见，将最具有可行性的方案提供给最终决策者进行决策。投资方案的最后决策往往由企业的领导班子集体决议。

完整的项目投资决策主要包括以上几个步骤，这些步骤之间相互联系，往往还交叉渗透。另外科学的项目决策过程中还应该包含必要的反馈机制，即在项目方案的实施过程中，随着实践中不断变化的情况对原有的决策方案进行不断的修改与充实，进而积累经验为今后的投资决策提供借鉴。

（三）项目投资决策分析方法

1. 静态投资决策分析方法。投资决策的静态分析方法又称投资决策的会计方法，是指按照传统的会计观念，对企业投资的经济效益进行评价和分析，不考虑现金流入与流出的时间性。静态分析方法主要有投资回收期法、平均投资报酬率法等。

（1）投资回收期法。投资回收期是指一项投资的现金流入逐步累计至相等于现金流出总额即收回全部原始投资所需的时间。投资回收期法就是以投资回收期的长短作为评价和分析投资经济效益高低的标准，并依此进行投资决策的方法。其计算方法为：

$$\sum_{t=0}^{T_p} NB_t = \sum_{t=0}^{T_p} (B_t - C_t) = K$$

其中，T_p 为投资回收期，K 为投资总额，B_t 为第 t 年的收入，C_t 为第 t 年的支出，NB_t 为第 t 年的净现金流量。

设企业可接受的投资最高回收期为 T_b，其决策准则为：若 $T_p \leq T_b$，则投资项目是可以接受的；反之则拒绝投资。

投资回收期法计算简便，通俗易懂，在一定程度上反映了项目风险的大小，因为回收期越长，不确定性就越大，风险也就越高。但是投资回收期法也存在着明显的局限性，主要表现为它只反映了投资的回收速度，不能反映项目的整体效益，另外它忽略了货币的时间价值，因此在企业投资决策的过程中常常被用作辅助分析指标。

（2）平均投资报酬率法（Rate of Return，ROR）。平均投资报酬率又称平均投资利润率，是指投资项目平均每年获得的净利润与投资总额的比例，是一项反映投资获利能力的相对指标。其计算公式为：

$$R = r/K$$

其中，R 为平均投资报酬率，r 为平均每年的净利润，K 为投资总额。

在采用平均投资报酬率这一指标时，应事先确定一个企业要求达到的投资报酬率。在进行决策时，只有收益率高于这一投资报酬率的投资方案才是可行的。把项目的预期投资报酬率计算出来以后，就可与一个可以接受的行业基准投资报酬率或者企业自身要求达到的报酬率相比，如前者大于后者，可考虑接受；否则不应接受。平均投资报酬率法的优点是：计算简便，易于理解。缺点是不适用于年度间收益额变动较大的项目，另外它仍然没有考虑项目资金的时间价值。

2. 动态投资决策分析方法。项目投资决策的动态分析方法是根据货币的时间价值原理，将投资项目不同时期的现金流入与流出按照某一可比的基础换算成可比的量，据以评价和分析投资效益的方法。由于它考虑了资金的时间价值，因此与静态方法相比，更科学合理。动态分析方法一般包括净现值法、内部收益率法、决策树法等。

（1）净现值法（Net Present Value，NPV）。净现值法的基本原理就是根据现金流的"现值"规律，通过计算项目净现值的大小来评价与分析投资项目经济效益的投资决策方法。其中投资项目的净现值是指该项目在整个寿命周期内的全部现金流入现值与流出现值之差，其中流入为正，流出为负。如果净现值为正，则项目可行，否则就不可行。用公式表示如下：

$$NPV = I_0 + \sum_{t=1}^{n} CF_t/(1+r)^t$$

其中，I_0 为初始投资，CF_t 为第 t 期的期望现金流量，r 为期望现金流的风险折现率。

采用净现值法对投资项目进行评估时，重要的是对两个基本的输入变量的估计：一是项目经济寿命周期内预期现金流量的估计；二是折现率的估计。

（2）内部收益率法（Inner Ratio of Return，IRR）。内部收益率是指在投资的整个有效年限内能使投资的现金流入现值总额与现金流出现值总额恰好相等，即净现值为 0 的收益率。内部收益率法是净现值法的一种逆运算。如果计算出的内部收益率低于资金的成本率，则说明该项目的投资不仅不能为企业带来利润，而且连融资成本都难以补偿，因而项目方案应不予考虑。如果内部收益率高于资金成本率但低于目标收益率，则表明该项目虽能保本，但不能为企业提供满意的收益，此时企业仍然不能接受；只有内部收益率不低于目标收益率的项目，企业才应该进行投资。

（3）决策树法。决策树法是一种在净现值的基础上试图考虑不确定性以及管理者把握机会的后续决策可能性的估价方法，是折现现金流法在不确定性环境下的一种拓展模型。在不确定环境下，决策者可以根据不同状态的损益值来选择方案，或者用来指导系列性的多阶段投资决策。当第一阶段的投资获得预期收益时，再进行下一阶段的投资，如果没有达到预期的效果，则放弃继续投资。这对于分析复杂的连续投资决策是非常有用的。如图9-2所示。

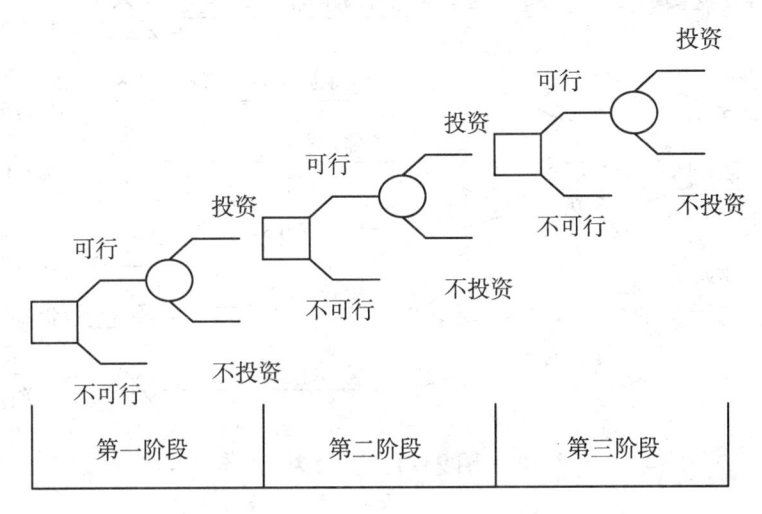

图9-2 连续投资决策树

【分析案例】

决策树法的应用

某服装生产企业的一个主营业务是生产医护人员的工装大褂。为了发展，该公司正在进行一个扩大生产规模方面的决策。它可以有以下几个选择：（1）什么也不做；（2）建一个小厂；（3）建一个中型厂；（4）建一个大厂。新增加的设备将生产一种新型的大褂，目前该产品的潜力或市场还是未知数。如果建一个大厂且市场较好就可实现100 000元的利润；如果市场不好则会导致90 000元的损失。但是，如果市场较好，建中型厂将会获得60 000元，小型厂将会获得40 000元；市场不好则建中型厂将会损失10 000元，小型厂将会损失5 000元。当然，还有一个选择就是什么也不干。最近的市场研究表明市场好的概率是0.4。问应选哪种方案？

分析：根据所给定的各种预期概率以及相应的损益值，我们可以绘出决策树如图9-3所示。

在决策树的基础上，我们可以计算出每一种方案的期望货币价值 EMV。

EMV（不建厂）= 0.4 × 0 + 0.6 × 0 = 0（元）
EMV（建小厂）= 0.4 × 40 000 + 0.6 × (-5 000) = 13 000（元）
EMV（建中型厂）= 0.4 × 60 000 + 0.6 × (-10 000) = 18 000（元）
EMV（建大厂）= 0.4 × 100 000 + 0.6 × (-90 000) = -14 000（元）

根据 EMV 最大化标准，该服装生产企业应该建一个中型厂。

图 9-3 决策树

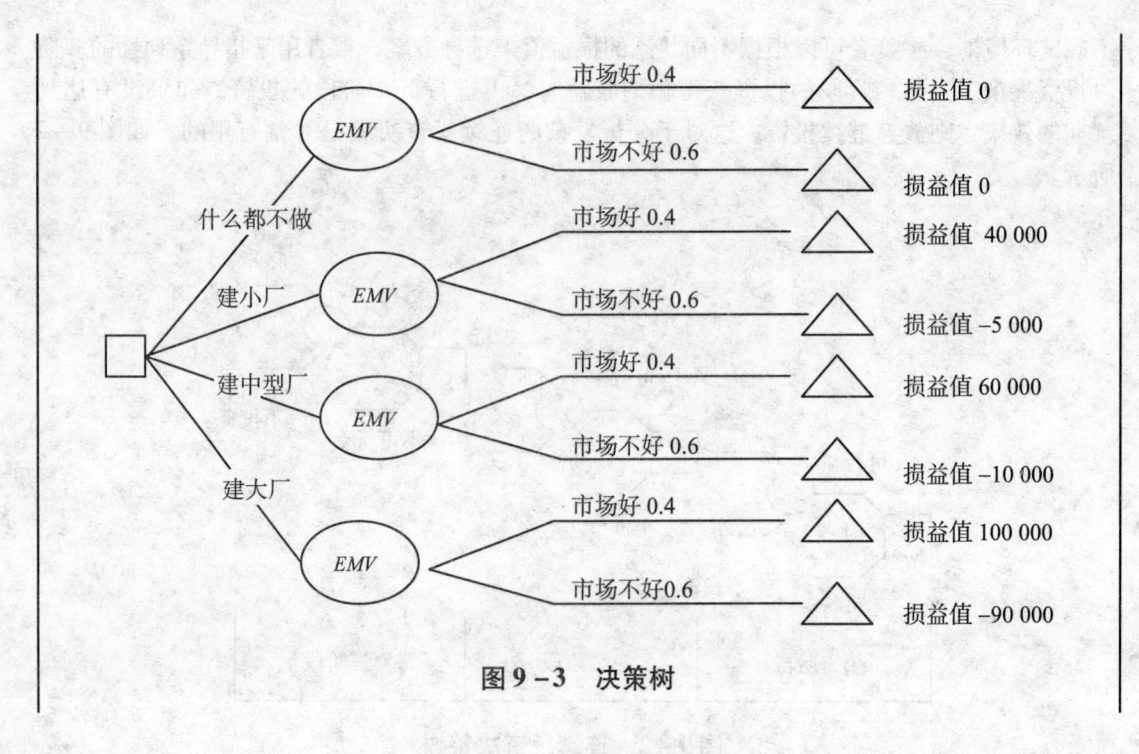

第三节 企业融资管理

一、企业融资的概念

资金是企业的"血液"。没有充足的血液，企业就无法开展正常的生产经营活动。因此企业财务管理的一项重要内容就是资金的筹措，也就是融资。

狭义地讲，融资就是资金的融入，是指企业资金筹集的行为与过程，更加深入地说就是公司根据自身的生产经营状况、资金拥有状况，以及公司未来发展的需要，通过科学的预测和决策，采用一定的方式，从一定的渠道向公司的投资者和债权人去筹集资金，组织资金的供应，以保证企业正常生产经营需要的理财行为。

广义的融资，不仅包括资金的融入，还包括资金的融出，即当事人通过各种方式到金融市场上筹措或贷放资金的行为。①

二、企业融资的原则

企业的融资活动应该遵循一定的原则，主要表现为以下几点：

1. 融资的适量和适时原则。所谓适量，是指融资前要进行资金需求量的分析，使融资

---

① 没有特别说明的情况下，本章中的融资都是狭义的融资。

数量与需求达到平衡，避免因融资不足而影响生产或者资金过剩造成闲置和浪费。

由于企业在生产经营过程中，各个阶段的资金需求量是不完全一样的，因此资金筹措还必须依据资金需求的具体情况合理安排资金筹集的最佳时间，以避免过早筹集资金形成资金投放前的闲置，又防止获得资金来源的滞后，错过资金投放的最佳时间，这就是融资的适时原则。

2. 融资的资金成本最低原则。企业融资的渠道是多种多样的，但无论哪种方式，都要付出一定的代价。由于各种筹资渠道和方式的资金成本是不完全相同的，如银行长期贷款成本要高于短期贷款，所以企业融资时，应尽量选择综合成本比较低的融资组合，保证资金的效益。

3. 融资的风险性适度原则。不同的筹资方式或者筹资组合，意味着不同的筹资风险。如过多的短期贷款会给企业造成很大的资金压力。因此，应安排好自有资金与借入资金之间的比例关系、长期资金与短期资金之间的比例关系，科学安排筹资结构。

4. 融资的合法性原则。企业的融资活动，不仅关系到企业的正常经营和发展，而且也对国家的金融市场、经济秩序产生重要的影响。因此，无论是民间借贷还是发行股票等融资，都必须遵守国家的法律、法规，杜绝各种非法筹资。

三、企业融资方式

目前国内企业普遍采用的融资方式主要有留存盈余融资、债权性融资、股权性融资、项目融资、政府政策性基金融资等方式。各种方式之间虽然有着本质上的区别，但它们之间又是紧密联系，共同作用于企业的融资活动。

1. 留存盈余融资。所谓留存盈余融资是指企业将应支付给股东的利润拿来进行再投资。留存盈余属于企业的内部融资方式，其性质相当于股权融资。这种适用于股份制企业的融资方式最大的特点就是融资成本低、风险小、方便自主。其主要操作方式就是向股东配股。

2. 债权性融资。债权资金是在一定期限后企业必须偿还本金并支付利息的资金，这部分资金不是股东的资本，但可利用这种资金为股东带来利益。债权性融资主要有向金融机构贷款和发行企业债券两种形式。发行企业债券有着较多的政策规定，比较适合基础设施建设，比如水利、水电、道路、桥梁等工程。目前中小企业主要是采用向金融机构贷款的方式。这种融资方式的最大特点就是不涉及企业的所有权。

3. 股权性融资。所谓股权性融资是指企业的股东出让企业部分所有权，进而引进新的股东和资金的融资方式。相对于债权性融资而言，股权性融资所获得的资金，企业无须偿还，但新股东将与老股东同样分享企业的盈利与增长，同时老股东由于股权的稀释也可能面临丧失控制权的风险。

4. 项目融资。项目融资是以特定项目的资产、预期收益或权益作为抵押而取得的一种无追索权或有限追索权的融资或贷款。该融资方式一般应用于现金流量稳定的发电、道路、铁路、机场、桥梁等大型基建项目。如 BOT、ABS 就是典型的项目融资方式。

BOT（Build-Operate-Transfer）即建设—经营—转让。其实质是一种特许权。这种方式以政府和私人机构之间达成协议为前提，由政府向私人机构颁布特许，允许其在一定时期内筹措资金建设某一城市基础设施并管理和经营该设施及其相应的产品及服务，以偿还债务，收回投资、赚取利润。当特许期限结束后，私人机构按约定将该设施移交给政府，由政府指定部门经营和管理。

ABS（Asset-backed Securitization）融资，即资产收益证券化融资。它是以项目资产可以带来的预期收益为保证，通过一套提高信用等级计划在资本市场发行债券来募集资金的一种项目融资方式。具体运作过程是：（1）组建一个特别目标公司（SPC）。（2）目标公司选择能进行资产证券化融资的对象。（3）以合同、协议等方式将政府项目未来现金收入的权利转让给目标公司。（4）目标公司直接在资本市场发行债券募集资金，或者由目标公司信用担保，由其他机构组织发行，并将募集到的资金用于项目建设。（5）目标公司通过项目资产的现金流入清偿债券本息。

【分析案例】

BOT 融资模式——英法海峡隧道

著名的英法海峡隧道的项目就是采用 BOT 的模式来获得的资金。英法海峡隧道包括 2 条直径 7.3m 的铁路隧道和 1 条直径 4.5m 的服务隧道，长 50km。项目公司欧洲隧道公司（Eurotunnel）由英国的海峡隧道集团、英国银行财团、英国承包商，以及法国银行财团、法国承包商等十个单位组成。特许权协议于 1987 年签订，该项目于 1993 年建成。政府授予欧洲隧道公司 55 年的特许期（1987~2042 年，含建设期 7 年），建设、拥有并经营隧道。55 年之后隧道由政府收回。该项目总投资 103 亿美元。在特许权协议中，政府对项目公司提出了三项要求：

（1）政府不对贷款作担保。

（2）本项目由私人投资，用项目建成后的收入来支付项目公司的费用和债务。

（3）项目公司必须持有 20% 的股票。项目资金来源依靠股票和贷款筹集。其中，股票 20 亿美元，由银行和承包商持有 2.80 亿美元，由私有机构持有 3.70 亿美元，由公共投资者持有 13.50 亿美元。在 1986~1989 年间分 4 次发行。贷款为 83 亿美元，由 209 家国际商业银行提供，其中用于主要设施 68 亿美元，用于备用设施 15 亿美元。

政府允许项目公司自由确定通行费，其收入的一半是通过与国家铁路部门签订的铁路协议产生的，用隧道把伦敦与欧洲的高速铁路网相连接；其他收入来自通过隧道运载商业机动车辆的高速火车收费。政府保证，不允许在 30 年内建设第二个跨越海峡的连接通道。

资料来源：改编自邢恩深主编，《基础设施建设项目投融资操作事务》，同济大学出版社 2005 年版。

分析：根据此案例，请描述一下 BOT 融资的主要特点。

ABS 融资模式——三亚地产投资券

20 世纪 90 年代初在房地产开发的浪潮中，三亚成为海南省开发量最大的地区。三亚地产投资券在这种情况下产生，即通过预售地产开发后的销售权益、集资开发三亚地产。以三亚市丹州小区大约 53.6 公顷土地为发行标的物，所筹资金用于该片土地的"规划设计、征地拆迁、土地平整、道路建设及供电、供水、排水"等，发行总金额为 2 亿元。

市政府下属的三亚市开发建设总公司是发起人,也就是原始权益人,它负责土地开发建设,负责按时保质完成施工。同时将土地开发的未来收益作为资产销售给海南汇通国际信托投资公司(SPC),SPC主要负责将所购资产证券化进行发行,同时将收入交给三亚市建设总公司,并负责控制向发行人支付发行收入的节奏,以确保与地产的开发节奏大体同步。

三亚地产投资券的成功发行,除了因为投资者对投资券有较好的收益预期外,在很大程度上也得益于三亚市政府自始至终的大力支持,政府的深度介入虽然有力地保证了投资券发行的成功,也使该券的发行不再是一个单纯的市场行为,而是在发行中出现了转轨经济中常见的现象:政府行为与市场行为的交织。

通过发行三亚地产投资券,三亚市开发建设总公司实现证券化房地产销售收入,使得筹措开发资金的目的顺利实现,同时,当地的中小投资者也获得了一次难得的投资机会。可见ABS给双方都带来了机会。

资料来源:改编自邢恩深主编,《基础设施建设项目投融资操作事务》,同济大学出版社2005年版。

分析:根据此案例,请分析ABS融资模式的主要操作程序。

5. 政府政策性基金融资。目前,政府为了支持中小企业以及高新技术企业的发展建立了许多基金,比如中小企业发展基金、创业基金、科技发展基金、扶持农业基金、技术改造基金等。这些基金的特点是利息低,甚至免利息,偿还的期限长,甚至不用偿还。因此企业可以积极创造条件,争取获得这类资金的融入。

第四节 企业成本管理

一、成本及成本管理的概念

成本泛指企业在生产经营过程中所发生的各种资金耗费,即企业在生产经营活动中物化劳动和活劳动耗费的货币表现形式。如各种原材料、机器设备、燃料的耗费,职工工资以及按工资总额一定比例提取的福利费用、管理费用等都属于成本范畴。

成本管理是指企业在生产经营过程中所进行的诸如成本分析、成本控制等与成本相关的一系列管理活动。成本管理是企业管理的一个重要组成部分,有效的成本管理能促进增产节支,大幅度提高企业的盈利水平。

二、企业成本管理的职能

企业成本管理工作一般包括成本预测、成本决策、成本计划、成本控制、成本核算、成本分析等职能。

1. 成本预测。成本预测是指运用一定的科学方法,对未来成本水平及其变化趋势做出科学的估计。通过成本预测,企业可以掌握未来的成本水平及其变动趋势,减少决策的盲目性。

2. 成本决策。成本决策是指根据成本预测及有关成本资料,运用定性与定量的方法,抉择最佳成本方案的过程。成本决策贯穿于整个生产经营过程。因此，在每个环节上都应选择最优的成本决策方案，只有这样才能实现总体的最优。

3. 成本计划。成本计划是企业生产经营总预算的一部分，它以货币形式规定企业在计划期内产品生产耗费和各种产品的成本水平，以及相应的成本降低水平和为此采取的主要措施的书面方案。通过对成本的计划与控制，分析实际成本与计划成本之间的差异，可以指导企业有针对性地加强或者改进某些领域的管理工作，从而促进企业的发展。

4. 成本控制。所谓成本控制，是指企业根据一定时期预先建立的成本管理目标，由成本控制主体在其职权范围内，在生产耗费发生以前和成本控制过程中，对各种影响成本的因素和条件采取的一系列预防和调节措施，以保证成本管理目标实现的管理行为。科学地组织实施成本控制，可以促进企业改善经营管理，转变经营机制，全面提高企业素质，使企业在市场竞争的环境下生存、发展和壮大。

5. 成本核算。成本核算是指把一定时期内企业生产经营过程中所发生的费用，按其性质和发生地点，分类归集、汇总、核算，计算出该时期内生产经营费用发生总额和分别计算出每种产品的实际成本和单位成本的管理活动。其基本任务是正确、及时地核算产品实际总成本和单位成本，提供正确的成本数据，为企业经营决策提供科学依据。

6. 成本分析。利用成本核算及其他有关资料，分析成本水平与构成的变动情况，研究影响成本升降的各种因素及其变动原因，寻找降低成本的途径。成本分析是成本管理的重要组成部分，其作用是正确评价企业成本计划的执行结果，揭示成本升降变动的原因，为编制新的成本计划和制定新的经营决策提供重要依据。

三、成本控制策略

成本控制是企业生产经营管理控制工作的重要一环，它的有效实施能显著提高企业成本管理的水平。通常在成本控制工作中，我们可以采用以下策略：

1. 科学制定企业生产经营过程中的各种定额。定额是企业在一定生产技术水平和组织条件下，人力、物力、财力等各种资源的消耗达到的数量界限，主要有材料定额和工时定额。在工作实践中，根据企业生产经营特点和成本控制需要，还会出现动力定额、费用定额等。定额管理是成本控制基础工作的核心。建立定额领料制度，控制材料成本、燃料动力成本，建立人工包干制度，控制工时成本，以及控制制造费用，都要依赖定额制度。没有很好的定额，就无法控制生产成本；同时，定额也是成本预测、决策、核算、分析、分配的主要依据，是成本控制工作的重中之重。

2. 大力推行企业的各项标准化工作。标准化工作是现代企业管理的基本要求，它是企业正常运行的基本保证，它促使企业的生产经营活动和各项管理工作达到合理化、规范化、高效化，是成本控制成功的基本前提。在成本控制过程中，主要做好以下几方面的标准化工作：第一，计量标准化，即对生产经营活动中的量和质的数值进行科学准确的测定。第二，价格标准化，即制定好企业内部各核算单位间的内部价格标准以及企业购销活动中与外部企业之间产生的外部结算价格标准。第三，质量标准化，即确定质量描述的科学规范。第四，数据标准化，即制定成本数据的采集流程，明晰成本数据报送人和入账人的责任，做到成本数据按时报送，及时入账。

3. 加强对"隐没成本"的管理和控制。企业在成本控制的工作中往往把重点放在表面那些容易看得见的成本费用上，而对一些不容易抓住和不容易看见的成本则考虑得很少，即忽视"隐没成本"的管理，从而使得成本控制工作的效果大打折扣。"隐没成本"作为企业内部成本的一部分它存在于企业的每一个角落，因此常常被忽视，甚至以"存在的就是合理的"哲学观点来默认它们的地位。

隐藏于企业的"隐没成本"是可怕的，给企业带来的影响日积月累，绝对是致命的，它是一剂慢性毒药，如果不采取措施削减它，后果是非常可怕的。如《狼图腾》里所说那些要时刻逃命的黄羊一样，它们知道在水草丰美的地方，绝对不能吃得太饱，因为它们知道狼就在它们四周环伺，抓住机会随时可能准备出击，过度贪吃肥美水草只会为自己带来超标的体重和被捕食的命运。

4. 积极加强企业各项与成本有关的制度建设。制度是企业健康运行的基本保证。没有制度，就不能固化成本控制运行，就不能保证成本控制质量。因此制度建设的关键就是不断完善定额管理制度、预算管理制度、费用申报制度等，明确责权利，同时加大执行力度。

【分析案例】

邯钢的成本控制

邯钢是1958年建厂投产并逐步发展起来的河北省属特大型钢铁企业。在50多年的发展进程中，邯钢人积累了大量的成本控制经验。具体有以下一些做法：

首先，确定合理先进、效益最佳化的单位产品目标成本。公司根据一定时期内市场上生铁、钢坯、能源及其他辅助材料的平均价格编制企业内部转移价格，并根据市场价格变化的情况每半年或一年对各种定额作一次修订。各分厂根据原材料等的消耗量和"模拟市场价格"核算本分厂的产品制造成本，并且以"模拟市场价格"向下道工序"出售"自己的产品。这些定额以及标准的使用，使得成本管理更加科学与规范，减少了随意性和人为的干预。

其次，加强与成本管理的各种制度建设，如成本的考核与激励制度建设。在考核方法上，公司通常给分厂下达一组目标成本和目标利润。分厂制造成本低于目标成本通常作为计奖或不"否决"奖金的依据，反之则"否决"奖金。实际内部利润大于目标利润的差额，通常也被当作计奖的依据。这些围绕成本所建立的相关制度极大激发了员工的积极性。

最后，企业在将各个分厂确定为独立的成本以及利润中心的同时，积极鼓励它们进行技术的更新与升级，剥离各类不良资产，优化流程结构，从而压缩资金的占用，最大幅度地减少"隐没成本"对其生产与运营的负面影响。

正是通过这些模拟市场核算、分解单元成本、全员成本治理等一系列的成本控制机制，邯钢成为全国钢铁企业学习的榜样。

资料来源：根据《国务院批转国家经贸委、冶金部〈关于邯郸钢铁总厂管理经验的调查报告〉的通知》改编而成。

分析：从邯钢的成本控制工作中我们可以得到什么启示？

本章小结

〔内容摘要〕

本章在企业财务管理基本目标以及基本环节阐述的基础上,对企业的投融资活动进行了深入浅出的分析,主要涉及了企业投融资的方式、投融资的原则,其中重点讨论了项目投资决策的相关内容,最后对企业的成本管理策略进行了简要的讨论。

〔主要知识点〕

1. 资金时间价值。所谓资金时间价值是指一定量资金在不同时点上的价值量的差额。它产生于资金的周转使用过程,是资金所有者让渡资金使用权而获得的补偿。它在企业的财务管理领域有着重要的意义。

2. 项目投资决策方法。根据是否考虑资金的时间价值,项目投资决策方法通常可以分为静态决策方法和动态决策方法两类。

3. 投融资方式。企业往往会根据自身的特点以及发展战略来选择适当的投融资方式。一般来说,投资方式主要体现为实业投资和证券投资;融资方式主要有留存盈余融资、债权性融资、股权性融资、项目融资、政府政策性基金融资等方式。

4. 成本管理策略。成本管理作为企业财务管理的一项基本工作,主要体现为成本预测、成本决策、成本计划、成本控制、成本核算、成本分析等管理职能。

〔关键概念〕

财务管理　资金时间价值　企业投资　项目投资决策　企业融资　成本管理

思考题

1. 试比较企业财务管理的各种目标。
2. 企业投资的原则有哪些?
3. 项目投资决策的常用方法有哪些?
4. 企业融资的常用方式有哪些?
5. 企业成本管理的基本职能有哪些?

思考案例

珠海机构的决策之痛

1995年开始兴建的珠海机场是全国唯一一个纯地方政府投资的机场,投资总额达60多亿元,被珠海市委市政府列为一号政绩工程。为了使工程尽快上马,与国际对接,作为项目决策机构的珠海市政府在未征得国家计委和国家民航总局同意的情况下,自行把机场的定位进行了升级,从军用机场改为普通民用机场的标准提升为按国际民用机场的标准建设,拟先建成,再申请主管部门补批。珠海机场按一级民用机场进行总体规划,设计年飞行量10万架次,年旅客吞吐量1 200万次,年货邮吞吐量40万吨,规划停机坪60万平方米,拥有40多个机位。候机站总面积91 600平方米,楼前广场停车面积20万平方米,停车位约5 000个。根据预算,机场总造价约为69亿元人民币,资金由珠海市政府全额承担。由于资金压力巨大,珠海市政府计划投资30亿元,包括周边、电厂、供水和通往机场的道路等配套设施,而其他的39亿元则拟向银行贷款。待机场建成后,通过出让部分股份以及利用经营收入的方式回收资金偿还银行债务。

在珠海机场建成之前在其周边已经有广州白云机场、深圳机场以及国际化的香港和澳门机场,因此建成运营伊始它就感受到了来自这些机场的巨大压力,只能在夹缝中苦苦挣扎。

根据报道，建成后的珠海机场年年亏损。机场每月客流量仅四五万人次，只相当于周边广州白云机场一天的客流量。

资料来源： 改编自赵继新、吴永林主编，《管理学》，清华大学出版社2006年版。

思考题：

1. 请结合投资决策方面的理论知识分析本案例中决策失误的主要原因。
2. 本案例给我们的启示是什么？

外界环境对投资决策的影响分析

A公司是生产微波炉的中型企业，该公司生产的微波炉质量优良，价格合理，近几年来一直供不应求。为了扩大生产能力，该公司准备新建一条生产线。王强是该公司投资部的工作人员，主要负责投资的具体工作。该公司财务总监要求小王收集建设新生产线的相关资料，写出投资项目的财务评价报告，以供公司领导决策参考。

小王经过半个月的调研，得出以下有关资料。该生产线的初始投资为57.5万元，分两年投入。第一年初投入40万元，第二年初投入17.5万元。第二年可完成建设并正式投产。投产后每年可生产微波炉1 000台，每台销售价格为800元，每年可获得销售收入80万元。投资项目预计可使用5年，5年后的残值可忽略不计。在投资项目经营期内需垫支流动资金15万元，这笔资金在项目结束时可如数收回。该项目生产的产品年总成本的构成情况如表9-2所示。

表9-2　　　　　　年总成本构成情况　　　　　　　　　　　　　单位：万元

项目	金额
原材料	40
工资费用	8
管理费（不含折旧）	7
折旧费	10.5

小王又对本公司的各种资金来源进行了分析研究，得出该公司加权平均资金成本为8%。该公司所得税税率为40%。

小王根据以上资料，计算出该投资项目的营业现金净流量、现金净流量及净现值（见表9-3、表9-4、表9-5），并把这些数据资料提供给公司高层领导参加的投资决策会议。

表9-3　　　项目营业期的现金净流量计算　　　　　　　　单位：万元

项目	第1年	第2年	第3年	第4年	第5年
销售收入	80	80	80	80	80
付现成本	55	55	55	55	55
其中：原材料	40	40	40	40	40
工资	8	8	8	8	8
管理费	7	7	7	7	7
折旧费	10.5	10.5	10.5	10.5	10.5
税前利润	14.5	14.5	14.5	14.5	14.5
所得税	5.8	5.8	5.8	5.8	5.8
税后利润	8.7	8.7	8.7	8.7	8.7
现金净流量	19.2	19.2	19.2	19.2	19.2

注：税前利润中将折旧费扣除有利于企业合理避税，在计算现金净流量时，由于折旧的扣除没有减少现实的现金流量，所以在计算流量时，应予以加回。

表9-4 投资项目的现金净流量计算   单位：万元

项目	第0年	第1年	第2年	第3年	第4年	第5年	第6年
初始投资	-40	-17.5					
流动资金垫支		-15					
营业现金净流量			19.2	19.2	19.2	19.2	19.2
流动资金回收							15
现金净流量合计	-40	-32.5	19.2	19.2	19.2	19.2	34.2

表9-5 投资项目的净现值计算   单位：万元

年份	现金净流量	10%的现值系数	现值
0	-40	1.000	-40
1	-32.5	0.909	-29.5425
2	19.2	0.826	15.8892
3	19.2	0.751	14.4192
4	19.2	0.683	13.1136
5	19.2	0.621	11.9232
6	34.2	0.564	19.2888
合计			5.0915

在公司领导会议上，小王对他提供的有关数据做了必要说明。他认为，建设新生产线有50 915元净现值，因此这个项目是可行的。

公司领导会议对小王提供的资料进行了研究分析，认为小王在收集资料方面做了很大的努力，计算方法正确。但不太客观，没有考虑外界环境可能的变化。

会上公司财务总监认为，在项目投资和使用期间内，通货膨胀率为6%左右。他要求有关负责人认真研究通货膨胀对投资项目各有关方面的影响。

生产部经理认为，由于物价变动的影响，原材料费用每年将增加10%，工资费用也将每年增加8%。财务部经理认为，扣除折旧后的管理费每年将增加4%，折旧费每年仍为10.5万元。销售部经理认为，产品销售价格预计每年可增加8%。公司总经理指出，除了考虑通货膨胀对现金流量的影响以外，还要考虑通货膨胀对货币购买力的影响。

公司领导会议决定，要求小王根据以上各部门的意见，重新计算投资项目的现金流量和净现值，提交下次会议讨论。

资料来源： 改编自http：//www.docin.com 相关资料。

思考题：

1. 请你帮助小王重新计算各投资项目的现金净流量和净现值，并判断该投资项目是否可行。
2. 这个案例对我们有什么启示？

应用训练

投资项目策划书的编制

【实训目标】

在投融资基础理论知识讲解的基础上，进一步培养和锻炼学生基本的投融资策划能力，了解项目投融资策划书的基本内容、撰写规范。

【实训内容】

要求学生在调查以及预测的基础上，对企业的某投资项目进行策划，编制一份简要的项目策划书。

【实训步骤】

1. 选择学校所在地的一家正在进行项目投资的企业作为调查对象，围绕该项目内容进行以下内容的调查：

（1）公司基本情况。

①基本信息：公司成立时间；注册资本及变更情况；公司性质、经营范围（是否有特许经营权）以及所处行业；股东及股份比例等。

②公司财务：目前资产情况（总资产、总负债、净资产，去年销售收入和纯利润等）。

③公司结构：公司的组织结构；下属公司、合资公司及关联公司等情况。

④公司产品：公司的主营产品；产品的独特性；产品是否经过政府或行业有关部门鉴定；产品获得过何种奖励或荣誉；产品是否申请知识产权保护；公司拟开发的其他产品。

⑤公司研发：公司现有研发人员数量；公司的开发设备；技术负责人的技术水平和管理能力；公司每年的技术开发投入。

⑥公司目标：公司的发展战略及公司发展的宗旨、近期和远期目标。

（2）项目所处行业及市场机会分析。项目所在行业的历史、现状和未来发展趋势；该行业的市场容量以及未来的预测。

（3）市场竞争及营销策略。该项目产品所在的市场范围里有哪些竞争对手，各自的市场份额是多少；公司拟采用的市场营销手段有哪些；销售过程和步骤；推出新产品的市场定位以及准备等。

（4）项目执行方式和条件。生产方式是委托生产还是自己新建生产；原材料供应情况；交通运输条件；周边生产配套情况；拟采取哪些生产管理制度等。

（5）资金需求情况及融资方案。资金需求计划：为成功执行该项目计划所需的资金额，资金需求的时间性（详细说明资金用途，并列表说明）。融资方案：公司所希望的投资人及所占股份的说明以及资金的其他来源等。

（6）项目实施进度。项目实施的计划进度以及相应的资金配置。

（7）项目财务计划。项目的月份以及年份销售费用预测；财务费用预测；管理费用预测；现金流量表；投资回收期计算；盈亏平衡计算；结论等。

（8）风险因素。该项目实施过程中可能遇到的风险（技术风险、市场风险、管理风险、财务风险），风险控制和防范手段。

（9）投资者退出方式。股权转让、股票上市、利润分红计划等。

（10）其他信息。

2. 结合上面能收集到的具体信息，从承办单位简介、项目环境、投资及收益分析、市场调研情况分析、风险分析等方面完成一份简要的项目策划书。

第十章　现代企业沟通管理

【导入案例】

诚信沟通，赢得信任
——某传媒公司市场经理自述

如果不注重与顾客的沟通，就会失去对客户深层的想法，工作效率会降低，甚至于失去客户。在一次传媒公司的活动中，我发现，合同签订的媒体发布时间与实际发布的时间发生了偏差。当时发布费已经收到，我完全可以不通知客户，直接发布，那么后果可能是得到客户的谅解，但也可能是断绝以后的合作。我采取了另外的办法，马上通知客户说明情况，在得到客户的谅解和同意后，在另外的地方发布。这一次的发布很匆忙，而且由于临时改版，损失了不少费用，但却赢得了客户的谅解和尊重，使他感觉到你是真心为他服务和着想的。

沟通，增进了我们与客户之间的了解。

资料来源：张昊民编著，《管理沟通》，格致出版社2008年版。

问题：为什么该传媒公司会得到客户的谅解？

沟通，基本上人人都会，但做得好并不容易。沟通说白了就是向别人表达、倾诉自我的观点，也就是最简易的推销。所以无论是"宣传"、"答辩"、"自我介绍"等都是一种沟通。在现实生活中，我们经常会发现人与人之间相互了解是多么的重要。而一个单位不同部门的员工之间，或者不同班级的学生之间，或者长期很少了解的亲戚之间、或者同事之间、或者上下级之间闹矛盾的事，我们见得太多了。这里缺少的就是沟通，或者说他们之间信息短路。如果发生信息短路，后果是很可怕的，大到国家之间发生战争，小到同学之间闹别扭。可见，沟通是多么重要。

第一节　沟通的基本原理

在现代社会，我们在企业运作过程中，要顺利实现企业目标，要实现不同部门和岗位的协调，就必须做好沟通工作。有效的沟通是管理不可缺少的工具，一个企业缺少了沟通，完成企业目标活动的所有努力都很难有效果。在企业中，沟通无处不在，无时不起作用，无时不感到它的重要性。

一、沟通的含义

在中国，"沟通"一词本指开沟渠以使两水相通，后渐渐用以泛指使两方相通连，也指疏通彼此的看法和观点。《左传·哀公九年》中写道："秋，吴城邗，沟通江淮。"人们看到水渠交叉，各自相通，又联想到人与人的交流何尝不是如水渠一样交汇往来，互相贯通，达到彼此一致。这个词常用来形容把信息、思想和情感在个人或群体间传递，并且达成共同协议的过程。《现代汉语词典》的解释为："沟通，使两方能相连。"

在英文中，"communication"这个词除了有沟通之意外，同时还有交流、交际、交往、通信、交通、传达、传播等意。本质上都涉及信息交换和交流，其基本含义是与他人分享共同的信息。

《大英百科全书》认为，沟通是"用任何方法，彼此交换信息，即指一个人与另一个人之间用视觉、符号、电话、电报、收音机、电视或其他工具为媒介，所从事交换信息的方法"。

《韦氏大辞典》认为，沟通就是"文字、文句和消息之交通，思想或意见之交换"。

管理学家斯蒂芬·P·罗宾斯认为，沟通就是"意义的传递和理解"。

综上所述，我们可以把沟通的定义做如下描述：沟通是指为了一定的目的，借助某种途径和方式，将一些信息由发送者传递给接收者并获取理解的过程。

有效的沟通必须在沟通的定义基础上具备三大要素：要有一个明确的目标，正确的沟通信息、思想和情感，达成共识或完成既定目标。可见，一个人事业的成功有赖于有效的沟通，企业的成功更是如此。日本松下电器的创始人松下幸之助曾告诫世人，"伟大的事业需要一颗真诚的心与人沟通"。松下正是凭借真诚的心与卓越的沟通技艺与供应商、客户以及内部的员工建立了广泛的人际关系网络，赢得了企业内外的普遍信赖与尊重，从而引领松下电器成为世界一流企业。这一点是值得我们细细品味的。

历史一再证明，只有那些善于与人沟通、勇于吸收他人先进经验的民族，才能更加长久兴盛。2010年上海世博会为我们提供的正是这样一个与全世界充分沟通的机会，2010年的中国以更加强盛、更加开放的姿态迎接五洲朋友。

二、沟通的功能

平时，我们在生活中总是感叹人与人之间相互理解的艰难。实际上，在企业里，人际沟通面临多种问题和困难，我们经常会抱怨或者听到别人的这类抱怨："这不是我的意思"，"你还是没有听懂我所说的"，或者"看来你没有抓住要点"等。在我们进行各种信息传递时，经常都会出现一些障碍，以致引起对所传递信息意义的误解。但是，即使得到沟通对象的理解，我们也往往难以得到对方的预期的反应或者是反馈行为。其原因在于，我们在沟通时实际上期望达到四个目标：一是信息被对方接收（倾听、阅读或者意识到）；二是被对方理解（大脑解码）；三是被对方接受（从内心）；四是引起对方反响（改变行为或态度）。

如果我们未能实现以上任何一个目标,都意味着沟通的失败。实际上,语言不过是我们表达思想的一种代码,只有交流双方赋予这些代码相同的含义,人们才能理解这种代码。因此,作为一个有效的沟通过程将涉及代码和解码等问题。

一般来说,沟通有四种主要功能:控制、激励、情绪表达和获取信息。

1. 控制。在一个组织中,上级主管通过下达指令或者任务要求,可以控制员工的行为。比如,员工要按照工作说明书工作,要遵守公司的政策法规,遵守企业的规章制度等,通过沟通可以实现这种控制功能。

2. 激励。在组织中,通过一些渠道和手段,与员工进行充分的沟通,可以激励员工的行为。比如,明确告诉员工做什么,如何来做,没有达到标准时如何处罚,应如何改进,圆满完成任务将予以怎样的奖励等,由此可以激励员工奋发进取的上进心和工作激情。

3. 情绪表达。在组织中,对很多企业员工来说,情绪的波动也影响工作,需要充分利用沟通机制来引导。工作群体是主要的社交场所,员工通过群体内的沟通可以表达自己的挫折感和满足感。因此,沟通提供了一处释放情感的情绪表达机制,并满足了员工的社交需要。

4. 获取信息。在组织中,通过必要的沟通,可以为个体或者群体的决策提供必要的信息,使决策者能够确定并评估各种备选方案,以提高决策的科学性。

三、沟通的过程

沟通过程是指一个有效的沟通所涉及的步骤的总称。对于沟通过程的认识,也经历了一个由浅入深、由简单到复杂的过程。

在信息沟通过程中,往往会涉及三类人员,即编码者、译码者和解码者。例如,企业准备下发一项有关企业工资制度的改革方案。其中高层领导及其方案的起草班子是编码者,将工资改革思想以适当的形式(书面的、电子媒介的形式等)编制成方案;各有关部门的中层和基层领导是译码者,将工资改革的内容传达贯彻到有关部门和个人;涉及工资改革的部门和个人是解码者,因为最终的改革精神将由这些部门或者个人解读(理解)。

以上我们对沟通过程进行了大致的描述。下面讨论沟通过程理论的基本内容。

我们多数人对"传话"的游戏都很熟悉,即一个人把信息通过耳语传递给另一个人,另一个人再继续传递,如此相继进行下去。毫无疑问,当最后一个人把该信息大声说出来时,一般来说会和开始时的内容完全不同,有时使人啼笑皆非。"传话"游戏显示了沟通过程的极端复杂性,值得我们深思。

沟通过程理论认为,一个完整的沟通过程将涉及七个要素,包括:(1)信息发送者;(2)信息流;(3)编码;(4)渠道(又称为媒介);(5)解码;(6)接收者;(7)反馈。并且,整个过程易受到噪音、过滤和背景的影响,如图10-1所示。

既然是信息沟通过程,就必然有一个信息发送者,因此,信息发送者是沟通过程的起点,也称为信息源。所发出的信息首先被转化为信号形式(编码),然后通过媒介物(渠道)传送至接收者,接收者通过解码理解信息,进而变成自己的行动。在整个信息沟通过程中,还将受到噪音、过滤和背景的影响。这种影响将伴随着沟通过程的始终。编码是指将要传递的信息编成一定代码。要把信息传递给接收者,总要进行一定的编码(通过一定的代码来传递信息)。可能是口头语言编码,也可能是书面文字编码,还可能是电子媒体编码等。能否将信息准确地编码，将受到技能、态度、知识和社会文化等因素的影响。编码准确性高，才能将组织的指令正确的发送出去。渠道是指传送信息的通道。可以是正式渠道，也可以是非正式渠道；可以是纵向渠道，也可以是横向渠道。究竟选择什么样的渠道来传递信息由信息发送者做出选择。解码是在信息被接收之前，必须先将其中包含的符号解译成接收者可以理解的形式。接收者是信息指向的对象（个体或者群体）。与编码者相同，信息的接收者同样受到自身的技能、态度、知识和社会文化因素等方面的限制。一个人的知识水平影响着他传送信息的能力，同样影响着他的信息接受能力。反馈是指把信息返回给发送者，以便对信息是否被理解进行核实。反馈是影响沟通有效性的重要因素，只是单向传递而没有进行必要反馈的沟通往往是低效率的。组织的管理者要高度重视信息的反馈。

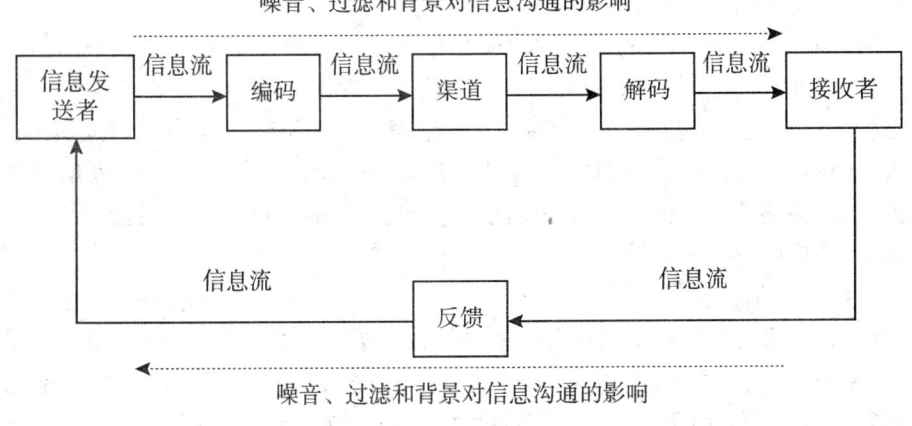

图 10-1　沟通过程示意

> 课堂讨论：
>
> **谁的错，怎么做**
>
> 　　终于到了年终，小王兴冲冲来到会计部经理张大明的办公室问道："张经理，你说过只要我们部将今年的年终报表做好就可以加 5% 的工资，是吧？"
> 　　"我是说过，小王，可是……"张经理说道："可是你知道公司有自己的一套关于薪金、晋升的规定和程序，并不是我可以随意更改的事，嗯，我向总部申请看看吧。"
> 　　"啊？张经理，我们部的员工都是在你这句话的鼓励下才加班加点完成工作的呀，小李还带病坚持工作呢，现在这个结果让我怎么跟他们说呢……"
> 　　"好吧，别不高兴，我一定会向总部提出申请，表彰你们的辛苦工作的，一定会的，我保证。"
> 　　但是小王还是带着失望的表情离开了张经理的办公室。
> 　　资料来源：张昊民编著，《管理沟通》，格致出版社 2008 年版。
> 　　问题：这件事中，是谁犯了错误呢？张经理又该怎么做呢？

第二节　现代企业沟通的方式与技巧

　　在沟通过程中，沟通方式的选取非常重要。沟通方式选取得不适当，那么沟通效果就大打折扣，企业上层的指令就不能畅通无阻。这一点，现代企业的管理者必须牢记在心。要在实践中，不断探索最适用本企业的沟通方式。

一、沟通的类型

不同的企业应根据本企业的具体情况，采用不同的沟通类型，也可采用不同类型的整合，关键是适用和畅通。

（一）纵向沟通和横向沟通

1. 纵向沟通。纵向沟通又称垂直沟通，是指沿着企业管理层次（指挥链）而进行的沟通，包括自上而下的沟通和自下而上的沟通两种情况。

（1）自上而下的沟通。自上而下的沟通是指在群体或企业中从一个水平向另一个更低水平所进行的沟通。向下沟通的典型情况是，信息（各种指令和任务要求等）从最高管理层开始下达，通过各个管理层次向下流动，终点是第一线生产工人和其他普通员工。

向下沟通的目的是把与企业目标有关的信息传递给员工。组织的领导者给下属分配任务、布置工作、传达政策精神、指出需要注意的问题、提供工作绩效的反馈等，这些都是自上而下沟通所需要的。

（2）自下而上的沟通。自下而上的沟通是在企业中将信息从低水平传向更高水平的沟通，是把在较低层次发生的有关信息及时提供给较高层次的管理者的一种沟通。比如下属向上级（管理层）呈送申请报告、汇报工作进度、并告知当前存在的问题等，都属于自下而上的沟通。通过自下而上的沟通，管理者可以了解下属的有关意见和建议，以便不断改进工作。

2. 横向沟通。横向沟通是指平行沟通和斜向沟通（交叉沟通）的总称。平行沟通是指处于同一平行管理层次上的人员所进行的彼此交流和信息传递；斜向沟通是处于不同平行层次上的且没有直接隶属关系的人员之间的彼此交流。比如营销部门经理同财务主管的沟通就属于横向沟通。组织中的信息流向如图 10 - 2 所示。

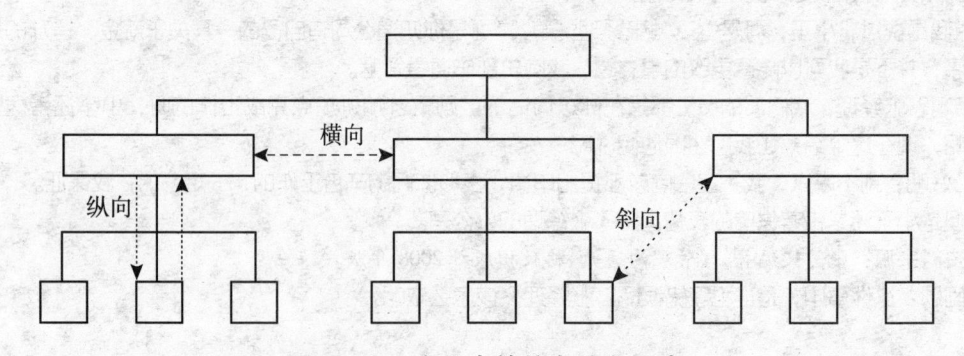

图 10 - 2　企业中的信息流向示意

一般来说，即便是在企业中的垂直沟通十分有效的情况下，横向沟通也是必要的。因为在通常情况下横向沟通在节省时间和促进合作方面具有很大的优势。

从管理的角度来看，横向沟通有有利的一面，也有不利的一面。如果所有沟通都严格遵循正式的垂直结构，则会阻碍信息的时效性和精确性，而横向沟通可以提高沟通的效率，并使员工之间建立起必要的联系，这是横向沟通的优越性所在。在一些情况下，横向沟通也会带来负面影响。比如，由于横向沟通的无序性使正式的垂直渠道受到破坏，组织的成员越过或避开他们的直接上级做一些事情等。在这种情况下，管理者应当及时进行协调，确保企业正常运转。

资料链接

人类文明史即是沟通史

文明三要素是思考、语言及文字。思考是无声的语言，语言是有声的文字，文字则是纸上的语言或思考的记录。

此三要素是人与其他动物的不同之处，而其主旨皆在沟通，可见人类进步的文明史，完全可以说是一部沟通史。

资料来源：丁家云、谭艳华主编，《管理学》，中国科学技术大学出版社2008年版。

（二）正式沟通和非正式沟通

1. 正式沟通。正式沟通是指通过正式的组织结构所进行的沟通。如车间主任作为管理者与作为下属的员工之间的沟通，又如企业公关部经理代表企业向新闻媒体发布信息等。

对于组织结构比较严密、管理层次少的组织，尤其是直线型的组织，有效的正式沟通系统是非常重要的。但对于规模庞大的组织，这样一种正式沟通网络就可能出现模糊的现象。为提高正式沟通的有效性，建立正式沟通渠道时应当遵循以下一些规则：

（1）企业内部的权属关系要清晰。明确分工问题，关键要制定出相应的规则。例如，一个商店管理人员是直接与采购部门的职员联系还是必须通过他的经理，谁与主要的购买者接触，销售人员是直接与生产部门联系还是与销售部门联系等。

（2）指挥系统要畅通无阻。确定谁可以向谁下达指令。比如，一个信贷管理员是直接向销售人员下达关于客户账户方面的指令，还是只能通过销售部门下达。如果在这个组织中有了明确的规定，就会避免很多不必要的延误。

（3）正式沟通渠道要多样化。组织中要采取灵活多样的沟通渠道，确保组织信息畅通无阻。正式沟通渠道的主要类型包括员工会议、布告栏、员工期刊和员工手册、工作例会等。

2. 非正式沟通。非正式沟通是指除了正式沟通渠道以外所进行的一切沟通。如组织中好朋友们之间传播关于即将裁员的小道消息，或公关部经理与报社记者的社交晚餐，或不同部门的人私下传递消息等。

中外管理学家一直提醒我们，不可忽视非正式沟通。任何管理人员，如果忽视了组织中的非正式沟通就会受到损失。在已经建立起稳定和有效的正式沟通渠道的地方，非正式沟通就不会明显存在，但当组织没有足够的正式渠道时，非正式沟通就很多。例如小道消息，它是秘密传递信息的途径，也是一个谣言和闲话的传播网。小道消息的传播大致有四种形式，即单线传言链、闲谈传言链、随机传言链和积聚传言链。

通过建立正式沟通渠道，并且通过这些渠道尽早发布消息来增强对管理层的信任。这样，人们就不会轻信谣言，从而维持管理层的权威。

（三）内部沟通和外部沟通

1. 内部沟通。内部沟通是指在企业组织体系框架之中进行的沟通，包括各种纵向的与横向的沟通网络以及正式的与非正式的沟通渠道。这种沟通的基本特征是，沟通是在企业内部进行的，有些信息外部人是看不到的。

2. 外部沟通。外部沟通是指企业组织与企业的利益相关者之间的沟通，这种沟通发生于企业组织体系框架之外。

一般来说，企业不是生活在真空中。企业往往要与各方面的公众发生各种形式、各种层次的关系，相应地要建立多种形式的合作与交往渠道。

（四）单向沟通和双向沟通

在信息沟通过程中，按照信息发送者与信息接收者之间是否存在交互功能，可分为单向沟通和双向沟通。

1. 单向沟通是指仅仅有信息发送者发出的信息流，而没有接收者的反馈信息流的单方面沟通，或者只有反馈信息流而没有发出者的回复信息流的单方面沟通。比如，高层只是下达指令，而不管下属对指令的意见如何，这种沟通被称为单向沟通。

2. 双向沟通是指既有信息发送者的信息流，又有信息接收者的反馈信息流的双方交互式的沟通。相反，在征求下属意见的基础上下达指令或者下达指令后密切关注下属的意见和建议，这样一种沟通我们称为双向沟通，如图 10-3 所示。

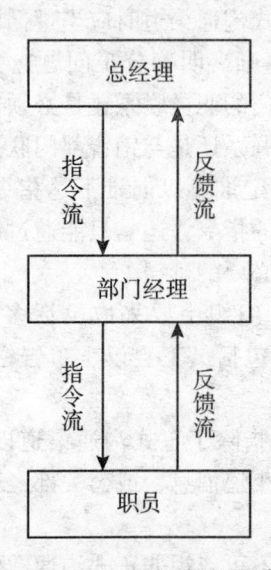

图 10-3 双向沟通示意

由图 10-3 可以看出，在纵向沟通中，既有指令流又有反馈流的沟通就是双向沟通；反之，仅仅有指令流而没有必要的反馈流，或者仅仅有反馈流而没有必要的指令流，我们都认为是单向沟通。

在传统管理的条件下，沟通往往是单向的，因为指令的下达是为了被执行，而不是解释什么。在当今时代，各级员工包括基层和中层管理人员都不再满足于盲目地接受上级的指令，他们会要求在决策实施前了解决策的来龙去脉。于是，产生了被现代管理普遍接受的双向沟通渠道。这种沟通的特点是，既有自上而下的指令渠道，又有自下而上的反馈渠道。

二、沟通的方法

沟通方式是指沟通双方在信息沟通过程中所采用的具体方式。沟通方法的分类同样有多种标准。按照沟通的具体方式不同分为面对面沟通（包括面谈、会议和讲演），电话沟通，电子邮件沟通，传真、信件、备忘录沟通，广告、公告和一般文件沟通等。

（一）影响沟通方法选择的因素

在一个企业中，在信息沟通过程中究竟选择什么样的方法，受到多种因素的影响。主要因素包括：个体性格特征、传递信息的丰富性、信息本身的性质。

1. 个体性格特征。为什么人们会选择某种沟通方法而不选择其他类型方法，主要是因为不同的人，他的性格特征所致。比如，某一下属想和他的上司沟通，既没有直接找上司面谈，也没有通过电话进行说明，而是非常正式地写了一份报告。而有的人可能直接去找上司面谈。这其中的主要原因就是不同的人所采用的沟通方法不同所致。

2. 传递信息的丰富性。不同的沟通方法传递的信息不一样。沟通方法传递信息的丰富性是指各种沟通方法在传递信息方面的能力的大小。从传递信息的丰富性上看，面对面交谈的得分最高，因为它在沟通过程中传递的信息量最大，也就是说，它提供了大量的信息线索（语言、体态、面部表情、手势、语调）、即时反馈（言语和非言语两种方式）和亲身的接触。而一些书面媒体，如公告和一般文件等，传递信息的丰富性程度较低。

3. 信息本身的性质。对渠道的选择还取决于所传递的信息本身的性质。常规信息通常是直来直去的，其模棱两可的程度最低。非常规信息较为复杂，有潜在的误解可能性。管理者可以采用丰富性程度低的渠道对常规信息进行有效沟通。面对非常规信息来说，在沟通中只有选择丰富性程度高的渠道才能有效。信息沟通方法选择的影响因素如表 10-1 所示。

表 10-1　　　　　　　　信息沟通方法选择的影响因素

应选择的信息沟通方法	影响因素	
	要求传递信息的丰富性程度	信息的常规与非常规性
面对面交谈	很丰富	非常规的
电话	丰富	部分属于非常规的
电子邮件	一般	一般
备忘录、信件	贫乏	部分属于常规的
广告、公告和一般文件	很贫乏	常规的

在管理实践活动中，许多的高层管理者利用会议促进沟通，并常常走出自己的办公室通过随便走动的方式进行管理（这种方式叫走动式管理），这种变化绝非偶然。这些领导者之所以利用丰富性程度高的沟通方法，就是为了传递那些以模糊性为特点的信息。很多组织为了适应环境的变化，开展了一系列的非常规活动，诸如关闭设施、削减人员、重组机构、进行合并与兼并，以及加速引进新产品和新服务的步伐等。要加强这些非常规信息的沟通力度，就要求利用多种渠道传递大量模糊性高的信息。因此，采用丰富性程度高的方法进行沟通，已经是时代的要求。

（二）沟通方法的类型

在组织中，沟通的方法有很多种，在现代社会可以说是无数种，因为新的沟通方法还在不断涌现。

1. 会议沟通。会议沟通是指通过召开会议进行沟通的一种方式，是最常见的沟通方式之一。传达上级文件精神、总结交流经验、讨论经营策略等往往需要通过会议的形式进行沟通。

2. 面谈沟通。面谈是一种面对面的口头交流，它的目的是要在尽可能少的时间内发现尽可能多的相关信息。

在企业中，面谈被用于各种目的，包括招聘员工、倾听员工的牢骚等。一般要注意以下几点：

（1）面谈时，场地十分重要。必须使被面谈者感到舒适，房间要令人感到愉悦，光线适中。椅子要舒服，最好对所有参加面谈的人员给予同样的待遇，绝不能厚此薄彼，致使被面谈者感到处于相对不利的位置。

（2）规范面谈者的行为。面谈者的态度应当是善解人意、乐于助人的。最重要的是，面谈者不能专横，因为这样会使被面谈者产生担心或紧张的情绪。

（3）确保信息交流顺畅。面谈的目的是获取和交换信息，面谈者在面谈之初引入一个双方感兴趣的、没有争议的话题，从而在双方之间形成和睦的氛围，使得下面的对话容易进行，并且能减少被面谈者的紧张感。

（4）始终把握面谈的主题。面谈是一种思想交流活动。在面谈过程中，可能会出现讨论与面谈目标无关的有趣话题的倾向，对于这种情况必须严格制止。因此，在讨论的整个过程中，面谈者的头脑中必须谨遵面谈的目的，不允许无关的话题闯入。

3. 讲演沟通。讲演沟通是指通过发表讲演进行沟通的一种方式。经理经常有必要面对众人发表讲演，有时是一大群人，有时是一小组人。为了使讲演能够获得预期的效果，应当遵循一定的准则，尤其是在大型集会上讲演时。这些准则包括：

（1）把握讲演主题及相关知识。全面掌握讲演所涉及的知识是必不可少的，它能给讲演者以信心。如有必要，应对讲演主题进行研究以弥补讲演者知识上的不足。

（2）做好回答各种问题的准备。既然是讲演，可能会有听众或小组提出问题，讲演者必须做好回答各种问题的准备。任何知识贫乏的表现都可能失去听众的信任。当然，声明不能回答超出谈话主题范围之外过多的问题是可以接受的。

（3）把握好语言表达的尺度。应事先明确讲演时将面对的是哪一类的群体。对董事会讲演所用的语言与在生产工人会议上的讲话语言是不同的。

（4）运用讲稿，但最好不看。很少有讲演者能发表一流的讲话而不用讲稿的，如果你能做到，必然引起人们刮目相看，效果也不一般。注意运用讲稿的方式，它们作为记忆的辅助手段，应使讲话按步骤、有逻辑性地进行，避免漏掉要点。

三、沟通的技巧

一个企业在沟通过程中，有时沟通效果会存在不尽如人意的情况，或者说组织内部还存在许多矛盾。这都说明在沟通的过程中，有许多外界干扰以及其他内部种种原因，信息沟通不畅，使得信息的传递不能发挥正常的作用。因此组织的沟通存在有效性问题。所谓有效沟通，简单地说就是传递和交流信息的可靠性和准确性高，内容和渠道都准确到位。

（一）造成沟通不畅的原因

1. 个体因素。生活中每个个体是不一样的，个体因素不一样主要是性格差异、家庭背景的差异，从而影响每个个体沟通技巧的差异。

除了人们接受能力有所差异外，许多人运用沟通的技巧也很不相同。有的人擅长口头表达，有的人擅长文字描述，有的人还利用形体语言。

沟通的准确性与沟通双方间的相似性有着直接的关系。沟通双方特征的相似性影响了沟通的难易程度和坦率性。

在这个信息化的时代，真正的沟通危机就取决于能不能够真正的交心。

2. 组织因素。组织因素包括组织结构、组织制度、组织领导人等多方面因素。组织结构因素包括地位差别、信息传递链、团体规模和空间约束四个方面。

大量研究表明，地位的高低对沟通的方向和频率有很大的影响。地位悬殊越大，信息趋向于从地位高的流向地位低的。事实清楚地表明，地位是沟通中的一个重要障碍。地位差别越大，相互之间的沟通越少。

一种信息连续地从一个等级传到另一个等级时所发生的变化，称为信息链传递。信息链越长，信息传递越容易失真。

团体规模越大，人与人之间的沟通也相应变得较为困难。这可能部分地由于沟通渠道的增长大大超过人数的增长。

空间约束的影响往往在员工单独于某位置工作或在数台机器之间往返运动时尤为突出。空间约束不仅不利于员工之间的交流，而且也限制了他们的沟通。

3. 社会因素。社会因素也在很大程度上影响着组织沟通效果。其中有技术因素，也有经济因素，还有当时社会价值取向因素等。技术因素主要包括语言、非语言暗示、媒介的有效性和信息工具的飞速变化。经济因素主要涉及社会经济的水平、物价的波动、人们的收入水平等。社会价值取向主要涉及当时社会的价值观。

当前，我们生活在一个信息爆炸的年代。企业主管人员面临着"信息过量"的问题。例如，管理人员只能利用他们所获得信息的 1/1 000 到 1/100 进行决策。信息过量不仅使主管人员没有时间去处理，而且也使他们难以向同事提供有效的、必要的信息，沟通也随之变得困难重重。

经济水平也会影响沟通的有效性，在经济飞速发展的进程中，组织之间的沟通会日益频繁，原材料价格和产品价格，用工价格都会影响到组织之间的沟通效果。

价值观取向直接影响着人们对某些信息的接受和对另一些信息的排除，从而导致组织内部沟通的不畅，进而影响生产和工作效率。

（二）沟通的技巧

在企业中，管理者就要想方设法克服各种沟通障碍，实现管理的有效沟通。

一般来说，克服沟通中的障碍，实现有效沟通，要把握以下技巧：

1. 自信的态度。沟通中一定要充满自信，不随波逐流或唯唯诺诺，有自己的想法与作风，不要对别人吼叫、谩骂，甚至连激烈的争辩都不要有。了解对方，肯定自己，一定能让对方接受自己，当你有自信时，你的笑容是最自然的、最美的，有自信的人常常是最会沟通的人。

2. 双赢的思维。沟通中一定要具备双赢的思维，要充分考虑对方的情境和心情，为对方的利益着想，站在对方的立场思考问题，这样你说出的话，做出的事，都会受对方的欢迎。对方也容易接受。另外，沟通中要记住：时间不恰当不谈；气氛不恰当不谈；对象不恰当不谈。

3. 心存爱心，微笑满面。沟通中一定要充满爱心，面带笑容，这样容易拉近双方的距离，微笑会增加你的面值，当你在笑的时候，整个世界都在笑，一脸苦相，没人愿意理你。曾经有人试着寻找一种全人类的共同语言，其实这种语言远在天边，近在眼前，它就是"微笑"。笑容是有魔力的，它会感染身边的人，使得在说话办事过程中，人与人之间的关系更加融洽。在陌生的环境里学会微笑，你也就学会了在陌生人之间架设一座友谊之桥，掌握了一把开启陌生人心扉的金钥匙。

4. 体谅他人的行为。这其中包含"体谅对方"与"表达自我"两方面。所谓体谅是指设身处地地为别人着想，并且体会对方的感受与需要。在经营"人"的事业过程中，当我们想对他人表示体谅与关心，唯有我们自己设身处地地为对方着想。由于我们的了解与尊重，对方也相对体谅你的立场与好意，因而做出积极而合适的回应，沟通就会顺畅。

5. 善用询问与倾听。询问与倾听的行为，是用来控制自己，让自己不要为了维护权力而侵犯他人。尤其是在对方行为退缩，默不作声或欲言又止的时候，可用询问行为引出对方真正的想法，了解对方的立场以及对方的需求、愿望、意见与感受，并且运用积极倾听的方式，来诱导对方发表意见，进而对自己产生好感。一位优秀的沟通好手，绝对善于询问以及积极倾听他人的意见与感受。

一个人的成功，20%靠专业知识，40%靠人际关系，另外40%需要观察力的帮助，因此为了提升我们个人的竞争力，获得成功，就必须不断地运用有效的沟通方式和技巧，随时有效地与人接触沟通，只有这样，才有可能使你事业成功。企业内部沟通顺畅，企业效益也会大幅提升。

【分析案例】

分 橙 子

有一个妈妈把一个橙子给了邻居的两个孩子。这两个孩子便讨论起来如何分这个橙子。两个人吵来吵去,最终达成了一致意见,由一个孩子负责切橙子,而另一个孩子选橙子。结果,这两个孩子按照商定的办法各自取得了一半橙子,高高兴兴地拿回家去了。

第一个孩子把半个橙子拿到家,把皮剥掉扔进了垃圾桶,把果肉放到果汁机上打果汁喝。另一个孩子回到家把果肉挖掉扔进了垃圾桶,把橙子皮留下来磨碎了,混在面粉里烤蛋糕吃。

思考:一个孩子扔掉果皮,一个孩子扔掉果肉,这是资源的极大浪费。如果他俩有过适当的沟通,就可以互通有无,调剂余缺,实现资源的优化配置,使双方各自的利益达到最大化,获得"双赢"的结果。由此可见,市场经济条件下,沟通是多么的重要。

资料来源:林永顺,《企业管理学》,经济管理出版社2002年版。

分析:在企业经营中,如何加强与各方沟通,实现双赢?

第三节 现代企业冲突管理

我们知道,有效沟通是为了降低组织的管理成本,进而降低组织之间的交易成本。但是,由于企业之间以及员工之间本质的区别,沟通并不会达到尽善尽美的效果,这样,组织摩擦和人员摩擦不可避免地发生,带来额外的管理成本。这种摩擦程度越大,组织的协调成本越高,这就是冲突的由来。

一、冲突的含义

一般来说,冲突是指个体或组织因为某种差异而引起的抵触、争执或争斗的对立状态。人与人之间由于利益、观点、掌握的信息或对事件的理解都可能存在差异,有差异就可能引起冲突。不管这种冲突是否真实存在,只要一方感觉到有差异就会发生冲突。平时生活中,夫妻吵架、学生打架、工人闹矛盾等,都属于这种。显然,沟通不足或没有沟通,是导致冲突的直接原因。

二、企业内的冲突

企业内部,发生冲突是常有的事。就是在企业各方面条件都还不错的情况下,部门之间、工人之间、领导之间、科室之间都经常发生冲突。何况在当前全面建设市场经济的条件下,各种新旧思想、各种新旧观念、各种新旧手段的相互冲突,都会引起各种矛盾。

细细分析一下,组织内的冲突又集中在三个层面上。

1. 人际之间。人与人之间,不管是领导之间,工人之间,都会出现各种各样的冲突。如前所述,由于他们的思想、观念、方法的矛盾而导致冲突,小到两人之间,大到波及全部门、全单位。

2. 部门之间。在组织中，部门之间的冲突是最常见的。由于利益关系、责任关系等原因经常引起纷争，或者说是因为沟通不畅的原因，互相引起误解，从而引起猜测，引起矛盾。

3. 新旧方法之间。在组织中，由于新旧方法、新旧技术、新旧手段等原因而引起的矛盾和冲突会非常普遍。现代技术突飞猛进，新技术不断涌现，由于旧思想、旧观念的阻碍，冲突会非常正常。

理顺组织冲突的几个层面，有利于我们对症下药，做好组织内的沟通工作，有助于我们花很小的力气，做到有效的沟通，使企业各项工作能顺利完成。

三、企业内冲突的缘由

要进一步解决冲突问题，前提是了解出现差异的原因及其表现形式。这些原因大体上可以归纳为三类。

1. 个人成长环境的不同。实际上，由于文化和历史背景不同，个人成长环境是有区别的，不同的成长环境，造就不同的人。又如，一方水土养一方人。再加上沟通中出现语义困难、误解以及沟通过程中的噪音的干扰，都可能造成人们之间意见不一致。

2. 组织结构环境的不同。如果我们仔细观察管理中经常发生的冲突，你会发现绝大多数是由组织结构的差异引起的。分工造成了组织结构中垂直方向和水平方向各系统、各层次、各部门、各单位、各不同岗位的分化。组织愈庞大、愈复杂，则组织分工愈细密，工作起来方便，但组织整合更加困难。由于信息不对称和利益不一致，再加上某些制度制定不一定充分公平，人们之间在计划目标、实施方法、绩效评估、资源分配、劳动报酬、奖惩等许多问题上都会产生不同看法，这种差异是由组织结构本身造成的。为了本单位的利益和荣誉，许多人都会理直气壮地与其他单位甚至上级组织发生冲突。

3. 价值观的不同。正如前面所说，每个人的社会背景、教育程度、阅历、修养，塑造了每个人各不相同的性格、价值观和作风。尤其是价值观的不同，人们之间这种个体差异造成的合作和沟通的困难往往也容易导致某些冲突。有的明显是不正确的价值观，但他认准了这个理，你也没有办法，所谓，江山易改本性难易，从这个角度看，某些冲突的发生也不难理解。

这说明，事实上由于以上这些原因的客观存在，冲突也就不可避免地存在于一切组织中，管理冲突的必要性就凸显出来。作为一个管理者，这是管理好一个企业义无反顾的责任。

四、企业冲突的处理

企业内适度的冲突，对企业发展有很大的促进作用。但是，作为企业的管理者，不能任由冲突无休止地发生，而不加管理和引导。由此看来，冲突管理实际上包括两个方面。一是管理者要设法消除冲突产生的负面效应，或者说要努力避免消极的冲突。因为这些冲突阻碍了企业实现目标，属于功能失调的冲突，它们对组织具有破坏性作用。二是要求管理者激发冲突，引导冲突，利用冲突对组织产生的正面效应，在冲突中发现问题，在冲突中解决问题。这些冲突属于建设性的、功能正常的冲突。因而，冲突管理实际上是一种艺术，能否当好这个艺术大师，就看管理者的水平了。

那么如何巧妙地化解冲突呢？一般来说，把握以下几个准则：

1. 高屋建瓴地看问题。组织的管理者可能面临许多冲突，有可能每天都有许多冲突在等着你去处理。其中，有些冲突非常琐碎，不值得花很多时间去处理；应当选择那些员工关心，影响面大，对推进工作、打开局面、增强凝聚力、建设组织文化有意义、有价值的事件，亲自抓。对冲突事必躬亲的管理者并不是真正的优秀管理者。要跳出冲突看冲突，要跳出问题看问题，才能看到问题的本质。

2. 掌握决断技巧。不要马上做出决断，不要偏爱某一方。要让双方冷静下来，才能研究问题。要了解冲突双方的观点、差异、双方真正感兴趣的内容、代表人物的人格特点、价值观等。如何决断才对组织发展有利，要把握好分寸。

3. 有调查才有发言权。管理者的决策是否有威信，取决于你对事物的来龙去脉非常了解，不仅了解公开的表层的冲突原因，还要深入了解深层的、没有说出来的原因。可能是多种原因交叉作用的结果，还要进一步分析各种原因作用的强度。充分占有材料，才能做出正确的判断。

4. 针对不同情况采取不同的处理办法。在处理冲突时，有哪些好办法呢？很多管理大师认为，通常的处理办法有五种：回避、迁就、强制、妥协、合作。当冲突无关紧要时，或当冲突双方情绪极为激动，需要时间恢复平静时可采用回避策略；当维持和谐关系十分重要时，可采用迁就策略，用行政命令方式牺牲某一方的利益处理后，再慢慢做安抚工作；当冲突双方势均力敌、争执不下需要采取权宜之计时，只好双方都做出一些让步，实现妥协；当事件十分重大，双方不可能妥协时，经过开诚布公的谈判，走向对双方均有利的合作的解决方式。

5. 要学会换位思考。而"换位思考"通常要掌握两个法则：当事人优先原则，取大优先原则。所谓的"当事人优先原则"是指在遇到争执的过程中，先看话题的中心是什么，如果是关系到个人或企业团队的利益的，则在不违背道德和法律底线的情况下，一切以当事人的利益与意愿为优先考虑，以期达到利益最大化和风险最小化；所谓的"取大优先原则"则是指在沟通的过程中遇争执时，在不违背第一条原则的基础上，当以群众基础为原则，谁的立场能够符合多数人的利益，则以顾全大局为重，做到合情合理。

第四节　现代企业危机沟通

一、危机沟通概述

在现代社会，企业的经营环境日趋动荡复杂，竞争也日趋激烈，企业面临的危机层出不穷、种类繁多，如三株、秦池、三鹿的信誉危机，肯德基的"苏丹红"事件等，都是典型的企业危机的表现。如果危机事件处理不当，会引发社会各方面对企业的质疑和责问，威胁到企业生存。所以,能否搞好危机沟通和危机管理,消除危机于萌芽状态,成为现代企业的必修课。

在西方国家中,通常把危机管理称之为危机沟通管理,原因在于,加强信息的披露与公众的沟通,争取公众的谅解与支持是危机管理的基本对策。

危机沟通是指以沟通为手段、以解决危机为目的所进行的一连串化解危机与避免危机升级的行为与过程。一般来说,危机沟通包括辨别企业内外部的沟通受众,收集、整理各种与危机相关的信息,并以最合理的方式将这些信息传播给内外部受众,对内外部受众的质疑做出反馈等工作。危机沟通可以降低企业危机的冲突,并存在化危机为转机甚至商机的可能。

危机管理是企业为应对各种危机情境所进行的规划决策、动态调整、化解处理及员工培训等活动过程,其目的在于消除或降低危机所带来的威胁和损失。通常可将危机管理分为两大部分:危机爆发前的预防管理和危机爆发后的应急善后管理。

资料链接

企业重大危机的类型

经济方面:劳动力缺乏,市场动荡,股价大幅下跌,主要收入下降。
信息方面:商业机密泄露,错误信息,电脑记录损坏,主要客户、供应商等信息损失。
物质方面:设备、原材料供应链断裂。
人力方面:管理层成员辞职,关键技术人才流失。旷工、消极怠工、故意破坏等。
声誉方面:诽谤、谣言、丑闻等。
资料来源:康青编著,《管理沟通》,中国人民大学出版社2006年版。

美国《危机管理》一书的作者菲克普曾对《财富》杂志排名前500强的大企业董事长和CEO所作的专项调查表明,80%的被调查者认为,现代企业面对危机,就如同人们必然面对死亡一样,已成为不可避免的事情。其中有14%的人承认,曾经受到严重危机的挑战。

普林斯顿大学的诺曼·R·奥古斯丁教授认为,每一次危机本身既包含导致失败的根源,也孕育着成功的种子。发现、培育,以便收获这个潜在的成功机会,就是危机管理的精髓。而习惯于错误地估计形势,并使事态进一步恶化,则是不良的危机管理的典型。简言之,如果处理得当,危机完全可以演变为"契机"。

二、危机沟通准备与计划

企业要防患于未然,必须加强危机沟通的准备与计划工作。要了解危机管理的基本内涵,正确把握危机沟通的基本原则,以使企业顺利渡过难关。

(一)企业危机的特征

1. 突发性。危机往往都是不期而至,令人措手不及,危机一般是在企业毫无准备的情况下瞬间发生，给企业带来的是混乱和惊恐。

2. 破坏性。危机发作后可能会带来比较严重的物质损失和负面影响，有些危机用毁于一旦来形容一点不为过。

3. 不确定性。事件爆发前的征兆一般不是很明显，企业难以做出预测。危机出现与否和出现的时机是无法完全确定的。

4. 急迫性。危机的突发性特征决定了企业对危机做出的反应和处理的时间十分紧迫，任何延迟都会带来更大的损失。危机的迅速发生引起了各大传媒以及社会大众对于这些意外事件的关注，使得企业必须立即进行事件调查与对外说明。

5. 信息资源紧缺性。危机往往突然降临，决策者必须做出快速决策，在时间有限的条件下，混乱和惊恐的心理使得获取相关信息的渠道出现"瓶颈"现象，决策者很难在众多的信息中发现准确的信息。

6. 舆论关注性。危机事件的爆发能够刺激人们的好奇心理，常常成为人们谈论的热门话题和媒体跟踪报道的内容。企业越是束手无策，危机事件越会增添神秘色彩引起各方的关注。

（二）企业危机沟通的基本原则

1. 制度化原则。危机发生的具体时间、实际规模、具体态势和影响深度，是难以完全预测的。这种突发事件往往在很短时间内对企业或品牌会产生恶劣影响。因此，企业内部应该有制度化、系统化的有关危机管理和灾难恢复方面的业务流程与组织机构。这些流程在业务正常时不起作用，但是危机发生时会及时启动并有效运转，对危机的处理发挥重要作用。在这方面，天津史克面临康泰克危机事件时的沉着应对就是一个典型的危机处理成功范例。相反，阜阳奶粉事件发生后，危机处理的被动和处理缺乏技巧性，反映出一些企业没有明确的危机反应和决策机制，导致机构混乱忙碌，效率低下。

2. 诚信形象原则。在危机中，企业的诚信形象，是企业的生命线。危机的发生必然会给企业诚信形象带来损失，甚至危及企业的生存。矫正形象、塑造形象是企业危机管理的基本思路。在危机管理的全过程中，企业要努力减少对企业诚信形象带来的损失，争取公众的谅解和信任。老字号南京冠生园原本也是个有竞争力的企业。2001年9月，中央电视台对其月饼陈馅的曝光，使南京冠生园遭到灭顶之灾，连带全国的月饼销量下降超过六成。企业的形象危机甚至造成"三株"、"秦池"等知名品牌的销声匿迹。

3. 信息应用原则。信息社会中，企业只有持续获得准确、及时、新鲜的信息资料，才能保证自己的生存和发展。预防危机必须建立高度灵敏、准确的信息监测系统，随时搜集各方面的信息，及时加以分析和处理，从而把隐患消灭在萌芽状态。在危机处理时，信息系统有助于有效诊断危机原因、及时汇总和传达相关信息，并有助于企业各部门统一口径、协调作业，及时采取补救的措施。2003年8月的"进口假红牛"危机中，红牛维他命饮料公司及时查找信息来源，弄清事情真相。红牛公司立即同国内刊登该新闻的一些主要网站取得联系，向其说明事情真相。同时，红牛通知全国30多个分公司和办事处，要求他们向当地的经销商逐一说明事情真相，并坚定经销商对红牛的信心和信任。及时、准确的信息应用使"假红牛"的负面影响控制在一定范围之内，把危机对于品牌和公司的危害降低到了最低限度。

4. 预防原则。防患于未然永远是危机管理最基本和最重要的要求。危机管理的重点应放在危机发生前的预防，预防与控制是成本最低、最简便的方法。为此，建立一套规范、全面的危机管理预警系统是必要的。危机的前兆主要表现在产品、服务等存在缺陷、企业高层管理人员大量流失、企业负债过高长期依赖银行贷款、企业销售额连续下降和企业连续多年亏损等。因此，企业要从危机征兆中透视企业存在的危机，企业越早认识到存在的威胁，越早采取适当的行动，越有可能控制住危机的发展。1985 年，海尔集团总裁张瑞敏当着全体员工的面，将 76 台带有轻微质量问题的电冰箱当众砸毁，力求消除质量危机的隐患，创造出了"永远战战兢兢，永远如履薄冰"的独具特色的海尔生存理念，给人一种强烈的忧患意识和危机意识，从而成为海尔集团打开成功之门的钥匙。

5. 快速反应原则。危机的解决，速度是关键。危机降临时，当事人应当冷静下来，采取有效的措施，隔离危机，要在第一时间查出原因，找准危机的根源，以便迅速、快捷地消除公众的疑虑。同时，企业必须以最快的速度启动危机应变计划，并立刻制定相应的对策。如果是内因就要下狠心处置相应的责任人，给舆论和受害者一个合理的交代；如果是外因要及时调整企业战略目标，重新考虑企业发展方向；在危机发生后要借助公证、权威性的媒体来帮助解决危机，承担起给予公众的精神和物质的补偿责任，从而迅速有效地解决企业危机。在 2003 年的"进口假红牛"危机中，红牛公司临阵不慌，出手"快、准、狠"，将危机的负面影响减少到最小，从容地应对了这场关系品牌和产品的信任危机，体现出红牛危机管理的水平。

6. 即时沟通原则。沟通是危机管理的中心内容。与企业员工、媒体、相关企业组织、股东、消费者、产品销售商、政府部门等利益相关者的沟通是企业不可或缺的工作。沟通对危机带来的负面影响有最好的化解作用。企业必须树立强烈的沟通意识，及时将事件发生的真相、处理进展传达给公众，以正视听，杜绝谣言、流言，稳定公众情绪，争取社会舆论的支持。在中美史克 PPA 遭禁事件中，中美史克在事发的第二天召开中美史克全体员工大会，向员工通报了事情的来龙去脉，宣布公司不会裁员。此举赢得了员工空前一致的团结，避免了将外部危机转化为内部危机。

（三）危机沟通的基本步骤

为了避免危机可能造成直接经济损失，需要通过一系列步骤实现危机沟通。

步骤一：成立危机沟通小组。当潜在危机逐渐清晰的时候，成立危机沟通小组，来制定抵御危机的策略，并且在危机到来的时候解决危机。

步骤二：选定发言人。在危机沟通小组，应该有专门在危机时期代表公司发言的人。沟通技巧是选择发言人的首要标准之一。

步骤三：对发言人进行大力培训。在危机传递信息的过程中，要做到实事求是，并且传递的信息要清晰、简约，不要有技术术语和不明确内容。

步骤四：建立信息沟通规则。危机沟通小组中至少要有一名成员和一名候补成员应该在突发事件联络表中留下其办公室及家庭电话。

步骤五：确认和了解公司的听众。媒体、顾客和潜在消费者是大多数公司都会关心的对象，对于这些听众，企业要有他们完整的联络方式。

步骤六：演练和修改计划。平时要经常把危机沟通小组集中起来，预先演练和修改计划，讨论如何应对所有潜在危机。

步骤七：对危机进行预测和评估。

步骤八：确定关键信息。要做到简单明了，给每个听众的主要信息不超过三条。

步骤九：确定恰当的沟通方式。选择的方式不同，产生的效果也不同。公司里必须有一个专家熟知每一种方式的优缺点。

步骤十：安全渡过难关。

缺乏计划，会导致控制损失所需的时间和成本增至 2 倍或者 3 倍。延迟也可能带来无法挽回的损害。相反的是，建立应对未来危机情况的模式和运作基础，只需要好好计划一次，并且不断稍加更新即可。

三、危机情境中的沟通艺术

（一）与员工进行危机沟通

知识经济时代，员工是我们的宝贵财富。企业在危机中一定要与员工进行良好的沟通，确保员工利益最大化。在很大程度上让员工们真切体会到企业的兴衰成败与自己息息相关，离开企业自己将难以发展，就会形成对企业的深刻依附感，并在潜移默化中内化为自己的价值观，实现与企业目标的一体化，从而自觉为之奉献，对企业产生向心力和忠诚度，最终形成企业的"命运共同体"。

与员工进行沟通属于危机的内部沟通。主要是指对包含企业领导在内的所有员工的沟通。每个员工都是企业的支撑点，正是由他们组成了企业的体系。企业员工与企业的客户一样，他们也是潜在的企业财富。危机管理的第一步，就应该从企业内部开始。通过企业内部沟通，可以激发员工对企业处境的同情，并通过危机增强企业的责任感，展示企业抗击风险、坚强不屈的现象；有效地避免不真实、不完整的谣言和猜测由内向外传播；保持企业的有效运转，使员工不因猜测而疏于日常的工作，减少危机的破坏程度。

1. 树立全员危机管理意识。企业要让员工明白任何企业在成长过程中，不可避免地会遇到各种危机，这些危机是破坏企业健康成长的罪魁祸首，企业最大的危机是没有危机意识。在最高管理层具备危机意识的基础上，要善于将这种危机意识向所有员工灌输，使每位员工都具备居安思危的思想，时刻提防危机的危害性，在工作中尽量避免不当行为，以消除引发危机的各种诱因；善于发现危机发生的征兆，防患于未然；即便发生危机，也可以临危不乱，及时采用处理措施，防止危机进一步恶化和扩散。全体员工都树立起强烈的危机意识，就会大大减少危机发生的可能性和危机发生的危害性。

2. 告知企业究竟发生了什么危机。在一个企业，保持信息的畅通具有非同寻常的意义。当在危机发生的时候，更应该告知员工，企业目前到底面临什么样的危机，会对企业产生怎样的影响，竞争对手可能会趁机给我们什么样的打击。要确保员工了解有关危机的真实情况，确保员工对任何变化的情况都能够及时通过恰当的渠道得到。

3. 告知员工该怎么做。当危机来临的时候，企业内部的思想和步调必须保持统一，是不能够有不同声音出现的。因此，生产该怎么继续，外界咨询该怎么回答，着装和神态该如何表现等，都应该有一个标准。

(二)与消费者进行危机沟通

在充满竞争的商业社会中，谁拥有了消费者，谁就拥有了市场。因此，当危机来临时，企业必须积极与消费者沟通，以免失去市场。很多企业没有重视与顾客的及时和有效沟通，而使企业受到重大损失。与消费者的沟通可以通过消费者访谈、消费者热线、广播、电视、报纸、网络等多种方式，都可以起到积极作用。

1. 企业要及时告知包括受害者在内的消费者以及潜在的消费者：究竟发生了什么事情，问题是什么，危害性有多大，会对消费者产生什么样的影响。要表示对受害者的深切同情和亲切慰问，如果确系企业自身的疏忽等原因引发危机并造成各类伤害的，企业要通过媒体刊登道歉函，并承诺给予相应的赔偿，并告知企业将要采取什么措施以彻底消除危机隐患，从而使此类危机将来不再发生，以及对前期产品或者服务缺陷的处理方案，等等。

2. 企业将接受并乐意回答消费者任何问题或者他们关注的一切：消费者一般应该找谁质疑和投诉，如果消费者需要帮助，企业应该如何提供。企业要感谢消费者长期以来一如既往的支持和忠诚，并期待着能够继续获得消费者的支持。而企业也将提供更优质的产品和更周到的服务回报消费者和社会。

只要企业具有强烈的社会责任感，本着积极妥善处理危机的诚意，采用恰当的沟通方式，就有可能赢得社会各界的信任和谅解，促使企业尽快摆脱危机，重新树立起良好的社会形象。

只要顾客或社会公众是由于使用了本企业的产品而受到了伤害，企业就应该在第一时间向社会公众公开道歉以示诚意，并且给受害者相应的物质补偿。对于那些确实存在问题的产品应该不惜代价迅速收回，立即改进企业的产品或服务，赢得消费者的信任和忠诚，维护企业的诚信形象。"泰诺"中毒事件的处理维护了约翰逊公司的信誉，赢得舆论和公众的一致赞扬，为今后重新占领市场创造了极为有利的条件。

资料链接

有趣的手势语

所谓手势语，主要指我们如何使用我们的双手来传达信息。正如口语一样，手势语也因国家、文化的不同而有着不同的含义。环状手势，即用食指指尖和拇指指尖相顶，呈O状。在英国和美国，它表示肯定、不错，形似"OK"；但如果从英国过海底隧道来到法国，你会发现，当你使用该手势对你的法国朋友表示对他新车的欣赏时，他可不会领情的。因为在法国，该手势表示"一文不值"。再向南走，使用该手势可能就会使你陷入更大的麻烦了。因为在突尼斯，它代表"我要杀死你"。而若是到了日本，一个英国或美国商人对一个日本人做出环状手势时，恐怕那日本人就会这样想："噢，他是想让我贿赂他吗？"因为在日本，用拇指指尖和食指指尖形成的O状表示"钱"。

资料来源：张昊民编著，《管理沟通》，格致出版社2008年版。

（三）与其他利益相关者进行危机沟通

谁是企业的利益相关者，企业利益相关者应当如何定义？对此问题的讨论，从1963年斯坦福研究院首次提出利益相关者概念以来从未停止，据统计，截至20世纪90年代中期，西方学者共提出了20余种具有代表性的定义。90年代是利益相关者理论发展最为迅速的时期，西方学者在各自研究中所界定的利益相关者至少包括：股东、管理人员、职工、债权人、国家、行业协会、教育机构、媒体、政治团体、宗教团体、工会、竞争对手、供应商、客户、非人物种、人类下一代、社区、公众等。不难看出，企业利益相关者目前呈现多元化趋势，应当考虑它们之间的差别，进行分类研究。正是以此为出发点，将企业主要利益相关者作为研究对象，分析其利益要求及其量化方式。

1. 股东沟通。股东是目前法律规定的企业所有者，对企业拥有最终的产权，并承担最终风险。从理论上看，股东是企业的所有者，需要关心企业的全面财务状况，但在有限责任制度下，由于股票自由转让，股东经常变化，因此股东在企业中的利益追求主要集中在获利能力，即股东的投资收益、留存收益与股利的分配比例以及反映企业运营状况的股价波动等显性经济利益。

2. 政府沟通。政府本身就代表着权威和信任。从某种意义上说，一个企业能否与政府保持融洽的和谐关系，对企业的发展具有极为重要的意义。因为一个融洽和谐的政府关系，不仅可以使企业获得政策、审批及资源使用上的便利，而且政府还会积极帮助企业协调一些事情。当危机来临时，借助于政府的力量和权威，以消除危机、引导媒体并取得公众信任，是企业必须考虑的问题。

（1）定时汇报。危机发生后，企业应该及时向直属的上级主管部门汇报，不能文过饰非，更不能歪曲、掩盖真相，而是坦诚地把事情的来龙去脉报告给政府有关部门，这是赢得政府支持的关键。不能等到危机恶化了才想到政府的作用，应该越快越好，这就要求注意平时与政府保持良好的关系，赢得政府好感。为此，企业要一贯注意塑造自身的现象，要善于参与政府组织的活动，以此扩大企业在政府中的知名度。要积极抓住时机，帮助政府解决难题，与政府共同举办活动。这样，平时增强与政府的感情联络，有助于出现危机时，获取政府机构的支持。

（2）定期联系。在事件处理过程中，企业应该定期报告事态发展，及时与上级主管部门取得联系，吸收和参考他们的建议与思路，求得他们的指导和支持。对于一些需要权威检测的危机事件，如食品中毒、产品质量事故的出现，企业要尽快与相关政府机构联系，获得它们的支持和信任，晓之以理，让政府机构自觉地参与到危机管理中来。有效地借助于政府的宣传和力量，能够及时化解企业与各方面的危机关系，减少公众对企业的误解甚至是反感，使企业与其他方面的沟通也更加顺畅。

（3）善后报告。危机解决后，企业应该把危机的全面情况与企业的处理措施以及今后的预防措施形成详细报告，送交有关部门，为其继续对企业保持关注奠定基础。同时，企业的危机处理信息也为政府建设和完善自身的危机管理体系、实现其高效运作提供了经验和教训。

（四）危机情境中的媒体沟通

在现代社会中，任何企业都离不开媒体。媒体的触角已经深入到人们生活的各个方面。媒体是一把双刃剑，用得好，可以变危险为机遇；用得不好，则会使事件陷入更深的危机中。

众所周知，媒体是社会大众信息的主要来源，深深影响着社会大众的认知、态度与信念。在危机处理过程中，媒体的作用不容忽视。媒体可能成为危机的制造者或者导火索，还可能是危机进一步扩大的推波助澜者。媒体可以为危机管理者提供有关危机预警信息，帮助企业更好地做好危机预防工作；可以帮助企业传递危机的真实信息，避免和削减各种谣言与猜测的传播；媒体的客观、公正的报道和评论有助于企业重新树立良好的形象。

1. 掌握主动权，尽快、全面披露信息。危机发生后，企业应该主动披露信息，而且应该成为社会上信息来源的主渠道。危机相关人可以分为两类，一类是当事人，另一类是旁观者。当事人对待危机的信息有两种选择：公开和隐蔽。旁观者对于危机的真实情况有两种可能：知情和不知情。

当旁观者毫不知情或者并不完全知情，如果当事人选择继续隐藏有关危机的信息，则带有很大的侥幸心理。在旁观者尚不完全知情的情况下就披露信息，则是主动披露的策略，也是化被动为主动的策略。

2. 与媒体保持紧密联系，保持信息透明。企业平时要注意保持与媒体建立永久的良好关系。为此，企业的公关部门或者企业文化的主要负责人要擅长与媒体交朋友，比如经常安排企业的主要领导人接受一些媒体的访问，及时将企业的信息动态传递给媒体，企业的周刊、简报等及时邮寄给媒体，有重大科技发明、新产品上市等及时邀请媒体现场观摩等，让媒体及时报道。

企业在危机中要时刻注意与媒体的联系，充分利用当面采访、召开新闻发布会、加强发挥网页的作用等方式。

3. 注意非语言沟通，培养良好的公众形象。在与媒体沟通时，非语言的沟通非常重要，特别是在接受电视采访时更是如此。在这种情况下，领导者最需要重视的是自己的非语言信息的传递。注意讲话姿势，尽量表现出沟通的诚意；面部不要显出紧张、拘谨的神情；要与提问者保持目光接触，注意观察其眼神和面部表情等。总之，得体的举止能大大提高沟通效果。

本章小结

〔内容摘要〕

本章系统地阐述了沟通的基本原理，归纳了已有的沟通类型，分析了造成沟通不畅的原因，指出了沟通中应具备的技巧；探讨了如何加强现代企业的冲突管理，讨论了在现代社会中企业如何与各方利益相关者进行沟通，以化解危机。

〔主要知识点〕

1. 沟通的类型。沟通包括纵向沟通和横向沟通，正式沟通和非正式沟通，内部沟通和外部沟通，单向沟通和双向沟通。影响沟通方法选择的因素有三个方面，即个体性格特征、传递信息的丰富性、信息本身的性质。造成沟通不畅的原因有：个体因素、组织因素、社会因素。

2. 冲突。冲突是指个体或组织因为某种差异而引起的抵触、争执或争斗的对立状态。组织内适度的冲突，对组织发展有很大的促进作用。

3. 危机沟通。危机沟通是指以沟通为手段、以解决危机为目的所进行的一连串化解危机与避免危机升级的行为与过程。企业危机沟通中应遵守制度化、诚信化、信息化、预防化、参与化、快速化、即时化的基本原则，树立全员危机管理意识；当危机来临时，企业必须积极与各方进行沟通，以免失去市场。

〔关键概念〕

沟通　纵向沟通　横向沟通　正式沟通　非正式沟通　有效沟通　冲突　危机沟通

思考题

1. 谈谈沟通的含义。
2. 常用的沟通的类型有哪些？
3. 造成沟通不畅的原因有哪些？
4. 谈谈有效沟通的实现准则。
5. 什么是危机沟通？
6. 谈谈企业危机沟通的基本原则。
7. 如何与员工进行危机沟通？
8. 如何与顾客进行危机沟通？
9. 在危机中，如何和媒体处理好关系？

思考案例

迪特尼公司的企业员工意见沟通制

迪特尼·包威斯公司是一家拥有 12 000 余名员工的大公司，它早在 20 年前就认识到员工意见沟通的重要性，并且不断地加以实践。现在，公司的员工意见沟通系统已经相当成熟和完善。特别是在 20 世纪 80 年代，面临全球性的经济不景气，这一系统对提高公司劳动生产率发挥了巨大的作用。

公司的"员工意见沟通"系统是建立在这样一个基本原则之上的：个人或机构一旦购买了迪特尼公司的股票，他就有权知道公司的完整财务资料，并得到有关资料的定期报告。

本公司的员工，也有权知道并得到这些财务资料和一些更详尽的管理资料。迪特尼公司的员工意见沟通系统主要分为两个部分：一是每月举行的员工协调会议；二是每年举办的主管汇报及员工大会。

（一）员工协调会议

早在 20 年前，迪特尼·包威斯公司就开始试行员工协调会议，员工协调会议是每月举行一次的公开讨论会。在会议中，管理人员和员工共聚一堂，商讨一些彼此关心的问题。无论在公司的总部、各部门、各基层组织都举行协调会议。这看起来有些像法院结构，从地方到中央，逐层反映上去，以公司总部的首席代表协会会议为最高机构。员工协调会议是标准的双向意见沟通系统。

在开会之前，员工可事先将建议或怨言反映给参加会议的员工代表，代表们将在协调会议上把意见转达给管理部门，管理部门也可以利用这个机会，同时将公司政策和计划讲解给代表们听，相互之间进行广泛的讨论。

在员工协调会议上都讨论些什么呢？这里摘录一些资料，可以看出大致情形。

问：新上任人员如发现工作与本身志趣不合，该怎么办？

答：公司一定会尽全力重新安置该员工，使该员工能发挥最大作用。

问：公司新设置的自动餐厅的四周墙上一片空白，很不美观，可不可以搞一些装饰？

答：管理部门已拟好预算，准备布置这片空白。

问：公司的惯例是工作 8 年后才有 3 个星期的休假，管理部门能否放宽规定，将限期改为5年?

答：公司的福利工作方面做了很大的努力，诸如团体保险员工保险、退休金福利计划、增产奖励计划、意见奖励计划和休假计划等。我们将继续秉承以往精神，考虑这一问题，并呈报上级，如果批准了，将在整个公司实行。

问：可否对刚刚病愈的员工行个方便，使他们在复原期内，担任一些较轻松的工作。

答：根据公司医生的建议，给予个别对待，只要这些员工经医生证明，每周工作不得超过30个小时，但最后的决定权在医师。

问：公司有时要求员工星期六加班，是不是强迫性的？如果某位员工不愿意在星期六加班，公司是否会算他旷工？

答：除非重新规定员工工作时间，否则，星期六加班是属于自愿的。在销售高峰期，如果大家都愿加班，而少数不愿加班，应仔细了解其原因，并尽力加以解决。

要将迪特尼12 000多名职工的意见充分沟通，就必须将协调会议分成若干层次。实际上，公司内共有90多个这类组织。

如果有问题在基层协调会议上不能解决，将逐级反映上去，直到有满意的答复为止。事关公司的总政策，那一定要在首席代表会议上才能决定。总部高级管理人员认为意见可行，就立即采取行动，认为意见不可行，也得把不可行的理由向大家解释。员工协调会议的开会时间没有硬性规定，一般都是一周前在布告牌上通知。为保证员工意见能迅速逐级反映上去，基层员工协调会议应先开。

同时，迪特尼公司也鼓励员工参与另一种形式的意见沟通。公司在各处安装了许多意见箱，员工可以随时将自己的问题或意见投到意见箱里。

为了配合这一计划实行，公司还特别制定了一项奖励规定，凡是员工意见经采纳后，产生了显著效果的，公司将给予优厚的奖励。令人欣慰的是，公司从这些意见箱里获得了许多宝贵的建议。

如果员工对这种间接的意见沟通方式不满意，还可以用更直接的方式来面对面和管理人员交换意见。

（二）主管汇报

对员工来说，迪特尼公司主管汇报、员工大会的性质，与每年的股东财务报告、股东大会相类似。公司员工每人可以接到一份详细的公司年终报告。

这份主管汇报有20多页，包括公司发展情况、财务报表分析、员工福利改善、公司面临的挑战以及对协调会议所提出的主要问题的解答等。公司各部门接到主管汇报后，就开始召开员工大会。

（三）员工大会

员工大会都是利用上班时间召开的，每次人数不超过250人，时间大约3小时，大多在规模比较大的部门里召开，由总公司委派代表主持会议，各部门负责人参加。会议先由主席报告公司的财务状况和员工的薪金、福利、分红等与员工有切身关系的问题，然后便开始问答式的讨论。

这里有关个人问题是禁止提出的。员工大会不同于员工协调会议，提出来的问题一定要具有一般性、客观性，只要不是个人问题，总公司代表一律尽可能予以迅速解答。员工大会比较欢迎预先提出问题的这种方式，因为这样可以事先充分准备，不过大会也接受临时性的提议。

下面列举一些讨论的资料：

问：本公司高级管理人员的收入太少了，公司是否准备采取措施加以调整？

答：选择比较对象很重要。如果选错了参考对象，就无法做出客观评价，与同行业比较起来，本公司高层管理人员的薪金和红利等收入并不少。

问：本公司在目前经济不景气时，有无解雇员工的计划？
答：在可预见的未来，公司并无这种计划。
问：现在将公司员工的退休基金投资在债券上是否太危险了？
答：近几年来债券一直是一种很好的投资，虽然现在比较不景气，但是，如果立即将这些债券脱手，将会造成很大损失，为了这些投资，公司专门委托了几位财务专家处理，他们的意见是值得我们考虑的。

迪特尼公司每年在总部要先后举行10余次的员工大会，在各部门要举行100多次员工大会。

那么，迪特尼公司员工意见沟通系统的效果究竟如何呢？

在20世纪80年代全球经济衰退中，迪特尼公司的生产率平均每年以10%以上的速度递增。公司员工的缺勤率低于3%，流动率低于12%，在同行业最低。

资料来源：褚福灵著，《管理通论》，经济科学出版社2004年版。

思考题：
1. 迪特尼公司是怎样具体实施员工沟通制度的？
2. 迪特尼公司的总体指导原则是什么？依据是什么？
3. 既然迪特尼公司的这种方法能取得如此效果，为什么至今采用这种方法的公司不多？

应用训练

扑克搭起沟通平台

【实训目标】

通过实训，让学生之间以扑克为媒介，搭建沟通平台，增加了解，加强沟通，使学员之间了解更全面，参与更积极，有利于更好地打造班级团队。

【实训内容】

全班同学参与，准备一副扑克牌、一把小剪刀。用小剪刀把每张扑克牌剪碎，剪成四份。然后把剪碎后的扑克牌顺序打乱，发给每位同学，再让他们把扑克牌拼出来。拼出每张扑克牌的四位同学坐在一起，互相交谈，加强沟通，增进全面了解。

【实训步骤】
1. 取全班总人数的1/4的扑克牌数；
2. 将每张扑克牌剪成四份，打乱顺序，发给每位同学；
3. 请全班同学自找对象，把扑克牌重新拼起来；
4. 拼成一张牌的四位同学坐在一起，互相交流，谈谈自己的爱好、理想等内容；
5. 反复实施多次沟通，会使全班同学互相之间了解更深。

针对下列给定情境，考虑适当的沟通方式

【实训目标】

通过实训，让学生充分了解企业的实际工作状态，了解在企业实际工作中沟通的重要性，通过以正确方式把握好各种信息的沟通，使企业工作效率大为提高。

【实训内容】

以给定的企业实际沟通中常遇到的素材，要求学生在温习前面沟通相关知识的基础上，拟定一定的沟通方式，以使企业各项工作能顺利开展，各项信息能正确传递下去。关键要把握好各种良好的沟通方式。最后全班讨论，哪种沟通方式更为有效。

【实训步骤】
1. 给定背景资料：（1）说明企业面临的严峻形势。（2）考察中层管理者人选。（3）与海

外分公司联络。(4) 工资福利谈判。(5) 与新闻界维持良好关系。(6) 讨论基层质量问题。(7) 下达生产计划。(8) 新产品开发计划。

2. 分组讨论，针对每种情况，采取哪种沟通方式最好，最完善。

3. 每组派出代表发言，阐述沟通方式，并说明理由。

问题提示：

(1) 召开员工会议，说明形势，剖析问题，指明方向，鼓舞士气，稳定人心，避免谣传与误解。

(2) 人事部门有意透露小道消息，测试人选所在部门员工的反应。

(3) 由指定联络部门收发电子邮件。

(4) 董事会代表与工会代表会谈。

(5) 公关部举办有高层管理者出席的社交会餐。

(6) 质量部门成员例会。

(7) 由生产部经理对各车间发布书面指令，车间主任再对各作业班组发布书面指令。

(8) 由主管高级执行官召集研究与开发部、市场营销部、生产部、财务部、人事部代表等组成的新产品开发委员会会议。

除了以上提示外，有没有更好的沟通方式？

第十一章　现代企业信息管理

【导入案例】

通用电气公司（GE）在线采购

在通用电气公司，过去找蓝图—复印—邮寄—采购的周期至少7天，而现在的在线采购，则使从招标到开标只要2小时。据该公司的人员称，使用电子商务采购方式，采购的人工成本降低了30%，60名采购人员被重新安排了工作，采购部从大量的纸面、复印、邮寄工作中解脱出来，每月至少能腾出额外的6~8天集中研究发展战略问题。

早在1997年10月，通用电气公司已有8个部门使用在线采购系统，到2000年底，通用公司的12个采购部门已全部实现网上采购，采购总金额超过50亿美元。据该公司的统计数据显示，仅转变采购方式每年就将为公司节省采购成本5亿~7亿美元。

资料来源：宋玲主编，《中国企业电子商务指南》，新华出版社2002年版。

问题：信息时代的到来给企业带来了哪些变化？

当今世界新的科技革命，尤其是信息化变革，正在引起社会经济结构、生产方式和消费结构的重大变化，深刻改变着世界的面貌。信息技术的不断发展，为现代企业管理提供了许多优化的管理方法，并且使其不断升级、优化。从管理信息系统（MIS）、物料需求计划（MRP）到制造资源计划（MRP Ⅱ）、企业资源计划（ERP）、电子商务时代的ERP等，一种以先进信息技术为手段的集成管理模式逐渐形成。这种先进的信息管理引领当今企业不断发展、不断超越。

第一节　管理信息系统

一、管理信息系统的含义

现代管理信息系统是一个以人为主导，利用计算机硬件、软件、网络通信设备以及其他办公设备，进行信息的收集、传输、加工、储存、更新和维护，以企业战略竞优、提高效益和效率为目的，支持企业的高层决策、中层控制、基层运作的集成化的人机系统。它是一门新兴的科学,其主要任务是最大限度地利用现代计算机及网络通信技术加强企业的信息管理,通过对企业拥有的人力、物力、财力、设备、技术等资源的调查了解,建立正确的数据,加工处理并编制成各种信息资料及时提供给管理人员,以便进行正确的决策,不断提高企业的管理水平和经济效益。目前,企业的计算机网络已成为企业进行技术改造及提高企业管理水平的重要手段。

随着我国与世界信息高速公路的接轨,企业通过计算机网络获得信息必将为企业带来巨大的经济效益和社会效益,企业的办公及管理都将朝着高效、快速、无纸化的方向发展。MIS 系统通常用于系统决策,例如,可以利用 MIS 系统找出目前迫切需要解决的问题,并将信息及时反馈给上层管理人员,使他们了解当前工作发展的进展或不足。

二、管理信息系统的内容

作为管理学的一个重要组成部分和管理实践的一个重要工具,管理信息系统不仅是学科交叉的产物,而且还在不断与其他学科交叉发展。支持企业经营与管理的信息系统种类有数百种,但其主要的基本类型不多,许多信息系统都是对其基本类型的信息系统扩充、演化或整合而形成的。

(一)按支持层次与对象分类

按安托尼对企业管理问题的分类,不同支持层次的信息系统有以下内容:

1. 支持战略管理层次方面。系统类型有 EIS、SIS,支持对象主要是企业高层主管。信息系统针对企业战略性的规划提供经理信息系统(Executive Information Systems,EIS);针对提高公司的竞争优势来锁定顾客,打击竞争对手,提供战略性信息系统(Strategic Information Systems,SIS)。

2. 支持辅助决策层次方面。系统类型有 DSS、ES、KMS、BI,支持对象主要是企业各类专家。一般来说,企业内部有许多专家,如投资专家、财务专家和营销专家等,信息系统提供决策支持系统(Decision Support Systems,DSS)、群体决策支持系统(Group Decision Support Systems,GDSS)、专家系统(Expert Systems,ES)以及知识管理系统(Knowledge Management Systems,KMS)来支持这些专家,使其拥有更好的信息与知识进行决策,这就是所谓的辅助决策。在这个层次,最新的发展还有帮助企业更好地利用数据提高决策质量的商业智能(Business Intelligence,BI)技术,包含数据仓库(Data Warehouse,DW)和数据挖掘(Data Mining,DM)等。

3. 支持管理控制层次方面。系统类型有 ERP、SCM、CRM、PRM、EC,支持对象主要是中层主管。针对中层主管这个层次的需求,信息系统主要用来支持日常的规划、控制与决策,典型的信息系统有:企业资源规划(Enterprise Resources Planning,ERP)、供应链管理(Supply Chain Management,SCM)、客户关系管理(Customer Relationship Management,CRM)、通道商关系管理(Partners Relationship Management,PRM)以及电子商务(Electronic Commerce,EC)等。

4. 支持操作控制层次方面。系统类型有 TPS、EDPS,支持对象主要是领班及作业人员。信息系统主要用来支持业务人员日常作业流程的自动化处理,典型的信息系统有交易处理系统

(Transaction Processing Systems，TPS)、电子数据处理系统（Electronic Date Processing Systems，EDPS）等，应用这类系统可以帮助实现作业流程处理的速度更快、质量更好、效率更高。

5. 支持办公室自动化与通信系统方面。系统类型有 OAS，支持对象主要是办公室职员。典型的信息系统是办公自动化系统（Office Automation Systems，OAS）。

（二）按解决问题的结构性分类

1. 支持结构化问题的 IS。结构化问题的处理流程、步骤与方法都是既定的，每个处理流程的输入、程序及输出也是固定的，因此决策方法也很清楚、明确，其支持的 IS 主要有 TPS、EIS 和 ERP 等。

2. 支持非结构化问题的 IS。在企业中，有些问题的解决与处理并无明确、固定的法则或步骤可以遵守，所使用的解决方法也因人而不同，如支持开展头脑风暴和群体合作的群体决策支持系统（GDSS）等。

（三）按用于支持组织的主要目标分类

表 11-1 所列出的是主要信息系统类型分别用于支持企业的何种目标。其中，CAD/CAM（Computer Aided Design/Computer Aided Manufacturing）是指计算机辅助设计/计算机辅助制造。OLAP（On-line Analytical Processing）是联机分析处理程序之意，它是使分析人员、管理人员能够从多种角度对从原始数据中转化出来的、能够真正为用户所理解的、并真正反映企业特性的信息进行快速、一致、交互的存取，从而获得对数据的更深入了解的一类软件技术。

表 11-1　　　　　信息系统与支持的企业目标

支持目标		主要应用的信息系统类型
提高内部相对效率	提高作业效率	TPS、ERP、CAD/CAM
	提高决策质量	DSS、GDSS、OLAP
	规划与控制	EIS、SIS
	强化员工能力	DSS、ES、KMS
	业务流程再造	ERP
增强外部竞争优势	竞争优势	SIS、SCM、CRM
	战略联盟	IOIS
	供应链整合	SCM
	客户关系管理	CRM、EC
	快速反应	ERP、SCM、CRM
	技术创新	KMS、GDSS、CAD/CAM
	建立增值网络	KMS、SCM、PRM、CRM

三、管理信息系统的特征

（一）整体性

这个特性是由系统的特性决定的，它一方面是指 MIS 功能内容上体现了的整体性，另一方面是指开发和应用技术步骤上的整体性。这个特性要求必须从全局的角度规划系统的功能。例如，企业各项联系紧密的管理决策职能，从计划到销售直至服务形成一个闭环，通过计划决策来指导生产销售，通过反馈的信息来检查计划的实施情况，并不断调节计划使生产销售及其效益达到最优点，从而实现动态的优化管理。企业这样一种动态的管理要求反馈的信息必须完整、及时、准确、可靠，从而使管理人员能及时正确地做出决策。

（二）辅助性

在管理工作中应用 MIS 只能辅助业务人员进行管理，提供有用的报告和方案来支持领导人决策。但是，使用复杂的技术建立的一个高效率的 MIS 是很难支持一个有效性差的信息管理过程的，因而，要发挥 MIS 的这个特性，人工管理工作必须要有相适应的管理思想、方式和流程。

（三）以计算机为核心

MIS 是一个人机合一的系统，它的开发和应用虽然都是人工进行的，但是它与人工利用其他手段进行信息处理有着明显的区别，没有计算机就很难充分应用诸如运筹学等现代化的科学管理方法，很难对数据进行深层次开发以得到分析和改进管理的信息资源。

（四）动态性

企业信息管理中，每条信息都有它的时效性。当系统的目标环境发生变化时，系统也必须随之变化，因而信息管理系统的建立不是一劳永逸的事，需要在实际中不断完善和更新。

> 课堂讨论：
> 管理信息系统给现代企业带来哪些变化？给现代企业的做大做强带来哪些机遇？

第二节 ERP 的规划及实施

一、ERP 的含义

（一）企业资源与 ERP

厂房、生产线、加工设备、检测设备、运输工具等都是企业的硬件资源，人力、管理、信誉、融资能力、组织结构、员工的劳动热情等就是企业的软件资源。企业运行发展中，这些资源相互作用，形成企业进行生产活动、完成客户订单、创造社会财富、实现企业价值的基础，反映企业在竞争发展中的地位。

ERP 系统的管理对象便是上述各种资源及生产要素，通过 ERP 的使用，使企业的生产过程能及时、高质地完成客户的订单，最大限度地发挥这些资源的作用，并根据客户订单及生产状况做出调整资源的决策。

（二）调整运用企业资源

企业发展的重要标志是合理调整和运用上述的资源，在没有 ERP 这样的现代化管理工具时，企业资源状况及调整方向不清楚，要做调整安排是相当困难的，调整过程会相当漫长，企业的组织结构只能是金字塔形的，部门间的协作交流相对较弱，资源的运行难以把握。

（三）信息技术对资源管理作用的发展过程

计算机技术特别是数据库技术的发展为企业建立管理信息系统，甚至对改变管理思想起着不可估量的作用，管理思想的发展与信息技术的发展是互成因果的环路。而实践证明信息技术已在企业的管理层面扮演越来越重要的角色。

信息技术的发展大概可分为如下几个阶段：

1. MIS 系统阶段（Management Information System）。企业的信息管理系统主要是记录大量原始数据、支持查询、汇总等方面的工作。

2. MRP 阶段（Material Require Planning）。企业的信息管理系统对产品构成进行管理，借助计算机的运算能力及系统对客户订单、在库物料、产品构成的管理能力，实现依据客户订单，按照产品结构清单展开并计算物料需求计划，实现减少库存、优化库存的管理目标。

3. MRP Ⅱ 阶段（Manufacture Resource Planning Ⅱ）。在 MRP 管理系统的基础上，系统增加了对企业生产中心、加工工时、生产能力等方面的管理，以实现计算机进行生产排程的功能，同时也将财务的功能囊括进来，在企业中形成以计算机为核心的闭环管理系统，这种管理系统已能动态监察到产、供、销的全部生产过程。

4. ERP 阶段（Enterprise Resource Planning）。进入 ERP 阶段后，以计算机为核心的企业管理系统更为成熟，系统增加了包括财务预测、生产能力、调整资源调度等方面的功能，配合企业实现 JIT 管理、全面质量管理和生产资源调度管理及辅助决策的功能，成为企业进行生产管理及决策的平台工具。

5. 电子商务时代的 ERP。互联网技术的成熟为企业信息管理系统增加与客户或供应商实现信息共享和直接的数据交换的能力，从而强化了企业间的联系，形成共同发展的生存链，体现企业为达到生存竞争的供应链管理思想。ERP 系统相应实现这方面的功能，使决策者及业务部门实现跨企业的联合作战。

由此可见，ERP 的应用的确可以有效地促进现有企业管理的现代化、科学化，适应竞争日益激烈的市场要求，它的导入，已经成为大势所趋。

那么，我们如何给 ERP 下定义呢？

ERP 是企业资源计划。它是一个以管理会计为核心，可以提供跨地区、跨部门，甚至跨公司整合实时信息的企业管理软件。

换言之，ERP 将企业内部从获取客户订单，完成加工和交付，把所有资源整合在一起，对采购、生产、成本、库存、分销、运输、财务、人力资源进行规划，从而达到最佳资源组合，取得最佳效益，最后得到客户付款。

ERP 是在 20 世纪 80 年代初开始出现的。从 90 年代开始，以赛普（SAP）、甲骨文（Oracle）为代表的国际著名 ERP 产品进入中国，并迅速扩展。接着，国内也相继出现了一些早期 ERP 产品,例如开思 ERP、魔方 ERP、利玛 ERP、天志 ERP、和佳 ERP 及博科 ERP 等。

二、ERP 的内容及规划

ERP 是对 MRP II 的继承与发展,它大大地扩展了管理的模块,如多工厂管理、质量管理、设备管理、运输管理、分销资源管理、过程控制接口、数据采集接口等模块。一般 ERP 的内容主要有几大模块:销售管理、采购管理、库存管理、计划管理、质量管理、财务管理、人力资源管理、设备与仪器管理等应用系统。

(一) 销售管理系统

销售部门在企业的供需链中处于市场与企业的供应接口位置,为企业提供生存与发展的动力源泉,并由此实现企业的社会价值。

销售规划是 ERP 的第一个计划层次,属于决策层,其业务内容包含生产规划。销售计划是根据市场的信息与情报,同时考虑企业的自身情况如生产能力、资金能力等制定的产品系列生产大纲。综合来说,ERP 的销售管理提供的销售预测、销售计划和销售合同(订单)是主生产计划的需求来源。销售管理子系统帮助企业销售人员完成客户档案及信用管理、产品销售价格管理、销售订单管理、销售提货与服务管理及发票管理等一系列销售事务,为企业的销售人员提供客户的信用信息、产品的订货情况以及产品的销售情况,指导企业生产经营活动顺利进行,提高企业的客户服务水平,使企业提高竞争力。

(二) 采购管理系统

采购工作主要是为企业提供生产与管理所需的各种物料,采购管理就是对采购业务过程进行组织、实施与控制的管理过程。ERP 的出现为采购工作注入了强大的活力,提供了管理与技术并举的解决方案。在有许多业务部门的 ERP 推广与应用中,采购部门是见效最快的部门之一。

采购管理子系统与物料需求计划、库存、应付账管理、成本管理等子系统有密切关系。在运作中,由 MRP、库存等的需求产生采购需求信息,采购物料收货检验后直接按分配的库位自动入库,物料的采购成本计算和账款结算工作由成本与应付账子系统完成。

(三) 库存管理系统

库存管理工作应该包括物料的存储、收发、使用及计划与控制等相关的各个方面。企业库存管理业务主要有对物料的收发管理工作,根据物料的不同物理与化学属性做好物料存储与防护工作,降低各种库存管理费用,分析并提供库存管理所需的各种数据报表等。

库存管理子系统通过对库存物品的入库、出库、移动和盘点等操作进行全面的控制和管理,帮助企业的仓库管理人员管理库存物品,以达到降低库存,减少资金占用,杜绝物料积压与短缺现象,提高客户服务水平,保证生产经营活动正常进行的目的。库存管理子系统从级别、类别、货位、批次、单件、ABC 分类等不同角度来管理库存物品的数量、库存成本和资金占用情况,以便用户及时了解和控制库存业务等各方面的准确数据,对库存管理子系统与采购、生产、销售、成本及总账等子系统之间密切的数据传递进行管理。

（四）计划管理系统

企业接受订单或做出销售预测计划后，形成销售计划，然后根据销售计划进行主生产计划的制订，并同时进行粗能力需求计划运算，由主生产计划推动运算物料需求计划，再生成能力需求计划。制造业涉及的有关物料计划一般可分为三种：综合计划、主生产计划及物料需求计划。常见的 ERP 系统决策层的计划常直接表现为销售计划。综合计划是企业在较长一段时期内对需求与资源之间的平衡所做的概括性设想；是根据企业所拥有的生产能力和需求，预测未来较长一段时间企业的产出内容、产出量、劳动水平、库存投资等问题而做的决策性描述。

（五）质量管理系统

ERP 的质量管理主要体现在集成化的优势上，对企业质量管理的整个过程集成，从采购供应商的开发和认证、原材料的检验、生产过程的检验集成化控制、产品完工检验、检验与测量仪器的计量管理和产品的出货检验到质量的统计、分析等，都提供了先进、快捷的方法与手段。

（六）财务管理系统

ERP 系统的财务与单一化的财务软件最大的不同就是前者的数据集成化高。ERP 系统处理的业务基本涵盖企业所有的经济业务。财务子系统所涉及的数据有采购数据、销售数据、库存数据、工程数据、生产数据、质量数据、计划数据、设备数据、人力资源数据。根据集成财务系统的特点，通常又把财务管理系统分为账务管理模块、应收账款模块、应付账款模块、银行账管理模块、现金管理模块、固定资产管理模块、工资核算模块和成本管理模块。

（七）人力资源管理系统

人力资源管理的重要性，为人力资源管理信息系统提供了广阔的市场前景，虽然市场上也有人力资源管理系统（HRM）提供，但最好的解决方案是与 ERP 系统集成。人力资源管理的有关业务包括人事管理、人力资源计划管理、工作分析、招聘管理、培训计划管理、业绩评估及薪酬管理。

（八）设备与仪器管理系统

设备管理系统通过对企业的设备与仪器台账的基本信息、运行情况、保养情况、故障和事故情况处理、设备使用部门的变动情况及有关备件管理等信息的管理，使各级部门能及时地了解设备从安装、使用、变动到报废等过程的信息。另外，对设备和仪器的保养、维修费用做出计划与核算，给财务子系统提供数据。

三、ERP 的实施

实施是 ERP 成功的关键，一般来说，ERP 能否成功运作，三分软件，七分实施，充分说明了实施的重要性。软件固然重要，但如果实施不到位，软件再好，服务器性能再高，机房再高级，在实际管理中同样发挥不了作用。可以用这样一个公式来表述：

企业 ERP 系统成功应用 = 有准备的企业 + 合适软件 + 成功实施

有准备意味着企业有足够好的管理模式、很好的人力资源和充分的财力。

合适的软件意味着 ERP 选型合理，事先经过了周密论证。

ERP 实施要求根据客户需求进行定制，以满足客户个性化要求，包括为客户确定工作范围、工作任务、工作成果、项目计划、项目组织结构与人员职责、项目管理方法和风险评估，最后帮助客户成功应用软件等一系列专业服务。简单地说，实施内容包括理解用户需求、提出软件解决方案、个性化应用配置、培训、数据准备等。

（一）ERP 实施过程中可能遇到的困难

实施 ERP，首先要了解客户。那么，客户可能会遇到哪些实施的困难呢？根据国内 ERP 软件公司实施部门的总结，客户可能遇到的困难有以下几点：

1. 专业管理水平低。企业的管理基本依靠手工，信息化程度低。

2. 需求不清晰，甚至相互矛盾。企业内部长期的非正规操作形成了不规范的工作流程，企业特有的管理制度和企业文化造成的管理惯性，需要规范、引导和调整。例如，有的企业长期以来存在工作互相推诿的习惯，一张单据，传过来，传过去，就是不解决问题。类似问题在 ERP 实施过程中必须得到解决。

3. 系统没有集成，数据没有整合。企业或许进行了局部信息化，但是采用的软件产品种类较多，或者说来自于不同的提供商，造成分立系统异构。异构系统的数据需要整合、规范、调整，才能实现数据共享和集成使用。

4. 用户忽然面临一个庞大的软件系统，无从下手，不会使用，需要进行培训。实施 ERP 可能需要一个相对漫长的过程。有些企业对漫长的实施过程缺乏思想准备，希望第一天购买，第二天安装，第三天就能正常使用。

5. 软件购进后，匆忙上线。在初始化的时候才发现企业有很多需求在软件中无法实现，不能根据产品的功能顺利进行搭建、配置，需要进行大量的二次开发工作。

6. 在初始化阶段考虑问题不够周详。配置匆忙，在使用过程中出现各种问题，给后续工作带来麻烦。

7. 使用一段时间后，才发现其实只是用计算机代替了手工而已。使用人员只是把软件作为计算器或者自动填报工具，机器做的事本质上没有超出手工所能做的范围，没有充分发挥软件的功能，没有体现软件的价值，不能体现出管理的信息化、自动化、智能化，不能为决策支持系统提供信息，没有出现企业管理水平明显提升的效果，客户最终会从根本上对 ERP 提出质疑。

（二）ERP 实施的知识准备

1. 实施的知识要求。对企业业务逻辑非常清楚；实施顾问应该是企业管理的专家，对某一行业，对负责实施的企业都要有深入的了解，熟悉企业业务流程，理解企业的管理需求，对 ERP 软件产品使用方法全面了解。

2. 实施人员应具备的素质。要具备精湛的专业知识，看问题比客户更专业、更深入；

对 ERP 软件产品有全面的了解，清楚软件具有的功能，能利用这些功能为客户服务；对用户需求和问题能够准确分析和理解；能够与客户沟通，遇到有矛盾的需求知道如何进行变通或折中；具有较高水平的抽象、分析、综合、沟通能力；理清问题后，能够及时用文字进行准确的描述；工作态度认真、严谨、踏实，而且比客户更有耐心。

（三）ERP 实施步骤

1. 项目规划。项目实施的第一个阶段是对项目进行整体规划，这是一个打基础的阶段，它将影响以后软件实施的进度。该阶段的主要目的就是启动项目，建立一个良好的开端。

首先建立一个实施小组，包括建立软件供应商项目实施小组和客户项目小组。软件供应商产品项目经理应具备相关实施管理能力，必须与客户进行沟通，取得对方高层的信任和认可。要根据项目规模组建实施小组。人员选拔时要充分考虑业务背景、实施经验等因素。可以考虑让部分开发人员和技术人员参与项目。客户项目组负责人一定要全面了解企业业务，最好要精通企业整个成本核算过程，同时有一定的部门协调能力，保证在以后的工作中能及时和高质量地完成数据的提供和录入工作。

实施小组下一步工作是制订项目实施主计划。在项目实施主计划中一定要明确实施目标，严格控制实施范围，按照相关合同中规定的项目实施目标和范围与企业项目负责人进行沟通。如果还存在模糊的地方，要经双方协商一致后，在计划中补充说明。对关键业务环节和重点需求，实施经理必须向客户项目经理进行补充调查。

最后召开项目启动会，明确双方正式进入项目实施阶段。利用项目启动会对这一阶段的工作做一个总结，使所有参与本次实施的人员都认识到实施工作对企业的重要性，提升实施小组和项目小组的使命感和责任感。

2. 应用环境建立。首先，建立硬件应用环境。软件提供方的技术顾问应检查客户的硬件设备，注意客户是否存在不合格的硬件环境，同时排除硬件设备性能太低而导致软件无法运行的情况。

其次，建立软件应用环境。软件实施顾问负责产品的首次安装和调试，安装后应对产品进行相关测试，以保证软件可以正常运行。在这一过程中，软件实施顾问还要负责对企业方的系统管理员就软、硬件环境建立过程中涉及的相关知识点进行针对性的培训，对软件安装、软件网络环境参数设定等实施知识转移，让企业方的系统管理人员有能力参与到以后的软件运行环境维护工作中去。

3. 需求调研。首先，实施小组在需求调研过程中，要制订需求调研计划，确定参加调研的顾问人员，安排好调研时间。在人员安排时，有相关行业经验的顾问能更好地理解客户的需求。

其次，针对客户行业的特点准备调研提纲和调研问卷。调研过程中应使用客户常用的术语，这样可以让客户产生信任感，有了信任感客户才会认真地完成问卷。调研应采取灵活的方式，不能单纯地记录客户需求，应当以产品可实现的功能为基础，控制和引导客户的需求，避免造成客户需求太多，使软件无法适用的局面。

初步调研完成后，要及时对企业需求的合理性进行分析。一是验证需求是否有自相矛盾的现象存在，对于有争议的问题要反复沟通，找到问题根源；二是验证企业的需求能否在软件中实现，那些无法在软件中实现的客户需求，要及时引导客户采用其他方法解决。

最后，进行需求报告确认。需要确认的主要内容包括关键环节的描述是否清晰、正确，需求建议是否合理等。

4. 静态数据准备。在做好需求调研以后，就需要进行静态数据准备。静态数据是指在系统应用过程中在一段时期内相对稳定的数据，如会计科目编码、客户档案、供应商档案等。在整个项目实施过程中，静态数据准备工作需要花费较长时间，耗费较大的精力，静态数据准备进度和质量直接影响到后期项目的进度和质量。

静态数据存在于企业的多个部门，例如，会计科目是由财务部提供的，客户与供应商档案是由业务部门提供的，因此需要各部门的大力配合。

静态数据准备要严格按照标准表单进行，同时保证数据准备人员对所有表单内容都能理解。静态数据检查应由双方项目经理负责，对关键数据需要进行完全性检查，例如，会计科目设置是否符合行业特性、存货名称是否唯一等。对大量次要的数据可以视情况采用抽查的方式进行。检查的内容还包括数据的准确性和数据间的逻辑关系，例如，存货档案是否与存货分类一致、客户档案是否与所处的客户分类一致等。为了确保数据的准确性，要求数据准备人员和校对人员的职责分开。双方没有确认的静态数据不允许导入系统。

5. 系统测试。ERP 实施中的系统测试，是对业务解决方案验证的过程，通过模拟客户真实的业务环境，对软件今后的使用情况进行预测。测试的内容主要包括软件的正确性、可操作性和工作效率。在这个实施阶段，要尽可能全面地模拟真实的业务环境，发现可能存在的问题并及时解决，同时，对业务解决方案中的不妥之处做出及时调整，对手工环境下数据流程的重组进行测试和完善。目的就是保证一套合理的业务解决方案能在软件中正确地、高效率地运行，使软件应用满足客户需求。

在测试环境准备阶段，用户要根据自身实际业务流程来确定测试用数据。测试数据应该覆盖业务解决方案中的所有业务流程，测试过程也应循序渐进，由易到难，由简到繁。

测试方法分为单模块测试和多模块测试。单模块测试是指在一个软件模块中进行数据测试。如总账模块测试，应该从制单开始，然后依次为审核、记账、结转定义、转账生成和结账等，有些操作会因公司相应的业务要求不同而不同。多模块测试是指在多个模块中进行数据测试，即根据待测业务在多个模块中的数据流程来测试软件。例如，以存货成本构成及结转为目标进行测试，要设计采购管理、库存管理、销售管理和存货管理等模块。参加测试的人员包括采购人员、库管人员、销售人员和财务人员等。这些人员要协同工作。当采购的物料到达单位后，采购人员就要在相应的模块中录入采购入库单，库管人员则对所采购的货物进行验收，如果验收合格，则进行相应采购入库单的审核工作。如果存货进入销售，销售人员应在相应的模块中录入发货单，库管人员随后进行发货工作，填制相应的销售出库单并进行审核。然后，财务人员根据相应的成本计算方法确定出库成本。总之，多模块测试是以模块间数据正确性、流程完整性、流程连贯性作为测试的重点。

在测试过程中，如果存在流程不清晰、方案不完善，双方项目经理要及时协商，及时弥补，最终完成测试过程。

6. 用户培训。在完成系统测试之后，要对所有软件操作人员进行系统培训。

首先，制订培训计划，培训计划要根据不同的角色及不同的适用对象来制订。然后，双方协商，共同落实培训资料、培训场地和培训设备。

对客户方系统管理员的培训，主要是让其掌握软件运行环境和网络环境的设置，以及软件的安装和维护，基本不涉及具体的软件操作。

对软件操作人员的培训，是整个系统培训的重点。通过培训，可以让操作人员了解企业所有的静态数据内容，避免手工状态下的静态数据因各部门各自为政而产生不一致的情况，从而保证今后软件运行的准确性。通过培训，还可以让各部门人员了解软件的整体流程，尤其是了解各部门人员所处的数据流程点，搞清楚自己所负责的部门从哪个部门接收数据，又为哪个部门提供数据，这样就可以使操作人员从整体角度看清数据流向，明确各自的责任。通过培训，操作人员应该熟悉软件操作，了解软件各个模块的功能，为今后软件的成功上线打好基础。

培训可以采取理论讲解和上机操作相结合的方式，上机操作的业务数据要以系统测试数据为主。为了提高培训的成效，还应进行培训考核。

7. 系统切换。系统上线前期，需要导入静态数据和动态数据。静态数据和动态数据在整理完毕后，将按照系统上线时间来规划数据的导入时间，以便顺利完成导入工作。静态数据准备内容如前所述。动态数据是一种处于变动中的数据，如客户的各种单据和发票、库存盘点数、财务期初余额等。

财务动态数据包括科目期初余额数、银行对账期初数等。这些动态数据应以软件的使用时间为基准作相应的准备。例如，企业决定于 8 月 1 日启用软件，那么这些财务动态数据应以 7 月 31 日的数据为准备数据。

业务动态数据包括库存动态数据、采购期初动态数据、销售期初动态数据等。库存动态数据应该按照现有库存账的实时数据进行归类整理，建议在库存数据导入系统之前，对库存进行盘点操作，得到真实的库存数据后再导入软件系统。

采购期初动态数据是指期初采购入库单和期初采购发票。这两种动态数据也要按照软件的启用时间为基准来进行准备。例如，企业在 5 月 1 日启用采购管理系统，那么企业在 5 月 1 日以前已经进行采购入库但没有进行发票结算的存货，就要根据期初采购入库单这种动态数据来进行导入，这样才能保证企业采购业务数据的完整性，避免在今后的使用中出现无法结算的现象。同样，期初采购发票是指企业在 5 月 1 日以前票到货未到的动态数据，这些动态数据的准确性直接影响到企业的后期运行，准确提供采购期初动态数据需要采购部门人员和财务部门人员协同工作。

销售期初动态数据是指期初销售出库单。销售期初动态数据也要按照软件的启用时间为基准来进行数据准备。例如，企业于 4 月 1 日启用销售管理系统，那么在 4 月 1 日之前已经销售出库但没进行销售开票的数据，就要通过期初销售出库单这种动态数据来进行导入，以保障销售数据的完整性。

另外，为了不影响软件系统的正常上线，所有的动态数据必须集中时间，快速整理完毕。一般动态数据的整理在会计期末进行，动态数据的导入在期初进行。

完成上述静态数据和动态数据准备以后，需要进行初始化设置和基础数据导入工作。系统数据的导入一般遵循以下的流程进行：首先是系统参数的设置，如会计期间、公司产品目录等；然后是静态数据的导入，如存货信息、科目信息、仓库信息等。在静态数据录入系统之后，可以在系统启用，月初将动态数据，如采购、销售的期初单据以及库存、财务等数据的期初值导入系统。

在整个初始化过程中，要求操作人员一定要尽可能保证数据的准确性和及时性，不要为了赶时间而盲目导入数据。

8. 后续支持。在系统切换上线之后，软件供应商的项目人员对上线运行的新系统进行现场支持，以便及时解决系统运行初期出现的各种问题，保证系统的顺利运行。

系统上线运行初期，企业操作人员对新系统的操作要领还来不及掌握，可能会发生一些问题，容易造成数据错误。为了保证上线承购，避免重复工作，项目顾问必须提供一段时间的现场支持，帮助用户熟悉软件。

项目顾问执行现场支持时，对发生的问题及原因进行分析，并做好相应的记录，向企业内部支持人员说明后续维护事宜和注意事项等。

系统上线后，问题的解决和跟踪非常重要。后续支持的方式有现场支持、电话支持、通过互联网进行远程支持等。项目顾问应将运行过程中发生的问题进行分析与记录，并归类整理，通知相关用户，使用户明白如何避免出现相同的问题，若出现了相同问题时应该如何处理。

【分析案例】

两次磨合的故事

耀辉制药有限公司在 2003 年年初引进用友 ERP 软件进行企业信息管理。

用友公司成立了实施小组，确定项目实施经理和项目工作人员，厂方也成立了项目小组。在需求调研阶段，该厂的财务总监在管理应用方面提出了许多需求，用友公司的实施经理记录了所有的需求，但对这些需求的处理给出了不确定的答复，为后期实施埋下了隐患。

用户需求调研完成后，该厂的信息中心主任被公司任命为客户方项目小组的项目经理，双方合作顺利完成了硬件测试和软件安装测试，并且顺利地完成了这些方面的知识转移，但接下来的工作就无法展开了。客户方的项目经理由于缺乏领导经验和专业知识，无法协调其他部门的工作，导致用友实施人员无法进行工作。

在数据准备阶段，由于该厂各个部门信息不共享，导致数据不准确、不及时，降低了项目小组的工作效率，实施工作处于半瘫痪状态。

在培训阶段，该厂各部门的培训人员态度消极，达不到预期的效果，很多操作人员不清楚自己的操作流程和操作方法，导致录入的数据不准确，后期又花了很多时间和精力进行数据纠错。

由于上述原因，在经过了两个月之后，该厂的 ERP 实施工作还处于数据测试阶段，进展异常缓慢，迫使用友公司更换了实施经理，对实施工作进行了调整。

新来的用友实施经理站在需求角度和用户进行沟通，引导用户，用户则站在软件应用和管理的角度更改了前期的需求，放弃了一些无法实现的需求，为后期工作打下了一个良好的基础。

随后，厂方重新指派了一个项目经理，此人具备专业知识，同时也能很好地协调各部门的工作。

后期工作比较顺利地开展起来，厂方项目经理能很好地与用友公司项目小组进行沟通，项目小组很快确定了每个业务流程的操作步骤和相应的流程单据。

在数据准备阶段，厂方项目经理严格把关，确定每项数据的准确性和及时性。各个部门的工作人员态度也发生了改变，杜绝了以前工作拖拉的现象发生，大家都能在规定的时间内出色地完成任务，对实施工作的顺利进行充满了信心。

在培训过程中，厂方项目经理及时协调各部门工作人员的工作，加强管理，培训效果显著。

在随后的实施工作中，每个步骤的工作都能按进度进行，数据切换工作也顺利完成了，最后，用友实施小组成员和厂方项目小组成员一起编写了针对不同部门、不同岗位人员的操作手册，同时也制定了系统的操作规章制度，为以后成功应用 ERP 打下了基础。

资料来源：林勇编著，《ERP 理论与实践》，中国科学技术大学出版社 2007 年版。

分析：为什么该企业在实施 ERP 中会出现两种不同的情况？

资料链接

IERP 系统

IERP（基于互联网的企业资源计划）是先进管理模式与计算机信息技术相结合的产物。IERP 在实现柔性制造、快速占领市场、为取得高额回报率而紧跟市场变化等方面为现代制造业提供了较好的支持。目前，IERP 系统软件在国外企业中已被广泛采用，国内企业也开始逐步接受 IERP 管理思想。

系统功能：把企业作为一个有机整体，从整体优化的角度出发，运用科学的方法，对企业各种制造资源和产、供、销、人、财、物等各个环节进行合理有效的计划、组织、控制和调整，使它们在生产过程中协调有序，并充分发挥作用，从而提高企业的管理水平和经济效益。它能够为企业领导的生产决策提供数据依据和强有力的分析，提高生产计划编制的科学性和实效性；能够更好地提高客户的满意程度；最大限度地缩减订货周期，推行"准时供货"；提供对生产批次管理的跟踪，提高质量管理水平；能够为企业生产经营管理提供一个规范的环境，加强生产和技术数据的管理。

一般包括以下子系统：系统管理、基础信息、主生产计划、物料需求计划、能力需求计划、库存管理、采购管理、车间作业管理、销售管理、财务管理、成本管理、项目管理、质量管理、决策支持系统。

系统特点：跨平台运行。同一套程序编码可以在多种硬件平台和操作系统上运行，以便企业根据业务需要和投资能力选择最佳平台，帮助企业顺利实现不同应用水平阶段的平滑过渡。

资料来源：http://publish.it168.com。

第三节 电子商务

一、电子商务的含义

电子商务是从英文翻译过来的,但中文的"电子商务"是把英文的两个概念合二为一了。电子商务原是英文 Electronic Commerce（EC）意译,后来美国又出现 Electronic Business（EB）的概念,中文也多译作"电子商务"（少数译作"电子业务"）。

Electronic Commerce 强调的是网络环境下的商业化应用,是把买家、卖家、厂商和合作伙伴在互联网、企业内部网和外部网结合起来的应用,特别是网上电子贸易；Electronic Business 不仅仅是网上贸易,也不限于商业化应用,而是电脑网络在社会各个领域的全面应用。

所以,从 Electronic Commerce 到 Electronic Business,反映互联网的应用领域拓宽,对社会经济的影响加深。对电子商务的理解应当宽广一些,以利于社会各方面对互联网应用的探索；对电子商务的影响考虑要充分一些,有利于合理制定区域经济规划和企业发展战略,减少重复决策的成本。

经济合作和发展组织（OECD）对电子商务的定义：电子商务是发生在开放网络上的包含企业之间（Business to Business）、企业和消费者之间（Business to Consumer）的商业交易。

按照美国政府"全球电子商务纲要"的定义：电子商务是通过互联网进行的各项商务活动,包括广告、交易、支付、服务等。

加拿大电子商务协会给出的电子商务定义：电子商务是通过数字通信进行商品和服务的买卖以及资金的转账,包括公司间和公司内利用 E-mail、EDI、文件传输、传真、电视会议、远程计算机联网所能实现的全部功能（如市场营销、金融结算、销售以及商务谈判）。

全球信息基础设施委员会（GIIC）电子商务工作委员会认为：电子商务是运用电子通信作为手段的经济活动,通过这种方式人们可以对带有经济价值的产品和服务进行宣传、购买和结算；这种交易的方式不受地理位置、资金多少或零售渠道的所有权影响,公有私有企业、公司、政府组织、各种社会团体、一般公民、企业家都能自由地参加广泛的经济活动,其中包括农业、林业、渔业、工业、私营和政府的服务业。

通用电气公司（GE）对电子商务的定义：电子商务是通过电子方式进行商业交易,具体分为企业与企业之间的电子商务和企业与消费者之间的电子商务。

综合上述分析和思考,我们认为电子商务可分为狭义电子商务和广义电子商务两层。狭义的电子商务是指以现代网络技术为依托进行物品和服务的交换,是商家和客户之间的联系纽带；这一概念包含英文中 Electronic Commerce 的全部和 Electronic Business 中的有偿服务部分。广义的电子商务是指以现代网络技术为依托进行的一切有偿商业活动和非盈利业务交往或服务活动的总和；这一概念包含英文 Electronic Business 的全部内容,包括电子政务和企业内部业务联系的电子化、网络化。

狭义与广义电子商务的区别在于前者是有偿的、交易性质的；后者则在前者的基础上又增加了无偿的、服务性质的业务。狭义电子商务是我们研究的主要内容，但也必须在广义电子商务的框架内，结合电子商务在社会各方面的应用才能把握其运行规律和发展方向。

新经济时代是新生事物层出不穷的时代，当人们刚刚熟悉了"在线销售"、"在线图书馆"等新名词，惊叹人类进入"在线经济"时代，更先进的"无线经济"模式已悄悄撩开了面纱，"移动电子商务"成为新的讨论热点。随着无线通信技术创新和成本快速下降，"无线互联网"可以更方便及时地把世界连为一体，移动通信将成为未来电子商务的主要媒体。

资料链接

移动电子商务

移动电子商务就是利用手机、PDA 及掌上电脑等无线终端进行的 B2B、B2C 或 C2C 的电子商务。它将互联网、移动通信技术、短距离通信技术及其他技术完善的结合，使人们可以在任何时间、任何地点进行各种商贸活动，实现随时随地的线上线下购物与交易、在线电子支付，以及各种交易活动、商务活动、金融活动和相关的综合服务活动等。

移动电子商务，它由电子商务的概念衍生出来，现在的电子商务以 PC 机为主要界面，是"有线的电子商务"；而移动电子商务，则是通过手机、PDA（个人数字助理）这些可以装在口袋里的终端与我们谋面，无论何时、何地都可以开始。

资料来源：http://zhidao.baidu.com/question。

二、电子商务的内容

（一）电子商务的主要商业模式

电子商务商业模式是电子商务活动中的各个主体按照一定的交互关系和交互内容所形成的相对固定的商务活动样式。电子商务活动中的各个主体包括企业（Business，B）、消费者（Consumer，C）和政府（Government，G）；交互关系指的是电子商务活动中的各个主体——企业、消费者和政府之间的关系。按照交互关系的不同，理论上可以有 B2B、B2C、B2G、C2B、C2C、C2G、G2B、G2C、G2G 共 9 种交互关系。电子商务活动的各个主体的交互关系总是伴随着一定的内容，这就是定义中"交互内容"的含义。具体地，可以将交互内容划分为三个方面：商务信息、商品交易和服务交易。将电子商务活动中的各个主体、交互关系和交互内容结合起来考虑，即将 $3 \times 3 = 9$ 种交互关系，再分别赋予 3 种不同的交互内容，则理论上可以有 $3 \times 3 \times 3 = 27$ 种电子商务模式。

从目前国内电子商务发展的现状来分析，B2B、B2C 两种电子商务的应用即提供产品和服务的两大类商务活动是电子商务的主要表现形式。因此，目前的电子商务模式可以分为以下四大类：

1. B2C 的商品经营活动，是企业通过网络实施的面向消费者的商品经营活动，企业的主要收入来源于低价买进商品，高价卖出产品，赚取产品差价，把商品不通过传统的分销渠道而直接通过网络卖给消费者。它与传统零售模式的区别是用虚拟的店面陈列代替实体商场，消费者节省了去店面购买商品的时间以及其他成本，企业可以面向全球消费者销售商品。

2. B2C 的服务活动，是企业通过网络实施的面向消费者提供的服务活动，主要收入来源于通过网络给消费者提供服务。它与传统服务模式的区别是企业可以面向全球消费者提供服务。通过网络向消费者提供服务种类繁多，目前发展态势比较好的有网络游戏服务、拍卖平台服务、短信及电信增值服务、旅游服务、即时通信服务等模式。在我国，网络游戏服务类企业有盛大、新浪、网易、联众等。

3. B2B 的商品经营活动，是企业通过网络实施的面向企业的商品经营活动，主要收入来源于低价买进产品，高价卖出产品，赚取产品差价，把自己生产的产品不通过传统的分销渠道而直接通过网络卖给其他企业。它与传统销售模式的区别是可以面向全球企业销售商品。企业应用电子商务技术，通过网络能够实现订单交互、库存信息交互、结算信息交互等，大大提高信息共享水平，提高交易活动效率，降低整个社会的成本。对于大型企业来讲，应用电子商务技术实现对采购和供应的有效管理和及时响应；对于中小型企业，应用电子商务技术实现与上游厂商的有效配套，而且可以通过网络为更多的企业配套。在经济全球化的背景下，围绕一个核心企业的一种或多种产品形成上游与下游企业的战略联盟，上游与下游企业涉及供应商、生产商与分销商，这些供应商、生产商与分销商可能在国内，也可能在国外。在这些企业之间，商流、物流、信息流、资金流一体化运作。

4. B2B 的服务活动，是企业通过网络实施的面向企业的服务提供活动，企业的主要收入来源于通过网络给企业提供服务。它与传统服务模式的区别是可以面向全球企业提供服务。传统的企业与企业之间的服务，如广告服务、招聘服务、信息服务、设计服务等在互联网上大放异彩。在我国，信息服务类企业有阿里巴巴等。

（二）电子商务的功能和特性

1. 电子商务的功能。电子商务可提供网上交易和管理等全过程的服务，因此，它具有广告宣传、咨询洽谈、网上订购、网上支付、电子账户、服务传递、信息采集、交易管理等各项功能。

（1）广告宣传。电子商务可凭借企业的 Web 服务器和客户的浏览器，在互联网发布各类商业信息。客户可借助网上的搜索工具迅速地找到所需商品信息，而商家可利用网上主页、电子邮件和博客等方式在全球范围内做宣传。与以往的各类广告相比，网上广告成本最为低廉，而给顾客的信息量却最为丰富。

（2）咨询洽谈。电子商务可借助非实时的电子邮件、新闻组和实时的讨论组等方式来了解市场和商品信息、洽谈交易事务；如有进一步的需求，还可用聊天工具如 QQ 和 MSN 等来交流即时信息。

（3）网上订购。电子商务可借助 Web 中的邮件交互或企业的信息门户实现网上的订购。网上订购通常都是在产品介绍的页面上提供十分友好的订购提示信息和订购交互格式框。当客户填完订购单后，通常系统会回复确认信息单来保证订购信息的收悉。订购信息也可采用加密的方式使客户和商家的商业信息不会泄露。

（4）网上支付。电子商务要成为一个完整的过程，网上支付是重要的环节。客户和商家之间可采用信用卡账号实施支付。在网上直接采用电子支付手段将可省略交易中很多人员的开销，但需要更为可靠的信息传输安全性控制以防止欺骗、窃听、冒用等非法行为。

（5）电子账户。网上支付必须要有电子金融来支持，即银行、信用卡公司及保险公司等金融单位提供网上操作的服务，而电子账户管理是其基本的组成部分。信用卡号或银行账号都是电子账户的一种标志，而其可信度需配以必要技术措施来保证。数字凭证、数字签名、加密等手段的应用提供了电子账户操作的安全性。

（6）服务传递。对于已付了款的客户应将其订购的货物尽快地传递到他们的手中。而有些货物在本地，有些货物在异地，电子邮件将在网络中进行物流的调配。而最适合在网上直接传递的货物是信息产品，如软件、电子读物、信息服务等，能直接从电子仓库中将货物发到用户端。

（7）信息采集。电子商务能十分方便地采用网页上的"选择"、"填空"等格式文件来收集用户对销售服务的反馈意见。这样使企业的市场运营能形成一个封闭的回路。客户的反馈意见不仅能提高售后服务的水平，更能使企业获得改进产品、发现市场的商业机会。

（8）交易管理。整个交易的管理将涉及人、财、物多个方面，企业和企业、企业和客户及企业内部等各方面的协调和管理。因此，交易管理是涉及商务活动全过程的管理。电子商务的发展，将会提供一个良好的交易管理的网络环境及多种多样的应用服务系统。这样，能保障电子商务获得更广泛的应用。

资料链接

苏州香木扇"摇"进欧锦赛

苏州香木扇成为2000年欧锦赛的指定纪念品。

负责欧锦赛纪念品经销的荷兰东道集团为给欧锦赛提供了20万把苏州香木扇的苏州艺州扇厂颁发欧锦赛纪念奖杯，以表彰他们做出的贡献，这一把把极具东方风韵的香木扇在欧锦赛上异常抢手。

荷兰东道集团在2000年3月份通过互联网查到了艺州扇厂以"东方扇"为域名的主页，立刻为网页上的一帧帧精美扇面所吸引。东道集团驻沪代表处很快来人与厂方联系，原定纪念品是做帽扇，由于量大时间紧，遂改为香木扇。按荷兰方面要求，香木扇全用本色、无任何图案，仅在包装盒上加印了本次赛事的彩色标记。5月中旬，价值约50万元的20万把香木扇漂洋过海远销荷兰。

艺州扇厂是一家民营企业，自从企业上网以后，已先后接到韩国、日本和湘鄂粤等国内外客户的订单多笔。香木扇飘香全球。

资料来源：宋玲主编，《中国企业电子商务指南》，新华出版社2002年版。

2. 电子商务的特征。

（1）大众化。在现代社会，电子商务作为一种新型的大众化交易方式，将生产企业、流通企业以及消费者和政府带入了一个网络化、数字化的新天地。

（2）便捷性。在快节奏的电子商务环境中，人们不再受地域的限制，客户能以非常简洁的方式完成繁杂的商务活动，如通过网络银行能够全天候地存取资金账户、查询信息等，同时使得企业对客户的服务质量可以大大提高。

（3）一体化。电子商务能够整体性地处理事务的工作流程将人工操作和电子信息处理集成为一个一体化的整体。这样不仅能提高人力和物力的利用，也可以提高系统运行的严密性。

（4）安全性。安全性一直是在电子商务运作中人们关注度较高的一个话题，要求网络能提供一个完全处于安全状态的方案，如加密机制、签名机制、安全管理、存取控制、防火墙、防病毒保护等。

（5）协作性。在普通的商务交易中，人们需要客户与公司内部、生产商、批发商、零售商之间的协调。同样在电子商务环境中，它更要求银行、配送中心、通信部门、技术服务等多个部门的通力协作，电子商务的全过程往往是整体的高度协调。

三、电子商务的发展趋势

电子商务的发展是与网络技术的发展紧密联系在一起的，但电子商务的应用却是直接面向企业的经营决策的。电子商务的发展趋势也可以从技术与管理两个层面上来描述。

从技术上讲，电子商务向着更安全、更易用、更全面的体系结构发展。

（1）更安全。网络安全一直是电子商务发展的重要障碍，如何避免网络交易的欺诈行为，如何保证电子商务系统的安全运行是一个重要的问题。提供更加可靠的网络平台，更加保密的通信协议、更加严格的身份验证等将是电子商务面临要解决的问题。

（2）更易用。一个好的电子商务系统应该是非常容易使用的，它一方面使企业维护人员的培训费用降低，另一方面又可以被企业的最终客户快速接受。随着网络技术的飞速发展，人们通过网络进行安全熟练的交易将越来越多。

（3）更全面。随着电子商务的深入发展，电子商务的应用势必渗透到企业活动的方方面面，由此也必然导致现代企业整个经营理念的转变。

从经营管理的角度上讲，电子商务又使许多先进的经营理论和管理手段得到充分的发挥，如客户关系管理（CRM）、企业资源计划（ERP）、供应链管理（SCM）等。

（1）电子商务时代的客户关系管理。电子商务缩短企业与客户在时间与空间上的距离，企业的经营模式转向以客户为中心，客户关系管理在电子商务时代变得更为重要。CRM系统的核心是销售管理和销售核算，它把企业管理系统的前端扩展，直接跟客户进行接触，充分挖掘客户的潜力。随着市场竞争的日益加剧和电子商务系统的日益完善，CRM在电子商务系统中的作用越来越显著。

（2）电子商务时代的ERP。伴随全球经济进程的加快，特别是信息技术的飞速发展，ERP在现代企业中的运用越来越广泛，同时也成为众多企业实施电子商务战略的基础。一个"后ERP"时代已经来临，那就是集成了电子商务、供应链和客户关系的ERP系统。如今，众多的ERP产品都为电子商务的应用提供了强大的后台援助。

（3）电子商务时代的供应链管理。供应链是企业与它的原材料供应商、配件供应商及其成品销售商之间通过相关产品形成的供需关系，任何企业都是供需链中的一个环节。由此可以看出供应链管理在企业经营中的重要性。伴随电子商务的全球化快速发展，全球采购与销售成为各大公司研究的热点，如何把握机遇，更好地融入全球化的供应链中，完善自我的电子商务系统是所有企业面临的关键问题。

电子商务的最终趋势是智能商务决策支持系统。一个完善的现代企业应该具备良好的生产管理和销售渠道，它们是：以生产控制为核心的自动化生产管理系统，以财务成本管理为核心的资源管理系统，以贸易为核心的投融资决策与营销系统。另外，作为现代企业的一个形象和品牌效应，还应该拥有一套以企业文化为核心的学习培训系统。这些系统有机地组合在一起，构成一个完整的电子商务体系，并能够融入整个网络环境中，为企业的发展提供大量的数据和科学的分析，为经营决策提供有力的支持。电子商务的最终目标是使企业由传统的以生产为中心的经营管理模式转化为以客户为中心、以信息为导向、低库存、高支出、高效益的现代企业模式。一个网上查不到的企业，不是一个和时代同步的企业。网络技术的使用与否将决定企业的生存和发展空间。

本章小结

〔内容摘要〕

本章详细回顾了企业信息管理系统的发展过程，介绍了企业信息管理系统的内容和特征，阐述了企业 ERP 的规划及实施步骤，解读了电子商务的主要商业模式和它的发展趋势。

〔主要知识点〕

1. 管理信息系统。管理信息系统是一个以人为主导，利用计算机硬件、软件、网络通信设备以及其他办公设备，进行信息的收集、传输、加工、储存、更新和维护，以企业战略竞优、提高效益和效率为目的，支持企业的高层决策、中层控制、基层运作的集成化的人机系统。

2. ERP 内涵。ERP 是对 MRP II 的继承与发展，它大大地扩展了管理的模块，如多工厂管理、质量管理、设备管理、运输管理、分销管理、过程控制接口、数据采集接口等模块。

3. 电子商务活动。电子商务活动是全新的网络环境下的企业商务活动。电子商务可提供网上交易和管理等全过程的服务，它具有广告宣传、咨询洽谈、网上订购、网上支付、电子账户、服务传递、信息采集、交易管理等各项功能。随着时代的发展，电子商务的最终趋势是智能商务决策支持系统。

〔关键概念〕

系统　管理信息系统　ERP　电子商务　移动电子商务

思考题

1. 什么是系统？
2. 如何理解现代企业管理信息系统？
3. 现代企业管理信息系统有哪些内容？
4. 谈谈 ERP 的发展历程。
5. ERP 的内容有哪几大模块？
6. 谈谈 ERP 的实施步骤。
7. 什么是 IERP 系统？
8. 如何理解电子商务的含义？
9. 电子商务给现代企业带来哪些潜在收益？

思考案例

阿里巴巴网站（www.alibaba.com）

一、网站概况

传说中的阿里巴巴这个名字来自于天方夜谭，它象征着快乐和好运。通过它，象征着可以打开财富之门。今天的阿里巴巴是虚拟市场中的著名网站，它是通向国际市场的大门。1998年底由一个18人的创业团队以50万元投入，推出阿里巴巴网站服务，并以1999年3月10日团队领袖马云正式回杭州创业的时间作为网站创办的纪念日。1999年7月9日在香港成立阿里巴巴中国控股有限公司，9月9日在杭州成立阿里巴巴（中国）网络技术有限公司。香港和杭州分别作为阿里巴巴公司总部和中国区总部所在地。阿里巴巴成立一周年之际，在上海设立中国公司总部。1999年10月，由美国著名投资公司高盛（Goldman Sachs）牵头的国际财团向阿里巴巴注入500万美元风险资金；2000年1月，日本互联网投资公司软库（Softbank）以2000万美元与阿里巴巴联盟，软库公司首席执行官孙正义亲自担任阿里巴巴首席顾问。2000年4月，世界贸易组织前任总干事彼得·萨瑟兰加入阿里巴巴的顾问委员会。2000年1月，中国互联网络大赛组织委员会将阿里巴巴评为商务类优秀网站，2000年6月，获《互联网周刊》授予的2000年度中国百家优秀网站。2000年6月，美国权威财经杂志《福布斯》将阿里巴巴选为全球最佳B to B 站点之一。2000年11月被《远东经济评论》读者评为全球最佳B to B 网站。目前网站的首席执行官CEO是马云，首席运营官COO是关明生，首席财务官CFO是吴炯。

阿里巴巴网站会员分别来自202个国家和地区。每天登记成为阿里巴巴的商人会员超过2000名。阿里巴巴是国际贸易领域最大最活跃的网上市场，库存买卖类商业机会信息达45万条，每天新增买卖信息超过3000条。平均每条买卖信息会得到7个反馈。阿里巴巴开创的企业间电子商务平台，被国内外媒体、硅谷和国外风险投资家誉为与Yahoo、Amazon、eBay比肩的互联网第4种模式。目前阿里巴巴运行的网站有三个：一是覆盖全球贸易的英文站点www.alibaba.com；二是立足于中国内地市场的简体中文站点www.china.alibaba.com；三是针对全球华商的繁体中文站点（www.chinese.alibaba.com）。阿里巴巴公司还计划推出针对当地市场的日文、韩文、欧洲语言和南美网站。

阿里巴巴的战略目标是为商人建立一个全球最大的网上商业信息交流站点。这个站点将长期存在，并成为世界上十大网站之一。阿里巴巴的口号是"只要是商人就一定要用阿里巴巴"，"让天下没有难做的生意"。作为发展战略的一部分，阿里巴巴的中国战略就是为中国企业走向世界服务。为此，他们推出了国内第一个有关行业加入世贸组织的WTO频道。阿里巴巴将始终帮助中国中小企业全面铺平进入WTO之路，同时关注中国的东西部信息交流并提供一个专业的EC平台。在公司成立一周年之际，阿里巴巴将中国公司总部设于上海。基于上海是中国的一个经济金融贸易和信息中心，其独特的经济地理位置和日趋活跃的电子商务，可以使阿里巴巴更好地了解国内企业的需求，并为其提供高效服务，使其更好地参与国际竞争。

二、经营模式

阿里巴巴网站是一种新型的信息中介服务机构。网站仅作为用户物色交易对象，进行交易协商，以及获取各类与贸易相关的服务的地点。但是，该公司不能控制交易所涉及的物品的质量、安全或合法性，商贸信息的真实性或准确性，以及交易方履行其在贸易协议项目下的各项义务的能力。阿里巴巴不能也不会控制交易各方能否履行协议义务。

阿里巴巴提供的产品是，吸引买卖双方撮合交易完成以及提供市场需求方及供应方的信息服务。这包括网站所掌握的买卖双方自己所提供的各自的商品信息、各自公司的相关信息,以及对这些信息的保存、更新和查询服务,阿里巴巴除了提供买卖双方有关产品和各自企业的相关信息外,还提供与国际贸易有关的其他信息服务,诸如金融机构、货运、保险等方面的信息。由于阿里巴巴不只代表某一方面的利益,因此,在选择和发布信息时持有一种比较中立的态度,这样对买卖双方来说都是有益的。阿里巴巴除了在网站上发布会员的基本信息外,还为会员或者一般客户提供广告服务。

除了提供信息服务以外,阿里巴巴还提供为客户设计网页、维护网页,以及更新信息等服务。同时,还为客户提供阿里巴巴网上市场解决方案。网上市场的入驻企业可以获得一整套电子商务应用套餐,这是阿里巴巴按当前中小企业电子商务的实际需求而量身定制的解决方案。它通过"在线办公室"实时动态地管理网上公司的产品、供求、企业信息等。阿里巴巴的服务还包括网站升级、客户培训、系统管理和维护、网站托管、在线咨询等不同层次的服务。

阿里巴巴的商务活动是吸引买卖双方,利用电子工具加速交易并提高交易效率。阿里巴巴所独创的 B to B 模式实际上是主要面向中小企业的平台意义上的电子市场(中介网)。它主要面向中小企业提供产品的采购、信息和销售等方面的服务,它可以协助企业采购人员和供应商直接见面,并能够追踪供应商品的种类和价格的变化,从而大大简化企业间的业务流程。基于互联网的 B to B 电子商务将商务过程推广到一个社会化的、廉价的系统当中,从而使中小企业进入这种简化的业务流程领域成为现实。此商务模式突破了地域的局限,拉近了买卖双方的距离,并极大地减少了传统商务模式下产品营销过程中的耗费。同时,客户管理成本的降低和采购决策方面的充分参考更可以为企业带来长远的长期效益。B to B 模式把企业及供应商、制造商和分销商紧密地联系在一起了。

为了尽快地扩大用户基础,阿里巴巴目前的收费策略是"成为阿里巴巴网站会员和使用'服务'完全免费!但保留在通知用户后,收取'服务'费用的权利。但用户进行交易、向阿里巴巴获取有偿服务或接触阿里巴巴服务器而发生的所有费用,以及一切硬件、软件、服务及其他方面的费用均由用户承担"。阿里巴巴的收费服务包括为客户设计网页、维护网页,以及更新信息,还包括网站升级、客户培训、系统管理和维护、网站托管、在线营销等不同层次的服务。除此之外,广告是阿里巴巴的一大潜在收入,在网站不断扩大、访问用户越来越多的情况下,阿里巴巴网站的广告价值也将不断提高。此外在与商业伙伴进行的合作中,也会产生收入,如果由于阿里巴巴的服务而在买卖双方之间实现了交易,阿里巴巴也可能获得交易佣金。

三、发展前景

阿里巴巴这个名字在海外的名气要大一些。因为阿里巴巴的策略是利用海外资本迅速开拓海外市场,同时培育中国电子商务市场,在 1999 年,阿里巴巴认为中国电子商务并没有成熟,在群雄四起的时候只会把市场扰乱,所以暂时放弃中国市场,全面进入海外。阿里巴巴在欧洲、美国都设立了公司,总部在中国香港,在韩国成立了合资公司,到 2000 年,阿里巴巴的会员已经发展到了 202 个国家和地区。同时,阿里巴巴也在 1999 年到 2000 年之间建立了一支高效的团队,从三十几个人发展到两百多个员工,他们是来自 17 个国家和地区,现在分布在全世界 8 个地方。在这个基础上,阿里巴巴建造了一个很大的技术平台并有 60 万中小型企业的会员。在 2000 年底,阿里巴巴被《远东经济评论》的读者评为世界最佳 B to B 网站。

资料来源:叶乃沂、何耀琴编著,《电子商务》,西南交通大学出版社 2004 年版。

思考题:

1. 阿里巴巴作为一个电子商务网站,它销售什么?
2. 阿里巴巴受到风险投资公司的青睐,它的价值在哪里?

3. 阿里巴巴将来最大的收入来源是什么？

应用训练

电子商务训练

【实训目标】

通过实训，了解电子商务的运营情况，了解海尔集团利用电子商务提供产品和服务的流程，思考海尔集团在电子商务领域的发展空间。

【实训内容】

通过访问海尔集团网站，浏览网站内容，了解海尔集团的产品与服务，结合当前电子商务的发展趋势，进一步分析企业在经营中如何更进一步利用电子商务这个平台，把自己做大做强。

【实训步骤】

1. 访问海尔集团网站：http：//www.haier.com，浏览网站内容，了解海尔集团的产品与服务。

2. 选出几名学生上台，向全班同学详细描述海尔集团的电子商务运作模式。

3. 全班讨论在当前信息社会的前提下，企业如何充分运用电子商务这个平台，把产品和服务推向世界。

ERP 沙盘模拟训练

【实训目标】

通过实训，亲身体验一个企业管理的完整流程，包括物流、资金流和信息流的协同，理解企业实际运作中各个部门和管理人员的相互配合，从而把握现代企业信息管理的内涵。

【实训内容】

1. 理解企业的"血液系统"——现金流控制的重要性，体验企业财务管理全部流程以及贷款、融资、资产回报率（ROA）、权益回报率（ROE）、速动比率等因素对绩效考核的作用。

2. 理解企业的"消化系统"——销售订单、原材料采购、产品销售、生产、库存等物流管理的相互协调，以及产销过程、成本控制、合理开支、JIT 生产等概念的理论和方法。

3. 理解企业市场战略。分析与预测企业营销环境、找准市场的切入点，合理进行市场投入，理解品牌建设的作用，以及深刻剖析你的竞争对手，掌握出其不意、攻其不备的重要性。

4. 理解企业的"神经系统"——各种基础数据信息的获得流程，以及信息流对企业决策的关键作用，企业进行信息化建设的必要性和急迫性。

5. 理解企业岗位职能的作用，以及知识管理、技能培训等人力资源管理的重要性。

最后，根据所有学员的实际操作数据，动态分析成败原因和关键因素。

【实训步骤】

1. 人员的组成和各角色的分工：每次选 30 名学生进行 ERP 沙盘实训，分 5 个企业运营，每个企业由 6 名学生组成，具体分工如下：

（1）CEO（首席执行官）：决定重大事项（广告、投资），主持任务清单的执行。

（2）CFO（首席财务官）：处理现金，处理重大财务事项。

（3）COO（首席运营官）：产能计算，更新生产。

（4）CMO（首席营销官）：广告策略，挑选订单。

（5）CBO（首席采购官）：材料订购。
（6）财务助理：编制报表。

2. 各企业要熟悉实训中的基本数据：

（1）各产品在不同生产线上的加工费（直接人工）（见表11-2）（M：百万元）。

表11-2　　　　　各产品在不同生产线上的加工费　　　　　　　单位：M

产品	手工线加工费	半自动线加工费	全自动/柔性线加工费
P_1	1	1	1
P_2	2	1	1
P_3	3	2	1
P_4	4	2	1

（2）原材料价格：原材料 R_1、R_2、R_3、R_4 单价均为1M。

（3）融资贷款条件（见表11-3）。

表11-3　　　　　　　　融资贷款条件

贷款类型	贷款时间	贷款额度	年息	还款方式
长期贷款	每年年末	权益的2倍	10%	年底付息，到期还本
短期贷款	每季度初	权益的2倍	5%	到期一次还本、付息

（4）综合费用：除购买厂房、设备外，行政管理费、市场开拓、营销广告、生产线变更、设备维护、厂房租金、ISO认证、产品研发等计入综合管理费。其中，行政管理费每季度末支付1M，其他费用于年底根据实际发生情况进行核算。

（5）折旧：设备价值每3M折旧1M，少于3M时，每年折旧按1M计，账面价值为1M时，不再提折旧。厂房不折旧。

（6）税金：每年所得税计入应付税金，在下一年第一季度缴纳。

（7）现金：有3Q（Q：季度）账期的应收款15M，有现金资产20M。

（8）其他资产：企业拥有A厂房，价值40M；有设备价值13M（3条人工生产线，1条半自动生产线，分别为：3M、3M、3M和4M），4条生产线上分别有不同周期的 P_1 在制品1个，每个价值2M；成品库有3个 P_1 产品已完工，每个价值2M；原料库有3个 R_1 原料，每个价值1M。已下 R_1 原料订单2个。

（9）负债：有三年的长期负债40M。没有短期负债。

（10）企业年初的财务状况（见表11-4和表11-5）。

表11-4　　　　　　　　损益表　　　　　　　　　　单位：M

项目	计算方法	年初
销售收入	+	35
直接成本	−	12
毛利	=	23
综合费用	−	11
折旧前利润	=	12
折旧	−	4

续表

项目	计算方法	年初
支付利息前利润	=	8
财务收入/支出	+/-	4
额外收入/支出	+/-	
税前利润	=	4
所得税	-	1
净利润	=	3

表11-5　　　　　　　　　　　　　　　资产负债表　　　　　　　　　　　　　　　单位：M

资产	计算方法	年初	负债+权益	计算方法	年初
固定资产			负债		
土地和建筑	+	40	长期负债	+	40
机器和设备	+	13	短期负债	+	0
总固定资产	=	53	应付款	+	0
流动资产			应交税	+	1
现金	+	20	总负债	=	41
应收款	+	15	权益		
在制品	+	8	股东资本	+	50
成品	+	6	利润留存	+	11
原料	+	3	年度净利	+	3
总流动资产	=	52	所有者权益	=	64
总资产	=	105	负债+权益	=	105

（11）销售部第1年年初取得订单如下：P_1产品，单价为5.33M/个，数量为6个，销售额为32M，成本（只考虑直接人工和直接材料）为6×2M=12M，毛利为20M。

3. 各企业按原始数据在沙盘上摆出企业运营的初始状态。

4. 各企业的销售经理与客户见面，并召开销售会议，取得订单。

5. 根据订单，开始原材料采购和产品生产。

6. 进行市场的有序开拓和产品研发。

7. 各企业运营六个财务年度，在实训中，每四十分钟作为一个财务年度。

8. 第六个财务年度结束后，教师根据各企业的损益表和资产负债表进行点评。

第十二章 现代企业管理创新

【导入案例】

世界知名公司的创新行为

人们可能会认为是卓越的产品、杰出的员工和优秀的领导者这样一些因素使得通用电气（General Electric）、杜邦（Dupont）、宝洁（Procter & Gamble）、Visa 国际以及 Linux 等组织出类拔萃。但如果经过认真探究，就会发现这些公司的成功背后还有另一个更为根本的原因——管理创新。

在 20 世纪早期，通用电气完善了托马斯·爱迪生（Thomas Edison）最著名的发明——工业研究实验室。通用电气将有序的管理原则引入了科学发现的无序流程，在接下来的 50 年里，它获得的专利比美国其他任何一家公司都要多。通用电气现在的竞争优势在很大程度上都可以追溯到那时的非凡成就。杜邦公司于 1903 年率先开始进行投资回报率计算，从而在资本预算方法的发展中扮演了先锋角色。几年之后，公司还开发出一种对公司众多产品部门的绩效进行比较的标准化方法。诸如此类的创新使杜邦成为美国的工业巨头之一。宝洁公司在包装商品行业的卓越表现源于 20 世纪 30 年代早期，当时公司开始将品牌管理的方法正规化。此后数十年，宝洁公司一直凭借早期在无形资产创造价值方面取得的成功稳步发展。现在，宝洁公司的产品组合包括 16 个品牌，年销售额超过 10 亿美元。Visa 国际组织是世界上第一家"近似虚拟"的公司，其成功要归因于组织创新。20 世纪 70 年代，Visa 的各个发起银行在美国建立了一个联合机构，从而为世界上最家喻户晓的品牌奠定了基础。今天，Visa 成为全球性金融网络，连接着 21 000 家金融机构和超过 13 亿的持卡人。计算机操作系统 Linux 实施的"开源式开发"是近年来管理创新领域最广为人知的例子。在诸如公共许可证和在线协作工具等其他创新的基础上，"开源式开发"已被证明是一种非常高效的机制，可以吸引分散在世界各地的个人加入开发行列，并对他们的工作加以协调。这些案例表明，一项管理突破能给进行创新的公司带来强大的优势，并使行业的领导格局发生翻天覆地的变化。

资料来源：黄人杰，《企业管理创新的内容与方法》，《现代管理科学》2007 年第 1 期，第 79 页。

问题：这些世界知名公司的成功凭借的是何种力量？

现代企业凭借前面各章节所阐述的各类管理活动，可以做到有序、稳妥地发展，但是，企业如果想在竞争激烈的市场上取得持续的竞争优势和保持一定的市场占有率，同时，为了适应各种外部和内部环境的变化，满足消费者不断变化的需求，就必须进行方方面面的企业管理创新。

第一节　管理创新概述

学习创新和管理创新的相关概念、了解创新的意义、把握管理创新行为的特性是我们选择正确的企业管理创新程序，掌握创新方法的基础和前提。

一、管理创新的概念与产生

（一）创新的有关概念

创新，也叫创造。创造是个体根据一定目标和任务，运用一切已知的条件，产生出新颖、有价值的成果（精神的、社会的、物质的）的认知和行为活动。

随着知识经济的到来，市场的总趋势是市场需求的差别化、细分化、个性化不断加强，由于市场全球化、一体化，市场竞争激烈的程度大大加强了，科学的飞速发展使产品开发周期大大缩短了，信息化使企业与市场的联系更为紧密了。市场这个总的变化趋势要求企业管理把创新制度化、日常化。

管理是对组织的资源进行有效整合以达到组织既定目标与责任的动态创造性活动。这个定义的核心是有效整合组织资源以达成组织的既定目标与责任。有效整合组织资源涉及许多方面的因素和问题，这些问题本身的处理就是管理。而管理创新的概念与管理有关，从管理的定义来看，管理创新可以定义为：用新的更有效的方式来整合组织资源更有效地达成组织的目标与责任。

（二）创新理论的产生

1. 约瑟夫·熊彼特（Joseph Schumpeter）。人们对创新概念的理解最早主要是从技术与经济相结合的角度，探讨技术创新在经济发展过程中的作用，主要代表人物是现代创新理论的提出者约瑟夫·熊彼特。独具特色的创新理论奠定了熊彼特在经济思想发展史研究领域的独特地位，也成为他经济思想发展史研究的主要成就。

熊彼特认为，所谓创新就是要"建立一种新的生产函数"，即"生产要素的重新组合"，就是要把一种从来没有的关于生产要素和生产条件的"新组合"引进生产体系中去，以实现对生产要素或生产条件的"新组合"；作为资本主义"灵魂"的"企业家"的职能就是实现"创新"，引进"新组合"；所谓"经济发展"就是指整个资本主义社会不断地实现这种"新组合"，或者说资本主义的经济发展就是这种不断创新的结果；而这种"新组合"的目的是获得潜在的利润，即最大限度地获取超额利润。周期性的经济波动正是起因于创新过程的非连续性和非均衡性，不同的创新对经济发展产生不同的影响，由此形成时间各异的经济周期。

根据创新浪潮的起伏，熊彼特把资本主义经济的发展分为三个长波：（1）1787~1842年是产业革命发生和发展时期；（2）1842~1897年为蒸汽和钢铁时代；（3）1898年以后为电气、化学和汽车工业时代。

2. 彼得·德鲁克。现代管理学大师德鲁克也对创新进行了深入的研究，他对于创新的论述主要集中在以下几个方面：

（1）创新的七种来源。德鲁克认为，创新的来源可以分为七种。其中有四种来自于企业内部，它们分别是：一是意外的事情，包括意外的成功、意外的失败以及意外发生的外来变化。二是与现状不协调的事情。如果你发现，现存的事物状态和它应该存在的状态之间有着不协调的地方，那么这些地方一定是应当创新的地方。三是基于程序改进需要的创新。四是工业结构和市场结构变化带来的创新。另外有三种来自企业外部的变化，它们是：第一，人口的变化。比如90年代之后，女性消费者正在快速崛起的全新市场。第二，认知的变化。比如人们对于时尚价值的认可大大超过了过去对于质量的认可。第三，新知识的变化。基于知识的创新是最重要的创新，但是这里的知识并不是仅仅指科技，还应当包括社会的创新。

（2）创新的行动原则。德鲁克将成功创新者的行动原则概括为五条：

• 创新要有系统的思维。企业家要对创新的来源进行系统的研究，有组织的研究和定期的分析。

• 创新是感性的。创新者不能过分理性，他必须善于"多看、多问、多听"。这样做的目的是：通过走出去，彻底了解客户和消费者的所有需求。

• 创新要行之有效，必须简单而且专一。这是因为新事物总会遇到很多麻烦，如果创意太复杂，反而会变得无法控制。

• 有效的创新都是从不起眼的地方开始的。最初这些创新并不宏大，创新者只是试图做一件与众不同的事情。不过，正是由于最初的规模很小，因此这些创新才能不断地调整，最终寻找到成功的模式。

• 最后也是最重要的，创新的目标是追求领导地位。这是因为如果创新者一开始没有树立在某一个领域领导地位的决心，那么他的创新行动最终只能是为他人作嫁衣。

（3）创新者的禁忌。首先是创新者不能太聪明。因为创新要获得规模，必须能够被普通人理解和操作。如果你的创意过分聪明，结果往往是"无论在设计上，还是在操作上，都可能遭遇失败"。其次，创新者不要玩过多的花样，不要过多地分心，更不要一次做太多的事情。创新一定要专注，否则创意可能会变得零散，而零散的创意往往只是一些点子，而不是创新。最后，要记住不要为未来创新，而一定要为现在创新。那是因为创新者的创意如果不能立刻发挥效力，那么至多只是一个幻象而已。

除了以上两位著名学者对创新进行了深入研究以外，第二次世界大战后，许多著名的经济学家也研究和发展了创新理论，20世纪70年代以来，门施、弗里曼、克拉克等用现代统计方法验证熊彼特的观点，并进一步发展创新理论，被称为"新熊彼特主义"和"泛熊彼特主义"。进入21世纪，信息技术推动下知识社会的形成及其对创新的影响进一步被认识，科学界进一步反思对技术创新的认识，创新被认为是各创新主体、创新要素交互复杂作用下涌现的一种复杂现象，是创新生态下技术进步与应用创新的创新双螺旋结构共同演进的产物，关注价值实现、关注用户参与的以人为本的创新2.0模式也成为新世纪对创新重新认识的探索和实践。

> **资料链接**
>
> ### 什么是创新 2.0
>
> 　　创新 2.0 即 Innovation 2.0。技术的进步、社会的发展，推动了科技创新模式的嬗变。传统的以技术发展为导向、科研人员为主体、实验室为载体的科技创新活动正转向以用户为中心、以社会实践为舞台、以共同创新、开放创新为特点的用户参与的创新 2.0 模式。创新 2.0 应是从 WEB2.0 引申而来。WEB2.0 是要让所有的人都来参加，全民织网，使用软件、机器的力量使这些信息更容易被需要的人找到和浏览。如果说 WEB1.0 是以数据为核心的网，WEB2.0 就是以人为出发点的互联网。创新 2.0 也是让所有人都参加创新，利用各种技术手段，让知识和创新共享和扩散。如果说创新 1.0 是以技术为出发点，创新 2.0 就是以人为出发点，以人为本的创新，以应用为本的创新，创新 2.0 也就是"以用户为中心、以社会实践为舞台、以共同创新、开放创新为特点的用户参与的创新"。
>
> 　　北京市启动了城市管理"三验"应用创新园区（Application Innovation Park，AIP）的探索。"三验"应用创新园区，即城市管理应用创新园区，是由北京市市政管理委员会、北京市科学技术委员会共同发起并领导，北京市相关政府机构支持，各区县市政管委等机构参与；北京城市管理科技协会承办，相关企业、科研机构、行业协会等协办的开放式、公益性、非营利机构。园区的核心理念即构建以用户为中心、以需求为引导、以技术为推动，需求与技术充分互动的应用创新平台，贯彻"最终用户参与产品、技术研发、设计过程"的应用创新理念，推动以"三验"（即"体验、试验、检验"，而其中"用户体验"是核心）为机制的技术应用创新与试点示范活动。
>
> 　　城市管理应用创新园区经多年筹划，于 2008 年 5 月进行了揭牌仪式，"三验"项目也在园区进行了尝试性运行，已有一批创新技术得到了不同程度的完善和推广。经过对体验、试验、检验"三验"机制的不断摸索，应用创新园区已经积累了一定的实践经验，并正在通过"三验"应用创新园区的建设不断完善"三验"应用创新模式。
>
> 　　资料来源：改编自《创新 2.0》，http://baike.baidu.com/view/1923326.htm。

二、管理创新必要性

1. 在知识经济时代，企业管理的实质在于创新。工业经济时代的管理重点是生产，是增加产量，所以生产环节成为管理的中心，其核心是提高劳动生产率。知识经济时代管理重点是研究与开发、销售以及职工培训，产品量的增加，或者说产品的生产已变得非常容易，像"自我复制"一样，而知识的生产与开发，以及对掌握知识的人进行培训变得越来越重要，所以企业越来越承担着更多的创新责任。

工业经济时代的生产方式是标准化、专业化和社会化；知识经济时代则是非标准化的生产方式。非标准化也叫柔性化，即小批量、多品种，这种生产方式要求生产者不断进行创新。

2. 在知识经济时代，企业管理创新是组织资源整合的需要。任何社会组织在资源整合的过程中遇到的问题都可以分为两大类：程序性问题与非程序性问题。无论是前者还是后者，其妥善解决都要依靠管理创新，都依靠管理主体发挥创造性并付诸实践。表面上看，对于程序性问题，管理主体只要按既定的程序或规范来投入并配置利用资源，便可以达到预定的目标。但是如果我们从程序的产生和变迁的全过程来观察分析，便可知道，任何现在的程序又都是未来创新的起点。至于非程序性问题，对管理主体而言，要有既成的程序可参照，同时，必须依靠自己的创造性，去发现并实施配置资源的全新方案和途径，才能达到预定目标。

3. 在知识经济时代，企业管理创新是企业生机和活力的源泉。管理创新的目标是提高企业有限资源的配置效率。这一效率虽然可以在众多指标上得到反映，例如资金周转速度加快，资源消耗系数减小，劳动生产率提高等，但最终还要在经济效益指标上有所体现，即提高了企业的经济效益。提高企业经济效益分为两个方面：一是提高目前的效益；二是提高未来的效益即企业的长远发展。管理诸多方面的创新，有的是提高前者，如生产组织优化创新，有的是提高后者，如战略创新与安排。无论是提高当前的效益还是未来的效益，都是在增强企业的实力和竞争力，从而有助于企业下一轮的发展。

三、管理创新行为的特性

管理创新行为就是指对管理方法、手段、思想、体制等进行整体或细节创新的一系列活动，因而也是一个过程。作为一种创新行为，虽然其具体创新行为由于带上了管理创新主体的个性特征，而显得有点"杂乱无章"。但是，就创新的总体，创新具有一定的逻辑过程，依循一定的规律和程序，这种规律性就是其创新行为的特征，这种程序性则是其创新行为的过程模式。

1. 管理的二重性决定了企业管理创新行为具有复杂性。管理具有二重性，即自然属性和社会属性，是马克思主义管理学说的重要原理之一，也是管理根本属性。管理的自然属性——生产力属性，体现了管理活动具有技术性，并使其成为现代生产力系统的重要构成要素，而其社会属性——生产关系属性，则体现了管理活动具有社会性，是生产关系的实现方式之一，表明了社会生产关系决定着管理性质，决定着管理体制的建立、管理方式手段的选择和运用等。正因为管理活动具有技术性与社会性，使以围绕生产力的发展而进行的技术创新理论中包含了管理技术创新这一内容；使以主要围绕生产关系（社会制度、组织管理制度、产权制度）变革进行的制度创新理论中涉及了组织管理制度创新这一层次。由此管理创新行为兼具了技术创新、制度创新两大行为的特点，但又不是简单的相加，而是一种有机的融合，更具复杂性。

2. 管理的动态性、创造性决定了企业管理创新行为具有持续性。现代企业，是一个不断与外界环境进行物质、能量、信息交换的动态开放系统，因而企业管理活动具有动态性的特点。正如彼得·德鲁克认为，管理者不能把明天简单地理解为只是今天的延续。既然管理活动的逻辑和轨迹不是一种简单的重复，那么欲达到既定的组织目标，就必须具有一定的创造性，创造性是根植于动态性之中的。也正是由于这一特性，创新成为管理的职能形态，熊彼特认为"创新是企业家的本质"。彼得·德鲁克也曾指出，企业管理不是一种官僚性的行政工作，它必须是创新性的，而不是适应性的工作。管理活动其本身就是一个需要不断维持与创新的动态过程，卓越的管理必须实现维持与创新的最优组合。由此可见，对管理的各项活动和内容进行创新的行为也必然是一个动态的过程，且是一个沿着一定的创新目标方向持续向前的，并不断超越的动态过程，而绝非一个如技术创新一样具有一定明确终点的事情，也不像制度创新具有时代性、阶段性，一种新制度比较成熟有效后，都会有一个相对稳定的时期，管理创新行为具有持续性。

3. 管理的间接性、滞后性决定了企业管理创新行为具有风险性。间接性、滞后性指管理效果具有间接性、滞后性。管理归根到底是对人的管理，而人是作为有独立意志性的主体存在的，因而，实施管理就是实现对人的意志行为进行规范、协调、诱导，让其行为符合某一预定目的和目标。即表现为作为管理主体的人使作为管理客体的"他人"产生一般劳动成果。而这一般劳动成果又是加入了"他人"的体力和脑力劳动消耗，管理劳动只能是凝结于其中，表现出间接性与模糊性。

不只如此，管理的这种协调、引导他人的意志行为的本质，使其管理工作往往能形成一种气氛或价值观，长期影响或支配人们的行为，时效性更长，并具有一定的滞后性。即表现为其管理工作可能在目前有益，但却以牺牲了今后的长远利益为代价的；也可能目前益处并不明显，但长期看却可能极有裨益。正如彼得·德鲁克认为，管理效益在很大程度上是指为今天的企业的未来做好准备，企业当前效益的好或坏在很大程度上是前几年管理所造成的结果。此外，由于管理活动总是在特定的环境中进行的，而在科学技术飞速发展的今天，管理活动的内部、外部环境都有某种不确定性，也增加了管理创新的难度，使得管理创新的风险性增加。总的来说，管理间接性、滞后性、长远性以及管理环境的不确定性，使其管理活动具有一定的风险。

> **课堂讨论：**
> 任何创新都有风险，在创新的过程中，我们必须用正确的态度对待失败。失败不是对我们的惩罚，而是一次最好的学习机会。爱迪生发明灯泡的时候，经历了 6 000 次失败才最终成功。在谷歌，有 20% 时间用来从事创新工作，但其中很大一部分都失败了。没有这些失败，就不可能有成功的创新脱颖而出；没有接受和承担风险的能力，就不可能营造出真正鼓励创新的环境。如果你每一个项目都成功了，那么，你实际上是失败的。因为你并不是在做研究，而是在回避风险，只选择那些十拿九稳，没有什么创新价值的项目。
>
> 讨论：管理者应如何对待创新中的无数次失败？

第二节 推动企业管理创新的要素

企业的管理创新受多种因素的影响，企业的经营者必须善于发现创新的需求和把握创新的机遇，从而推动企业管理的创新与变革。这些因素概括起来主要有企业外部要素和内部要素。

一、推动企业管理创新的外部要素

（一）市场变化引起的需求变化

企业作为市场中的供给方是为满足需求而存在的，企业通过创新一方面创造需求，也就是满足潜在需求；另一方面满足现实需求。从潜在需求—量的需求—差别化需求是所有大众化产品市场需求的变化轨迹，同时，它也是商品市场本身发展的轨迹。

（二）市场竞争

市场竞争是引发企业进行各种创新的重要因素。

在竞争激烈的市场上，一个先行企业后面有许多后续企业在刺探和窥测其方向，激烈竞争迫使企业不断扩大规模，以占有更大的市场份额，获得更高的利润和更雄厚的实力，通过兼并和联合，一个行业往往只剩下了少数几家巨型企业，市场处于不完全垄断中，垄断与竞争并存，竞争的激烈程度大大降低，这时的企业更倾向于创造市场，这是因为，企业已经有了比较稳固的市场份额和巨大的生产规模，新产品能立即进入大规模生产和大规模消费，发明型产品是蚕食竞争对手市场份额的最有力的武器，所以说垄断有利于技术创新。

资本与劳务市场的变化也能诱发管理创新。在各工业国家中，美国的资本市场结构最适于诱发创新。美国有一种风险资本，专门寻找有发展前途的创新型小公司，实行高风险、高回报率的投资策略，加州硅谷的高技术公司大多有这种风险资本的支持。资本市场的波动会给企业管理变革提供稍纵即逝的机会，企业或者乘机兼并，扩大规模，或者就是精简机构，整顿内部。

日本的终身雇佣制和年功序列制开始于 20 世纪 20 年代，定形于第二次世界大战后的年代，这两个基本点时期都是日本经济的高速增长期，大量缺乏熟练工人，企业招工后要投资对工人进行培训，为了稳定熟练工人并使对工人的投资不致流失，甚至被竞争对手所利用，日本企业创造和巩固日本式经营特色，而它的初始因素和美国福特公司给工人高薪、高福利是一样的，都是劳务市场上熟练工人的短缺。

（三）社会政治文化背景

日本企业的终身制、年功序列制和企业内工会这"三大神器"是由日本的社会文化特点决定的，是创造日本式管理的根基；德国的"职工参与政策"制度是由德国社会文化特点决定的，是创造德国式管理的根基；美国的自由雇佣和行业工会制是由美国社会文化决定的，是创造美国式管理根基。社会文化和价值观是不断发展的，企业管理创新会跟着社会文化发展而发展。一般来说，社会、政治、文化的变化对企业影响有的要通过市场变化来完成，有的，如政府的政策、法令、法律直接对企业行为有约束力，常常不表现为企业的主动行为。

二、推动企业管理创新的内部要素

（一）资本与成本

在企业内部，资本、人才和科技是推动管理创新的主要力量。资本问题，在企业外部是筹资和投资问题，体现了经营技巧。企业内部的资本问题主要是成本问题，即资本的投入量。在相同条件下，资本投入量越小，成本越低，效益越高。在企业内部，管理创新的主要压力，或说是主要驱动力是成本，不断降低成本是企业管理创新永恒的主题。大批量生产和销售可以降低成本，人们在日常生活中就有这样的经验，而提高产量也是为了降低质量成本。准时制和信息化是为了降低时间成本；降低工资，解雇工人可以压缩成本，但提高工资和福利也可以压缩成本。

（二）劳动者素质的提高

劳动的实质是劳动者问题，是人的问题。在相同条件下，劳动者投入的劳动量越多，质量越高，效益越高。劳动投入的增加可以是劳动时间和劳动强度绝对数值的增加，也可以是有效劳动量的增加，还可以是有机劳动量，即创造性劳动量的增加。从"机器人"到"经济人"到"社会人"再到"文化人"，所有以人为对象的管理创新都是为了增加有效劳动和有机劳动，为了使人主动地去增加这种劳动的投入。因为企业管理归根到底是对人的管理，成本要靠各级人员来控制，技术要人来发展和应用，人才在企业生产、管理和创新中处于中心位置，对人员和管理层次众多的大企业来说更是如此。

（三）科学技术的发展

科学技术的发展促进了管理创新，如：机器的使用加强了专业化趋势；大机器生产使标准化操作被强制执行，并促进大规模生产模式的诞生；数理统计技术促进了质量管理的发展；系统论和控制论催生了现代管理理论；信息技术正在使整个管理发生根本改观。

社会科学对管理创新的作用更为直接，因为管理本身就是社会科学的一个部分。在管理科学和管理实践的发展过程中，不断吸收经济学、社会学、心理学、文化学、政治学、行为科学和其他社会科学的最新进展，其中特别是经济学和行为科学，它们的每一个进展都直接影响着管理的发展与创新。

（四）创新观念

创新观念是企业的重要资源，是企业管理创新的要素。企业管理者对创新所持有的心态和价值取向是决定一个企业是否进行创新和创新能否取得成功的重要因素。

第三节 企业管理创新的主要内容

管理创新，是企业永恒的话题。特别是进入知识经济时代以来，要做一流的企业必须实施一流的管理，而一流的管理产生于自身的土壤之中。无论是日本的松下，还是我国的海尔，它们的成功，无不源于管理创新。管理创新，既可以是新的有效整合资源，以达到企业目标和责任的全过程管理，也可以是新的具体资源整合及目标制度等方面的细节管理。在诸多方面的管理创新活动中，最主要、最直接的创新方式应包括以下几个方面：

一、观念创新

管理观念的创新，是指形成能够比以前更好地适应环境变化，并更有效地利用资源的新理念、新观念、新概念或新构思，以前所未有的、能够充分反映并满足人们某种物质或情感需要的意念、信条、信念或构想来革新企业、创造价值的活动。观念创新是管理创新的根源，是企业创新工程的直接推动力。它主要包括新的经营思想、新的经营理念、新的经营策略等。

观念创新是企业管理创新的灵魂。企业管理观念的创新就是企业为了取得整体优化效益，打破陈规陋习，克服旧有思想束缚，树立全新的管理思路。观念创新直接地表现为一种创新性思维活动，企业价值观念和企业经营理念的创新，它深刻地影响企业的行为和效益，是企业管理创新的灵魂。

二、组织创新

组织创新就是为了实现管理目的，将企业资源进行重组与重置，采用新的部门设计、纵向和横向设计，以及责权关系设计等，使企业发挥更大效益的创新活动。

组织创新是企业管理创新的关键。现代企业面临的市场环境是一种瞬息万变的复杂环境，根据绝大多数企业当今所处环境的共性来说，建立一个有弹性、有重点、快速反应的组织结构是比较理想的。为此，企业必须设计好自己的权利分配：是集权还是分权；还必须设计本组织的管理层次与管理跨度：是垂直型较窄的管理跨度模式还是扁平型较宽的模式。鉴于人们不断对速度的追求，权威式的由上而下的金字塔式领导结构逐渐被扬弃，取而代之的是权力下放的扁平化组织的崛起。扁平化的组织结构是一种通过减少管理层次、压缩职能机构、裁减人员而建立起来的一种紧凑而富有弹性的新型团体组织，具有敏捷、灵活、快速、高效的特点。

【分析案例】

格兰仕的扁平化管理

扁平化管理是指在决策层和操作层之间的中间管理层越少越好，它较好地解决了等级式管理层次重叠、冗员多、组织机构运转效率低下等弊端。决策层的许多好的经营理念、决策意图很容易传达到操作层，基层员工许多好的想法也可以很快传到决策层。

由于垂直式的科层管理与生产的协同制造、大规模定制之间存在着矛盾，知名家电企业格兰仕进行了一场组织架构扁平化的内部管理变革，砍掉了集团内部层层架构的设置，最终形成了决策、管理、执行三层结构制，由八位副总各分管八个领域，"把一个集团变成了一个工厂"，使整个企业的反应能力迅速提高。

资料来源：改编自《影响中国管理的5大管理创新》，http://blog.stx168.com/CompanyBlog/guangzhoulibai/Article.html?id=4458。

分析：扁平化组织有何优点？

目前，管理学界，对组织结构也有一些新的理论与创意。最著名的当数哈默和钱皮的企业再造及彼德·圣吉的学习型组织。

哈默和钱皮认为，公司再造是根据信息社会的要求，彻底改变企业本质。它抛开传统分工理论的包袱，将生产、销售、人事、财务、管理信息等部门的组织结构按自然跨部门的作业流程重新组建。事实上，由于今天信息技术的高度发展，使效率不一定像传统的企业管理所说的那样产生于专业化的分工，而很可能产生于整合之中。当代组织所面临的关键问题多属于综合性管理问题，若将这种问题硬性规定为某一专业化的所属范围，很难有效处理由此引起的症结。公司再造的倡导者们认为，对于这一类综合型问题最有效的解决办法，是动用信息技术对其进行整合处理，进行一场组织再造革命。

彼德·圣吉提出的学习型组织是目前管理学界普遍推崇的管理学经典创新思维。就本质而言，学习型组织就是一个具有持续创新能力，能不断创造未来的组织。为此，彼德·圣吉提出了学习型组织的五项修炼，他认为这五项修炼是学习型组织的必备技能。

三、制度创新

制度创新是为了实现管理目的，将企业系统中各成员的关系和企业的生产方式、经营方式、分配方式等进行规范化设计与安排的创新活动。

制度创新是企业管理创新的保证。在知识经济条件下，企业要完全按照经济全球化的要求，来完成产权制度创新、经营制度创新和管理制度创新。

1. 产权制度创新。产权制度是决定企业其他制度的根本性制度，它规定着企业最重要的生产要素的所有者对企业的权力、利益和责任。企业产权制度的创新应朝着寻求生产资料的社会成员"个人所有"与"共同所有"的最适度组合的方向发展。从我国的实际情况来看，民营企业的产权制度比较容易创新，而国有企业和许多集体企业虽按现代企业制度建立了股份公司、有限责任公司和股份合作制企业，但总是遇到一些来自多方面因素的困扰。这些困扰在短时期内不会消失，还需国家在长期改革中不断克服。

2. 经营制度或运行机制创新。经营制度是有关经营权的归属、行使条件、范围、限制等方面的原则规定，它表明企业的经营方式，确定谁是经营者，谁来组织企业生产资料的占有权、使用权和处置权的行使，谁来确定企业的生产方向、生产内容、生产形式，谁来保证企业生产资料的完整性及其增值，谁来向企业生产资料的所有者负责以及负何种责任。运行机制包括企业的目标机制、激励机制和约束机制。通过创新使企业除了受市场机制约束外不再受其他约束，逐步增强企业自我变革、自我发展的能力。经营制度的创新方向应是不断寻求企业生产资料最终有效利用的方式。

3. 管理制度创新。管理制度是行使经营权、组织企业日常经营的各种具体规则的总称，包括对材料、设备、人员及资金等各种要素的取得和使用的规定。在管理制度的众多内容中，分配制度是极重要的内容之一。根据现代发达国家的一些经验，按业绩分配和按知识要素分配趋于主导地位。所以，在知识经济条件下，我们应借鉴国际上管理创新的经验，将以按劳分配为主逐步过渡到按知识要素分配和按业绩分配为主。

四、战略创新

战略是以未来为主导，与环境相联系，以现实为基础，对企业发展的策划、规划，它研究的是企业的明天。随着时间的推移，某个行业的战略定位空间会逐渐被不同的企业填满。战略创新指企业发现行业战略定位空间中的空缺，填补这一空缺，并使之发展成为一个大众市场。战略定位空间中的空缺可以是：新出现的顾客细分市场或竞争对手忽视的现有顾客细分市场；顾客的新需要或竞争对手未能充分满足的顾客目前的需要；为目前或新出现的顾客细分市场生产、传递或分销现有的或创新的产品或服务的新方法。

战略创新的核心问题是重新确定企业的经营目标。企业确定的经营目标会决定企业如何确定自己的顾客、竞争对手、竞争实力，也会决定企业对关键性成功因素的看法，并最终决定企业的竞争策略。

企业选择经营目标，必须满足顾客的需要。要对企业内部的优劣势和外部环境机会与威胁进行综合分析，根据自己销售的产品，能满足的顾客需要和自己的核心能力，来确定经营目标，据此对备选的经营项目做出系统的评价，根据各种目标是否有助于本企业充分利用其独特的能力，增强竞争优势，判断本企业应采用哪一种经营目标，最终选出适宜的经营目标，重大的战略创新往往是企业改变经营目标的结果。

要保持企业的持续发展，关键在于要学会战略创新，可以从以下五个方面开展工作：

1. 从适应环境向创造环境转变。企业处于复杂多变的环境之中，环境的变化虽然给企业带来制约和威胁，同时也为企业提供了新的发展机会。因此，企业在经营战略创新时，密切注视与企业相关的产业的发展动向，积极地寻找企业可以利用的成长机会，就能够把新事业的创立、新技术的开发、新市场的开拓等战略课题引入企业的整体战略中，为企业适应未来的环境创造良好的条件。

2. 从竞争取向转向非竞争取向。非竞争取向是战略创新的基本方向。所谓非竞争取向，就是避免与竞争对手直接冲突，其中重要的方法是空隙市场集中。空隙市场是尚未满足的消费者需求。在空隙市场中，还没有企业参与或者只有很少企业参与，开辟种种潜在的空隙市场，最初竞争者较少且可获得较高利润，其后也可能培育成很大的市场。所谓空隙市场集中，是指企业将经营资金集中于发现的空隙市场中，形成绝对优势，并积极开拓这一市场。

3. 从常规经营向超常规经营转化。由于经营常规是长期经营活动的总结，在一定的行业、时期和地区对于指导企业正确开展经营活动有积极作用。但在制定经营战略时，这种经营战略往往成为战略创新的障碍。因此，打破经营常规，实行超常规经营成为创新经营战略的重要途径。超常规经营就是指采用那些经营常规之外的新型经营方法来开展经营活动。这就要求经营者以动态的观点重新认识新的环境条件下的经营活动规律，大胆否定传统经营习惯和常规的适用性，勇于提出新奇而独特的设想。只有这样，才能创造出能够适应环境变化的新型经营方法和具有独创性的经营战略。

4. 从开发有形资源向积累无形资源转化。无形资源的积蓄方法有两种：一是通过有计划的行动来积蓄。如为树立企业形象开展的广告和公关活动，为开发新产品进行的技术研究活动等。二是通过日常业务活动来积蓄。如推销员以周到的服务和口头宣传使顾客对企业产生信任等。企业经营战略创新，应该综合运用以上两种方法，把积蓄未来所需无形资源作为中心内容。

5. 由单一效果转向综合效果。在企业经营活动中，各种单一经营要素所取得的效果是有限的，如果把各种经营要素有机地结合起来，其组合效果就会远远大于各经营要素的单一效果之和。因此，通过各种经营要素的巧妙组合，追求最大的组织效果是经营战略创新的一个方向。

五、文化创新

企业文化创新是指为了使企业的发展与环境相匹配，根据本身的性质和特点形成体现企业共同价值观的企业文化，并不断创新和发展的活动过程。企业文化创新的实质在于企业文化建设中突破与企业经营管理实际脱节的僵化的文化理念和观点的束缚，实现向贯穿于全部创新过程的新型经营管理方式的转变。美国西南航空公司的"平等"文化，阿里巴巴的"绩效"文化，蒙牛的"与自己较劲"文化，都是优秀的企业文化，为企业的发展起到了重要的作用。

企业文化创新要以对传统企业文化的批判为前提，对构成企业文化诸要素包括经营理念、企业宗旨、管理制度、经营流程、仪式、语言等进行全方位系统性的弘扬、重建或重新表述，使之与企业的生产力发展步伐和外部环境变化相适应。具体来说通过以下几种方式来实施：

1. 企业领导者应当加强自身修养，担当企业文化创新的领头人。从某种意义上说，企业文化是企业家的文化，是企业家的人格化，是其事业心和责任感、人生追求、价值取向、创新精神等的综合反映。他们必须通过自己的行动向全体成员灌输企业的价值观念。可以说，企业家首先是设计师，即在企业发展中如何使组织结构适应企业发展；其次是牧师，不断地布道，即使员工接受企业文化，把员工自身价值的体现和企业目标的实现结合起来。

2. 将企业文化创新与人力资源开发结合起来。在企业文化变革的过程中，必须注重员工培训计划的设计和实施，督促全体员工接受培训、学习。通过专门培训，可以增进员工对企业文化的认识和理解，增强员工的参与积极性，使新的企业文化能够在员工接受的基础上顺利推进。还有相应的激励和约束机制也是企业文化创新的不竭动力，新的企业文化的建立和运行过程必须通过相应的激励和约束机制予以强化和保障，使之形成习惯稳定下来。

3. 要建立学习型组织。企业间竞争是人才的竞争，实际上应该是学习能力的竞争。如果说企业文化是核心竞争力，那么其中的关键是企业的学习能力。为了在知识经济条件下增强企业的竞争力，在世界排名前100家企业中，已有40%的企业以"学习型组织"为样本，进行脱胎换骨的改造。知识经济，知识资本成为企业成长的关键性资源，企业文化作为企业的核心竞争力的根基将受到前所未有的重视。成功的企业将是学习型组织，学习越来越成为企业生命力的源泉。企业要生存与发展，提高企业的核心竞争力，就必须强化知识管理，从根本上提高企业综合素质。

六、市场创新

所谓市场创新，就是企业通过引入并实现各种新市场要素的商品化与市场化，以开辟新的市场，促进企业生存和发展的新市场研究、开发、组织与管理的活动。包括推出新技术、新产品、新品牌、新包装、新广告创意，提供新的市场服务、新的原材料，制定新的价格，采用新的市场营销途径和方式，开辟产品的新用途、新的市场领域、新的客户群等。

在相同的市场条件下，不同的市场创新是决定企业市场竞争力的一个重要因素。市场创新基本形式为：首创型、改创型、仿创型。目前市场的趋势为：顾客需求的个性化；全球化趋势和区域化趋势并存；价格、质量、服务、环境等多维度的竞争；企业需要提供综合的解决方案。市场创新步骤为：第一步是选择适合本企业的创新类型；第二步是实施既定的创新。市场创新的内容包括：目标顾客创新；产品创新（功能、质量和品牌）；价格创新；渠道创新；促销创新。

【分析案例】

雅芳的渠道创新

多年来，雅芳（Avon）一直通过直销方式，由个体销售代表来卖化妆品。但他们后来发现，消费者正在从网上购买化妆品。于是，公司便推出了一个网上目录。当他们意识到女人们正在百货大楼和杂货店购买竞争对手的产品时，便推出了一个系列的产品，放在某些指定商店的产品专柜上销售。传统的直销模式仍然很重要，但由于网上与专柜产品线的增加，雅芳得以扩展竞争结构，并获得了更多的销售额。

资料来源：http://www.ceconline.com/import_export_trading/ma/8800041161/02/。

分析：渠道创新对雅芳的意义何在？

要很好地使新产品进入市场并实现商业盈利和获取一定的市场份额，在新产品推向市场的过程中，要采用以下几种方法：

1. 采用各种试销方法进行新产品的市场试销。其目的是为了获得购买者、经销商、市场潜力、企业营销方案的有效性与可行性等方面的有价值的信息，为产品正式推向市场做准备。试销的规模和方式取决于产品的市场特性。市场的不确定性越大、风险越高的新产品应该有较大规模的市场试销，像全新的市场上未曾有过的产品就应该进行较多的试销。

2. 采取适当的方式和渠道向社会宣传和扩散新产品的信息。通过大众媒介、专业信息渠道、专业刊物及信息资料等，对消费者进行有关新产品的知识普及和教育，以及对潜在用户的专业技术培训等。

3. 进行市场调查。有些新产品销不出去往往不是因为没有需求，而是没有找到真正的消费者，所以，要通过有针对性的市场调查，寻找真正的用户。

4. 利用先采用新产品的用户引导或利用市场影响力大的用户做示范。这些用户往往在新产品扩散中起着引导和示范作用，若能找到这些用户，也就找到了新市场开拓的突破口。

5. 提前发布产品信息。在新产品推向市场之前，提早向市场发布信息，预告该产品性能、用途等有关内容，造成对消费者的心理预期。

6. 大力实施服务促销。通过以服务促销售的途径，最大限度地满足用户的需求，从而取得用户的信赖，为产品的扩散创造条件。

7. 实施品牌营销和企业形象战略。通过品牌营销使企业形象被消费者接受并不断加深，使新产品在打开市场的基础上，不断巩固和扩大市场，保持新产品在市场上立于不败之地。

七、技术创新

技术创新就是为了求得利润最大化，企业进行技术研制与开发，合理实施技术改造，发挥技术优势的创新活动。技术创新是创新中的主要形态，是决定生产力发展水平的主要因素。具体体现在三个方面：

1. 要素创新。企业的运营过程实质在于对资源要素进行合理配置，其资源要素包括材料、设备以及企业员工，因此，要素创新主要包括：材料创新、设备创新、人力资源创新。

2. 要素组合方法的创新。要素的组合包括生产工艺和生产过程的时空组织两个方面。工艺创新既要根据新设备的要求，改变原材料、半成品的加工方法，也要求在不改变现有设备的前提下，不断研究和改进操作技术和生产方法，以求使现有设备得到更充分的利用，使现有材料得到更合理的加工。生产过程时空组织的创新，主要是为了提高劳动生产率、缩短生产周期，从而在不增加要素投入的前提下，提高要素的利用效率。20世纪最伟大的企业要素组合方式的创新，是福特将泰罗的科学管理原理与汽车生产实践相结合而产生的流水生产线。

3. 产品创新。主要包括品种、结构、效用诸方面的创新。品种创新要求企业根据市场需求的变化及时调整生产方案，开发受市场欢迎的、适销对路的产品品种。结构创新是指改进产品使结构更合理、性能更提高、使用更安全、操作更方便。效用创新则是指通过各种途径了解用户的偏好，并以此为依据改进原有产品，开发新产品，使产品更受用户欢迎和喜爱。这是企业的生命力所在。产品不能随着市场的变化而不断弃旧图新，就无异于慢性自杀。美国的王安电脑公司20世纪80年代以后，电脑市场竞争激烈，该公司满足于自己产品在设计和技术水平上的优势和声誉，没有跟上电脑转型创新的步伐，没有及时推出新型电脑，最后败在美国国际商用机器公司和苹果公司手下。

【分析案例】

设计的价值

通过更好的设计，可以使产品获得更高的价值。这一点，早已被国外的诸多大型企业所认识和应用。家居企业博洛尼认为，橱柜行业也跟时装、汽车等时尚产品一样，有自己独特的风向标，意大利的设计无疑是前沿潮流的代表。他们从意大利高薪聘请了首席设计师，让博洛尼展示出纯正的意大利风格。披上了意大利时尚设计的外衣，博洛尼的品牌效应凸显，迅速坐上国内整体厨房行业第一的位置。

很长一段时间，设计在中国遭受冷遇——从制造商到消费者，大家对设计的认识还很狭隘，特别是有些制造型企业，一味地强调低成本，并不把设计看成一门管理或一项必要的投资。这使不少中国企业交了高昂的学费。

启示：要使设计体现价值，首先要认识到设计的价值。只有将关注设计融入企业的DNA，以产品卓越的性能为基础，满足人们对视觉审美的品位，才能使产品整体表现得以飞跃，使产品附加值和品牌力得以提高。

资料来源：改编自《影响中国管理的5大管理创新》，http：//blog.stx168.com/CompanyBlog/guangzhoulibai/Article.html?id=4458。

第四节 企业管理创新的程序和方法

单个的企业管理创新虽然具有众多的复杂性和差异性，但是我们还是可以将其产生和发展的过程分为几个有规律性的阶段。与此同时，创新的方法也可以从大的方面进行概括。

一、企业管理创新的程序

管理创新是一个创造过程，它要求创新者具有较高的智慧、知识和经验；管理创新也是一种系统行为，它由多因素、多阶段构成，通常要经过以下几个阶段：

第一阶段，产生创新愿望。由于组织内外环境的刺激，开始出现危机意识，并在创新机制的作用下，产生创新激励、形成创新氛围等，进而产生创新愿望。

就组织内部来说，可以引发创新愿望的因素有：

（1）生产经营中的"瓶颈"。因为某种材料的质地不够理想、某种加工工艺方法不够完善、某种分配政策不够合理等，可能影响劳动生产率的提高或劳动积极性的发挥，从而引发创新和变革的要求。

【分析案例】

月台上的饮料销售

几个波兰商人在当地的火车站进行观察，研究如何向等车的乘客销售更多的饮料。通过观察，他们注意到一个反复发生的现象——列车到站前的几分钟里，月台上的乘客往往会回头看看饮料亭，再瞥一眼手表，然后张望快进站的火车。于是，制作了一个饮料展示柜，上面带着巨大的时间显示，使乘客们能同时看到时钟和饮料。结果呢？这些车站的冷饮销量立即飙升。看到时钟，乘客们就感到放心，能抽时间来买一瓶冷饮了。

资料来源：改编自《创新的十个面孔》，http://tieba.baidu.com/f?kz=362152794。

分析：产品经营中的"瓶颈"如何突破？

（2）企业意外的成功和失败。派生产品的销售额和利润大大超过企业的主营产品，老产品经过改进后，结构更加合理、性能更加完善、质量更加优异，但销售状况并不好等。这些情况使得企业重新思考产生问题的原因，因此，也成为企业创新的源泉。

【分析案例】

意 外 创 新

大多数的创新行为都是未经计划的，而且总是出现在最预料不到的地方。

日本东部铁路公司是世界上最大的铁路运输公司，它在修建穿过东京北部山脉的子弹式高速列车轨道时需要修很多隧道。在穿越 Tanigawa 山的隧道中，水引起了问题。一个负责检查隧道设备安全性的维修工人偶然尝试后发现那种水特别好喝，因而建议应将水利用起来而不是排走，公司应该将这种水灌装成瓶，作为珍稀的矿泉水到市场上销售。采纳此建议后的铁路公司还真去卖水，进军饮料业，并且一炮打响，1994年"清水"牌饮料的销售额就达到4 700万美元。这是一个革新的例子，这种革新带来的收益是巨大的。

美国航空公司的一名乘务员发现，航班上用于保温和避免将咖啡洒到乘客身上的咖啡杯塑料盖，10个中至少有一半是完全被浪费掉了。5个盖子意味着每次航班节约7.5美分，而一年365天，每天2 300多个航班，她的这个建议每年为公司节约6.2万多美元。

资料来源：改编自《孕育创新力的六要素》，http://media.ccidnet.com/art/3035/20070328/1047389_1.html。

分析：意外创新难道真的纯属"意外"？

就组织外部来说，应关注以下因素的变化：

（1）技术的变化。技术的变化可能影响企业资源的获取、生产设备和产品的技术水平。

（2）人口的变化。人口的变化可能影响劳动力市场的供给和产品销售市场的需求。

（3）宏观经济环境的变化。迅速增长的经济背景可能给企业带来不断扩大的市场，而整个国民经济的萧条则可能降低企业产品需求者的购买能力。

（4）文化与价值观念的转变。文化和价值观念的转变可能改变消费者的消费偏好或劳动者对工作及其报酬的态度。

第二阶段，进行创新定位。在具有创新愿望的基础上，深入细致地调查研究，分析创新的必要性和可能性，确定创新目标、领域及程度，还要根据条件，确定创新的基本原则。

第三阶段，形成创新方案。在这一阶段需要做大量的工作，运用多种新方法和手段提出具体的解决问题的创新构想，并在创新条件、创新原则、创新目标等的约束下，对各种创新思路进行比较、筛选、综合及可行性评价，以形成一个具体的、切实可行的创新方案。

【分析案例】

别具一格的创新方案

iPod和耐克鞋都不能仅仅被看做是一种创新性产品，它们都是创造了新市场的革命性产品。将这两种创新品牌组合在一起，你可获得一种全新的产品——服务模式，即Nike + iPod运动套件。同时，你还获得一种联盟式的创新团队类型。

它的创新之处在于：Nike + iPod运动套件是一个结合了耐克鞋和iPod Nano（MP3播放机）的无线沟通系统。Nike + iPod运动套件中有一个放置在特殊人工孔内的微型传感器，与iPod Nano相连，可以显示时间、距离、燃烧的卡路里及步速。这些信息被储存在iPod内，实时地显示在屏幕上，并可通过耳机传到使用者的耳内。服务是以耐克运动音乐的形式体现的。

这种创新将两家公司的核心竞争力结合了起来，耐克提供了运动产品技术，苹果提供了移动信息技术。这种结合也创造了一种这两个品牌各自都无法独立实现的产品种类。

资料来源：改编自《创新团队的四个面孔》，http://www.ceconline.com/operation/ma/8800050559/01/。

分析：为什么说这个创新方案是别具一格的？

第四阶段，实施创新方案。这是创新行动的实质性阶段。创新的组织者在一定的创新目标导向下，实施创新方案。这一阶段要注意，及时进行信息反馈，以适当地修正创新方案，确保创新的实现。

第五阶段，创新的评价与总结。经过管理创新方案的实施，在管理领域会出现新的范式，随着这种模式的日益稳定，管理创新的效果也日益显现，这时应评价和总结这一创新成果。这个过程还可以进一步比较，发现与外界的差距，形成新的创新冲动，促成更深层次的创新。

资料链接

最好的创新

很多人仅把创新理解为科学技术领域的创新。其实，创新有很多种。创新可以是一个新颖而有效的商业模式，可以是一种新的管理模式，也可以是文学艺术领域里一次开创性的实践，甚至可以是家居生活中的一个新鲜而有趣的创意……简单地说，创新就是在知识积累和生活、工作实践的基础上，由一个新颖的创意而产生的，对人们有用，同时又具备可行性的一种创造性活动。

所以我们说，新颖、有用和有可行性是创新之所以为创新的三大要素。

比如说，微波炉是美国科学家斯宾塞发明的。他原本是电子管技术领域的专家，第二次世界大战期间，斯宾塞在测试新的磁控管技术时，偶然发现，口袋里的巧克力会因为接近磁控管而融化。这桩看似意外的事情让斯宾塞联想到，如果磁控管的微波加热原理可以应用到家庭，是不是就能用类似的装置来实现食品的快速加热呢？微波炉就是在这样一种偶然情况下诞生的。我们除了赞叹斯宾塞敏感的技术洞察力和跨越式的思维方式以外，也应当想到，仅仅通过把一个领域里的经验应用到另一个原本不相干的领域里，就完全有可能获得一个出色的创意，并完成一次伟大的创新。我们可以把这种创新称为经验转移型的创新。

再比方说，家用的自动烤制面包的面包机的原理非常简单，一个容纳面粉和水的锅，一个自动搅拌面粉的搅拌器，一个拥有定时装置的烘烤电炉。锅、搅拌器、定时器、加热烘烤电炉，这些东西每一样都没有什么新颖的地方，但是，为了满足烤制面包这个生活中常见的需求，松下公司的工程师们把这些看似简单的装置组合在一起时，一个创意新颖的家电就诞生了。我们可以把这种创新称为跨领域组合型的创新。

创新的价值，取决于一项创新在新颖、有用和有可行性这三个方面的综合表现。最好的创新，都是有着最新颖的创意，对人们的工作和生活最有用，并且能够在现实生活中实现的创新。相应地，好的创新者应该是一个既有新颖的想法，又理解用户的需求，并能够用实践将创意变成现实的人。第一种品质像一个科学家的特质，第二种像市场人员的，第三种则像工程师的。一旦结合了这三种品质于一身，做出最好的创新，就不再是一个可望而不可即的目标了。

资料来源：改编自《李开复，做最好的创新》，http://china.toocle.com/cbna/item/2010-04-19/5106273.html。

二、企业管理创新的方法

知识经济的发展将不可避免地引起传统经济学和传统经济管理模式的革命。在知识经济的背景下，无论是人财物、产供销等"基础性管理"，还是产权制度的明晰程度、资本的组织形式、企业组织结构、激励机制要素等"制度性管理"，都已不可能机械地套用传统的管理模式。传统的思维将完全被摒弃，已有的体系结构将被打乱和重组，许多内容将要改变和补充。面对这样的变革，我们可以采取以下的方法和途径，进行创新。

(一) 改变系统的思维方式

人们在进行思维活动的时候，总是按照一定的模式进行思维，并由此形成决策和采取行动，这种现象又称为思维的心智模式，它是阻碍我们产生管理创新的一个主要因素。所谓心智模式，是指根深蒂固于心中，并影响我们如何了解这个世界以及如何采取行动的许多假设、成见或图像等。心智模式是长期逐渐形成的，它与每个人的经历、生长环境、教育情况等密切相关，心智模式一旦形成，就会使人自觉或不自觉地以某种固定的思维方式去认识和思考问题，并用习惯的做法去解决问题。所以，要进行管理创新，必须打破现有的心智模式的束缚，有针对性地进行诸如系统思维、逆向思维、开放式和发散思维的训练，并通过综合、改进现有知识、管理和技术创新等多种途径，进行管理创新。

1. 训练系统的思维方式。要进行管理创新，首先要加强系统思维方法的训练，学会用系统思维的方法来思考和处理问题，以看清事物表象背后的真正原因和矛盾，产生突破性的解决方案，而不仅仅是按经验办事。系统思维已成为管理创新最基础和最重要的思维方式。

2. 打破常规，训练开放式、发散式的思维方式。人们在思考问题的时候，总是受原有的心智模式的影响，很难打开思路，缺乏想象力，所以我们要注意提醒自己，敢于大胆想象，打破常规，这样才可能产生创新。

3. 学会逆向思维。所谓逆向思维是指在思考问题时，思维逻辑与一般人的相反，善于从新的视角看问题的一种思维方式。具有逆向思维方式的人，往往具有敏锐的观察能力和喜欢思考问题的特点，也正因为如此他们才会对遇到的问题进行进一步的深入思考，把问题想得更透。

4. 通过综合多学科的知识，进行管理创新。多学科知识的综合是指通过把各相关学科的知识交叉运用并加以综合，从而得到新的意向，实现管理创新。目前，多学科的综合运用和互相渗透的趋势已越来越强，通过这种方式来进行的管理创新也越来越多，因为根据系统思维的观点，各个学科的知识之间本来就有相通之处，多学科的交叉和运用，可以碰撞出智慧的火花，产出新的成果。

5. 通过对原有管理理论的方法的改进和突破，实现管理创新。改进原有的管理方法是指在现有的管理基础上，进行有创意的提高和改进，通过这种方式，更容易产生管理创新，这也是现实中用得最多的一种创新途径。它可以是在自己特有的管理的基础上，也可以是在别人的先进管理思想的基础上进行延伸、提高或通过否定它们而建立新的管理模式。

资料链接

创 新 外 包

当今世界，企业的许多功能都已外包，那创新能不能外包呢？把创新外包给顾客怎么样呢？回答是"可以"。欢迎加入"群众外包"。为了寻找新的创新资源，公司将触角伸出研发实验室之外，对准了公司之外的个人。换句话说，就是利用群众的力量。

一瓶啤酒，一块肥皂，一箱洗衣粉，怎样才能让这些产品更有新意呢？答案不在于产品本身，而在于这些产品的风格是否有了新意。欧美的一些消费品公司，在做一项工作——让消费者为它们提供创造新产品的建议。通过激发消费者的集体智慧，公司扩大了研发范围，同时在帮助创造这些产品的消费者中进行市场测试。

这种创新团队有两部分组成：一部分是内部团队，另一部分是外部团队。外部团队指的是公司的消费群体，他们贡献创意，并对创意进行表决。内部团队是一支核心团队，它对顾客提出的建议及对建议的表决情况做出最后的决策。

资料来源：改编自《创新团队的四个面孔》，http：//www.ceconline.com/operation/ma/8800050559/01/。

（二）把研究开发和市场营销作为关键

企业在历史上每一个经济发展阶段处理生产与经营、研究与开发等关系都明显不同。在工业经济时代，企业把重点放在生产阶段。在知识经济时代，随着知识经济化趋势的发展，制造业将不断标准化、自动化、智能化，人力劳动已经开始被排除在生产过程之外，取而代之的是"智能机器"。劳动本身也在变，出现了柔性的工作组织、扁平化的组织结构、灵活的工作时间、场所以及报酬制度的变化。企业在生产制造方面将差别不大，决定企业竞争能力的关键就是研究开发和市场营销。

在知识经济的发展中，会使消费资料构成发生变化，从根本上改变社会消费方式。可以说，知识经济的消费，是"以人为本"的消费，是"以质为目标"的消费，其结果主要体现为人们知识水平的提高，价值观念的健康，消费行为的合理，生活方式的文明。适应于知识经济发展的要求，分配方式必须进行深刻的变革。在知识经济的运行中，将根据财富的增长来确立分配要素，知识在财富增长中的重要作用使知识成为独立的分配要素。"知识"取代"资本"的主体地位，按知识分配是按劳分配的进一步发展，是按劳分配原则在知识经济时期新的特征和时代内容。围绕知识经济时代人们的消费观和分配观的更新，企业必须重视产品和服务的研究开发、市场营销的理念和策略的改进与创新，以满足人们的更高层次的需求。

（三）强化人力资源开发

随着知识经济的到来，将引起人们的资源观和生产力观的更新。资源和生产力在任何时候都是生产的基本要素，是经济发展的重要基础。工业经济在自身的发展过程中以技术、市场和管理三大资源的开发和利用实现了经济迅猛发展。在知识经济时代，信息、教育、知识已成为制约经济发展的三大新的资源，对这三大新资源的开发水平与利用程度将从根本上决定经济的开发水平与质量。根据我国的国情，一方面由于工业经济未能得到长远的发展，另一方面知识经济的挑战又悄然而来，因此在资源的开发和利用方面就面临双重任务，既要大力开发"技术、市场、管理"三大资源，又必须及时地开发"信息、教育、知识"这新的三大资源。

【分析案例】

以人为本：企业保持持久的创新能力的关键

21世纪人才最重要。在19世纪的一个普通工厂里，最能干的工人与普通工人相比，他们的生产力最多相差一倍。但是，在21世纪的IT企业、研发机构中，一个最有创造力的研发人员和一个普通的工程师相比，他们的生产力却可能差距几十倍、几百倍甚至上千倍。如果你的企业能够吸引、用好几百个、几千个天才的创新者，即便是在最激烈的竞争环境里，也一定能脱颖而出。为了吸引和留住人才，就要为人才创造最好的工作环境，给予他们最大的信任，赋予他们足够的权限。在谷歌，每一位工程师都可以利用工作中20%的时间，来做自己最有激情做的事情。这是一种真正的放权和信任，也是营造自下而上的创新氛围的有效方法。事实上，谷歌发布的许多创新产品，最早都诞生于20%的时间里。正是因为有了诸多鼓励创新的举措，谷歌才能在10多年的时间里，一直在互联网领域里保持技术优势，不断用最好的创新改进互联网用户的使用体验。

资料来源：改编自《李开复，做最好的创新》，http://china.toocle.com/cbna/item/2010-04-19/5106273.html。

分析：人力资源的使用方式如何影响创新的效率？

知识经济的发展必将引起生产力的新的革命。在知识经济时期，生产力的发展将集中地表现在：一是原有的影响生产力发展的因素在内涵上、质量上都发生了重大变化，劳动者的构成将主要是智力型劳动者和脑力劳动者，劳动工具和劳动对象主要表现为科技含量的增加。二是新的促进生产力发展的因素被广泛的运用，其中作为新的资源的信息、教育、知识等是其主要的新因素。无论是原有因素的内涵变化，还是新的因素的出现及被充分利用，都可以归结为知识在生产力发展中的作用。知识将是决定或促进生产力发展的关键因素。知识的首要载体是人。作为经济发展的重要基础的资源的开发和生产力的发展，最重要的是人力资源的开发和培养高素质和高智能的劳动者。事实证明，开发人力资源已成为推动知识经济成长的重要的基础性工作。人力资源已成为国家、民族、个人在竞争中保持主动，赢得优势的第一资源。

（四）要求企业家成为创新管理者

知识经济的实质是高技术经济、高文化经济、高智力经济，是以智力资源为依托的经济，是可持续发展的经济。发现、培养、挖掘人才，是知识经济对企业家的基本要求。知识经济的核心是创新，因此企业家必须具备这样的品格：一是创造性思维，善于洞察和想象，使管理工作有合理的前瞻性、科学性；二是风险意识，有远见、不怕失败、敢做超前性的工作，有不达目的誓不罢休的毅力；三是创新的技巧，在创新思维和不怕风险的同时，还必须有科学依据，有可行的操作措施；四是新时代的风格，面对知识经济的挑战，要善于学习，敢于实践，善于团结和合作，尤其要善待因创新而失误者，永不满足，经常自我挑战；五是服务功能创新，优胜劣汰的竞争机制推动着企业不断创造出更高的劳动生产率，以服务创新去赢得竞争，以更优的产品、更好的质量、更新的技术、更好的服务去赢得市场。随着我国知识经济的发展，社会需要大批的创新管理者，全社会只有为创新管理者的成长提供良好的社会环境，才能培养出大批创新管理人才，才能促使有中国特色的知识经济快速发展。

本章小结

〔内容摘要〕

本章对管理创新的必要性、管理创新行为特性、推动企业管理创新的因素、企业管理创新的主要内容、企业管理创新的程序和方法进行了分析和阐述，力求让学生掌握企业管理创新的基本知识、操作程序、创新的方法。

〔主要知识点〕

1. 管理创新。管理创新是指用新的更有效的方式来整合组织资源更有效地达成组织的目标与责任。管理创新实践一直体现在企业管理工作中的方方面面，而将创新实践加以总结和进行研究的专家学者首推熊彼特，著名管理学家彼得·德鲁克对创新也进行了研究。

2. 管理创新的必要性和创新行为特性。在知识经济时代，企业管理创新是企业管理活动的实质，是组织资源整合的需要，是企业生机和活力的源泉。企业管理创新行为具有复杂性、持续性、风险性。

3. 推动企业管理创新的因素。推动企业管理创新的要素主要有企业外部和内部要素。

4. 企业管理创新的内容。企业管理创新主要包括观念、组织、制度、战略、文化、市场和技术等方面的创新。

5. 企业管理创新的程序。企业管理创新要遵循一定的程序，并采用一定的方法。

〔关键概念〕

创新　管理创新　观念创新　组织创新　制度创新　战略创新　文化创新　市场创新　技术创新　产品创新

思考题

1. 管理创新行为的特性给了我们哪些启示？
2. 创新2.0的核心思想是什么？它和传统的管理创新有何不同？
3. 简述企业管理创新的主要内容。
4. 试述企业管理创新的程序和方法。

思考案例

颠覆性创新

"颠覆性创新"理论最早由管理学大师克里斯坦森（Clayton Christensen）在其所著的《创新者的困境》（The Innovator's Dilemma）一书中提出。该理论认为，在市场中进行颠覆性创新可为企业创造新的增长机会。这类创新要么创造新的市场需求，要么通过带来全新的、客户所渴求的价值主张而重塑市场。

颠覆性创新理论有一个简单、重要的核心原则，即客户赶不上公司的创新速度。因此，公司生产的产品对于大多数客户来说都太好、太贵了。这种现象有其合理性：优秀经理人所接受的训练就是通过为市场中最苛刻的顾客制造更好的产品来获取更多的利润。但是在此过程中，公司错过了一些完全愿意以合理价格购买基本产品的客户，他们不那么苛刻。公司还忽略了那些缺少能力、财力或是根本没有消费能力的"非客户"。

例如在20世纪90年代，一些公司不断进行投入，力图研发出品质更高的CD技术。然而这些产品早已远远超出了客户需求。公司如何才能获得增长？答案是采用一种简捷、方便的技术，叫做MP3。尽管MP3的音质不如当时已有的产品，然而该技术在个性化与方便性上有其长处。MP3是一个经典的颠覆性技术。

直至今日MP3还有一些重大缺陷，例如它的音质不好。然而它是如此灵活，以至人们可以用全新的方式享受音乐，可以将MP3播放器作为便携式点唱机。诸如苹果计算机这样的公司采用这一简捷、方便的技术而获得爆发性增长。

索尼公司的情形则完全不同。MP3技术对索尼的工程师们来说毫无吸引力，超级音质是其产品线的竞争要素。最近在《华尔街日报》的一篇文章中，一位索尼工程师评论道："我一点都不喜欢硬盘这种音乐储存介质——它们不是索尼的技术。作为一名工程师，我对它没有一点兴趣。"

苹果因iPod的成功而发生翻天覆地的变化，索尼在进入这个市场时还是步履蹒跚，直到最近才推出了第一个MP3播放器。

颠覆性新生事物开始在多个不同的行业中蓬勃兴起。例如在医疗卫生行业，很多公司正在推出快捷诊断服务，由护理医师在零售商店里坐堂服务。美国明尼苏达州的Minute Clinic公司是这种新兴模式的佼佼者。在Target超市的Minute Clinic门诊室里，客户可以得到包括脓毒性咽喉炎在内的12种小病的诊断检验服务。这类服务的收费远远低于全科医生的收费，而且保证客户能够在15分钟内得到服务。

教育是另一个要求人们支付昂贵的费用并集中于一地进行"消费"的行业。而从事在职培训及网上成人教育的组织以更加便捷的方式，提供富有针对性的低成本教育。比如凤凰城大学（University of Phoenix）共计有10万名学生，他们既有在传统的校园里上课的，也有通过互联网学习的。学校明确针对缺乏财力、时间，或考试分数未达标无法接受传统教育的成人学生。

电信行业也涌动着颠覆性创新的浪潮。一项名为"基于互联网协议的语音技术"（VoIP）使得供应商可以通过互联网提供廉价而且具有个性化的电话服务。Skype Technologies便是一家使用VoIP技术的公司，创造这个点对点解决方案的两个人也是Kazza的发明者。Kazza为Sharman Networks公司所拥有，它是一个点对点文件交换软件，令音乐与电影业的高级管理人员头疼不已。使用Skype程序的客户可从自己的个人电脑上给全球范围内其他Skype用户打电话或接听他们的电话。下载与安装应用程序非常简单（而且免费），通话的质量高而且免费。

在航空业，传统的行业龙头波音公司与空中客车为争夺高端市场打得不可开交。空中客车的A380超级巨型喷气式飞机于最近问世，它最多可以承载600名乘客，并且可以进行改装，使飞机能够提供包括健身房在内的诸多服务。与此同时，一些区域性的飞机制造商，例如巴西航空工业公司（Embraer）与庞巴迪公司（Bombardier）通过向区域性航空公司供应较小型的飞机而成长为大企业。一些公司也迅速加入进来，制造成本极低的飞机，催生出一个充满活力的"空中出租车"行业。一些新兴企业如新墨西哥州的埃克利普（Eclipse）航空公司和科罗拉多州的亚当（Adam）飞机公司，以及诸如赛斯纳（Cessna）飞机公司这样的商务飞机制造商，和诸如本田汽车（Honda Motor）这样的汽车制造商都把目标指向了这一市场。

从汽车到金融服务再到消费电子业都有此类新生事物，它们均合乎一种模式。一家公司找到一种办法，针对为人所忽视的一部分市场提出截然不同的价值主张。尽管这类新生事物最初通常无伤大雅，然而随着颠覆性进攻者的壮大与自我完善，它们经常构成严重的威胁。

资料来源：改编自《颠覆自己，创新未来》，http://blog.sina.com.cn/s/blog_56709ac001000blf.html。

思考题：
1. 何为颠覆性创新？它与传统的创新方式有何不同？
2. 企业应如何开展颠覆性创新？

应用训练

高 空 飞 蛋

【实训目标】
训练小组成员的创造力及团队精神。

【实训内容】
将学生分成3~4人一组，每组鸡蛋1只，小气球1只，塑料袋1只，竹签4支，塑料匙、叉2只，橡皮筋6条，时间30分钟，将鸡蛋从三层楼上抛下，各组学生充分发挥各自的聪明才智和团结合作的精神，想办法让鸡蛋在下落的过程当中不会受损，鸡蛋完好的小组获胜。

【实训步骤】
1. 教师把上述所说的材料发给每组，而后让学生在25分钟之内到指定的三层楼的地点把鸡蛋放下来，为了不使鸡蛋摔破，可以用所给的材料设计保护伞。
2. 25分钟之后，每组留一位学员在三层楼高的地方进行放鸡蛋，其他学员可以到楼下空地观赏及检查落下的鸡蛋是否完好。
3. 鸡蛋完好的小组是优胜组，可以进行决赛，教师可以给胜出者一些小礼品作为奖励。

参 考 文 献

[1] 尤建新．企业管理概论（第三版）．北京：高等教育出版社，2006
[2] 王方华．现代企业管理（第二版）．上海：复旦大学出版社，2008
[3] 杨善林．企业管理学．北京：高等教育出版社，2004
[4] 黄渝祥．企业管理学．北京：高等教育出版社，2003
[5] 王效昭，赵良庆，吴泉信．企业管理学．北京：中国商业出版社，2001
[6] 姚莉．现代企业管理．湖北：武汉大学出版社，2004
[7] 丁家云，谭艳华．管理学．安徽：中国科学技术大学出版社，2008
[8] 杨锡怀，冷克平，王江．企业战略管理——理论与案例（第二版）．北京：高等教育出版社，2004
[9] 王方华．企业战略管理（第二版）．上海：复旦大学出版社，2007
[10] 宋云，陈超．企业战略管理（修订第三版）．北京：首都经济贸易大学出版社，2006
[11] 齐二石．生产与运作管理教程．北京：清华大学出版社，2006
[12] 李全喜．生产运作管理．北京：北京大学出版社，2007
[13] 赵启兰．生产运作管理．北京：清华大学出版社，2008
[14] 赵红梅，岳建集．生产与运作管理．北京：人民邮电出版社，2007
[15] 尤建新，邵鲁宁等．质量管理理论与方法．大连：东北财经大学出版社，2009
[16] 安鸿章，余刘军．现代企业劳动定额定员管理与标准化．北京：中国劳动社会保障出版社，2008
[17] 施骞，胡文发．工程质量管理．上海：同济大学出版社，2006
[18] 曹振杰，王瑞永等．职业生涯设计与规划．北京：人民邮电出版社，2006
[19] 付亚和．工作分析．上海：复旦大学出版社，2008
[20] 曹晖，陈新玲．人员招聘与配置．北京：中国劳动社会保障出版社，2008
[21] 陈国生．现代企业管理案例精析．北京：对外经济贸易大学出版社，2006
[22] 杰克·J·菲利普斯，罗恩·D·斯通等．人力资源计分卡．北京：人民邮电出版社，2006
[23] 何似龙，施组留．转型时代管理学导论．南京：河海大学出版社，2007
[24] 张彦宁，蒋黔贵．现代企业管理最新理论和案例精选．北京：企业管理出版社，2008
[25] 袁竹，王菁华等．现代企业管理．北京：清华大学出版社，2009
[26] 托马斯·S·贝特曼，斯考特·A·斯奈尔．管理学——新竞争格局．北京：北京大学出版社，2007

[27] 范云峰，丁若玉. 市场营销. 北京：中国经济出版社，2006

[28] [美] 卡尔·迈克丹尼尔，小查尔斯·W·兰姆，小约瑟夫·F·海尔著. 王慧敏，王慧明译. 营销学精要（第5版）. 北京：电子工业出版社，2007

[29] 万后芬. 市场营销教程. 北京：高等教育出版社，2003

[30] [美] 菲利普·科特勒. 市场营销管理（亚洲版）（第2版）. 北京：中国人民大学出版社，2002

[31] 吴健安. 市场营销学（第三版）. 北京：高等教育出版社，2009

[32] 张庆. 物流管理. 北京：科学出版社，2006

[33] 崔介何. 物流学概论（第三版）. 北京：北京大学出版社，2005

[34] 毕新华，顾穗珊. 现代物流管理. 北京：科学出版社，2007

[35] 吴隽. 物流与供应链管理. 黑龙江：哈尔滨工业大学出版社，2007

[36] 杨晓雁. 供应链管理. 上海：复旦大学出版社，2006

[37] 韦恒，杨学春. 物流学. 北京：清华大学出版社，2007

[38] 查先进. 物流与供应链管理. 湖北：武汉大学出版社，2004

[39] 彭志忠. 物流管理学. 山东：山东大学出版社，2005

[40] [美] 于戈斯著. 左莉译. 供应链管理精要. 北京：中国人民大学出版社，2005

[41] 黄速建，黄群慧. 现代企业管理——变革的观点. 北京：经济管理出版社，2006

[42] 俞雪华，王雪珍等. 现代企业财务管理. 上海：复旦大学出版社，2008

[43] 宋宁. 中国企业电子商务指南. 北京：新华出版社，2001

[44] 张文. ERP、CRM企业实施案例. 北京：清华大学出版社，2003

[45] 叶乃沂，何耀琴. 电子商务. 成都：西南交通大学出版社，2004

[46] 赵水忠. 信息主管与ERP. 北京：清华大学出版社，2006

[47] 林勇. ERP理论与实践. 合肥：中国科学技术大学出版社，2007

[48] 黄海滨. 电子商务概论. 上海：上海财经大学出版社，2007

[49] 傅湘玲. 企业信息化集成管理. 北京：北京邮电大学出版社，2006

[50] 黄小原，卢震，赵晓煜. ERP理论与构建. 北京：科学出版社，2006

[51] 周三多. 管理学. 北京：高等教育出版社，2005

[52] 宋克勤. 现代工商企业管理. 上海：上海财经大学出版社，2003

[53] 黄渝祥. 企业管理概论. 北京：高等教育出版社，2000

[54] 张昊民. 管理沟通. 上海：上海人民出版社，2008

[55] 周琳，刘勇，朱欢乔. 现代企业创新力开发与培训. 广州：中山大学出版社，2007

[56] 经理人培训项目编写组. 沟通培训游戏全案. 北京：机械工业出版社，2005